SAINT GRÉGOIRE DE NAZIANZE

CORRESPONDANCE

LETTRES I - C

COLLECTION DES UNIVERSITÉS DE FRANCE
publiée sous le patronage de l'ASSOCIATION GUILLAUME BUDÉ

SAINT GRÉGOIRE DE NAZIANZE

CORRESPONDANCE

TOME I

LETTRES I-C

TEXTE ÉTABLI ET TRADUIT
PAR
PAUL GALLAY
Doyen de la Faculté libre des Lettres de Lyon

Deuxième tirage

PARIS
LES BELLES LETTRES
2003

Conformément aux statuts de l'Association Guillaume Budé, ce volume a été soumis à l'approbation de la commission technique, qui a chargé M. A. Dain d'en faire la révision et d'en surveiller la correction en collaboration avec M. P. Gallay.

S'il a pu revoir le manuscrit et les premières épreuves avec sa compétence et sa diligence habituelle, M. A. Dain a été malheureusement empêché par une mort soudaine et prématurée de voir la fin de cet ouvrage, dont la révision a été achevée par M. G. Rochefort.

95 boulevard Raspail, 75006 Paris
www.lesbelleslettres.com

Première édition 1964

ISBN : 2-251-00302-9
ISSN : 0184-7155

INTRODUCTION

I

BIOGRAPHIE DE SAINT GRÉGOIRE DE NAZIANZE

La vie de Grégoire nous est bien connue grâce à ses écrits (Discours, Lettres, Poèmes) qui sont remplis de confidences[1]. Les Lettres nous apprennent évidemment beaucoup sur lui, et, en traçant ici une esquisse de sa vie, on signalera les principales pièces de sa correspondance qui contiennent des indications biographiques. Mais il y a aussi une ample moisson à faire dans certains de ses Poèmes, en tout premier lieu dans la pièce intitulée *Sur sa vie*, qui est une véritable autobiographie. Il n'est pas jusqu'à ses Discours qui ne soient à consulter à ce point de vue, notamment les éloges funèbres de son père, de son frère, de sa sœur, de son ami saint Basile[2].

1. L'édition courante des œuvres de Grégoire est celle qui fut préparée par les Bénédictins de Saint-Maur aux XVIIe et XVIIIe siècles. Elle est reproduite dans la *Patrologie grecque* de Migne, aux tomes 35-38.

2. Comme études biographiques détaillées, on pourra consulter : Tillemont, *Mémoires pour servir à l'histoire ecclésiastique des six premiers siècles*, Paris, 1693-1712, tome 9, p. 305-560 et 692-731 ; *Vita Sancti Gregorii* dans l'édition bénédictine, Migne, *P.G.*, 35, 147-242 ; C. Ullmann, *Gregor von Nazianz der Theologe*, 2te Aufl., Gotha, 1867 ; P. Gallay, *La vie de Saint Grégoire de Nazianze*, thèse de lettres, Lyon-Paris, 1943.

Grégoire est né, selon toute probabilité, en 329 ou 330[1], soit à Nazianze, petite ville du sud-ouest de la Cappadoce, soit à Arianze, bourg du voisinage, où ses parents avaient des propriétés qui leur assuraient une situation aisée. Son père, qui portait le même nom et qu'on appelle ordinairement Grégoire l'Ancien, n'était pas chrétien de naissance ; jusqu'à l'âge de 45 ans environ il appartint à la secte judéo-païenne des *Hypsistariens* (adorateurs du Très-Haut, *Hypsistos*) ; il se convertit au christianisme au moment où plusieurs évêques passèrent par Nazianze pour se rendre au concile de Nicée, ce qui place cet événement en 325. Quatre ans plus tard, le siège épiscopal de Nazianze étant devenu vacant, le choix des évêques de la province, en accord avec le désir des fidèles, se porta sur Grégoire l'Ancien, qui jouissait de l'estime générale ; il n'était pas impossible en effet à cette époque qu'un homme marié et père de famille reçût l'épiscopat[2].

1. Cette date n'est pas attestée directement, mais elle se déduit avec une quasi-certitude de l'examen de certains textes. Dans les vers 237-239 du poème *Sur sa vie* (Migne, *P.G.*, 37, 1046), Grégoire atteste qu'il était environ à sa trentième année quand il acheva ses études à Athènes, et dans le chapitre 23 du Discours 5 (Migne, *P.G.*, 35, 692 A) il dit qu'il connut à Athènes le futur empereur Julien. Le séjour de Julien dans cette ville se plaçant en 355, la trentième année de Grégoire tombe donc autour de cette date ; quatre ou cinq ans après, comme nous invite à l'admettre un autre texte (Poème *Sur sa vie*, v. 512-513 ; Migne, *P.G.*, 37, 1064). Suidas, qui place la naissance de Grégoire en 300, est certainement dans l'erreur : comment admettre que Grégoire étudia jusqu'à l'âge de 60 ans et que la trentième année dont il parle n'était pas celle de son âge, mais la trentième année de ses études ?

2. On a sur ce point un témoignage intéressant de saint Athanase disant que, de son temps, beaucoup d'évêques ne sont pas mariés, mais que d'autres sont pères de famille (Lettre 9 ; Migne, *P.G.*, 25, 533 A). Les Bollandistes, croyant que le célibat était universellement observé par les évêques dès le IVe siècle, ont essayé de prouver que Grégoire était né avant l'épiscopat de son père. Leur opinion sur le célibat des évêques au IVe siècle se fonde sur quelques textes de saint Jérôme et de saint Épiphane ; Tillemont répond très justement que, si les témoignages allégués « suffisent pour montrer quel est l'esprit de l'Église sur ce point et ce qu'elle faisait pratiquer dans plusieurs provinces, néanmoins

La mère de Grégoire de Nazianze, Nonna, était au contraire une chrétienne de race. Femme d'une foi vive et d'une grande piété, elle eut un rôle important dans la conversion de son mari et elle assura une solide formation chrétienne à ses enfants. Ceux-ci furent au nombre de trois : une fille, Gorgonie et deux fils, Grégoire et Césaire. Gorgonie se maria ; elle eut trois filles, dont l'aînée, Alypiana, épousa Nicobule, auquel Grégoire s'intéressa et adressa quelques lettres (Lettres 12, 13, 21, 67, 126) ; parmi les enfants de Nicobule et d'Alypiana, nous connaissons surtout Nicobule le Jeune : Grégoire aimait beaucoup ce petit-neveu et il dirigea de loin ses études (Lettres 51-55, 157, 167, 175-177, 187, 190-192, 195, 196, 224). Césaire, le frère cadet de Grégoire, fit de brillantes études à Alexandrie et devint médecin à Constantinople ; il avait ses entrées à la cour impériale (Lettres 7,20) ; il mourut encore jeune, en 368 ou 369 (Lettres 29, 30, 80). Quant à Grégoire, dès sa jeunesse, il forma le dessein de ne pas rester dans le monde, de renoncer au mariage et de se consacrer à Dieu. Mais il voulut auparavant acquérir la culture profane la plus poussée qu'on pût avoir à l'époque. Il eut toujours un amour très vif des belles lettres et la volonté de mettre la culture hellénique au service de la foi chrétienne. Il l'a dit nettement : « Mes joues étaient encore imberbes que j'éprouvais déjà un ardent amour pour les lettres ; je cherchais à mettre les lettres bâtardes au service des vraies »[1]. Il aimera à dire que les λόγοι (c'est-à-dire les belles lettres) sont un don du Λόγος (c'est-à-dire du Verbe divin, seconde Personne de la Sainte Trinité) ; cette formule n'est pas pour lui un simple jeu de mots, c'est l'expression d'une vérité fondamentale.

Grégoire alla donc étudier dans divers centres intellectuels : à Césarée de Cappadoce, où il rencontra pour la première fois Basile, puis à Césarée de Palestine, à

ces passages mêmes montrent assez qu'elle n'y obligeait pas partout » (*Mémoires pour servir à l'histoire ecclésiastique*, tome 9, p. 695).

1. Poème *Sur sa vie*, v. 112-114 ; Migne, *P.G.*, 37, 1037.

Alexandrie, et surtout à Athènes. C'est là que son séjour fut le plus long, et c'est à ses maîtres d'Athènes, spécialement à Himérios et à Prohaerésios, qu'il doit le meilleur de sa formation littéraire. Basile, après avoir passé par les écoles de Constantinople, vint le rejoindre à Athènes. Ils se lièrent d'une amitié qui devait devenir célèbre et qui devait tenir une grande place dans la vie de Grégoire.

A Athènes, les deux amis furent si brillants qu'on voulut les garder et leur donner une chaire. Ils rentrèrent néanmoins dans leur patrie, Basile, le premier, Grégoire, un peu après, vers 358/359. Grégoire professa quelque temps la rhétorique à Nazianze (Lettre 3), mais il ne tarda pas à mettre à exécution son projet de vie consacrée à Dieu. Basile, de son côté, organisait un monastère sur les bords de l'Iris. Il y invita Grégoire, qui vint, mais ne s'y fixa pas ; en effet, il ne voulait pas abandonner ses parents, maintenant âgés. Après avoir partagé quelque temps la vie monastique de Basile et de ses compagnons, il revint à Nazianze (Lettres 1, 2, 4, 5, 6).

Comment allait-il organiser sa vie? Il nous a fait part de ses perplexités[1]. La vie purement contemplative, à la manière des solitaires d'Égypte, le séduisait, mais il ne la voulait pas telle quelle ; car la renonciation à tout, même à l'étude, ne lui aurait pas permis d'acquérir la connaissance profonde qu'il désirait avoir des Livres saints. Il estimait aussi que la charité est un devoir essentiel du christianisme, et ses vieux parents étaient les premiers qu'il devait aider. Il s'établit donc près d'eux, se ménagea une retraite pour se livrer à la prière, à la mortification, à l'étude des Saintes Écritures, tout en se chargeant de la gestion des biens familiaux. Il crut pendant quelques mois avoir trouvé le moyen de concilier la vie contemplative et la vie active...

Mais Grégoire l'Ancien désirait avoir son fils pour collaborateur. En un jour de fête, à la fin de 361 ou au

1. Poème *Sur sa vie*, v. 280-329 : Migne, *P.G.*, 37, 1049-1052.

début de 362, il l'ordonna prêtre. L'intéressé n'osa pas résister ; mais il reçut le sacerdoce contre son gré, car il n'envisageait pour son compte que la vie monastique sans le ministère sacerdotal. La haute idée qu'il avait de la prêtrise lui donnait la conviction qu'il n'en était pas digne ; il s'effrayait aussi des responsabilités inhérentes à la charge de pasteur d'âmes, surtout en ce temps où l'arianisme menait une lutte violente contre les évêques attachés à la doctrine du concile de Nicée. Ces craintes, qui lui font honneur, jointes à une certaine répugnance pour la vie active, amenèrent de sa part une réaction à laquelle son entourage ne s'attendait guère. A peine devenu prêtre, il disparut. Il alla chercher refuge au monastère de Basile. Mais ce ne fut pas pour longtemps ; désolé d'avoir contristé son père, craignant aussi de se dérober à ce qui maintenant était devenu pour lui un devoir, il revint au bout de quelques semaines. A Pâques de l'année 362, il commença son ministère à Nazianze.

De 362 à 372, Grégoire seconde son père. Parmi les événements qui jalonnent ces dix années et qui ont un écho dans les Lettres, signalons les encouragements adressés à Basile, devenu prêtre, lui aussi, contre son gré (Lettre 8), une intervention heureuse dans un différend qui opposa Basile à Eusèbe, évêque de Césarée (Lettres 16-19), la mort de Césaire, le frère cadet de Grégoire (Lettres 29 et 30), l'action énergique de Grégoire et de son père pour assurer l'élection de Basile au siège de Césarée (Lettres 41-46).

Au bout de ce temps, une nouvelle épreuve survint pour Grégoire ; le sacerdoce lui avait été conféré de force, l'épiscopat lui fut imposé dans les mêmes conditions. Au début de l'année 372[1], la situation politique de la Cappadoce fut brusquement modifiée par une mesure administrative qui eut une répercussion considérable dans le domaine ecclésiastique. L'empereur Valens divisa en effet la province en deux : au lieu d'une province unique, ayant Césarée pour capitale

1. Sur cette date, voir M. Hauser-Meury, *Prosopographie zu den Schriften Gregors von Nazianz*, Bonn, 1960, p. 41-42, note 47.

civile et pour métropole ecclésiastique, il y eut désormais la Première Cappadoce, avec Césarée pour capitale, et la Seconde Cappadoce, dont la capitale fut la ville de Tyane. Anthime, évêque de Tyane, prétendit aussitôt ne plus relever de Basile, évêque de Césarée, et il fit savoir que Tyane, devenant capitale civile de la Seconde Cappadoce, en devenait aussi la métropole ecclésiastique. Il rallia à sa cause un certain nombre d'évêques de la Seconde Cappadoce, qui se retirèrent de l'obédience de Basile. Grégoire prit position pour Basile (Lettre 47) et ce témoignage avait son prix, puisque Nazianze se trouvait dans la Seconde Cappadoce. Pour compenser les défections et garder au siège de Césarée un nombre convenable de suffragants, Basile créa de nouveaux évêchés ; en particulier, il nomma son propre frère au siège de Nysse et il projeta de faire de Grégoire de Nazianze un évêque, pour lui confier le siège de Sasimes. Ce n'était qu'une insignifiante bourgade, un relais à une jonction de routes[1] ; mais c'était un point important pour Basile : certaines redevances en nature perçues par l'évêché de Césarée venaient du fond de la Seconde Cappadoce et passaient par Sasimes « sous les yeux d'Anthime », comme dit Grégoire[2]. Anthime, à la tête d'une troupe armée, arrêtait les convois et confisquait les denrées[3]. Placer à Sasimes un évêque dévoué à sa cause apparaissait à Basile comme le moyen idéal de maintenir les droits de son Église.

Basile vint donc à Nazianze et il gagna Grégoire l'Ancien à son projet. On imagine sans peine les protestations de celui dont on voulait faire un évêque de Sasimes (on en trouvera un écho dans la lettre 48). Mais Basile et son père s'ingénièrent à lui montrer que la cause était juste et qu'il devait en être le champion. Il « courba la tête »[4] et fut sacré évêque, un peu avant Pâques de l'année 372. Après son sacre, il promit publiquement

1. Poème *Sur sa vie*, v. 439-446 ; Migne, *P.G.*, 37, 1059-1060.
2. Discours 43, 28 ; Migne, *P.G.*, 36, 572 B.
3. *Ibid.*
4. Poème *Sur sa vie*, v. 487 ; Migne, *P.G.*, 37, 1063.

de se rendre à Sasimes[1] ; mais Anthime le devança en faisant occuper les environs (Lettre 50). Alors Grégoire se mit à douter que l'on dût employer la force en cette occurrence ; renonçant à « se battre pour des porcelets ou des poulets, comme s'il s'agissait des âmes et des canons » (Lettre 48), il s'enfuit dans la montagne. Aux reproches de Basile, il répondit sur un ton indigné (Lettres 48 et 49). Au bout de quelque temps, Grégoire l'Ancien, voyant qu'il était impossible d'envoyer son fils à Sasimes, lui demanda de revenir à Nazianze. Grégoire accepta et devint l'auxiliaire de son père. Les tentatives d'Anthime pour gagner à sa cause le père et le fils furent vaines (Lettre 50). Ainsi, Grégoire reconnaissait bien en Basile le métropolitain de la Seconde Cappadoce, comme de la Première ; il ne voulait pas se battre pour lui, mais il entendait lui rester fidèle.

En 374, le père et la mère de Grégoire moururent, à peu de distance l'un de l'autre. Grégoire accepta de diriger l'église de Nazianze, mais en expliquant aux évêques de la province que ce ne pouvait être qu'une solution provisoire et qu'il fallait élire un titulaire (Lettres 63-71). Au bout d'un an, cette situation durait toujours, et les évêques ne demandaient qu'à la voir continuer. Alors Grégoire, — dont la santé, d'ailleurs, était ébranlée (Lettres 64-66), — les mit devant le fait accompli : il partit subrepticement (Lettres 72-75). Il se retira à Séleucie, en Isaurie[2]. C'est là qu'il apprit la mort de Basile, survenue le 1er janvier 379 (lettre 76).

Que penser de ces fugues qui se présentent plusieurs fois, comme on l'a vu, dans la vie de Grégoire ? Pour ne pas être injustes envers lui, pour ne pas l'accuser trop facilement, comme certains l'ont fait, de faiblesse et d'instabilité, nous devons bien comprendre qu'il rêvait d'une vie réalisant le plus haut degré de perfection possible ; comme il l'a dit dans son langage pittoresque, il voulait aller à Dieu non point seulement

1. Discours 9, 5 ; Migne, *P.G.*, 35, 825 A.
2. Poème *Sur sa vie*, v. 536-550 ; Migne, *P.G.*, 37, 1066-1067.

par la voie la meilleure, mais par « la meilleure d'entre les meilleures »[1], ce qui impliquait des exigences difficiles à concilier. La première chose pour lui était l'acquisition de la sainteté intérieure, puisée dans la prière, la vie ascétique, l'étude des Saintes Écritures ; et d'autre part il ne concevait pas la perfection sans l'exercice de la charité. Dans quelle mesure devait-il s'enfermer dans la solitude, et dans quelle mesure devait-il agir, tel est le dilemme qui s'est posé à lui durant toute sa vie. Par nature, il était beaucoup plus fait pour la contemplation que pour l'action ; mais les événements le mirent plus d'une fois en demeure de se jeter dans l'action. Son premier mouvement a été parfois de se dérober à l'action ; mais il a toujours su s'imposer ensuite de sortir de sa retraite, quand le devoir d'agir lui est apparu clairement. Ainsi qu'on l'a dit très justement : « Il se connaissait très bien lui-même, et il savait se prescrire, quand il le fallait, de valoir mieux que lui-même »[2]. Son action à Constantinople va nous en donner la plus belle preuve.

Au moment de la mort de Basile, Grégoire fut sollicité de venir à Constantinople pour prendre la direction de la communauté catholique, dont la situation était critique. La ville était aux mains des Ariens depuis une quarantaine d'années. Les catholiques, réduits à un petit nombre, n'avaient plus la possession d'aucune église. Cependant ils reprenaient courage : l'empereur Valens, principal appui des Ariens, avait disparu dans la défaite d'Andrinople, le 9 août 378, et Théodose, son successeur, était partisan de l'orthodoxie. Grégoire hésita d'abord à répondre à l'appel qui lui était adressé ; sa santé était chancelante, et il avait cru, en perdant ses parents, pouvoir se consacrer définitivement à la vie contemplative. Mais, considérant le bien à faire, il surmonta ses répugnances et vint à Constantinople dès le début de 379.

1. Poème *Sur sa vie*, v. 281 ; Migne, *P.G.*, 37, 1049.

2. A. Puech, *Histoire de la littérature grecque chrétienne*, tome 3, Paris, Belles Lettres, 1930, p. 328.

Ne disposant d'aucun sanctuaire, il réunit ses fidèles dans une maison particulière ; il appela cette chapelle improvisée *Anastasia*, c'est-à-dire l'église de la Résurrection, car il espérait que le catholicisme ressusciterait. Son éloquence, sa sainteté, la solidité de son enseignement, l'affabilité de ses manières, lui assurèrent vite une influence telle que les Ariens ne tardèrent pas à s'inquiéter. Pendant l'office de la nuit de Pâques 379, ils envahirent la chapelle de l'Anastasia et attaquèrent les assistants à coups de pierres (Lettres 77 et 78). Une autre fois, ils envoyèrent quelqu'un chez Grégoire, dont la porte était ouverte à tout venant, pour l'assassiner ; la tentative échoua parce que le coupable, arrivé en présence de l'évêque, fut pris de remords et avoua tout ; Grégoire pardonna séance tenante, et il note qu'il ne fit en cette circonstance rien d'extraordinaire[1].

En plus des Ariens, Grégoire eut à souffrir d'un intrigant, Maxime, qui se présentait comme un philosophe cynique converti au christianisme, et qui affichait un zèle ardent pour l'orthodoxie. N'étant pas renseigné sur les antécédents peu recommandables de ce personnage, Grégoire accueillit avec tout son cœur cette recrue et lui accorda sa confiance. Or, au bout de quelque temps, Maxime, qui avait su gagner à sa cause le patriarche d'Alexandrie, se faisait clandestinement sacrer évêque par des prélats venus d'Égypte, et prétendait supplanter Grégoire. Il n'y parvint pas et dut aller chercher fortune ailleurs. Cette singulière aventure nous est connue par Grégoire lui-même, qui l'a racontée en détail dans le poème *Sur sa vie*, et, avec une simplicité et une franchise qui sont habituelles chez lui, il a reconnu qu'il avait été trop crédule[2].

Les efforts de Grégoire pour reconquérir Constantinople à la vraie foi furent enfin récompensés. A l'été et à l'automne de 380, les progrès du catholicisme étaient nets. C'est alors que Grégoire exposa et défendit, avec tout le développement nécessaire, le dogme de

1. Poème *Sur sa vie*, v. 1441-1474; Migne, *P.G.*, 37, 1129-1131.
2. Poème *Sur sa vie*, v. 736-1000; Migne, *P.G.*, 37, 1080-1098.

la Trinité dans ses cinq *Discours Théologiques*, qui sont le sommet de son œuvre dogmatique. Puis le triomphe de l'orthodoxie fut consacré par l'autorité impériale. Théodose, après une campagne heureuse contre les Barbares, fit son entrée à Constantinople, le 24 novembre 380 ; le lendemain, il fit expulser les Ariens des sanctuaires, et, le 27 novembre, il installa solennellement Grégoire dans la basilique des Apôtres.

En mai 381, se réunit à Constantinople le concile qui compte comme le second concile œcuménique en ce qui concerne les décisions dogmatiques. L'arianisme fut de nouveau condamné, ainsi que l'hérésie des « Pneumatomaques », qui niait la divinité du Saint-Esprit. Grégoire fut reconnu officiellement par le concile comme évêque de Constantinople, et on lui confia la présidence de l'assemblée. Il s'employa de son mieux à apaiser les rivalités qui opposaient évêques d'Orient et évêques d'Occident ; mais il ne parvint pas à faire entendre raison aux différents partis. Découragé et malade, il songeait à donner sa démission ; mais il hésitait à quitter cette Église de Constantinople qui était maintenant florissante. C'est alors qu'arrivèrent au concile des évêques d'Égypte et de Macédoine, qui n'y avaient pas encore paru. Ils étaient d'humeur peu accommodante. Par principe, ils se mirent à blâmer leurs collègues d'avoir reconnu Grégoire comme évêque de Constantinople, et ils fondèrent leur critique sur le 15e canon de concile de Nicée interdisant de transférer un évêque d'un siège à un autre ; or, prétendaient-ils, Grégoire était déjà évêque de Sasimes, et même de Nazianze. En réalité, ce canon, fort ancien, n'était plus en vigueur ; d'autre part, il ne s'appliquait pas à Grégoire, qui n'avait jamais pris possession de Sasimes et qui n'avait pas été vraiment titulaire de Nazianze. C'était donc pure chicane. Voyant que les querelles continuaient et qu'il en était le prétexte, Grégoire offrit sa démission. Elle fut acceptée, et il partit sans attendre la fin du concile[1].

1. Sur tous ces événements, voir le poème *Sur sa vie*, v. 1113-1145 et 1509-1922 ; Migne, *P.G.*, 37, 1105-1107 et 1134-1164.

Rentré dans sa patrie, il se rendit d'abord dans son domaine d'Arianze. Il avait besoin de tranquillité pour rétablir sa santé, dans la mesure du possible, et pour calmer la douleur que les récents événements causaient à son âme si éprise de paix et de charité (Lettres 93, 94). L'Église de Nazianze n'avait toujours pas d'évêque ; se sentant trop fatigué pour en reprendre la direction, il la fit confier au prêtre Clédonios (Lettre 101, début). Dans l'été de 382, un concile régional se tint à Constantinople ; bien qu'il fût invité, il refusa de s'y rendre, mais il essaya d'intéresser à la cause de la paix de l'Église divers personnages influents (Lettres 130-133, 135,136). A la fin de l'été ou à l'automne de cette même année 382, une certaine amélioration s'étant produite dans son état de santé (Lettres 91 et 171), il reprit la direction du diocèse de Nazianze (Lettres 138-139). Il n'en fut pas moins obligé d'aller faire une saison aux eaux thermales de Xanxaris, et les tenants de l'hérésie apollinariste profitèrent de son absence pour troubler l'Église de Nazianze ; il intervint alors auprès de l'autorité civile (Lettres 125 et 126). En 383, il eut l'occasion de rendre à ses compatriotes un service éminent : la ville de Nazianze, s'étant révoltée contre un décision du gouverneur Olympios, fut menacée de destruction ; Grégoire écrivit à Olympios une lettre pathétique (Lettre 141), accompagnée d'un court billet (Lettre 142). Et la ville fut épargnée. En 383, avant l'été (Lettre 173), Grégoire, repris par ses infirmités, se démit de ses fonctions (Lettres 173, 182, 183). On lui donna pour successeur son cousin Eulalios, qu'il estimait et en qui il avait toute confiance. Il se retira alors définitivement à Arianze et il mourut en 390[1].

1. Saint Jérôme, dans un ouvrage écrit en 393, dit : decessitque ante hoc ferme triennium (*De viris inlustribus*, 117). Un espace de trois ans par rapport à 393 nous reporte à 390, en comptant, suivant la manière antique, le point de départ et le point d'arrivée. Cf. P. Nautin, *La date du* De Viris inlustribus *de Jérôme, de la mort de Cyrille de Jérusalem et de celle de Grégoire de Nazianze: Revue d'Histoire ecclésiastique*, LVI, 1961, p. 33-36.

II

CARACTÈRE ET VALEUR DES LETTRES DE SAINT GRÉGOIRE DE NAZIANZE

La correspondance de Saint Grégoire de Nazianze, sans être dépourvue d'importance historique, présente surtout un très grand intérêt littéraire et humain. Tandis que la correspondance de son ami Saint Basile reflète toute une partie de l'histoire du IVe siècle oriental, la correspondance de Grégoire a l'avantage de nous faire connaître ce même IVe siècle par le dedans. Et c'est une époque qui mérite de retenir l'attention. Le christianisme est sorti de l'ère des persécutions ; il a conquis sa place dans le monde et il acquiert ses lettres de noblesse aux yeux de la société de ce temps en faisant siens les trésors de la culture grecque. Grégoire de Nazianze, homme d'Église et évêque, est en même temps un fin lettré ; toutes ses œuvres, et par conséquent ses lettres, sont travaillées avec le plus grand art. Cet art, qui enchantait les contemporains, peut nous paraître parfois trop raffiné[1]. Mais ne croyons pas, pour autant, que les lettres de Grégoire soient des exercices d'école. Tout en sacrifiant au goût littéraire de son temps (et comment eût-il pu ne pas le faire ?), il a une sensibilité si vive, un tempérament si spontané, une âme si portée à la confidence, qu'il se livre d'une manière beaucoup plus complète que ne le laisserait supposer l'élégance de la forme. Ses lettres sont vivantes.

1. On pourra consulter sur ce point : M. Guignet, *Les procédés épistolaires de Saint Grégoire de Nazianze comparés à ceux de ses contemporains*, thèse complémentaire, Paris, 1911 ; G. Przychocki, *De Gregorii Nazianzeni epistulis quaestiones selectae*, Cracoviae, 1912 (ce livre important se trouve à la Bibliothèque Nationale) ; P. Gallay, *Langue et style de Saint Grégoire de Nazianze dans sa correspondance*, Paris, Monnier, 1933.

Non seulement elles nous font connaître la société du IVe siècle, mais elles nous montrent aussi les multiples aspects de la personnalité de l'auteur. Et cette personnalité est aussi riche qu'attachante. Ce Père de l'Église, tout orienté vers Dieu et les choses d'en haut, sait aussi être un ami délicat et tendre, pour qui l'absence de ceux qu'il aime est un des plus grands maux. Ce pasteur soucieux du bien des âmes, qu'il doit diriger et préserver contre l'hérésie, sait aussi plaisanter, rire, voir le comique d'une situation. Ce grand contemplatif, vite fatigué par les soucis de la vie active, n'épargne cependant ni son temps ni sa peine en face d'une détresse à secourir, d'un service à rendre ; et dans son voisinage on sait en profiter ! S'il n'arrive pas toujours à dominer sa colère, du moins il ne dissimule pas qu'il s'est fâché et il n'a pas détruit telles de ses lettres qui sont vibrantes de courroux ; et par contre, en plus d'une circonstance, il a été un pacificateur. Adonné à l'étude des Livres saints, en compagnie desquels il passe le meilleur de son temps, il n'est nullement embarrassé quand il lui faut écrire à des sophistes de profession, en rivalisant avec eux d'esprit et d'érudition profane, et il ne dédaigne pas d'expliquer à l'un de ses petits-neveux les secrets de l'art épistolaire... Les lettres de Grégoire sont variées comme la vie même[1].

1. En ce qui concerne les correspondants de Grégoire et tous les personnages dont il est question dans ses œuvres, on consultera avec profit : M. Hauser-Meury, *Prosopographie zu den Schriften Gregors von Nazianz*, Bonn, 1960.

III

LE TEXTE DES LETTRES[1]

Étendue du recueil. — Le tome 37 de la *Patrologie grecque* de Migne[2], qui ne fait que reproduire l'édition préparée aux XVIIe et XVIIIe siècles par les Bénédictins de Saint-Maur[3] donne 244 lettres ; une 245e a été publiée en 1840 par Forshall[4] et de nouveau, en 1903, par le Cardinal Mercati[5]. Il convient d'y ajouter les lettres 169-171 de saint Basile qui doivent être restituées à Grégoire[6]. Les Bénédictins ont adopté pour les Lettres un ordre chronologique qui diffère non seulement de l'ordre suivi dans les manuscrits, mais aussi de l'ordre suivi dans les éditions antérieures. Il s'ensuit qu'il existe une double numération en ce qui concerne les éditions imprimées. Toutefois, c'est presque uniquement à l'ordre de l'édition bénédictine que l'on se réfère actuellement. On adoptera dans cette édition l'ordre et la numération de l'édition bénédictine, et par conséquent de la *Patrologie* de Migne, car le classement chronologique des Lettres par les Bénédictins est raisonnable et satisfaisant dans son ensemble. Si j'ai été amené, dans certains cas, à adopter, pour telle ou telle lettre, une date différente de celle des Bénédictins, je n'ai pas

1. Sur ce sujet, qui ne peut être traité ici que sommairement, je renvoie, une fois pour toutes, à mon ouvrage *Les manuscrits des Lettres de Saint Grégoire de Nazianze*, dans la *Collection d'Études anciennes, publiée sous le patronage de l'Association Guillaume Budé*, Paris, Belles Lettres, 1957. On trouvera dans ce livre les développements désirables, avec preuves à l'appui.

2. *Patrologiae cursus completus, series graeca*, t. 37, Parisiis, 1862.

3. *Sancti Patris Nostri Gregorii Theologi ... opera quae exstant omnia*, t. 2, Parisiis, 1840.

4. *Catalogue of Manuscripts in the British Museum..., New Series*, vol. I, part 2, p. 34, London, 1840.

5. *Studi e Testi*, XI, Roma, 1903.

6. Voir A. Cavallin, *Studien zu den Briefen des hl. Basilius*, Lund, 1944, p. 81-92.

voulu, pour autant, changer la numération ni l'ordre de succession. Il en résultera parfois un petit décalage entre la chronologie stricte et l'ordre de succession des lettres ; mais cet inconvénient n'est pas grave — car la date présumée de chaque lettre sera indiquée en tête de la traduction.

Cette édition ne comporte pas les lettres dites *théologiques*, qui portent les n°s 101, 102, 202 et 243 ; car ce sont des traités de théologie qui, au point de vue de la tradition manuscrite, se rattachent étroitement aux Discours de Grégoire et nullement à sa correspondance. L'édition critique de ces documents reviendra à l'helléniste qui étudiera les manuscrits des Discours et en publiera le texte. D'ailleurs, la lettre 243 est reconnue universellement comme inauthentique.

Le recueil primitif de la Correspondance de Grégoire. — C'est Grégoire lui-même qui a été le premier éditeur de sa correspondance. Le fait est assez exceptionnel pour qu'on insiste un peu sur ce point. Le petit-neveu de Grégoire, Nicobule, demanda à son grand-oncle des conseils sur l'art épistolaire. Grégoire les donna dans la lettre 51. Nicobule lui demanda ensuite une collection de ses lettres. Grégoire accepta et envoya le recueil en expliquant, dans la lettre 52, pourquoi il avait acquiescé à la demande de Nicobule ; et, dans la lettre 53, il donna des précisions, qui sont pour nous de la plus haute importance, sur la composition du recueil. Il a placé en tête de ses lettres, dit-il, celles de son ami Basile, c'est-à-dire celles qu'il a reçues de Basile[1]. Enfin, la lettre 54 se rapporte, elle aussi, à la publication du recueil en donnant à Nicobule la vraie notion du *laconisme*, ce qui complète les préceptes formulés dans la lettre 51. On a ainsi quatre « lettres-

1. On a cru parfois que Grégoire avait mis aussi des lettres de Basile adressées à d'autres qu'à lui-même (M. Bessières, *La tradition manuscrite de la Correspondance de Saint Basile* dans *The Journal of theological Studies*, XXIII, 1922, p. 245). Mais Grégoire dit dans la lettre 53 que la présence de ces lettres de Basile doit manifester son union avec lui ; le but ne serait pas atteint par des lettres de Basile adressées à d'autres.

programme »[1], qu'il convient de disposer dans l'ordre suivant : 52, 53, 51, 54. En effet, la lettre 52 est une épître dédicatoire ; la lettre 53 complète cette dédicace ; la lettre 51 enseigne à Nicobule les principes de l'art épistolaire ; la lettre 54 ajoute aux principes précédents la définition du laconisme. Remarquons que deux des familles de manuscrits, sur les six qui seront distinguées ci-dessous, présentent les « lettres-programme » dans l'ordre qui vient d'être indiqué.

Du témoignage même de Grégoire il ressort que le recueil primitif comprenait : 1° les quatre « lettres-programme » à Nicobule concernant la publication de la correspondance et tenant lieu de préface ; 2° les lettres de Basile à Grégoire ; 3° les lettres de Grégoire à Basile[2] ; 4° les autres lettres de Grégoire destinées à l'édition.

Quelle était l'étendue du recueil que Grégoire adressa à Nicobule, nous ne le savons pas ; mais il semble bien qu'il ne mit pas toutes ses lettres, car il dit dans la lettre 52 qu'il réunit « toutes celles de ses lettres qu'il peut », ce qui implique qu'il laisse sans doute certaines de ses lettres en dehors de son édition. Par ailleurs, bien qu'on ait d'excellentes raisons de croire que Grégoire fit cette édition entre 384 et 390, c'est-à-dire pendant les dernières années de sa vie[3], on ne peut guère douter qu'il ait écrit et conservé d'autres lettres après l'envoi du recueil à Nicobule. Quand Grégoire fut mort, ces lettres écrites après la composition du recueil, et aussi certaines lettres plus anciennes, mais laissées de côté par l'auteur, ont pu être les unes retrouvées par ses héritiers, les autres divulguées par leurs destinataires ; elles ont été sans doute adjointes à la collection qui circulait déjà. Mais ces additions n'eurent probable-

1. J'emprunte cette expression à G. Przychocki, *Historia listów św. Grzegorza z Nazjanzu*, Cracovie, 1946, p. 7.

2. Ces lettres de Grégoire à Basile étaient la réplique des lettres de Basile à Grégoire. De fait, toutes les familles de manuscrits font figurer les lettres de Grégoire à Basile avant les lettres à d'autres correspondants.

3. Voir la note concernant la date des lettres 51-54, en tête de la traduction de ces lettres.

ment pas l'homogénéité du recueil primitif ; car il y a des flottements qui se constatent dans les faits suivants : 1° aucun manuscrit connu ne donne toutes les lettres, et c'est en faisant appel à différentes sources que l'on arrive au total de 245 ; 2° les six familles de manuscrits que nous distinguerons présentent toutes un total de lettres qui varie de 231 à 239 ; 3° treize lettres ne sont transmises que par une partie des familles, et même une lettre (celle qui porte le n° 88) n'a été conservée que par quatre manuscrits, dont aucun ne représente une des six familles.

Le texte des Lettres entre le recueil primitif et nos manuscrits médiévaux. — La célébrité de Grégoire de Nazianze, la vénération dont il fut toujours l'objet en Orient, laissent à penser que ses Lettres, comme le reste de son œuvre, jouirent d'emblée d'une grande notoriété. Quelques indices nous montrent qu'il en fut ainsi. Un papyrus de la fin du ve siècle, conservé à Vienne *(Papyrus graecus Vindobonensis 29788)*, contient le texte des lettres 80 et 90 ; on a ainsi un document postérieur d'une centaine d'années seulement à la publication du recueil primitif. Environ un demi-siècle après ce papyrus, en 553, lecture fut faite au Ve concile de Constantinople de quatre lettres de Grégoire[1]. Certaines lettres avaient été traduites en syriaque à une époque assez proche de l'édition primitive, puisqu'on en trouve déjà une trace dans un manuscrit syriaque du vi^e siècle[2].

Après ces témoignages, c'est pour nous le silence pendant quatre siècles. Le texte des Lettres se transmet, de copie en copie ; il passe de l'écriture onciale à l'écriture minuscule, selon l'opération qui se nomme μεταχαρακτηρισμός[3] ; et c'est seulement au xe siècle que nous

1. Voir sur ce point J. T. Mansi, *Sacrorum Conciliorum nova et amplissima collectio*, Parisiis et Lipsiae, 1903 sv., tome 9, p. 255-258.

2. Ce manuscrit est le *Londinensis British Museum Additional 17144;* il contient les lettres 4 et 5.

3. Voir sur ce point A. Dain, *Les Manuscrits*, 2e éd., Paris, Belles Lettres, 1964, p, 124-133.

trouvons les plus anciens manuscrits qui nous soient parvenus. Ces manuscrits, cela va sans dire, sont en minuscule. Rien n'a survécu des manuscrits antérieurs écrits en onciale, suivant un phénomène commun, à peu d'exceptions près, à tous les textes de l'antiquité grecque : après la transcription en minuscule, les exemplaires en onciale qui avaient servi de modèles furent jugés inutiles, et on les laissa périr[1].

Les manuscrits des Lettres ; classement et utilisation pour cette édition. — Les manuscrits contenant une partie plus ou moins grande des Lettres de Grégoire sont très nombreux, cent soixante environ[2]. L'importance de ces documents est très variable, depuis les grands recueils qui contiennent plus de 200 lettres, jusqu'aux florilèges qui n'en présentent que quelques-unes ; et il arrive même que des copistes ont juxtaposé des fragments de la correspondance de Grégoire et des fragments empruntés à d'autres épistoliers. Rappelons aussi qu'aucun manuscrit, si étendu soit-il, ne donne à lui seul les 245 lettres connues. Il n'y a à tenir compte ici que des documents représentant vraiment une étape de la tradition manuscrite.

Un premier élément de classement est l'ordre de succession des Lettres. Cet ordre n'est pas le même dans tous les manuscrits ; inversement, chaque manuscrit ne présente pas un ordre différent de celui de tous les autres ; l'examen de la manière dont les lettres sont groupées fait ressortir des parallélismes qui, lorsqu'ils portent sur plus de 200 lettres, ne peuvent être fortuits. Deux ou plusieurs manuscrits offrant de bout en bout une même succession de lettres peuvent être considérés, jusqu'à preuve du contraire, comme appartenant à la même famille. Un autre indice, qui peut corroborer le précédent, est l'absence ou la présence de certaines lettres : ainsi la lettre 244 n'est présente que dans une

1. Voir A. Dain, *op. laud.*, p. 129.
2. Voir mon article *Liste des manuscrits des Lettres de Saint Grégoire de Nazianze* dans la *Revue des études grecques*, t. 57, 1944, p. 106-124. A compléter par la note 1 de la page 15 de mon livre *Les manuscrits des Lettres de Saint Grégoire de Nazianze.*

famille et elle est absente de toutes les autres. Cependant le véritable critère pour la distinction des familles de manuscrits est l'examen des variantes : la concordance des leçons est la preuve définitive de l'appartenance à une même famille. Or, il se trouve, comme on pouvait s'y attendre, que l'étude des variantes confirme les données acquises par les autres moyens.

Il y a six familles de manuscrits, que nous désignons respectivement par les sigles **u, v, d, f, g, h.**

La famille **u** a pour représentants principaux deux manuscrits, dont l'un se trouve à la Bibliothèque Marcienne de Venise et l'autre à la *Biblioteca Estense* de Modène. Le manuscrit de Venise est le *Marcianus graecus 79*, du XIe siècle, auquel on donnera ici pour sigle **Y** ; le manuscrit de Modène est le *Mutinensis Estensis 229*, du XIe siècle également, qui aura pour sigle **M.** Le recueil de la correspondance de Grégoire transmis par la famille **u** comprend 237 épîtres, dont il faut retrancher une lettre de Grégoire de Nysse. Les lettres manquantes sont les suivantes : 28, 42, 57, 88, 101, 102, 171, 202, 212, 241, 243, 244. **Y** transmet le recueil de la famille **u** d'une manière intégrale (folios 1-82v). **M,** au contraire, est mutilé au début ; il a perdu les cinquante premières lettres ; le texte des autres va du folio 1 au folio 56. Bien qu'ils transmettent tous les deux un texte que nous pouvons regarder comme le texte propre à la famille **u, Y** et **M** ne sont pas copiés l'un sur l'autre et ont assez de différences de détail pour que l'on tienne compte de l'un et de l'autre dans l'établissement du texte de cette édition. La famille **u** commence par les « lettres-programme » ; puis elle donne les lettres de Grégoire à Basile[1], et elle les donne toutes — car elle y met la lettre 245, billet extrêmement bref que toutes les autres familles ont perdu ; enfin elle présente les lettres à des

1. Ces lettres ne sont pas précédées des lettres de Basile à Grégoire, comme dans le recueil primitif, parce que la correspondance de Basile s'était constituée en un recueil indépendant, où les lettres en question étaient naturellement entrées.

correspondants autres que Basile, en observant le principe qui consiste à grouper les lettres à un même destinataire de telle façon que le nom de chacun n'apparaisse qu'à un seul endroit. Dans cet ensemble ne figure aucune lettre étrangère, je veux dire aucune lettre dont Grégoire de Nazianze ne serait pas l'auteur, ce qui est encore une garantie de fidélité à l'ordonnance primitive (Grégoire n'avait en effet admis que les lettres de Basile à lui adressées, et encore dans une section à part qui suivait immédiatement les « lettres-programme »). Un détail met en lumière le souci de la famille **u** de ne pas admettre de lettres étrangères dans son recueil, c'est la présence, à la fin des lettres de Grégoire, d'un appendice où figurent une lettre de Grégoire de Nysse et les lettres 169-171 de Basile. G. Przychocki a très justement rapproché ce fait de la coutume qu'avaient les Alexandrins de faire figurer à la fin des volumes, après les œuvres authentiques, les pièces dont l'authenticité était contestée[1].

v Les deux manuscrits principaux de la famille **v** se trouvent l'un à la Bibliothèque Médicéo-Laurentienne de Florence, l'autre au British Museum de Londres. Le manuscrit de Florence est le *Laurentianus IV-14*, du xe siècle ; il aura ici pour sigle **L.** Le manuscrit de Londres est le *Londinensis British Museum Additional 36749*, du xie siècle ; il aura ici pour sigle **A.** La famille **v** transmet un recueil de 231 lettres, dont on retranchera une lettre de Grégoire de Nysse et deux de Basile, ce qui fait 228 lettres de Grégoire de Nazianze. Les lettres manquantes sont les suivantes : 4, 5, 28, 42, 57, 66, 88, 101, 102, 114, 171, 202, 212, 241, 243, 244, 245. **L** présente les lettres de Grégoire au début (folios 1-85v) ; mais le manuscrit est mutilé : il a perdu les six premières lettres et les premières lignes de la septième. Pour reconstituer la partie manquante nous

1. *Historia listów sw. Grzegorza z Nazjanzu*, p. 11. — Dans l'appendice dont nous parlons se trouvent aussi les lettres 236 et 66 de Grégoire de Nazianze, ce qui montre qu'elles étaient suspectées, — à tort d'ailleurs.

ne pouvons recourir au manuscrit **A,** car ce dernier a subi, nous le verrons, une mutilation encore plus importante ; mais en examinant l'ordre de succession des lettres dans d'autres manuscrits de la famille **v,** nous pouvons savoir quelles sont les lettres qui manquent au début de **L.** En effet, le *Marcianus graecus 80* (XIIe siècle), le *Laurentianus Conventi soppressi 627* (XIIIe siècle) et le *Marcianus Append. class. XI-5* (XIVe siècle) nous révèlent que les six premières lettres perdues par **L** étaient les lettres 2, 6, 46, 60, 1, 19. **L** présente encore une lacune : en haut du folio 5, le texte de la lettre 49 s'arrête au mot ὁπλίζομεν suivi de la mention κ. τ. λ. ; et le reste de la page est en blanc ; au folio 5^v, il y a des traces d'un texte latin en onciale écrit en travers de la page ; puis le texte de Grégoire reprend au folio 6 avec la lettre 41, dont il manque le début ; par la comparaison avec les trois manuscrits qui viennent d'être cités, on s'aperçoit que **L** a perdu la lettre 50 entre les lettres 49 et 41. Quant au manuscrit **A,** il donne les lettres de Grégoire, lui aussi, en son début (folios 2-123) ; mais il a subi une mutilation beaucoup plus importante, puisqu'il a perdu les quarante et une premières lettres et la plus grande partie de la quarante-deuxième ; une autre lacune est à déplorer entre les folios 5^v et 6, et elle nous prive de la moitié de la lettre 77, de la lettre 159 et d'une partie de la lettre 157. Bien que **A** et **L** nous donnent l'un et l'autre le texte de la même famille **v, A** n'est pas copié sur **L** ; il prendra donc place à côté de son aîné pour représenter la famille **v** dans cette édition. Pour ce qui est des lettres manquant dans **L** (et par conséquent dans **A**), le texte en sera pris dans un manuscrit de la famille **v** qui se trouve à la *Biblioteca Angelica* de Rome : c'est l'*Angelicus C-14*, du XIe siècle, qui sera désigné par la lettre **C.** Bien qu'il réduise à 86 le recueil de 231 lettres de la famille **v,** le manuscrit **C** est un bon témoin, assez ancien, de cette famille, puisqu'il est du XIe siècle. Là où nous avons le texte de **L** et de **A,** ou même le texte de **L** seul, il ne sera pas utile (sauf exception) de faire intervenir **C** ; mais pour les quelques lettres qui manquent dans **L**, on fera appel au texte de **C** pour représenter la famille **v**. En ce qui concerne l'ordre des lettres, la famille **v** est dans une situation assez semblable à la famille **u** : les lettres aux correspondants autres que Basile se trouvent disposées de la même façon que dans **u**[1] et il y a rejet en appendice des pièces considérées comme douteuses[2] ; mais **v** s'éloigne de l'ordre du recueil primitif en ne maintenant pas en tête les « lettres-programme », qui sont rangées avec les autres lettres à Nicobule ; d'autre part, si les lettres à Basile sont toujours avant celles adressées à d'autres, elles ne sont pas au complet : il en manque trois, à savoir les lettres 4, 5 et 245[3] ; enfin la lettre 71 de Basile est introduite parmi les lettres de Grégoire à Basile.

d La famille **d** a pour principaux représentants deux manuscrits qui se trouvent à la Bibliothèque Nationale de Paris. Ce sont le *Parisinus graecus 506* de la seconde moitié du xe siècle, auquel on donnera ici pour sigle **P**, et le *Parisinus Suppl. gr. 763*, du xie siècle, qui aura pour sigle **R**. La famille **d** transmet un recueil de 235 lettres, dont il faut déduire une lettre de Basile. Les lettres manquantes sont les suivantes : 42, 57, 74, 88, 101, 102, 114, 184, 202, 236, 241, 243, 244, 245. Le manuscrit **P** commence par un recueil des lettres de Basile, puis viennent les lettres de Grégoire (folios 143-189). **R** commence aussi par un recueil des lettres de Basile et donne ensuite les lettres de Grégoire (folios 165v-211) ; mais, tandis que **P** est complet, **R** a subi une importante lacune entre les folios 200v et 201 ; il lui

1. L'identité d'ordre ne suffit pas ici pour ramener la famille **v** à la famille **u** ; l'étude du texte montre que ce sont deux familles distinctes.

2. Cet appendice comprend la lettre 1 de Grégoire de Nysse, la lettre 236 de Grégoire de Nazianze, la lettre 115 de Basile. De même que dans la famille **u**, la lettre 236 de Grégoire de Nazianze est suspectée à tort.

3. Les lettres 4 et 5 se trouvent dans **L** au début du recueil des lettres de Basile, qui suit le recueil des lettres de Grégoire. C'est ce qui explique leur omission ici. Quant à la lettre 245, elle ne se trouve que dans la famille **u**.

manque en effet 63 lettres. Il ne s'agit pas d'une omission imputable au copiste, puisque la table qui accompagne le recueil est complète et que cette table a été rédigée après l'achèvement de la copie[1]. La lacune est due à la perte d'un certain nombre de feuillets, ce qui s'est produit, selon toute apparence, à l'occasion d'une reliure. La disparition est antérieure à la numération des folios en chiffres arabes ; mais celle-ci remonte tout au plus à la Renaissance. On peut cependant assigner une date plus précise à la perte des feuillets, si l'on remarque qu'une main du XIIIe siècle a recopié en marge, depuis le folio 200^v^ jusqu'au folio 205^v^, une quinzaine des lettres disparues[2]. On admettra donc que les feuillets manquants se sont perdus entre le XIe et le XIIIe siècle. Bien que **P** et **R** nous transmettent le texte de la même famille **d** et soient presque contemporains, le second n'est pas copié sur le premier (comme le prouve, entre autres indices, la présence dans **R** de tout un groupe de mots de la lettre 21 manquant dans **P**). Dans l'établissement du texte, on tiendra donc compte des deux manuscrits pour représenter la famille **d**. La famille **d** maintient en tête les « lettres-programme » ; elle présente ensuite les lettres à Basile au complet (moins la lettre 245, propre à la famille **u**, comme il a été dit). Les lettres aux autres correspondants sont rangées suivant le principe appliqué par les familles **u** et **v** : groupement par correspondants, de façon que le nom de chacun ne figure qu'à un seul endroit[3] ; il faut remarquer toutefois que l'ordre de succession des groupes de lettres est différent de ce qu'il est dans **u** et dans **v**. Mais la famille **d** introduit une lettre de Basile parmi les lettres de Grégoire adressées à des correspondants autres que Basile.

1. On le voit par un détail du manuscrit Y. Le copiste, ayant oublié dans son texte d'employer le chiffre να′, donne dans la table les numéros ν′ et να′ à la lettre qui devrait être marquée ν′.
2. Le texte de ces lettres est copié sur un témoin de la famille **d**.
3. Si on lit le titre Ὀλυμπίῳ en tête de deux groupes différents, c'est parce que le second de ces titres est en réalité Ὀλυμπιανῷ. La comparaison avec les autres familles montre que la famille **d** a écrit le second Ὀλυμπίῳ indûment.

f La famille **f** a pour témoin principal un manuscrit de la bibliothèque du Monastère de Saint-Jean l'Évangéliste, dans l'île de Patmos ; c'est le *Palmiacus 57*, du xe siècle. Il aura ici pour sigle Π. La famille **f** transmet un recueil de 239 lettres, dont il faut retrancher sept lettres de Basile, soit un ensemble de 232 lettres de Grégoire. Les lettres manquantes sont les suivantes : 12, 42, 50, 74, 88, 101, 102, 114, 183, 184, 185, 202, 236, 243, 244, 245. Le manuscrit Π présente les lettres de Grégoire dans son début (folios 1-79). Ce manuscrit sera l'unique représentant de la famille **f** dans notre édition ; en dehors de lui, la famille **f** ne compte que le *Vaticanus graecus 1780*, de la seconde moitié du xvie siècle ; simple réplique tardive de Π, ce manuscrit est négligeable. La famille **f** garde en tête les « lettres-programme » ; elle les fait suivre des lettres à Basile, mais il lui en manque ici trois : les lettres 50 et 245, qu'elle ignore, et la lettre 46, qu'elle place beaucoup plus loin ; de plus, dans ce groupe des lettres de Grégoire à Basile, elle introduit les lettres 41 et 43 de Grégoire (qui ne sont pas adressées à Basile) et la lettre 71 de Basile. Dans la partie qui comprend les lettres de Grégoire à des correspondants autres que Basile, la famille **f** introduit six lettres de Basile ; et elle n'a pas le groupement des lettres par correspondants, comme l'avaient fait les familles précédemment étudiées, de sorte que l'on voit le nom d'un même correspondant paraître à plusieurs endroits.

g La famille **g** est représentée par trois manuscrits principaux. Tous les trois ont souffert des injures du temps ; mais comme les détériorations ne portent pas sur les mêmes parties, le recueil de la famille **g** se laisse reconstituer aisément. Ces trois manuscrits sont : un manuscrit du Mont-Athos, de la bibliothèque du Monastère d'Iviron, c'est l'*Athous* τῆς ἱερᾶς μονῆς Ἰβήρων *355*, *nunc 241*, de la première moitié du xe siècle ; il aura pour sigle **I** ; — un autre manuscrit de l'Athos, du Monastère de la Grande Lavra, c'est l'*Athous* τῆς μεγίστης Λαύρας Γ *59*, de la seconde moitié du xe siècle ; il aura pour sigle Λ ; — un manuscrit de la Bibliothèque Laurentienne de Florence, le *Laurentianus LVII-7*, du xie siècle ; il aura pour sigle **F**. Le recueil de la famille **g** donne 234 lettres, dont il faut retrancher cinq lettres de Basile, ce qui fait 229 lettres de Grégoire. Les lettres manquantes sont les suivantes : 12, 16, 28, 57, 88, 101, 102, 127, 170, 171, 184, 186, 202, 209, 236, 241, 243, 244, 245. Le manuscrit **I** contient d'abord un recueil des lettres de Basile, puis viennent les lettres de Grégoire (folios 172^{v}-277^{v}). Le recueil de la famille **g** n'est pas entièrement transmis par **I**, il s'arrête à la 204e lettre ; car le manuscrit est mutilé à la fin. Nous avons heureusement, pour le compléter, le manuscrit Λ qui, lui, est mutilé au début et intact à la fin. Du folio 1 au folio 35, Λ transmet le recueil de la famille **g** à partir de la lettre qui est au 167e rang ; il le transmet jusqu'à la fin, après quoi viennent des lettres de Basile. Λ a une assez longue partie commune avec **I** (38 lettres), ce qui permet de constater avec certitude que les deux manuscrits sont bien de la même famille. Quant au manuscrit **F**, troisième témoin de la famille **g**, il est sans mutilation importante, puisqu'il n'a perdu que sept lettres, entre les folios 190^{v} et 191. La restitution des lettres manquantes est facile grâce à la comparaison avec **I**, qui est intact à cet endroit. Cette reconstitution minime une fois opérée, on peut dire que **F** nous donne le recueil complet de la famille **g**. Nos trois témoins de la famille **g** seront pris en considération dans cette édition, car ils ne sont pas copiés l'un sur l'autre ; leurs rapports peuvent être figurés par le stemma suivant, où **g** représente l'ancêtre commun de la famille :

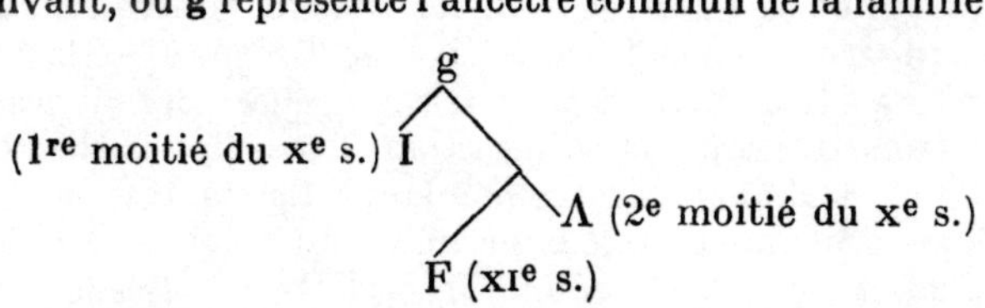

La famille **g** ne laisse pas en tête les « lettres-programme », elle les rejette dans la masse des autres lettres ; elle sépare en deux séries les lettres à Basile, qui sont ainsi mêlées à des lettres à d'autres correspondants ; de plus, cinq lettres de Basile se sont introduites parmi les lettres de Grégoire ; enfin il n'est pas question pour la famille **g** d'observer le principe du groupement des lettres par destinataires, de façon que le nom de chacun n'apparaisse qu'une fois ; tout comme la famille **f**, la famille **g** dissocie les groupes de lettres et fait revenir les noms des destinataires en plusieurs endroits.

h La famille **h** est représentée par deux manuscrits principaux qui nous en transmettent le recueil complet. L'un de ces manuscrits est au Mont-Athos, au Monastère de Vatopédi, c'est l'*Athous* τῆς ἱερᾶς μονῆς Βατοπεδίου *114*, du début du XIIe siècle ; il aura ici pour sigle **B.** L'autre est à la Bibliothèque Marcienne de Venise, c'est le *Marcianus graecus 80*, du XIVe siècle ; il aura ici pour sigle Ξ. Le recueil de la famille **h** comprend 231 lettres, sur lesquelles on retranchera trois lettres de Basile, d'où un total de 228 lettres de Grégoire. Les lettres manquantes sont les suivantes : 12, 28, 42, 57, 62, 64, 65, 74, 88, 101, 102, 171, 183, 184, 185, 202, 236, 241, 243, 245. Le manuscrit **B** transmet le recueil de la famille **h** du folio 152 au folio 255 v, sans mutilation. Le manuscrit Ξ nous offre les lettres de Grégoire en tête (folios 1-139) ; il n'a pas subi de mutilation, mais deux quaternions ont été intervertis à l'occasion d'un reliure qui a précédé la numération des folios en chiffres arabes ; il faut rétablir l'ordre de la façon suivante : folios 112, 121, 122, 123, 124, 125, 126, 127, 128, 113, 114, 115, 116, 117, 118, 119, 120, 129... La famille **h** place en tête les « lettres-programme » ; ensuite commencent les lettres de Grégoire à Basile, mais, au lieu d'être toutes réunies, elles sont divisées en trois tronçons, avec insertion, dans l'intervalle, de lettres à d'autres correspondants (la famille **g** les sépare seulement en deux groupes, et les autres familles les laissent toutes ensemble). Trois lettres de Basile sont incorporées à celles de Grégoire. Enfin les lettres ne sont pas groupées par correspondants et le nom d'un même destinataire revient à plusieurs endroits.

Nos six familles de manuscrits étant ainsi définies

et décrites, demandons-nous quels sont les rapports de ces familles entre elles et comment on peut se représenter leur généalogie. L'examen des variantes fait ressortir, d'une façon générale, les trois groupements **u-v, d-f, g-h.** Cependant les leçons ne se répartissent pas toujours ainsi ; car les divers groupes ont été, comme il arrive fréquemment, collationnés les uns sur les autres. C'est un fait dont les manuscrits eux-mêmes donnent la preuve : les corrections et les variantes que l'on y rencontre, spécialement les variantes qui conservent encore la mention γράφεται, sont les vestiges d'un travail qui s'est poursuivi pendant des siècles ; les exemplaires ont été comparés les uns aux autres, rectifiés, pourvus de variantes marginales, de gloses, de doubles leçons superposées dans le texte ; et les exemplaires ainsi collationnés n'appartenaient pas toujours à la même famille, ni au même groupe de familles. Toutefois ces influences réciproques ne masquent pas la répartition fondamentale des six familles suivant les trois groupes indiqués **u-v, d-f, g-h.**

En faisant état de ces données, on peut tenter un essai de généalogie où l'on prendra pour fil conducteur la présence de certaines lettres, que je nommerai « caractéristiques », dans telle famille et leur absence dans telle autre : on conviendra sans peine que si, par exemple, les lettres 28 et 171 ne se trouvent que dans les familles **d** et **f,** c'est qu'il y a quelque chose de commun dans l'ascendance de ces familles. Si le stemma ainsi obtenu concorde avec les groupements **u-v**, **d-f**, **g-h** qui nous ont été suggérés par l'orientation générale des variantes, on aura quelque idée de ce que fut dans ses grandes lignes la tradition du texte.

Voici la situation des lettres que je nomme « caractéristiques » :

lettre	12,	présente	seulement	dans	u, v, d ;
—	28,	—	—	—	d, f ;
—	42,	—	—	—	g ;
—	74,	—	—	—	u, v, g ;
—	114,	—	—	—	u, g, h ;

— 171, — — — d, f ;
— 184, — — — u, v ;
— 236, — — — u, v ;
— 244, — — — h ;
— 245, — — — u.

On obtient alors le stemma suivant[1] :

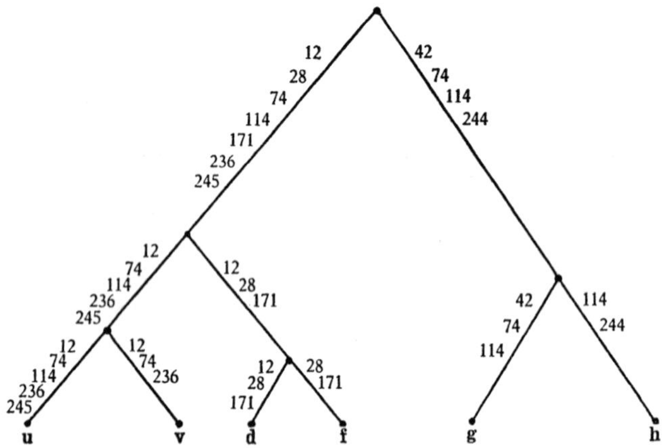

La présente édition prend pour source de son texte les six familles qui viennent d'être décrites sommairement, et dans chacune de ces familles il est tenu compte des manuscrits qui sont les représentants de la tradition pure de la famille. Ce sont : pour la famille **u**, **Y** et **M** ; pour la famille **v**, **L** et **A**, auxquels on ajoute **C** pour les lettres manquantes dans **L** et dans **A** (lettres 1, 2, 5, 6, 19, 46, 60) ; pour la famille **d**, **P** et **R** ; pour la

1. Parmi les lettres « caractéristiques » je n'ai pas compté les lettres 57, 88 et 241. C'est qu'en effet les lettres 57 et 241, présentes dans la seule famille **f**, ont été empruntées par elle au recueil des lettres de Basile (je considère la lettre 57 comme étant réellement de Grégoire, tandis que la lettre 241 me paraît être de Basile ; voir mon étude *Les manuscrits des Lettres de Saint Grégoire de Nazianze*, p. 126 et 131). Quant à la lettre 88, elle ne se trouve dans aucune de nos six familles de manuscrits ; on ne la rencontre, comme il sera dit plus loin, que dans quelques manuscrits composites, qui ne représentent pas une des branches de la tradition.

famille **f**, Π ; pour la famille **g**, **I**, Λ et **F** ; pour la famille **h**, **B** et Ξ. L'expérience m'a montré que l'on ne peut pas se fier uniquement à une seule famille, ni donner systématiquement la préférence à une famille ou à un groupe de familles sur les autres ; toutes les familles ont tantôt d'excellentes leçons, tantôt des bévues notoires, de sorte qu'il faut tenir compte de l'ensemble des témoignages pour établir le texte. D'ailleurs, il est intéressant de remarquer que les manuscrits qui sont les chefs de file des différentes familles et qui serviront de base à cette édition sont du xe ou du xie siècles, sauf **B** qui est du xiie et Ξ qui est du xive. Ainsi donc, sur treize manuscrits utilisés, onze datent des xe et xie siècles. Quel est l'auteur classique qui jouisse d'un semblable privilège ?

Outre les treize manuscrits représentant les six familles, il convient de tenir compte aussi d'un document fort intéressant à cause de son antiquité ; c'est un papyrus de la National Bibliothek de Vienne, le *Papyrus Vindobonensis graecus 29788;* il aura pour sigle **W**. Ce document date de la fin du ve siècle, ce qui fait qu'il est postérieur seulement d'un siècle au recueil publié par Grégoire lui-même. Il ne contient malheureusement que les lettres 80 et 90 ; mais il donne pour le texte de ces deux lettres et pour le nom de leurs destinataires des confirmations précieuses. A côté de cela, le papyrus a des fautes que nos manuscrits ont évitées ; il n'y a là rien de surprenant ; car notre papyrus est, comme il arrive souvent, un exemplaire commercial et non un exemplaire écrit et revisé par des gens de métier, ce qui est le cas des manuscrits médiévaux.

Les lettres qui figurent sous les nos 169, 170, 171 dans l'édition des Lettres de Basile par les Mauristes (reproduite par Migne, *P. G.* 32) sont, comme il a été dit plus haut (p. xx) à restituer à Grégoire. La situation de ces lettres est confuse au point de vue de la tradition manuscrite : la famille **u** les rejette en appendice comme des pièces d'authenticité douteuse ; la famille **v** les ignore ; la famille **d** les place à la suite des lettres de Grégoire à Basile ; la famille **g** les met ensemble, mais sans rapport avec les lettres à Basile ; la famille **f** les sépare en deux et la famille **h** les sépare en trois. Dans les manuscrits de Basile, elles sont peu attestées, presque uniquement dans l'embranchement B, de moindre valeur que l'embranchement A. « Il paraît assez plausible qu'elles aient figuré d'abord dans le recueil des Lettres de S. Grégoire et qu'elles fussent extraites de là assez tard pour être incorporées dans la série anépigraphe de S. Basile » (M. Bessières, *La tradition manuscrite de la Correspondance de S. Basile*, dans *The Journal of Theological Studies*, XXIII, 1922, p. 342). Ce sont les arguments de fond et de style présentés par Cavallin (dans l'ouvrage cité p. xx, note 6) qui justifient l'attribution de ces lettres à Grégoire.

Reste à examiner la situation particulière dans laquelle se trouve la lettre 88. Elle est inconnue à nos six familles de manuscrits ; elle ne figure pas non plus dans les manuscrits des lettres de Basile. Elle a été conservée par trois manuscrits composites, le *Parisinus gr. 902* (XIVe siècle), le *Vaticanus Chisianus gr. 12* (XIVe siècle) et le *Vaticanus gr. 869* (XVe siècle). Cette lettre se rapporte à un événement connu de la vie de Grégoire : en 381, il se démet de ses fonctions d'évêque de Constantinople et rentre dans sa patrie ; on lui donne pour successeur Nectaire ; la lettre 88 est un billet de félicitation adressé à ce personnage. Mais cette lettre se trouve aussi dans le *Vaticanus gr. 676* (XIe siècle) parmi les œuvres d'un auteur byzantin du XIe siècle, Jean Mauropus, métropolite d'Euchaïte, en Asie-Mineure. La lettre figure, sans porter aucun titre, dans la correspondance de Jean d'Euchaïte. Serait-elle de lui ? Remarquons que le sujet de la lettre en question cadre parfaitement avec la vie de Grégoire (on sait, par la lettre 91, qu'il a été en relations épistolaires avec Nectaire au moment où celui-ci devint évêque de Constantinople) ; au contraire, si le moine Jean Mauropus, nommé professeur de philosophie à Constantinople par Constantin Monomaque, devint peu après métropolite d'Euchaïte, ce n'est pas une disgrâce, ce n'est pas un événement qui lui permettrait de dire qu'il a été « expulsé, rejeté comme une immondice, un fétu de paille, une vague marine », expressions qui se lisent dans la lettre 88 et qui conviennent bien plus à Grégoire quittant Constantinople, avec le regret de n'avoir pu faire régner la paix dans le concile dont il avait la présidence. D'ailleurs, dans l'hypothèse où Jean d'Euchaïte serait l'auteur, il resterait à expliquer comment s'est introduite l'adresse à Nectaire que donnent les trois autres manuscrits ; car Nectaire ne peut être que l'aimable homme qui succéda à Grégoire sur le siège de Constantinople, en 381. On pourrait supposer que la lettre 88, ayant échappé à nos six familles, aurait été conservée dans une famille de manuscrits dont tous les témoins anciens auraient disparu, et dont les trois manuscrits tardifs mentionnés ci-dessus auraient recueilli une épave ; Jean d'Euchaïte aurait découvert cette lettre de Grégoire, peu connue, l'aurait recopiée, et elle se serait incorporée à sa propre correspondance (le métropolite d'Euchaïte était, d'ailleurs, un grand admirateur de Grégoire). En définitive, il reste un doute sur l'authenticité de la lettre 88, encore qu'elle soit tout à fait à sa place dans la vie et dans la correspondance de Grégoire. Le texte de cette lettre sera établi d'après les quatre manuscrits qui viennent d'être indiqués.

Les éditions des Lettres de Grégoire. — La première édition imprimée, qui date de 1528[1], comprenait un certain nombre de lettres de Basile et 57 lettres de Grégoire, ou plus exactement 58 — car la lettre 42 de Grégoire y figurait en étant attribuée à Basile. Cette édition repose, comme l'a montré G. Przychocki[2], sur un manuscrit d'Oxford, l'*Oxoniensis Corpus Christi 284*, du XIVe siècle, ou du moins sur un manuscrit très semblable. L'*Oxoniensis Corpus Christi 284*

1. *Basilii Magni et Gregorii Nazanzeni* (sic) *Theologorum epistolae graecae* ... Haganoae per Iohan(nem) Sec(erium) MDXXVIII.

2. *De Gregorii Nazianzeni epistularum codicibus Britannicis*, Cracoviae, 1912, p. 13, et *Historia Listów św. Grzegorza z Nazjanzu*, p. 29-30.

donne bien 80 lettres de Grégoire et non pas 57, comme l'édition, mais les 23 lettres qui manquent dans l'édition se trouvent à la fin de la série dans le manuscrit ; manquaient-elles dans le manuscrit qui servit de source à l'*editio princeps*, ou ont-elles été omises par une curieuse distraction de l'éditeur? On ne sait. Mais on se rend très bien compte, et c'est le principal, que le manuscrit utilisé est d'assez faible valeur : c'est un florilège de lettres de Basile et de Grégoire, mêlées les unes aux autres ; le texte révèle l'influence de la famille **u** et de la famille **v**.

En 1532, une édition des œuvres de saint Basile, parue à Bâle[1], reproduisit les 57 lettres de Grégoire mêlées à celles de Basile, déjà connues par l'édition de 1528, mais en y ajoutant les 23 lettres figurant à la fin du recueil de l'*Oxoniensis Corpus Christi 284*, dont il vient d'être question.

En 1550, l'imprimeur bâlois J. Herwagen publia une édition des œuvres de Grégoire de Nazianze[2] où figuraient les 80 lettres alors connues. Herwagen prit l'initiative d'imprimer les lettres de Grégoire seul, sans y joindre celles de Basile.

Ces 80 lettres furent traduites en latin par J. de Billy et incorporées à la traduction latine des œuvres de Grégoire qu'il publia, sans le texte grec, en 1569[3]. J. de Billy adopta pour ces lettres un ordre différent de celui des éditions antérieures (qui suivaient l'ordre du manuscrit-source) ; cet ordre restera en usage jusqu'à l'édition bénédictine[4].

1. Voici le titre de cette édition : *En, amice lector, thesaurum damus inaestimabilem, D. Basilium vere magnum sua lingua disertissime loquentem, quem hactenus habuisti latine balbutientem.* Basileae ex officina Frobeniana An. MDXXXII Mense Martio.

2. Γρηγορίου τοῦ Ναζιανζηνοῦ τοῦ Θεολόγου ἅπαντα τὰ μέχρι νῦν... εὑρισκόμενα... Ἐν Βασιλείᾳ ἀναλώμασι Ἰοάννου τοῦ Ἑρβαγίου, 1550, μηνὶ βοηδρομιῶνι.

3. *D. Gregorii Nazianzeni, cognomento Theologi, opera omnia quae quidem exstant nova translatione donata*, Parisiis, MDLXIX.

4. J. de Billy avait le désir de donner un ordre plus conforme à la chronologie. Le résultat fut médiocre. L'ordre qu'adopteront les éditeurs bénédictins, et qui sera vraiment chronologique, différera profondément de celui qui fut imaginé par J. de Billy.

En 1583, J. de Billy donna une nouvelle édition de sa traduction latine de l'œuvre de Grégoire[1] ; le nombre des lettres se trouvait cette fois considérablement accru : aux 80 lettres antérieurement traduites par lui, il en ajoutait 127 nouvelles, toujours en traduction latine. Ces 127 lettres représentent un choix tardif opéré dans le recueil de la famille **u** et conservé par cinq manuscrits du XVIe siècle. C'est très probablement celui de ces cinq manuscrits qui se trouve actuellement à la Preussische Staats-Bibliothek de Berlin, le *Berolinensis 66*, qui servit à J. de Billy.

C'est seulement en 1609 que parut le texte grec de ces 127 lettres. En effet, en cette année-là fut publié le premier tome d'une édition des œuvres de Grégoire, où l'on avait le texte grec en face de la traduction latine. J. de Billy étant mort en 1583, ce fut Fédéric Morel qui prépara la nouvelle édition ; les lettres de Grégoire se trouvent aux pages 767-916 du premier tome ; le second tome devait paraître en 1611[2]. Fédéric Morel compléta encore la collection des lettres par 25 nouvelles pièces. Il les tira surtout d'un de ses manuscrits personnels, le *Parisinus gr. 2998*, du XIVe siècle[3], qui est un descendant de notre manuscrit **R** et qui, par conséquent, appartient à la famille **d** ; et il utilisa aussi un autre témoin de la famille **d**, soit notre manuscrit **P**, soit le *Parisinus gr. 2022*, du XIVe siècle.

Quelques mois après la publication du tome I de l'édition de Fédéric Morel, dix nouvelles lettres de Grégoire paraissaient dans un ouvrage de l'humaniste anglais Richard Montagu[4]. Elles provenaient du *Bodleianus Miscellaneus 38*, qui fut copié en 1547 et

1. *D. Gregorii Nazianzeni, cognomento Theologi, opera omnia quae exstant nunc primum propter novam plurimorum librorum accessionem in duos tomos distincta*, Parisiis, MDLXXXIII.

2. *S. G. N. Opera omnia nunc primum graece et latine...* Lutetiae Parisiorum... MDCIX et MDCXI.

3. On lit au folio 289v : Εἰμὶ τοῦ Φεδ(ερίκου) Μορέλλου.

4. *S. Gregorii Nazianzeni in Iulianum Invectivae ... cum ... ejusdem Authoris nonnullis aliis...* Etonae, 1610.

qui se rattache à la famille **v**. Fédéric Morel incorpora ces dix lettres à la réimpression de la traduction latine, sans texte grec, qu'il donna en 1612[1]. Et en 1630 il publia, en deux volumes, l'édition gréco-latine de toute l'œuvre de Grégoire, c'est-à-dire tout ce qu'il y avait dans l'édition gréco-latine de 1609-1611, plus les dix dernières lettres avec leur texte grec et leur traduction latine[2].

Les choses en étaient là, quand, à la fin du XVIIe siècle, les Bénédictins de Saint-Maur entreprirent une nouvelle édition des œuvres de Grégoire. Quatre religieux y travaillèrent successivement. Les trois premiers, Dom du Frische, Dom Louvard et Dom Maran, moururent à la tâche. Le quatrième, Dom Clémencet, acheva le travail, qui devait former deux volumes. Dom Clémencet fit paraître, en 1778, le premier tome, qui contenait les *Discours*. Le second tome, où figuraient les *Lettres* et les *Poèmes*, était achevé en manuscrit. Mais Dom Clémencet mourut en cette même année 1778, et personne ne se chargea de faire imprimer le second tome. La Révolution française dispersa la Congrégation de Saint-Maur et, avec l'exode des religieux, le manuscrit du volume encore inédit disparut. Longtemps on le crut perdu. Il fut retrouvé, après bien des années, par A.-B. Caillau, prêtre de la Miséricorde, chez les héritiers de M. de Verneuil, curé de Saint-Denis. L'abbé Caillau put enfin publier ce second volume de l'édition bénédictine en 1840[3]. Désormais l'édition bénédictine était complète. Les deux énormes in-folio qui la constituent ont été reproduits par Migne en quatre volumes, qui sont les tomes 35-38 de sa *Patrologie grecque*. Les lettres de Grégoire figurent au tome 37[4] et c'est là qu'on va les lire ordinairement

1. *Sancti Gregorii Nazianzeni cognomento Theologi opera*, Lutetiae Parisiorum... MDCXII.

2. *S. P. N. Gregorii Nazianzeni Theologi opera* ... Parisiis ... MDCXXX.

3. *Sancti Patris nostri Gregorii Theologi ... opera quae exstant omnia ... tomus secundus*, Parisiis ... MDCCCXL.

4. *Patrologiae cursus completus series graeca*, t. 37, Parisiis, 1862.

aujourd'hui, dans un format un peu moins incommode. Du reste, avec sa précision coutumière, Migne a pris soin de signaler, dans tout le cours de son texte, la pagination de l'édition bénédictine.

Les Bénédictins apportèrent quelques derniers compléments au recueil de la *Correspondance* de Grégoire : ils y firent entrer les lettres 42 et 57, classées jusque-là dans la *Correspondance* de Basile, et les lettres 101, 102, 202 et 243, rangées précédemment parmi les *Discours* de Grégoire[1]. Ils ajoutèrent aussi deux lettres nouvelles, celles auxquelles ils donnèrent les n°s 88 et 244. La lettre 88, dont on a expliqué ci-dessus la situation particulière au point de vue de la tradition manuscrite[2], avait été découverte par J.-B. Cotelier dans le *Parisinus gr. 902* (XIVe siècle) ; il l'avait publiée en 1672[3] ; les Bénédictins transcrivirent son texte. La lettre 244, qui n'existe que dans les manuscrits de la famille **h**, fut publiée pour la première fois en 1754 par A. Bongiovanni[4] d'après le *Marcianus gr. 81* (XIVe siècle), autrement dit d'après notre manuscrit Ξ. A. Galland la reproduisit en 1770[5], et c'est sa recension qui a fourni le texte de la lettre 244 à l'édition bénédictine. Remarquons que le manuscrit Ξ, que nous avons reconnu comme un des chefs de file de la famille **h** et comme un des manuscrits de base pour notre édition, n'a été aucunement utilisé par les Bénédictins de Saint-Maur en dehors de la lettre 244.

Les Bénédictins voulurent présenter les lettres de Grégoire suivant un ordre chronologique sérieux ; sur ce point, il restait à peu près tout à faire[6]. Ils s'acquit-

1. Pour la lettre 243, reconnue comme inauthentique, les Bénédictins se contentèrent de donner le titre et les premiers mots, et renvoyèrent aux œuvres de Grégoire de Nysse, où elle devait figurer.

2. Voir ci-dessus p. XXXVI-XXVII.

3. *Patres Apostolici a J.-B. Cotelerio editi et notis variorum illustrati*, Antverpiae I, 1672, p. 37.

4. *Memorie per servire all' Istoria letteraria d'Italia* IV, Venetiis, 1754, pars III, p. 55.

5. *Bibliotheca veterum Patrum ... cura et studio Andreae Gallandii...* VI, Venetiis, 1770.

6. Voir ci-dessus, p. XX et XXXVIII, n. 4.

tèrent de cette partie de leur tâche d'une façon très satisfaisante : leur classement, sauf sur quelques points, peut être regardé comme définitif, comme nous l'avons dit plus haut, et nous le conserverons dans la présente édition.

Pour ce qui est de l'établissement du texte, le travail des Bénédictins fut beaucoup moins heureux. C'était inévitable, étant donné la manière dont ils procèdent : ils partent du texte imprimé par leurs prédécesseurs, ils le reproduisent, et c'est seulement lorsqu'ils le trouvent défectueux qu'ils se reportent aux manuscrits dont ils disposent. Or, le texte qui leur était légué reposait, on s'en souvient, sur trois témoins tardifs et peu autorisés, dépendant uniquement des familles **u** et **v**. Et encore n'avait-on pas pris la peine de comparer ces manuscrits entre eux, mais ils avaient fourni, l'un, un morceau du recueil, l'autre, un autre, si bien que chaque portion du texte ne s'appuyait pratiquement que sur un manuscrit unique et de basse époque. Les 25 lettres dues à F. Morel donnaient un texte se référant à la famille **d**, mais, là encore, sans confrontation avec d'autres manuscrits. Pour amender les passages qui ne les satisfaisaient pas, les Bénédictins disposaient des manuscrits de la Bibliothèque Royale de Paris, et ils en donnent la liste. Malheureusement deux d'entre eux, c'est un fait, ne contiennent pas de lettres de Grégoire ; dix-neuf autres n'en renferment qu'un très petit nombre ; ceux qui ont quelque étendue sont tardifs et se rattachent tous, sauf trois, aux familles **u** et **v**, c'est-à-dire ne peuvent rien apporter de bien neuf. Les trois manuscrits qui font exception appartiennent à la famille **d** et il y a parmi eux un manuscrit de premier plan, notre manuscrit **P.** Mais les Bénédictins, ne faisant pas de collation complète et systématique, n'ont pas tiré de ce dernier manuscrit le parti qu'ils auraient dû. Le Cardinal Dominico Passionei avait envoyé à Dom Louvard des variantes relevées dans des manuscrits de sa bibliothèque personnelle et dans des manuscrits de la Bibliothèque Vaticane ; ces variantes concernaient en partie la correspondance de Grégoire. Mais là encore, la matière n'a pas la richesse que l'on pourrait croire : la Bibliothèque Vaticane ne contient pas de manuscrit fondamental pour les lettres de Grégoire ; et si le Cardinal Passionei possédait un manuscrit de valeur, notre manuscrit **C**, nous ne devons pas oublier que ce manuscrit appartient à la famille **v**, déjà bien représentée dans le texte des éditions antérieures à l'édition bénédictine. Somme toute, les Bénédictins n'ont apporté au texte que des améliorations de détail ; leur édition reste, pour le fond, semblable à celles de leurs devanciers. Ils n'ont été en contact qu'avec un tiers environ de la tradition manuscrite, et ce tiers, ils l'atteignent presque uniquement dans des témoins tardifs. Ils n'ont pas connu les manuscrits sur lesquels repose la présente édition, à l'exception de **P**, chef de file de la famille **d**, et de **C**, représentant honorable de la famille **v**, mais ni **P** ni **C** n'ont été vraiment utilisés par eux.

L'apparat critique. — L'apparat critique a été rédigé de manière à pouvoir être lu et compris sans difficulté. Pour chaque lettre on rappelle les sigles des manuscrits et des familles dans lesquelles ces manuscrits se rangent ; étant donné le nombre des familles et des manuscrits, cette répétition a paru nécessaire. Lorsque les manuscrits d'une même famille présentent la même leçon (ce qui arrive dans la plupart des cas), on emploie le sigle désignant la famille et non pas les sigles des différents manuscrits de cette famille. On n'a pas cru devoir admettre au nombre des variantes les fautes de pure incorrection qui ont pu être commises çà et là par un manuscrit isolé et qui sont restées sans influence sur la tradition du texte : ainsi, dans la lettre 17, on a jugé inutile de signaler que le manuscrit **I** a commis le barbarisme ἐγκλησόμεθα, alors que la forme correcte ἐγκληθησόμεθα est donnée par tous les autres manuscrits, y compris **F** qui est de la famille de **I** et qui est plus récent que lui.

La traduction. — On a cherché à rendre, autant qu'on l'a pu, l'allure souple et variée des lettres de

Grégoire, où l'on rencontre tous les tons. Une particularité assez déconcertante pour le lecteur moderne est l'emploi de « nous » pour « je », de « vous » pour « tu », et plus encore le passage brusque du singulier au pluriel, ou inversement. Il y a là un effet auquel l'auteur tient certainement ; aussi a-t-on respecté ces alternances, comme l'a fait l'éditeur des lettres de saint Basile dans cette même collection. Le « nous », employé quand il ne s'agit que du seul Grégoire, n'est pas nécessairement un « pluriel de majesté », car il ne faut pas oublier que, pour un écrivain vif et spontané comme lui, cette solennité peut se colorer d'une teinte d'humour. Pour le « vous », employé au lieu de « tu » quand il ne s'agit que d'une seule personne, on peut parler de « pluriel de politesse », et l'on a des cas curieux de passage brusque de « tu » à « vous », par exemple dans la lettre 93 et, d'une façon plus appuyée, dans la lettre 50. On peut se demander parfois si l'explication n'est pas dans les procédés chers à la seconde sophistique ; par exemple, le souci d'éviter l'hiatus : πόθεν ἡμῖν ὁ λόγος au lieu de πόθεν ἐμοὶ ὁ λόγος (lettre 29, § 3) ; ou bien le désir d'avoir une belle clausule : μηδὲ τὴν ἡμετέραν πολιὰν ἀτιμάσῃς a plus de relief que τὴν ἐμὴν πολιάν (lettre 23, § 5) ; ou encore la recherche des membres de phrase de longueur égale *(parisa)* avec retour des mêmes sons à la fin *(homoioteleuta)* : τῆς ὑμετέρας — χωρίζειν φιλίας — καὶ συνουσίας (lettre 93), évidemment le charme serait rompu si l'on avait τῆς σῆς χωρίζειν φιλίας.

SIGLA

Codices

Familia **u**.

Y *Marcianus gr. 79*, saec. XI.

M *Mutinensis Estensis 229*, saec. XI.

Familia **v**.

L *Laurentianus gr. IV-14*, saec. X.

A *Londinensis British Museum Additional 36749*, saec. XI. Cum deficiunt L et A, id est quod attinet ad epistulas 1, 2, 5, 6, 19, 46, 60, in rationem uocatur :

C *Angelicus C 14*, saec. XI.

Familia **d**.

P *Parisinus gr. 506*, saec. X.

R *Parisinus Suppl. gr. 763*, saec. XI.

Familia **f**.

Π *Patmiacus 57*, saec. X.

Familia **g**.

I *Athous Iviron 355* (nunc *241*), saec. X.

Λ *Athous Laura Γ 59*, saec. X.

F *Laurentianus gr. LVII-7*, saec. XI.

Familia **h**.

B *Athous Vatopedi 114*, saec. XII.

Ξ *Marcianus gr. 81*, saec. XIV.

Alii codices, qui interdum in rationem uocantur, propriis nominibus notantur.

Editiones

Bill. : Billius. *S. P. N. Gregorii Nazianzeni Theologi opera...*, 2 vol., Parisiis, MDCXXX (Epistulae Gregorii in tomo I inueniuntur).

Maur. : Mauristae. *Sancti Patris nostri Gregorii Theologi... opera quae exstant omnia*, 2 vol., Parisiis, MDCCLXXVIII et MDCCCXL (Epistulae Gregorii in tomo II inueniuntur).

Mign. : Migne. *Patrologiae cursus completus... series graeca...*, tomi XXXV-XXXVIII, Parisiis, 1862 et 1886 (Epistulae Gregorii in tomo XXXVII inueniuntur).

Nota. Numerus 1 siglo additus priorem scripturam indicat ; numerus 2 posteriorem scripturam scribae aut correctoris coaevi.

Quod si accedit nota m. r. (manu recenti), numerus 2 scripturam recentioris correctoris indicat.

Litterae s.u. correctionem indicant supra uersum scriptam.

I

A BASILE[1]

Année 361.

1 J'ai manqué, je l'avoue, à ma promesse : être avec toi et vivre avec toi en *philosophe*[2], voilà à quoi je m'étais engagé dès le temps de notre séjour à Athènes, de notre amitié là-bas et de notre fusion l'un avec l'autre, — je ne puis employer de terme plus juste que ceux-là. **2** Mais, si j'ai manqué à ma parole, c'est malgré moi ; c'est parce qu'une loi a prévalu sur une autre loi : celle qui ordonne de prendre soin de ses parents l'a emporté sur celle de la camaraderie et de l'intimité. **3** Ma défection ne sera cependant pas complète si, de ton côté, tu acceptes ceci : de temps en temps nous serons avec toi, de temps en temps aussi consens à être avec nous, afin que tout soit commun entre nous et que nous rendions un égal hommage à l'amitié. De la sorte, il me sera possible à la fois de ne pas contrister mes parents et de jouir de ta présence.

II

AU MÊME

Année 361.

1 Je n'admets pas que tu critiques la Tibérine, la boue de ce pays et ses hivers[3], toi qui es sans nulle boue, qui marches sur la pointe des pieds, qui ne foules

1. Basile, après avoir terminé ses études à Athènes, était rentré en Cappadoce un peu avant Grégoire. Décidé à embrasser la vie monastique, il cherchait à s'adjoindre son ami. Le *philosophe* est le chrétien qui vise à la perfection, à la vraie sagesse. Dans le cas présent, il s'agit de la vie monastique.

I

ΒΑΣΙΛΕΙΩΙ

1 Ἐψευσάμην, ὁμολογῶ, τὴν ὑπόσχεσιν συνέσεσθαί σοι καὶ συμφιλοσοφήσειν καθομολογήσας ἐκ τῶν Ἀθηνῶν ἔτι καὶ τῆς ἐκεῖσε φιλίας καὶ συμφυΐας· οὐ γὰρ ἔχω τι τούτων εἰπεῖν οἰκειότερον. 2 Ἐψευσάμην δὲ οὐκ ἑκών, ἀλλὰ νόμου νόμον νικήσαντος, τοῦ θεραπεύειν κελεύοντος τοὺς γεννήτορας τὸν τῆς ἑταιρείας καὶ συνηθείας. 3 Οὐ μὴν παντάπασι ψεύσομαι, ἂν τοῦτο αὐτὸς καταδέξῃ· τὰ μὲν γὰρ ἡμεῖς σοι συνεσόμεθα, τὰ δὲ αὐτὸς ἡμῖν θέλησον, ἵν᾿ ᾖ τὰ πάντα κοινὰ καὶ τὸ τῆς φιλίας ὁμότιμον. Οὕτω γὰρ ὑπάρξει καὶ τὸ τούτους μὴ λυπεῖν καὶ τὸ σοῦ τυγχάνειν.

II

ΤΩΙ ΑΥΤΩΙ

1 Οὐ φέρω τὴν Τιβερινὴν ἐγκαλούμενος καὶ τοὺς ἐνταῦθα πηλοὺς καὶ χειμῶνας, ὦ λίαν ἄπηλε σὺ καὶ ἀκρόβαμον καὶ τὰς πλάκας κατακροαίνων, ἣ ὑπόπτερε

I. Codices : u = Y, v = C, d = PR, f = Π, g = I, h = BΞ.
Titulus : Βασιλείῳ ης τῷ αὐτῷ codd. (id est Γρηγόριος Βασιλείῳ uvg Βασιλείῳ ἑταίρῳ d Βασιλείῳ f h).
2 κελεύοντος uvdfh (cf. *epist.* 239) : κελεύσαντος g ‖ ἑταιρείας v : ἑταιρίας cett.

II. Codices : u = Y, v = C, d = PR, f = Π, g = I, h = BΞ.
Titulus : Τῷ αὐτῷ vdfg (id est Γρηγόριος Βασιλείῳ vfg Βασιλείῳ ἑταίρῳ d) : Βασιλείῳ uh.
1 Τιβερινήν d B² marg. Ξ : Τιβερηνήν uf Τιβερνήν v Τιβέρνην B¹ Τιβερνενήν g ‖ ἐγκαλούμενος uvd Π² γρ. gh : ὀνειδιζόμενος Π¹ ‖ ἀκρόβαμον nos : ἀκροβάμον udf ἀκροβάμων vgh.

que des parquets, ou encore toi, l'homme ailé, aérien, emporté par la flèche d'Abaris[1], ce qui fait que, Cappadocien, tu t'obstines à fuir la Cappadoce[2]. **2** Est-ce que nous vous faisons du tort parce que vous êtes blêmes, que vous respirez à l'étroit, que le soleil vous est mesuré, tandis que nous sommes gras, rassasiés et sans étroites limites? Voilà ce que vous n'avez pas! **3** Mais vous avez des plaisirs, de l'argent et vous flânez sur l'agora : je ne vous en félicite point! Cesse donc de nous reprocher notre boue, — car ce n'est pas toi qui es le créateur de ta ville, pas plus que nous de nos hivers; — sinon, nous t'objecterons au lieu de notre boue vos bouges[3] et tout ce que les villes comportent de mauvais.

III

A ÉVAGRIOS[4]

Année 359.

1 Tes compliments m'ont fait plaisir. Le renom de notre fils[5] Évagrios, c'est notre propre renom; car la vertu des enfants, c'est la gloire des pères. **2** Pour nous, en matière d'éloquence, nous avons conscience de n'avoir fait rien, ou tout au plus très peu pour ton fils, car l'éloquence chez nous n'est pas grand'chose; mais il est un don qu'avant tout nous lui avons fait et c'est le plus grand, je ne le nierai pas : c'est la crainte de Dieu et la persuasion de mépriser les choses présentes. **3** Nous lui avons donc adressé et lui adressons nos vœux les plus beaux : qu'il fasse pleinement fructifier les principes reçus de nous et

1. Personnage mythologique, prêtre d'Apollon, qui parcourait la terre emporté sur une flèche mystérieuse, symbole du dieu archer.

2. Basile était sur le point de partir pour la région du Pont, où il avait l'intention de mener la vie monastique.

3. On essaie de rendre ainsi le jeu de mots entre πηλῶν *boues*, et καπηλούς *cabaretiers*.

σὺ καὶ μετάρσιε καὶ τῷ Ἀβάριδος ὀϊστῷ συμφερόμενε, ἵνα καὶ Καππαδόκης ὢν φεύγῃς τὰ Καππαδοκίας. 2 Ἢ ἀδικοῦμεν ὅτι ὑμεῖς μὲν ὠχριᾶτε καὶ στενὸν ἀναπνεῖτε καὶ μετρεῖσθε τὸν ἥλιον· ἡμεῖς δὲ λιπῶμεν καὶ κορεννύμεθα καὶ οὐ περιγεγράμμεθα ; Ἀλλ' οὐ ταῦτα ὑμῖν ἐστι. 3 Τρυφᾶτε δὲ καὶ πλουτεῖτε καὶ ἀγοράζετε· τοῦτο οὐκ ἐπαινῶ. Ἢ τοίνυν παῦσαι τοὺς πηλοὺς ὀνειδίζων ἡμῖν (οὔτε γὰρ τὴν πόλιν σὺ δεδημιούργηκας, οὔτε τοὺς χειμῶνας ἡμεῖς)· ἢ καὶ ἡμεῖς σοι προσοίσομεν ἀντὶ τῶν πηλῶν τοὺς καπηλοὺς καὶ ὅσα αἱ πόλεις μοχθηρὰ φέρουσιν.

III

ΕΥΑΓΡΙΩΙ

1 Ἥσθην ἐπαινούμενος. Τὸ γὰρ τὸν υἱὸν ἡμῶν Εὐάγριον εὐδοκιμεῖν, ἡμᾶς ἐστιν εὐδοκιμεῖν· τέκνων γὰρ ἀρετὴ δόξα πατέρων. 2 Ἡμεῖς δέ, εἰς λόγους μέν, οὐδὲν ἢ μικρὸν ἴσως σύνισμεν ἡμῖν αὐτοῖς ὠφελήσασι τὸν σὸν υἱόν, οὐδὲ γὰρ μέγα ἡμῖν τὸ τῶν λόγων· ἓν δὲ ἀντὶ πάντων αὐτῷ καὶ μέγιστον συνεισηνέγκαμεν, οὐκ ἀρνήσομαι, τὸν τοῦ Θεοῦ φόβον καὶ τὸ πεῖσαι τῶν παρόντων καταφρονεῖν. 3 Ἐκείνῳ μὲν οὖν τὰ κάλλιστα συνηυξάμεθά τε καὶ συνευχόμεθα, ἵν' ἃς ἔλαβε παρ' ἡμῶν ἀρχὰς τελέως

1 σύ om. uvgh ‖ συμφερόμενε udfgh : συμπεριφερόμενε v ‖ καί (ante Καππαδόκης) om. uvdfg ‖ φεύγῃς Y² s. u. h : φύγῃς Y¹vdfg ‖ 3 οὔτε γὰρ τὴν πόλιν σύ dh : οὔτε γὰρ σὺ τὴν πόλιν ug οὐδὲ γὰρ τὴν πόλιν σύ f οὔτε σὺ τὴν πόλιν v ‖ δεδημιούργηκας h : ἐδημιούργησας cett. ‖ τοὺς χειμῶνας (de hoc plurali uide initium epistulae) : τὸν χειμῶνα cett.

III. Codices : u = YM, v = LA, d = PR, f = Π, g = I F, h = BΞ.

2 μικρὸν ἴσως σύνισμεν ἡμῖν αὐτοῖς uvPfgh : μικρὸν ἡμῖν σύνισμεν ἴσως αὐτοῖς R ‖ τὸ τῶν λόγων uLA¹dfgh : τόν A² s. u. ‖ τὸν τοῦ Θεοῦ φόβον uvdfh : τοῦ Θεοῦ τὸν φόβον g.

qu'ainsi nous recueillions quelque fruit de notre zèle. **4** Tous nos remerciements à ton Excellence qui veut bien penser à nous et nous honorer du souvenir de son amitié. C'est là une grande chose et nous lui avons fait encore plus grand accueil.

IV

A BASILE[1]

Année 361.

1 Oui, raille et critique notre pays, soit par plaisanterie, soit sérieusement. Ce n'est rien. Souris seulement, emplis-toi de science et jouis de notre amitié : tout nous plaît, venant de toi, quoi que ce soit et de n'importe quelle façon. **2** Et de fait, tu m'as l'air de railler ce pays non pour railler, mais pour m'attirer vers toi, si je te comprends bien, comme ceux qui font des barrages sur les cours d'eau pour les détourner d'un autre côté. Ainsi agis-tu toujours avec nous.

3 Quant à moi, je vais admirer ton pays du Pont[2], ta tanière pontique et ton séjour digne d'un exil, puis ces hauteurs suspendues au-dessus de vos têtes, ces bêtes sauvages qui mettent à l'épreuve votre confiance[3] et ce désert qui s'étend au-dessous, et même cette souricière[4] avec ses noms pompeux de phrontistère,

1. Depuis la lettre précédente, Basile a réalisé son projet ; dans la province du Pont, vers le confluent de l'Iris et du Lycos, en un lieu nommé Annésoï, il a fondé un monastère. Il a décrit à Grégoire avec enthousiasme, dans sa lettre 14, la vie que l'on mène à Annésoï. Grégoire est venu y faire un séjour. Rentré à Nazianze, il écrit à Basile cette lettre et les deux suivantes qui ont trait à ce séjour.

2. Ici commence une description humoristique qui reprend, en les retournant, tous les traits de la description admirative que Basile a faite dans sa lettre 14.

3. La confiance qu'ils ont eue en cette région en la choisissant pour s'y établir. L'expression reviendra dans la lettre suivante.

4. Littéralement : trou à rats (μυωξία), mot inventé par l'auteur.

καρποφορήσῃ καί τινα τῆς σπουδῆς καρπὸν ἐνεγκώμεθα. 4 Τῇ δὲ σῇ τιμιότητι πᾶσα χάρις, ὅτι καὶ μεμνῆσθαι ἡμῶν ἀξιοῖς καὶ τοῖς ὑπομνήμασι τιμᾶν τῆς φιλίας· ἅπερ οὐ μικρὰ ὄντα μειζόνως ὑπεδεξάμεθα.

IV

ΒΑΣΙΛΕΙΩΙ

1 Σὺ μὲν σκῶπτε καὶ διάσυρε τὰ ἡμέτερα, εἴτε παίζων, εἴτε σπουδάζων, οὐδὲν τοῦτο πρᾶγμα· μειδία μόνον καὶ τῆς παιδεύσεως ἐμφοροῦ καὶ τῆς φιλίας ἡμῶν ἀπόλαυε· πάντα χρηστὰ ἡμῖν τὰ παρὰ σοῦ, ὁποῖά ποτ' ἂν ᾖ καὶ ὅπως ἂν ἔχῃ. 2 Καὶ γάρ μοι καὶ τὰ ἐνταῦθα σκώπτειν δοκεῖς οὐκ ἵνα σκώψῃς, ἀλλ' ἵνα πρὸς ἑαυτὸν ἑλκύσῃς, εἴ τί γε ἐγώ σου συνίημι, ὥσπερ οἱ τὰ ῥεύματα φράσσοντες, ἵν' ἀλλαχοῦ μεθελκύσωσι. Τοιαῦτα ἡμῖν ἀεὶ τὰ σά.

3 Ἐγὼ δέ σου τὸν Πόντον θαυμάσομαι καὶ τὴν ποντικὴν ξουφηρίαν καὶ τὴν φυγῆς ἀξίαν μονήν, τούς τε ὑπὲρ κεφαλῆς λόφους καὶ θῆρας, οἳ τὴν πίστιν ὑμῶν δοκιμάζουσι, καὶ τὴν ὑποκειμένην ἐσχατίαν, εἴτ' οὖν μυωξίαν μετὰ τῶν σεμνῶν ὀνομάτων τοῦ φροντιστηρίου τε καὶ τοῦ

3 καρπόν u² γρ. d f g : μισθόν u¹ v h ‖ 4 ὑπεδεξάμεθα u v d f I B : ἀπεδεξάμεθα F Ξ.

IV. Codices : u = Y, v = L (inter *epistulas* Basilii), d = PR, f = Π, g = IF, h = BΞ.

Titulus : Βασιλείῳ u : Γρηγόριος Βασιλείῳ fg Γρηγόριος Βασιλείῳ πρὸς ταῦτα v τῷ αὐτῷ (id est Βασιλείῳ ἑταίρῳ d Βασιλείῳ h).

1 εἴτε σπουδάζων vdfgh : εἴτε καὶ σπουδάζων u ‖ τοῦτο πρᾶγμα vdfgh : πρᾶγμα τοῦτο u ‖ ἡμῖν om. u ‖ δή post ἡμῖν add. I ‖ τὰ παρὰ σοῦ uvdfgB : ἃ παρὰ σοῦ Ξ ‖ 2 καί post μοι om. d ‖ ἐνταῦθα uvdfgΞ : ἐντεῦθεν B ‖ σκώψῃς uvfgΞ : σκώπτῃς dB ‖ συνίημι udfgh : σύνειμι v ‖ 3 ξουφηρίαν codd. Hoc vocabulum (quod editores scripserunt ζοφηφορίαν) illustratur per glossema μυῶν μονήν Π marg. ‖ εἴτ' οὖν uvgh : ἤτ' οὖν df ‖ φροντιστηρίου τε καί vh : φροντιστηρίου καί udfg.

de monastère et d'école[1], puis ces forêts d'arbres sauvages, cette couronne de monts escarpés qui point ne vous couronnent, mais vous emprisonnent, **4** puis cet air qui vous est mesuré, ce soleil que vous désirez et que vous apercevez comme par une cheminée, Cimmériens Pontiques[2] qui êtes condamnés non seulement à la nuit de six mois, comme on le dit de certains peuples, mais qui n'avez pas même une partie de votre vie sans ombre, vous dont toute l'existence est une seule et longue nuit et vraiment l'ombre de la mort, pour employer le mot de l'Écriture[3]. **5** Je loue aussi la voie étroite et resserrée[4] — je ne sais si elle mène au Royaume[5] ou à l'Hadès, mais à cause de toi admettons qu'elle mène au Royaume[6] — et au milieu de tout cela ce... comment veux-tu que je dise? Le nommerai-je mensongèrement l'Éden et la source qui se divise en quatre bras et arrose la terre[7]? ou bien le désert sec et sans eau que seul un Moïse fertilisera en faisant sourdre de l'eau d'un rocher, avec sa baguette[8]? **6** Car tout ce qui est échappé aux rochers est ravin ; tout ce qui est échappé aux ravins est ronce ; et tout ce qui est au-dessus des ronces est hauteur à pic. Le sentier qui passe au-dessus est bordé de précipices et incliné de part et d'autre ; il provoque une tension d'esprit chez ceux qui le suivent et leur fait faire de la gymnastique pour leur sécurité. **7** Un fleuve, en bas, gronde : c'est pour toi le Strymon d'Amphipolis, tout calme[9] ; or, il roule moins de poissons que de pierres, et il ne se répand pas en un lac, mais s'abîme en des gouffres, amateur de grands mots que tu es et créateur de noms nouveaux[10] ! **8** Il est énorme, ce fleuve, il est terrifiant et il retentit plus fort que les psaumes chantés par ceux qui sont au-dessus. Ce ne sont rien auprès de lui que les Cataractes et les Catadoupes[11], tant il hurle contre vous nuit et jour.

1. Jeu de mots entre φροντιστήριον (lieu de méditation, pensoir, réminiscence probable d'Aristophane, *Nuées*, v. 94) et μοναστήριον (monastère), mot alors nouveau.

2. L'*Odyssée* (XI, 15-19) parle des Cimmériens qui vivent dans de perpétuelles ténèbres et pour qui le soleil ne luit jamais.

μοναστηρίου καὶ τῆς σχολῆς, λόχμας τε ἀγρίων φυτῶν καὶ βαθυκρήμνων ὀρῶν στέφανον ὑφ' ὧν μὴ στεφανοῦσθε, ἀλλὰ συγκλείεσθε, 4 τόν τε μετρούμενον ἀέρα καὶ τὸν ποθούμενον ἥλιον, ὃν ὡς διὰ κάπνης αὐγάζεσθε, ὦ ποντικοὶ Κιμμέριοι καὶ ἀνήλιοι καὶ οὐ τὴν ἑξάμηνον νύκτα μόνον κατακριθέντες, ὃ δή τινες λέγονται, ἀλλ' οὐδὲ ἓν μέρος τῆς ζωῆς ἄσκιον ἔχοντες, μίαν δὲ νύκτα μακρὰν τὸν ἅπαντα βίον καὶ ὄντως σκιὰν θανάτου, ἵν' εἴπω τὸ τῆς Γραφῆς. 5 Ἐπαινῶ καὶ τὴν στενὴν καὶ τεθλιμμένην ὁδόν, — οὐκ οἶδα εἴτε εἰς βασιλείαν εἴτε εἰς Ἅιδου φέρουσαν, σοῦ δὲ ἕνεκεν εἰς βασιλείαν φερέτω, — καὶ τὴν ἐν μέσῳ, τί βούλει, πότερον Ἐδὲμ ὀνομάσω ψευδόμενος καὶ τὴν εἰς τέσσαρας ἀρχὰς μεριζομένην πηγὴν ἐξ ἧς ἡ οἰκουμένη ποτίζεται, ἢ τὴν ξηρὰν καὶ ἄνυδρον ἐρημίαν, ἥν τις ἡμερώσει Μωσῆς ῥάβδῳ πέτραν πηγάσας ; 6 Ἔστι γὰρ ὅσον μὲν διαπέφευγε τὰς πέτρας, χαραδρεών· ὅσον δὲ τὰς χαράδρας, ἀκανθεών· ὅσον δὲ ὑπὲρ τὰς ἀκάνθας, κρημνός· καὶ ἡ ὑπὲρ τοῦτον ὁδὸς ἐπίκρημνός τε καὶ ἀμφιτάλαντος τῶν ὁδευόντων τὸν νοῦν συνάγουσα καὶ γυμνάζουσα πρὸς ἀσφάλειαν. 7 Ποταμὸς δὲ κάτω ῥοχθεῖ, οὗτος ὁ Ἀμφιπολίτης σοι Στρυμὼν καὶ ἡσύχιος· καὶ οὐκ ἰχθυοφόρος μᾶλλον ἢ λιθοφόρος, οὐδὲ εἰς λιμνὴν ἀναχεόμενος, ἀλλ' εἰς βάθη κατασυρόμενος, ὦ λίαν ὑψήγορε σὺ καὶ ποιητὰ καινῶν ὀνομάτων. 8 Ἔστι γὰρ μέγας καὶ φοβερὸς καὶ ὑπερηχῶν τῶν ἄνω τὰς ψαλμῳδίας. Οὐδὲν πρὸς τοῦτον οἱ Καταράκται καὶ οἱ Κατάδουποι· τοσοῦτον ὑμῶν καταβοᾷ νυκτὸς καὶ ἡμέρας. 9 Τραχὺς

3 βαθυκρήμνων ὀρῶν edd. : βαθηκρήμνων καὶ ὀρῶν codd. ‖ ὑφ' ὧν vdf : ὑφ' οὗ ugh ‖ 4 μόνον om. R ‖ οὐδὲ ἓν μέρος vdΠ²h : οὐδὲ μέρος uΠ¹g ‖ Verbis μακρὰν τὸν ἅπαν deficit textus in F ‖ τό uvdfg : τι B τί Ξ ‖ 5 Ἅιδου uvdgh : Ἅιδην f ‖ ἐρημίαν om. I ‖ 6 ὅσον μέν udf (μέν gh s. u.) : ὅσα μέν v ‖ ὅσον δέ uvdΠ² h s. u. : ὁ δέ Π¹g ‖ ὑπέρ dfg : πρός v om. h ‖ ἡ om. v ‖ τοῦτον uvdfh : τούτων g ‖ ὁδός uvdfh : εἴσοδος g ‖ 7 τις post δέ add. v ‖ οὗτος om. ug ‖ ὁ om. B ‖ καί ante ἡσύχιος om. h ‖ 8 τοῦτον v d f g h : τοῦτο u.

9 Furieux, il est infranchissable ; bourbeux, il est imbuvable ; toute sa bonté, c'est qu'il n'emporte pas votre habitation quand les torrents et les orages le mettent en fureur. **10** Oui, mes impressions sur ces îles, séjour des Bienheureux, — ou plutôt, séjour de ces « bienheureux » que vous êtes, — les voilà[1] ! **11** Mais toi, admire, n'est-ce pas, les courbes en forme de demi-lune qui étranglent les parties accessibles du pied de votre montagne, plutôt qu'elles ne les défendent, et la croupe rocheuse qui surplombe votre tête et vous fait une vie de Tantale[2], et les brises qui passent, et les exhalaisons du sol qui vous raniment lorsque vous défaillez, **12** et les oiseaux chanteurs, qui chantent, mais la faim, et qui survolent, mais le désert ! Il ne vient personne, sinon au moment de la chasse, dis-tu ; ajoute : et pour visiter les morts que vous êtes ! **13** Ces propos sont peut-être trop longs pour une lettre, mais ils sont plus courts qu'une comédie[3]. Quant à toi, si tu prends comme il faut la plaisanterie, tu feras bien ; sinon, nous ajouterons encore plus de détails.

V

AU MÊME

Année 361.

1 Puisque tu prends comme il faut la plaisanterie, nous alllons ajouter ce qui suit. C'est d'Homère que nous tirons le préambule :

Allons, poursuis et chante la beauté du dedans[4], la cabane sans toit et sans porte, le foyer sans

1. Les îles des Bienheureux, dont la légende faisait le séjour des héros, se localisaient vers l'extrémité occidentale du monde méditerranéen.

2. Un des supplices de Tantale consistait à être menacé de la chute d'un rocher suspendu au-dessus de sa tête.

3. Grégoire, pour qui la sophistique n'a pas de secret, sait qu'une des règles du genre épistolaire est la brièveté. On verra dans la lettre 51 ce qu'il entend par là. Mais la description de l'ermitage de Basile pourrait, selon lui, donner lieu à toute une comédie.

μὲν ὤν, ἄπορος δέ· καὶ θολερὸς μέν, ἄποτος δέ· οὗ τοῦτο μόνον φιλάνθρωπον ὅτι μὴ παρασυρεῖ τὴν μονὴν ὑμῶν, ὅταν αὐτὸν αἱ χαράδραι καὶ οἱ χειμῶνες ἐκμαίνωσιν. 10 Ἃ μὲν οὖν ἡμεῖς ταῖς τῶν Μακάρων νήσοις ταύταις εἴτ' οὖν τῶν μακαρίων ὑμῶν, ταῦτά ἐστι. 11 Σὺ δέ μοι θαύμαζε τοὺς μηνοειδεῖς ἀγκῶνας τὰ βάσιμα τῆς ὑπωρείας ὑμῶν ἀπαγχονίζοντας μᾶλλον ἢ ἀποτειχίζοντας, καὶ τὸν κορυφῆς ὑπερτέλλοντα τένοντα, ὃς Ταντάλειον ὑμῖν ποιεῖ τὴν ζωήν, τάς τε διαρρεούσας αὔρας καὶ τῆς γῆς ἀναπνοάς, αἳ λιποθυμοῦντας ὑμᾶς ἀναψύχουσι, 12 τούς τε ᾠδικοὺς ὄρνιθας, ᾄδοντας μέν, ἀλλὰ τὸν λιμόν, καὶ ὑπεριπταμένους μέν, ἀλλὰ τὴν ἐρημίαν. Ἐπιδημεῖ δὲ οὐδεὶς ὅτι μὴ κατὰ θήραν, λέγεις· πρόσθες, καὶ ὥστε νεκροὺς ὑμᾶς ἐπισκέπτεσθαι. 13 Ταῦτα μακρότερα μὲν ἴσως ἢ κατ' ἐπιστολήν, ἐλάττω δὲ κωμῳδίας. Σὺ δὲ εἰ μὲν οἴσεις μετρίως τὴν παιδιάν, ὀρθῶς ποιήσεις· εἰ δὲ μή, καὶ πλείω προσθήσομεν.

V

ΤΩΙ ΑΥΤΩΙ

1 Ἐπειδὴ φέρεις μετρίως τὴν παιδιάν, καὶ τὰ ἑξῆς προσθήσομεν. Ἐξ Ὁμήρου δὲ τὸ προοίμιον·

Ἀλλ' ἄγε δὴ μετάβηθι καὶ τὸν ἔσο κόσμον ἄεισον,

9 ὅταν uvdfI² s. u. h : ὅτ' I¹ ‖ ἐκμαίνωσιν uvdfh : — νουσιν g ‖ 10 εἶτ' οὖν uvgB : ἦτ' οὖν dfΞ ‖ 11 τὸν κορυφῆς ὑπερτέλλοντα τένοντα, ὅς uvdfg : τὸν ὑπὲρ κορυφῆς ὑπερτέλλοντα, ὅς h ‖ Ταντάλειον dfg : — λιον uvf ‖ λιποθυμοῦντας uv df : λειπο — gh ‖ 12 ὑπεριπταμένους dfgh : περϊιπτ — uv ‖ ὥστε vdfgh : ὡς u ‖ 13 καὶ πλείω dfg : καὶ τὰ πλείω vh καὶ τὰ λοιπά u.

V. Codices : u = Y, v = C, d = PR, f = Π, g = I, h = BΞ.

Titulus : Τῷ αὐτῷ codd. plerique (id est Βασιλείῳ uh Γρηγόριος Βασιλείῳ vf Βασιλείῳ ἑταίρῳ d) : Γρηγόριος Βασιλείῳ g.

1 ἔσο vdgΞ : ἔσω ufB.

flamme et sans fumée, les murs asséchés au feu pour nous préserver du ruissellement de la boue — nous étions des Tantales, punis, assoiffés au milieu des eaux, — **2** et ce pitoyable et maigre banquet auquel on nous avait invité depuis la Cappadoce, non comme à une frugalité de Lotophages[1], mais comme à une table d'Alkinoos[2], nous, nouveau naufragé et infortuné ! **3** Je me souviens en effet de ces pains et de ces « brouets » (c'est le nom qu'on employait)[3], mais surtout je me souviendrai aussi de mes dents qui glissaient sur les croûtons, puis s'y embarrassaient et s'en tiraient comme d'un marécage ! **4** Tout cela, tu vas, toi, le dramatiser en élevant le ton, en tirant de tes propres souffrances de quoi enfler la voix ; mais si cette grande et vraie nourrice des pauvres — je veux dire : ta mère — ne nous avait rapidement tirés de là en se montrant à l'instant propice comme un port à des gens ballotés par la tempête, depuis longtemps nous ne serions que cadavres et notre « foi pontique »[4] nous vaudrait moins d'éloges que de pitié ! **5** Comment passer sous silence ces jardins qui n'étaient point des jardins et n'avaient pas de légumes, et ce fumier d'Augias, tiré de la demeure, avec lequel nous remplissions ces jardins ? C'est alors que nous tirions ce chariot, fait pour porter la terre, moi, vendangeur, et toi, mauvais plaisant, avec ce cou et ces mains qui portent encore les traces de nos efforts. Ah ! Terre, Soleil, Air et Vertu ! m'écrierai-je pour faire un peu le tragédien[5] : et ce n'était pas pour joindre les rives de l'Hellespont[6], mais pour niveler le fossé. **6** Si tu n'es point froissé

1. *Odyssée*, IX, 84.

2. *Odyssée*, VIII, 59-61. Le repas offert par Alkinoos en 'honneur d'Ulysse est, en effet, somptueux.

3. Grégoire insinue que c'étaient des aliments innommables. Tout ceci — le contexte le prouve et la lettre suivante le dit — est humoristique. Les mortifications n'étaient pas pour effrayer Grégoire, qui s'en imposait bien d'autres lorsqu'il vivait en ermite dans sa solitude d'Arianze.

4. C'est-à-dire la confiance qu'ils ont eue en cette région du Pont (cf. lettre 4, § 3). Il y a, de plus, un jeu de mots par allusion à la *foi punique*, symbole de la mauvaise foi.

τὴν ἄστεγον σκέπην καὶ ἄθυρον, τὴν ἄπυρον ἑστίαν καὶ ἄκαπνον, τοὺς πυρὶ ξηραινομένους τοίχους, ἵνα μὴ ταῖς τοῦ πηλοῦ ῥανίσι βαλλώμεθα, Ταντάλειοί τινες καὶ κατάκριτοι, διψῶντες ἐν ὕδασι, — 2 τὴν ἐλεεινὴν ἐκείνην καὶ ἄτροφον πανδαισίαν ἐφ' ἣν ἀπὸ Καππαδοκίας ἐκλήθημεν, οὐχ ὡς Λωτοφάγων πενίαν ἀλλ' ὡς Ἀλκινόου τράπεζαν, ἡμεῖς οἱ νέοι ναυαγοί τε καὶ τλήμονες. 3 Μέμνημαι γὰρ τῶν ἄρτων ἐκείνων καὶ τῶν ζωμῶν (οὕτω γὰρ ὠνομάζοντο), ἀλλὰ καὶ μεμνήσομαι καὶ τῶν περιολισθαινόντων τοῖς βλωμοῖς ὀδόντων, εἶτα ἐνισχομένων καὶ ἀνελκομένων ὥσπερ ἐκ τέλματος. 4 Αὐτὸς ταῦτα τραγῳδήσεις ὑψηλότερον, ἐκ τῶν οἰκείων παθῶν ἔχων τὸ μεγαλόφωνον · ὧν εἰ μὴ ταχέως ἡμᾶς ἡ μεγάλη καὶ πτωχοτρόφος ὄντως ἐρρύσατο, τὴν σὴν λέγω μητέρα, ὥσπερ λιμὴν ἐν καιρῷ φανεῖσα χειμαζομένοις, πάλαι ἂν ἦμεν νεκροί, πίστεως ποντικῆς οὐκ ἐπαινούμενοι μᾶλλον ἢ ἐλεούμενοι. 5 Πῶς παρέλθω τοὺς ἀκήπους κήπους ἐκείνους καὶ ἀλαχάνους, καὶ τὴν Αὐγείου κόπρον ἐκ τῆς οἰκίας ἐκκαθαιρομένην, ᾗ τούτους ἀνεπληρώσαμεν, ἡνίκα τὴν γεωφόρον ἅμαξαν εἵλκομεν, ἐγώ τε ὁ βοτρύων καὶ ὁ λαμυρὸς σύ, τοῖς αὐχέσι τούτοις καὶ ταῖς χερσὶ ταύταις, αἳ τῶν πόνων ἔτι τὰ ἴχνη φέρουσιν, — ὦ γῆ καὶ ἥλιε καὶ ἀὴρ καὶ ἀρετή, τραγῳδήσω γάρ τι μικρόν, — οὐχ ἵνα τὸν Ἑλλήσποντον ζεύξωμεν, ἀλλ' ἵνα τὸν κρημνὸν ὁμαλίσωμεν. 6 Τούτοις εἰ μὲν οὐδὲν

1 καί post τινες om. h ‖ 2 Λωτοφάγων ugh : Λωτοφάγον df, incertum est in C, penultima littera erasa ‖ 3 καί post μεμνήσομαι om. g ‖ ἐνισχομένων uvdfgΞ : ἀνισχομένων B ‖ 4 post Αὐτός, σύ add. h ‖ 5 καὶ ἀλαχάνους ante ἐκείνους posuit f ‖ καί ante τήν om. v ‖ ᾗ uvdfg : ἧς h ‖ γεωφόρον nos : γεώφορον dΠ² γαιοφόρον B γαοφόρον (εω s. u.) Ξ γεωλόφον uv λεωφόρον gΠ¹ ‖ λαμυρός nos : λάμυρος uvdfgB λαμυρος Ξ ‖ ὦ γῆ καὶ ἥλιε καὶ ἀὴρ καὶ ἀρετή udg (cf. Aeschines, *Contra Ctesiphontem*, 260 : ὦ γῆ καὶ ἥλιε καὶ ἀρετὴ καὶ σύνεσις καὶ παιδεία) : ἀήρ om. B καί ante ἀήρ om. Ξ.

de ce que nous disons, nous ne le sommes nullement, nous non plus ; si tu l'es, combien le sommes-nous de ce que nous avons subi ! Et nous en laisserons de côté la majeure partie, par égard pour le reste, pour tout ce dont nous tirions profit.

VI

AU MÊME

Année 361.

1 Ce que nous te mandions précédemment au sujet du séjour dans le Pont était badinage et non propos sérieux ; mais ce que j'écris maintenant est tout à fait sérieux. **2** Qui pourrait me mettre selon le mois des jours de jadis[1], où avec toi je faisais mes délices de souffrir ? Car la peine subie de bon cœur a plus de prix que le plaisir éprouvé à contre-cœur. **3** Qui me donnera ces psalmodies, ces veilles, ces voyages jusqu'à Dieu dans la prière et cette vie en quelque sorte hors de la matière et du corps ? Et cette fusion et cette unité d'âme avec des frères qui par toi se divinisent et s'élèvent ? **4** Et cette émulation et cet empressement pour la vertu, que nous avons assurés par des règles et des lois écrites[2] ? Et ce zèle pour les oracles divins et cette lumière que nous y découvrions sous la conduite de l'Esprit[3] ? **5** Ou bien, pour parler de choses plus petites et plus ordinaires, qui me donnera ces besognes quotidiennes et ces travaux manuels ? Et ce bois à transporter et ces pierres à tailler ? Et ces plantes à soigner et à arroser ? Et

1. *Job*, XXIX, 2. Grégoire cite d'après la traduction des Septante, qui défigure ici le texte original. L'hébreu dit : « Qui me rendra tel qu'aux mois de jadis, aux jours où Dieu me gardait ? »

2. Allusion aux règles monastiques, que Basile composa en collaboration avec Grégoire.

3. Grégoire et Basile étudièrent alors ensemble l'Écriture et composèrent une anthologie des œuvres d'Origène connue sous le nom de *Philocalie*. Voir la lettre 115.

ἀχθεσθήσῃ λεγομένοις, πάντως οὐδ' ἡμεῖς· εἰ δὲ ἀχθεσθήσῃ, πόσον γενομένοις ἡμεῖς· καὶ τὰ πλείω παρήσομεν, αἰδοῖ τῶν ἄλλων, ὧν πολλῶν ἀπελαύομεν.

VI

ΤΩΙ ΑΥΤΩΙ

1 Ἃ μὲν πρότερον ἐπεστέλλομεν περὶ τῆς ποντικῆς διατριβῆς παιζόντων ἦν, οὐ σπουδαζόντων· ἃ δὲ νῦν γράφω, καὶ λίαν σπουδαζόντων. **2** Τίς ἂν με θείη κατὰ μῆνα ἡμερῶν τῶν ἔμπροσθεν ἐκείνων, ἐν αἷς συνετρύφων σοι τῷ κακοπαθεῖν ; ἐπειδὴ τὸ ἑκούσιον λυπηρὸν τοῦ ἀκουσίου τερπνοῦ τιμιώτερον. **3** Τίς δώσει τὰς ψαλμῳδίας ἐκείνας καὶ τὰς ἀγρυπνίας καὶ τὰς δι' εὐχῆς πρὸς Θεὸν ἐκδημίας καὶ τὴν οἱονεὶ ἄϋλον ζωὴν καὶ ἀσώματον ; Τίς ἀδελφῶν συμφυΐαν καὶ συμψυχίαν τῶν ὑπὸ σοῦ θεουμένων καὶ ὑψουμένων ; **4** Τίς ἅμιλλαν ἀρετῆς καὶ παράθηξιν, ἣν ὅροις γραπτοῖς καὶ κανόσιν ἠσφαλισάμεθα ; Τίς θείων λογίων φιλοπονίαν καὶ τὸ ἐν αὐτοῖς φῶς εὑρισκόμενον σὺν ὁδηγίᾳ τοῦ Πνεύματος ; **5** Ἤ, ἵνα τὰ μικρότερα λέγω καὶ εὐτελέστερα, τίς ἐφημερίας καὶ αὐτουργίας ; τίς ξυληγίας καὶ λατομίας ; τίς δὲ φυτοκομίας καὶ ὀχετηγίας ; τίς δὲ τὴν πλάτανον

6 πάντως οὐδ' uvdfg : πάντως οὔτε h ‖ ἀπελαύομεν h : ἀπηλαύομεν u²dΠ² ἀπηλαύσαμεν u¹vΠ¹ ἀπολαύομεν g.

VI. Codices : u = Y, v = C, d = PR, f = Π, g = I, h = BΞ.

Titulus : Τῷ αὐτῷ uh (id est Βασιλείῳ) v (id est Γρηγόριος Βασιλείῳ) d (id est Βασιλείῳ ἑταίρῳ) : Γρηγόριος Βασιλείῳ f Βασίλειος Γρηγορίῳ g.

1 περί udfgh : διά v ‖ οὐ uvd : οὐχί fgh ‖ **2** κατὰ μῆνα ἡμερῶν τῶν ἔμπροσθεν ἐκείνων uvdΠ² : κατὰ μῆνα ἔμπροσθεν ἡμερῶν ἐκείνων Π¹ κατὰ μῆνα ἡμερῶν ἐκείνων gh ‖ **3** οἱονεί uvdfg : οἷον h ‖ **4** θεῖον add. f ante φῶς ‖ **5** ξυληγίας uvdΠ² s. u. gh : ξυλοτομίας Π¹ ‖ τίς δὲ φυτοκομίας u² γρ. dh : τίς δαὶ φυτοκομίας f τίς δὲ φυτείας u¹vg ‖ τίς δὲ τήν uvdgh : τίς δαὶ τήν f.

ce platane — platane d'or et plus précieux que celui de Xerxès[1] — sous lequel s'asseyait non un roi amolli, mais un moine contrit ? **6** Ce platane, c'est moi qui l'ai planté, c'est Apollos — c'est-à-dire ton Excellence — qui l'a arrosé, mais c'est Dieu qui l'a fait croître[2] pour notre honneur, afin que subsiste chez vous un souvenir de notre activité, comme dans l'arche la verge fleurie d'Aaron, ainsi qu'il est dit[3] et que nous le croyons. **7** Souhaiter tout cela est très facile ; mais l'obtenir n'est point facile[4]. Au moins, assiste-moi ; partage mes sentiments et aide-moi en ce qui concerne la vertu ; et ces avantages que nous avons naguère recueillis, conserve-les par tes prières, afin que nous n'allions pas peu à peu nous dissoudre comme une ombre au déclin du jour. **8** Car c'est toi que je respire plus que l'air, et je ne vis que dans la mesure où je suis avec toi, soit effectivement, soit, quand tu es absent, par le souvenir.

VII

A CÉSAIRE[5]

Année 362.

1 Nous avons violemment rougi à ton sujet ; quant au chagrin que nous avons éprouvé aussi, à quoi bon l'écrire à celui qui, plus que personne, en est convaincu ? **2** Sans parler de nous, ni de toute la désolation et — permets-moi de le dire — de toute la crainte dont nous a remplis la rumeur qui circule à ton sujet, je voudrais, si c'était possible, te voir assister aux conver-

1. Xerxès fit recouvrir d'or un platane dont la beauté l'avait frappé (Hérodote, VII, 31).

2. Transposition d'un texte de saint Paul (*I Cor.* III, 6). Il est remarquable de voir un auteur chrétien prendre un texte sacré pour faire l'éloge d'un objet de la nature, au lieu de partir du monde matériel pour s'élever au spirituel. Ce mouvement, qui va à l'encontre des traditions stylistiques de la littérature chrétienne, dénote un amour peu commun de la nature et un sentiment délicat de la poésie des choses.

τὴν χρυσῆν καὶ τῆς Ξέρξου τιμιωτέραν, ὑφ' ᾗ μὴ βασιλεὺς
ἐκαθέζετο τεθρυμμένος, ἀλλὰ μοναστὴς τετρυχωμένος,
6 ἣν ἐγὼ ἐφύτευσα, Ἀπολλὼς ἐπότισεν, ἡ σὴ τιμιότης,
ἀλλ' ὁ Θεὸς ηὔξησεν εἰς τιμὴν ἡμετέραν, ἵνα ὑπόμνημα
σῴζηται παρ' ὑμῖν τῆς ἡμετέρας φιλοπονίας, ὥσπερ ἐν
τῇ κιβωτῷ λέγεται καὶ πιστεύεται ἡ ῥάβδος Ἀαρὼν ἡ
βλαστήσασα. 7 Ταῦτα εὔξασθαι μὲν ῥᾷστον, λαβεῖν δὲ οὐ
ῥᾴδιον. Ἀλλά μοι καὶ πάρεσο καὶ σύμπνει καὶ συνεργάζου
τὴν ἀρετήν, καὶ ἥν ποτε συνελέξαμεν ὠφέλειαν συντήρει
διὰ τῶν προσευχῶν, ἵνα μὴ κατὰ μικρὸν ὥσπερ σκιὰ
λυθῶμεν, κλινούσης ἡμέρας. 8 Ὡς ἔγωγέ σε πνέω
μᾶλλον ἢ τὸν ἀέρα· καὶ τοῦτο ζῶ μόνον, ὃ μετὰ σοῦ
γίνομαι, ἢ παρών, ἢ ἀπὼν τοῖς ἰνδάλμασι.

VII

ΚΑΙΣΑΡΙΩΙ

1 Ἱκανῶς ἠρυθριάσαμεν ἐπὶ σοί· τὸ γὰρ ὅτι καὶ
ἐλυπήθημεν, τί χρὴ γράφειν τῷ γε πάντων μάλιστα
πεπεισμένῳ; 2 Ἵνα γὰρ μὴ τὰ ἡμέτερα λέγωμεν,
μηδὲ ὅσης ἀθυμίας ἐνέπλησεν ἡμᾶς ἡ περὶ σὲ φήμη,
δὸς δὲ εἰπεῖν καὶ δέους, ἐβουλόμην, εἴ πως οἷόν τε ἦν,

5 ὑφ' ᾗ μή dfgh : ὑφ' ᾗ οὐχί u ἐφ' ᾗ οὐχί v ‖ ἐκαθέζετο udfgh : ἐκάθητο v ‖ 6 παρ' ὑμῖν τῆς ἡμετέρας uvgh : παρ' ἡμῖν τῆς ὑμετέρας df ‖ φιλοπονίας uvdΠ[1]gh : φιλολογίας Π[2] marg. ‖ 7 μέν ante εὔξασθαι posuit Ξ ‖ σύμπνει καὶ συνεργάζου τὴν ἀρετήν dfgh : σύμπνει τὴν ἀρετήν καὶ συνεργάζου uv ‖ 8 ἔγωγε h : ἐγώ uvdfg.

VII. Codices : u = YM, v = LA, d = PR, f = Π, g = I F, h = BΞ.

Titulus : Καισαρίῳ YM[1] : Καισαρίῳ ἀδελφῷ M[2] γρ.) Τῷ αὐτῷ vdf (id est Καισαρίῳ ἀδελφῷ) Καισαρίῳ ἀδελφῷ hF Καισαρίῳ Γρηγόριος I.

1 καί post ὅτι om. g ‖ τῷ γε πάντων uvdfgΞ : τῶν πάντων B ‖ πεπεισμένῳ uLdfg : πεπεισμένων A πεπιστευμένῳ h ‖ 2 ἐβουλόμην uLdfgh : ἠβουλόμην A.

sations des autres — nos familiers aussi bien que les étrangers, ceux que nous connaissons de quelque façon que ce soit, mais qui du moins sont chrétiens — conversations qu'ils tiennent sur toi et sur nous ; et ce n'est pas un tel et non un autre, mais c'est tous à la fois et de la même façon ; car les hommes ont plus d'ardeur à philosopher sur les affaires d'autrui que sur les leurs. **3** Les propos que voici sont en effet pour eux comme un nouveau sujet de déclamation[1] : « Maintenant le fils d'un évêque est dans l'armée ; maintenant il aspire à la puissance et à la gloire du dehors[2] ; maintenant il se laisse vaincre par l'argent, alors que pour tous est allumé le feu et que l'on court risque pour son âme[3] ; — et il ne considère pas que la seule gloire, la seule sécurité, la seule richesse, c'est de résister généreusement aux circonstances et de se tenir le plus loin possible de toute faute et de toute souillure. **4** Comment notre évêque[4] pourrait-il avertir autrui de ne pas se laisser entraîner par les circonstances et de ne pas se mêler aux idoles ? Comment pourrait-il réprimander ceux qui commettent quelque autre faute, s'il n'a pas lui-même pleine assurance à son foyer ? » **5** En entendant chaque jour ces propos et d'autres, plus nombreux encore et plus blessants, tenus par certains qui parlent peut-être par amitié, et par d'autres qui nous attaquent aussi par malveillance, quelles sont, crois-tu, les dispositions et quel est l'état d'âme d'hommes[5] qui ont résolu de servir Dieu et qui jugent que l'unique bien est de tenir son regard sur les espérances à venir ? **6** Aussi notre noble père, très affecté de ce qu'il entend dire, est-il las de la vie même ; de mille manières je le console et

1. Allusion aux exercices que l'on faisait dans les écoles de rhétorique. Ces exercices avaient une importance particulière dans la société du ɪvᵉ siècle, où l'éloquence était une des raisons de vivre.

2. Les choses *du dehors* (ἔξωθεν) sont les choses profanes et plus particulièrement les choses païennes. Le mot est courant chez les écrivains chrétiens.

3. Allusion à la persécution de Julien qui, bien que non sanglante, n'en était pas moins dangereuse; car elle tendait à

παρεῖναί σε τοῖς τῶν ἄλλων λόγοις, οἰκείων τε ὁμοίως καὶ ξένων, τῶν ὁπωσοῦν γνωρίμων ἡμῖν, ἀλλ' οὖν Χριστιανῶν, οὓς περὶ σοῦ τε καὶ ἡμῶν λέγουσιν, οὐχ ὁ μέν, ὁ δ' οὔ, ἀλλὰ πάντες ἑξῆς ὁμοίως, ἐπειδὴ καὶ προθυμότερον ἐν τοῖς ἀλλοτρίοις ἢ τοῖς οἰκείοις φιλοσοφοῦσιν ἄνθρωποι. 3 Ὥσπερ γὰρ ἄλλη τις μελέτη γέγονεν αὐτοῖς ταῦτα τὰ ῥήματα. Νῦν μὲν υἱὸν ἐπισκόπου στρατεύεσθαι, νῦν δὲ ὀρέγεσθαι τῆς ἔξωθεν δυναστείας καὶ δόξης, νῦν δὲ ἡττᾶσθαι χρημάτων (ὁπότε κοινὸν ἀνῆπται πῦρ καὶ τὸν περὶ ψυχῆς δρόμον τρέχουσιν ἄνθρωποι)· ἀλλ' οὐχὶ μίαν ἡγεῖσθαι καὶ δόξαν καὶ ἀσφάλειαν καὶ εὐπορίαν τὸ γενναίως ἵστασθαι πρὸς τὸν καιρὸν καὶ ὅτι πορρωτάτω ποιεῖν ἑαυτὸν παντὸς ἄγους τε καὶ μιάσματος. 4 Πῶς δ' ἂν ἄλλον νουθετήσειεν ὁ ἐπίσκοπος μὴ παρασυρῆναι τῷ καιρῷ μηδὲ τοῖς εἰδώλοις συναναφύρεσθαι ; Πῶς δ' ἂν τοῖς ἄλλο τι πλημμελοῦσιν ἐπιτιμήσειεν, αὐτὸς ἐφ' ἑστίας παρρησίαν οὐκ ἔχων ; 5 Ταῦτα καθ' ἑκάστην ἀκούοντες ἡμᾶς τὴν ἡμέραν καὶ ἔτι πλείω τούτων καὶ χαλεπώτερα, τῶν μὲν διὰ φιλίαν λεγόντων ἴσως, τῶν δὲ καὶ διὰ δυσμένειαν ἐπιτιθεμένων, πῶς οἴει διακεῖσθαι καὶ τίνας ἔχειν ψυχὰς ἀνθρώπους τῷ Θεῷ προθεμένους δουλεύειν καὶ πρὸς τὰς μελλούσας ὁρᾶν ἐλπίδας μόνον ἀγαθὸν κρίνοντας ; 6 Τὸν μὲν οὖν κύριον τὸν πατέρα ἡμῶν πάνυ δυσφοροῦντα πρὸς τὴν ἀκοὴν καὶ πρὸς τὸν βίον αὐτὸν ἀπαγορεύοντα,

2 οὓς uvgh : ὡς df ‖ οὐχ ὁ μέν, ὁ δ' οὔ h : οὐχ οἱ μέν, οἱ δ' οὔ u v οὐχ ὁ μέν, ὅς δ' οὔ dfg ‖ ἢ τοῖς οἰκείοις d f : om. uvgh ‖ post οἰκείοις, καί add. R ‖ 3 γάρ om. u ‖ Νῦν μὲν υἱόν u v d f g : Νῦν δὲ υἱόν h ‖ ἔξωθεν uvdΠ^2h : ἔξω Π^1g ‖ ὁπότε κοινὸν ἀνῆπται πῦρ dfgh : ὁπότε χρημάτων κοινὸν ἀνῆπται πῦρ u ὁπότε χρημάτων ἀνῆπαι πῦρ v ‖ inter ὅτι et πορρωτάτω, μή add. Π^2 m. r. ‖ post ἄγους, τε om. h ‖ 4 νουθετήσειεν ὁ ἐπίσκοπος Yvdfgh : νομοθήσειεν οἱ ἐπίσκοποι M ‖ πλημμελοῦσιν udfgh : —λῶσιν v ‖ 5 post τῶν μέν, καί add. u ‖ τῶν δὲ καί uvdΠ^2g : τῶν δέ Π^1h ‖ διακεῖσθαι uvdfgB : ἀδικεῖσθαι Ξ ‖ 6 δυσφοροῦντα πρός uvdfg : δυσφοροῦντα τὰ πρός h.

le réconforte en me portant garant de tes dispositions et en lui persuadant que tu n'accepteras pas de nous chagriner plus longtemps encore. **7** Quant à notre noble mère, si elle apprenait quelque chose de toi (jusqu'à présent nous le lui avons encore caché, au prix de multiples ruses), songe qu'elle en aurait une douleur de tout point inconsolable, à cause de sa faiblesse de femme et, par ailleurs, à cause de sa grande piété qui l'empêche de garder la mesure en ce domaine. **8** Si donc tu fais quelque cas de toi-même et de nous, prends quelque décision meilleure et plus sûre. Notre situation ici est pleinement suffisante pour une honnête existence, à condition de n'être pas trop insatiable ni immodéré dans le désir d'avoir davantage ; et, pour que tu trouves un établissement, je ne vois pas quel moment nous attendrons, si nous laissons passer l'instant présent. **9** Si, par contre, tu restes dans les mêmes sentiments et si tout te paraît petit auprès de tes propres désirs, je ne veux rien te dire de désagréable, sauf que je te prédis seulement et te déclare que, de deux alternatives, l'une se réalisera nécessairement : ou bien, en restant un chrétien authentique, être mis au rang si méprisé de chrétien et avoir un sort indigne de toi et de tes espérances ; **10** ou bien, en briguant les honneurs, subir du dommage en ce qui est le plus important, en étant atteint par la fumée, si même ce n'est pas par le feu[1].

déconsidérer le christianisme et à le séparer de la société cultivée. La dernière expression signifie littéralement : « alors que les hommes courent la course au sujet de leur âme » ; elle en rappelle une de Platon (*Théétète*, 173 a), dans laquelle cependant le mot ψυχῆς est pris au sens de *vie* et non d'*âme*, comme ici.

1. Cf. *I Cor.* III, 15.

ὁπωσοῦν αὐτὸς παραμυθοῦμαι καὶ ψυχαγωγῶ τὴν σὴν ἐγγυώμενος γνώμην καὶ πείθων ὅτι οὐχ ὑπομενεῖς ἔτι πλεῖον λυπεῖν ἡμᾶς. 7 Τὴν δὲ κυρίαν τὴν μητέρα, εἰ πύθοιτό τι τῶν κατὰ σὲ (μέχρι γὰρ τοῦ νῦν τέως ἀπεκρυψάμεθα πολλαῖς ἐπινοίαις), οἴου καὶ παντελῶς ἀπαραμύθητον ἕξειν τὸ πάθος, ὡς γυναῖκά τε οὖσαν μικρόψυχον καὶ ἄλλως διὰ τὸ λίαν εὐλαβὲς περὶ τὰ τοιαῦτα μετριάζειν οὐ δυναμένην. 8 Εἰ μὲν οὖν τινα καὶ σεαυτοῦ καὶ ἡμῶν ποιῇ λόγον, βούλευσαί τι βέλτιον καὶ ἀσφαλέστερον. Πάντως γὰρ καὶ τὰ ἐνταῦθα πρὸς ἐλευθέριον διαγωγὴν αὐτάρκη, τῷ γε μὴ λίαν ἀπλήστῳ μηδ' ἀμέτρῳ περὶ τὴν ἐπιθυμίαν τοῦ πλείονος ἀλλὰ καὶ τοῦ καταστάσεώς σε τυχεῖν οὐχ ὁρῶ τίνα καιρὸν ἀναμενοῦμεν, τὸν νῦν ἐάσαντες. 9 Εἰ δὲ τῆς αὐτῆς ἔχῃ γνώμης καὶ μικρὰ πάντα σοι πρὸς τὴν ἰδίαν ὁρμήν, ἄλλο μὲν εἰπεῖν οὐδὲν βούλομαι δυσχερές· τοσοῦτον δὲ προλέγω καὶ διαμαρτύρομαι, ὅτι δυοῖν ἀνάγκη θάτερον, ἢ γνήσιον μένοντα Χριστιανὸν τὴν ἀτιμοτάτην αὐτοῦ τετάχθαι καὶ πράττειν ἀναξίως καὶ σεαυτοῦ καὶ τῶν ἐλπίδων· 10 ἢ τῆς τιμῆς ἐφιέμενον περὶ τὰ καιριώτερα βλάπτεσθαι, τοῦ καπνοῦ γε μετέχοντα, εἰ καὶ μὴ τοῦ πυρός.

6 ἔτι uΞ : ἐπί vdfgB ‖ 7 περὶ τὰ τοιαῦτα μετριάζειν dfgh : μετριάζειν περὶ τὰ τοιαῦτα uv ‖ 8 πάντως γὰρ καί udf : πάντως καί vgh ‖ τῷ γε μὴ λίαν Adfgh : τῷ γε λίαν μή uL ‖ 9 εἰπεῖν οὐδέν vdIh : οὐδὲν εἰπεῖν ufF ‖ δυοῖν vdh : δυεῖν ufg ‖ γνήσιον μένοντα u : μένοντα γνήσιον vdfgh ‖ 10 καιριώτερα udf : καιριώτατα vh κυριώτατα g ‖ εἰ καὶ μή uΞ : καὶ εἰ μή vdfgB.

VIII

A BASILE[1]

Année 362.

1 Je loue le préambule de ta lettre[2]. Au reste, que ne peut-on louer en toi ? Toi aussi, tu as été pris, comme nous avons été circonvenu nous-même quand on nous a élevé de force au rang du sacerdoce. **2** Et pourtant, nous ne le recherchions certes pas ! Car nous pouvons l'un à l'autre, mieux que quiconque, nous rendre sincèrement témoignage que nous chérissions la philosophie qui va à pied et qui reste tout en bas[3]. **3** D'ailleurs, peut-être eût-il mieux valu que cela n'arrivât point, — ou je ne sais que dire, tant que je ne connaîtrai pas les desseins de l'Esprit[4]. **4** Mais puisque c'en est fait, il faut le supporter[5], du moins à ce qu'il m'apparaît, surtout à cause du temps où nous sommes, lequel excite contre nous maintes langues hérétiques ; il faut aussi ne pas être indignes de notre vie et des espoirs de ceux qui ont mis en nous leur confiance.

1. Basile vient d'être ordonné prêtre, malgré lui, peu après le temps où Grégoire avait subi la même contrainte. Grégoire lui conseille la soumission ; c'est assez piquant, puisque lui-même s'était enfui au désert, au lendemain de son ordination sacerdotale.
2. Cette lettre, où Basile annonçait sa promotion au sacerdoce, ne nous est point parvenue.
3. C'est-à-dire : une vie où l'on rechercherait la perfection et l'union à Dieu sans être engagé dans les devoirs du ministère pastoral, particulièrement mouvementé à cette époque.
4. Comprenons : tant que je ne saurai pas si l'Esprit Saint veut que nous nous engagions dans le ministère actif. De fait chaque fois que Grégoire sentira clairement qu'il doit se jeter dans l'action, il le fera. Que l'on songe à son ministère à Constantinople.
5. On connaît l'exemple de saint Jérôme qui, une fois prêtre, n'exerça aucune fonction sacerdotale. Grégoire conseille ici une attitude tout à fait différente.

VIII

ΒΑΣΙΛΕΙΩΙ

1 Ἐπαινῶ σου τῆς ἐπιστολῆς τὸ προοίμιον. Τί δὲ τῶν σῶν οὐκ ἐπαινετόν ; Καὶ σὺ ἑάλως ὥσπερ καὶ ἡμεῖς γεγραφότες, ἐπειδή γε εἰς τὸν πρεσβυτέρου βαθμὸν ἐβιάσθημεν. 2 Καίτοι γε οὐ τοῦτο ἡμῖν ἐσπουδάζετο· ἀλλήλοις γάρ ἐσμεν, εἴπερ ἄλλοι τινές, ἀξιόπιστοι μάρτυρες τοῦ τὴν πεζὴν στέργειν φιλοσοφίαν καὶ κάτω μένουσαν. 3 Ἀλλὰ τοῦτο μὴ γενέσθαι μὲν ἴσως ἄμεινον ἦν· ἢ οὐκ οἶδ' ὅ τι καὶ φῶ, ἕως ἂν ἀγνοῶ τὴν οἰκονομίαν τοῦ Πνεύματος. 4 Ἐπεὶ δὲ ἐγένετο, φέρειν ἀνάγκη, ὡς γοῦν ἐμοὶ καταφαίνεται, καὶ μάλιστα διὰ τὸν καιρὸν πολλὰς ἡμῖν αἱρετικῶν ἐπεισάγοντα γλώσσας καὶ μὴ καταισχύνειν μήτε τὸν ἡμέτερον βίον μήτε τὰς τῶν πεπιστευκότων ἐλπίδας.

VIII. Codices : u = Y, v = L (a uerbis ἡμῖν ἐσπουδάζετο. Initium epistulae ante haec uerba exaratum est, manu quidem recentissima), d = PR, f = Π, g = IF, h = BΞ.

Titulus : Βασιλείῳ nos : Γρηγόριος Βασιλείῳ g τῷ αὐτῷ Βασιλείῳ f τῷ αὐτῷ uh (id est Βασιλείῳ) d (id est Βασιλείῳ ἑταίρῳ) τῷ μεγάλῳ Βασιλείῳ L manu recentissima.

1 σου om. F ‖ γεγραφότες vfg : γεγραφότος udh ‖ τὸν πρεσϐυτέρου vgh : τὸν τοῦ πρεσϐυτέρου udf ‖ 2 γε om. Ξ ‖ μένουσαν uvdfg : βένουσαν B βαίνουσαν Ξ ‖ 3 ἀγνοῶ u[1]vdf : γνῶ u[2] γρ. gh ‖ 4 ἐγένετο φέρειν uvdfg : ἐγένετο τὸ φέρειν h ‖ μήτε τὸν ἡμέτερον βίον μήτε τὰς τῶν πεπιστευκότων ἐλπίδας dfgh : μήτε τὰς τῶν πεπιστευκότων ἐλπίδας μήτε τὸν ἡμέτερον βίον uv.

IX

A AMPHILOQUE[1]

Année 362 ou 363.

1 Place des colonnes d'or sous un palais aux bons murs, comme le dit Pindare[2], et fais-toi connaître de nous par un heureux début à l'occasion des préoccupations présentes : tu élèveras ainsi un palais magnifique en révélant dans cette circonstance que tu mérites la gloire. **2** Et comment le feras-tu connaître? En honorant Dieu et les choses divines : qu'y a-t-il pour toi de plus grand et de plus haut? Et comment les honoreras-tu, et par quels actes? Par un seul : en t'intéressant à ceux qui se tiennent auprès de Dieu et qui sont au service des autels. **3** De ce nombre est Euthalios, notre collègue dans le diaconat[3], lequel, je ne sais comment, après avoir accédé à ce haut rang, voit les chefs de l'administration prétendre l'inscrire pour l'impôt en or[4]. **4** Cela doit te paraître inacceptable. Tends la main à ce diacre, à tout le clergé et, avant les autres, à nous dont tu as souci ; autrement, cet homme subirait, seul entre tous, le plus triste sort, s'il n'obtenait pas le bénéfice des faveurs actuelles et des honneurs accordés par les empereurs aux ministres sacrés, s'il était, au contraire, méprisé et lésé, sans doute à cause de notre peu de crédit. **5** Cela, il est bon que tu ne le tolères pas, même si d'autres veulent ce qui n'est pas bon.

1. Ce personnage est le cousin de Grégoire : il est fils d'Amphiloque l'Ancien, lequel est le frère de la mère de Grégoire, Nonna. Le destinataire de cette lettre, après avoir été quelque temps avocat, entra dans les Ordres et devient évêque d'Iconium, sa ville natale. La lettre IX ne peut pas être antérieure à 362 : Grégoire est prêtre quand il l'écrit. On ne peut pas non plus la mettre après 363 ; car le début de cette lettre nous montre qu'Amphiloque commence à exercer sa profession, ce qui eut lieu à ce moment.

2. Les mots en caractères espacés sont un rappel des trois premiers vers de la *VI*e *Olympique* de Pindare.

IX

ΑΜΦΙΛΟΧΙΩΙ

1 Χρυσέας ὑπόστησον εὐτειχεῖ θαλάμῳ κίονας, κατὰ Πίνδαρον, καὶ ἀπὸ δεξιᾶς ἡμῖν γνωρίσθητι τῆς ἀρχῆς ἐν τῇ παρούσῃ φροντίδι, ὡς ἂν καὶ θεητὸν πήξαις μέγαρον, εὐδόκιμος ἐν αὐτῇ φανείς. 2 Γνωρίσεις δὲ πῶς ; Θεὸν καὶ τὰ θεῖα τιμῶν · οὗ τί σοι μεῖζον καὶ ὑψηλότερον ; Τιμήσεις δὲ πῶς καὶ τίσιν ; Ἑνὶ τούτῳ, τῷ κήδεσθαι τῶν παρισταμένων Θεῷ καὶ λειτουργούντων τοῦ βήματος. 3 Τούτων εἷς ἐστι καὶ ὁ συνδιάκονος ἡμῶν Εὐθάλιος, ὅν, οὐκ οἶδ' ὅπως, εἰς μείζω τάξιν μεταχωρήσαντα διαγράφειν ἐπιχειροῦσι χρυσὸν οἱ τῆς ἡγεμονικῆς τάξεως. 4 Τοῦτο μὴ ἀνεκτὸν φανήτω σοι · καὶ χεῖρα ὄρεξον τῷ τε διακόνῳ καὶ τῷ κλήρῳ παντί, καὶ πρὸ τῶν ἄλλων ἡμῖν, ὧν σοι μέλει · ἢ δεινότατα ἂν πάθοι μόνος ἀνθρώπων, μὴ τυγχάνων τῆς τῶν καιρῶν φιλανθρωπίας καὶ τῆς δεδομένης τοῖς ἱερατικοῖς παρὰ τῶν βασιλέων τιμῆς, ἀλλ' ὑβριζόμενος καὶ ζημιούμενος ἴσως διὰ τὴν ἡμετέραν εὐτέλειαν. 5 Ὃ σοι καλῶς ἔχει μὴ συγχωρεῖν, κἂν μὴ καλῶς ἄλλοι βούλωνται.

IX. Codices : u = YM, v = LA, d = P, f = Π, g = IF, h = BΞ.

Titulus : Ἀμφιλοχίῳ uvfgh : τῷ αὐτῷ d (id est Ἀμφιλοχίῳ).

1 εὐτειχεῖ Yvgh (ita libri Pindarici : *Olymp.*, 6, 1) : εὐτυχεῖ Mdf ‖ ἐν αὐτῇ uvdfIh : ἐν ταύτῃ F ‖ **2** λειτουργούντων h : λειτουργῶν uvdfg ‖ **3** συνδιάκονος uvdfg : διάκονος h ‖ ὅν om. v ‖ **4** ἡμῖν ὧν σοι μέλει F : ἡμῖν οἷς σοι μέλει uvdΞ ἡμῖν οἱ σοὶ μέλει B ἡμῖν οἷς μέλει f ἡμῖν οἷς σὺ μέλλεις I ‖ παρὰ τῶν βασιλέων uvh : παρὰ βασιλέων dfg ‖ εὐτέλειαν om. M ‖ **5** ὅ σοι καλῶς ἔχει uvdfF : ὁ καλῶς σοι ἔχει h ὃς εἶ καλῶς ἔχει I ‖ βούλωνται uvdgΞ : βουλεύωνται f βούλονται B.

X

A CANDIDIANOS[1]

Année 362 ou 363.

1 Où sont présentement les sophistes? Pourquoi se taisent les poètes? Quels meilleurs sujets cherchent-ils, ou quelle plus illustre matière? A cette heure, toute langue amie des Muses et mélodieuse devrait entrer en action à ton sujet, tout talent oratoire devrait faire entendre des accents sublimes et éclatants : non pour ce motif seulement que la dette la plus juste de toutes les dettes est de célébrer par les œuvres littéraires un magistrat intègre, mais parce qu'il convient souverainement de glorifier par les deux arts[2] celui qui est un maître en l'un et l'autre. **2** Et même, si je n'avais pas renoncé aux lettres avant le temps (aujourd'hui, oui vraiment, aujourd'hui je m'en aperçois) et si je n'avais pas pris, comme l'on dit, une décision plus prompte que sage en m'appliquant à ne plus donner de déclamations et à ne plus me produire en public, combien peut-être alors ma voix aurait couvert le son des trompettes tyrrhéniennes[3] (je le dirai, sans redouter les pierres aiguës de Mômos, selon le mot de Pindare)[4], si je ne m'étais condamné à un silence intempestif ! **3** Ce que j'éprouve en ce moment à cause de toi, quel est mon état, tu pourras le comprendre par une image : je frappe, pour ainsi dire, le sol du pied, comme les plus fougueux des chevaux, je ronge mon frein, je dresse l'oreille, j'exhale des naseaux la fureur, je lance des regards farouches et je me couvre d'écume ; je reste

1. Lettre à un magistrat de Cappadoce, fort estimable, mais païen. Grégoire met sa coquetterie à le louer avec l'habileté d'un sophiste consommé. On est alors sous le règne de Julien (360-363) : les allusions à la persécution, à la fin de la lettre, le prouvent ; et, d'autre part, Grégoire a alors renoncé au monde (voir les §§ 2 et 3 de cette lettre). On adoptera donc comme date la fin du règne de Julien, quand la persécution était bien déclarée et quand Grégoire était entièrement engagé au service de Dieu, c'est-à-dire en 362 ou 363.

X

ΚΑΝΔΙΔΙΑΝΩΙ

1 Ποῦ νῦν οἱ σοφισταί ; Τί σιωπῶσιν οἱ περὶ τὴν ποίησιν ; Τίνας λόγους ἀμείνους ἐπιζητοῦσιν ἢ τίνα λαμπροτέραν ὑπόθεσιν ; Νῦν ἔδει πᾶσαν μὲν ἐπὶ σοὶ κινηθῆναι γλῶσσαν μουσικήν τε καὶ ἐναρμόνιον, πᾶσαν δ' ὑψηλόν τι καὶ διαπρύσιον ἠχῆσαι ῥητορικήν, οὐ ταύτῃ μόνον ὅτι χρέος ἁπάντων χρεῶν δικαιοτάτην ἄρχοντα δεξιὸν ἀνυμνεῖσθαι τοῖς λόγοις, ἀλλ' ὅτι καὶ τὸν ἐν ἀμφοτέροις ἄκρον ἀμφοτέροις κοσμεῖν οἰκειότατον. 2 Καὶ εἰ μὴ πρὸ καιροῦ τοὺς λόγους ἀνέπαυσα (νῦν γὰρ δὴ νῦν τοῦτο αἰσθάνομαι), καὶ ἐβουλευσάμην, ἔφη τις, ταχύτερα ἢ σοφώτερα, τὸ μὴ πανηγυρίζειν μηδὲ φοιτᾶν εἰς μέσους φιλοσοφήσας, ὡς τάχα ἂν καὶ τὰς τυρρηνικὰς ὑπερεφώνησα σάλπιγγας (ἐρῶ γὰρ μηδὲν τὸν τραχὺν τοῦ Μώμου λίθον εὐλαβηθείς, κατὰ Πίνδαρον), εἰ μὴ τῆς σιωπῆς ἀωρίαν κατεψηφισάμην. 3 Νυνὶ δὲ ὃ πέπονθα ἐπὶ σοί, ὁποῖόν τι τοὐμὸν χρῆμα, τάχα ἂν γνοίης ἀπ' εἰκόνος τινός· κόπτω μὲν οἷον τοὔδαφος τοῖς ποσί, κατὰ τοὺς θερμοτάτους τῶν ἵππων, καὶ διεσθίω τὰ χαλινὰ καὶ τὸ οὖς διανίστημι, πνέω τε θυμὸν ἐκ μυκτήρων καὶ βλέπω δριμὺ καὶ ἀφρῷ βάλλομαι, μένω δ'

X. Codices : u = YM, v = LA, d = P, f = Π, g = IF, h = BΞ.

Titulus : Κανδιδιανῷ v : Κανδιανῷ u f Κανδιάνῳ d Πρὸς Κανδιδιανόν g h.

1 post ποίησιν, ἢ add. gΠ[1] (del. Π[2]) ‖ ἐπὶ σοί udfgh : ἐπὶ σοῦ v ‖ ὑψηλόν τι uLdfg : ὑψηλόν τε A h ‖ 2 Καὶ εἰ μή u : καί et μή desunt in vdfgh ; et pro εἰ, ἢ scripserunt gh ‖ νῦν γὰρ δὴ νῦν τοῦτο Yvdfgh : νῦν γὰρ δὴ τοῦτο M ‖ ante φοιτᾶν, τό add. v ‖ εἰς udfgh : ἐς v ‖ τυρρηνικάς uvdfgΞ : τυραννικάς B ‖ 3 ἐπὶ σοί, ὁποῖόν τι vdΞ : ἐπὶ σοὶ καὶ ὁποῖόν τι ufB ἐπὶ σοὶ καὶ ποῖόν τι g ‖ δριμύ uvdfg : δρόμον h.

néanmoins à l'intérieur des barrières : le règlement ne m'autorise pas à courir. **4** Dès lors, puisque telle est ma décision, qu'allons-nous faire ? Allons-nous totalement rejeter l'éloquence et admirer silencieusement tes qualités, laissant à d'autres le soin de te louer ? Non certes. Que d'autres louent tel ou tel aspect de tes qualités, chacun selon son désir ou son pouvoir ! **5** Tu suffiras pleinement à de nombreux discours et à de nombreuses déclamations d'apparat, si chacun se charge de louer une partie de tes qualités : les uns loueront ta gestion des affaires publiques, avec l'intelligence et en même temps l'activité que tu y déploies (qui donc est plus ingénieux à trouver ce qu'il faut, ou plus énergique à réaliser ce qui a été trouvé ?) ; **6** d'autres diront comment tu tiens la balance de la justice et comment tu tranches en pleine lumière les différends, homme sublime qui entoures de pompes sublimes les arrêts de l'équité. **7** Ton glaive est redoutable, comme s'il allait frapper ; mais comme il ne frappe point, il est un objet sacré. Tu commandes en effet non en châtiant les coupables, mais en t'employant à ce qu'il n'y ait absolument point de coupables et en obtenant que tous soient soumis à la supériorité de ton esprit plus qu'à la puissance des autres, qui ont l'audace pour loi. **8** Que d'autres admirent ta maîtrise dans la science ou, si tu aimes mieux, l'universalité de ta science, tant celle qui va à juger les discours des autres que celle qui va à parler avec talent. Car, tout à la fois, tu as le don de juger de l'éloquence et tu as plus encore l'art de la parole : la première de ces qualités est comparable au suffrage d'or[1] ou à ce cordeau homérique sous lequel on peut vérifier l'égalité de taille des cavales d'Eumèlios[2] ; l'autre, chez toi est plus abondante que les flocons de

1. Chez Homère, par exemple, Zeus utilise une balance d'or avant de prendre une décision importante : *Iliade*, VIII, 69 ; XVI, 658 ; XIX, 223 ; XXII, 209.

2. Cavales dont les dos sont rigoureusement de niveau : *Iliade*, II, 763-767.

ὅμως εἴσω κιγκλίδος, οὐκ ἐφιέντος μοι τοῦ νόμου τὸν δρόμον. 4 Τί οὖν ; Ἐπειδὴ ταῦτα δοκεῖ, τί δράσομεν ; Ἢ παντάπασι καταβαλοῦμεν τοὺς λόγους καὶ σιωπῇ τὰ σὰ θαυμασόμεθα, παρέντες ἑτέροις τὴν εὐφημίαν ; Οὐ μὲν οὖν. Ἀλλ' ἄλλοι μὲν τἄλλα τῶν σῶν εὐφημούντων, ὅ τι ἂν ἕκαστος βούληταί τε καὶ δύνηται. 5 Πάντως δὲ πολλοῖς ἀρκέσεις λόγοις καὶ πανηγύρεσιν, ἐὰν μέρος ἕκαστος τῶν σῶν ἀπολαβὼν εὐφημῇ · οἱ μέν, τὴν διοίκησιν τῶν κοινῶν καὶ τὸ ἐν τούτοις εὐσύνετόν τε ὁμοῦ καὶ φιλόπονον (τίς γὰρ ἢ εὑρετὴς τοῦ δέοντος ποριμώτερος ἢ ἐπιτελέσαι τὸ εὑρεθὲν ἐνεργέστερος ;) · 6 οἱ δὲ τῆς δίκης τὰ τάλαντα καὶ ὡς ὑπὸ λαμπρῷ τῷ φωτὶ διακρίνεις τὰς ἔριδας, ὑψηλὸς ὑψηλῶς ἐμπομπεύων τῇ θέμιδι. 7 Τὸ δέ σοι ξίφος φοβερὸν μέν, ὡς πλῆξον · ὡς δὲ οὐ πλῆσσον, ἀνάθημα. Κρατεῖς γὰρ οὐ τῷ κολάζειν ἁμαρτάνοντας, ἀλλὰ τῷ σπουδάζειν ὅπως οὐδὲ τὴν ἀρχὴν ἁμαρτήσονται καὶ τῷ πάντας ἡττᾶσθαι τῆς σῆς διανοίας πλέον ἢ τῆς τῶν ἄλλων δυναστείας, ὧν ἡ θρασύτης τὸ ἔννομον. 8 Ἄλλοι θαυμαζέτωσαν τοῦ λόγου τὸ κράτος · εἰ δὲ βούλει, λόγου πᾶν εἶδος, ὅσον τε εἰς κρίσιν ἥκει τῶν λεγομένων καὶ ὅσον εἰς τὴν τοῦ λέγειν δύναμιν. Ὁ γὰρ αὐτὸς κρίνειν τε ἱκανὸς λόγον καὶ εἰπεῖν δυνατώτερος · ὡς τὸ μὲν αὐτὸ καὶ τὴν χρυσῆν εἰκάζεσθαι ψῆφον ἢ τὴν Ὁμηρικὴν στάθμην ἐκείνην, ὑφ' ᾗ κρίνεσθαι συμβαίνει τὴν τῶν Εὐμηλείων ἵππων

3 ἐφιέντος vdgh : ἀφιέντος uf || **4** ταῦτα Mdf : ταύτη Yvgh || δράσομεν udfgh : δράσομαι v || Ἀλλ' ἄλλοι uvB² (Ἀλλ' marg.) : Ἄλλοι dfgB¹Ξ || **5** ὁμοῦ om. h || ἤ om. h || ἐνεργέστερος uv dfIΞ : ἐναργέστερος F ἐνεργότερος B || **6** τά ante τάλαντα om. B || **7** τὴν ἀρχήν om. h || **8** τοῦ λόγου τὸ κράτος vdfgh : τὸ τοῦ λόγου κράτος u || λέγειν uvdfFh : λόγου I || κρίνειν τε ἱκανὸς λόγον καὶ εἰπεῖν uvg : κρίνειν τε λόγον ἱκανὸς καὶ εἰπεῖν df κρῖναί τε ἱκανὸς καὶ λόγον εἰπεῖν h || ὡς τὸ μὲν αὐτό uv : ὡς τὸ μὲν αὐτοῦ dfg ὡς τὸ μὲν αὐτῷ h || κρίνεσθαι συμβαίνει uvd Π² s. u. : κρίνεται gΠ¹ κρίνεσθαι (omisso συμβαίνει) h || Εὐμηλείων uLdF : Εὐμελίων Afh ομηλείων I.

neige en hiver[1]. Tu es ainsi maintenant arbitre des jeux, comme tu étais naguère concurrent dans ces jeux. **9** Que d'autres vantent ta fermeté mêlée de douceur et l'intrépidité insérée dans ta mansuétude : ce sont comme les souples bondissements des lions. Que d'autres vantent l'or dominateur et prestigieux, avec ses noms magnifiques[2] : tu l'as méprisé et, mis en déroute, il a cédé devant ta justice, — action qui, à elle seule, dépasse tout ce que l'on peut entendre et croire. **10** Qu'un poète, au talent libre et original, fasse chanter en ton honneur un poème rustique par un chœur de paysans qu'il aura formé ; que, moissonnant l'épi mûr, il tresse la couronne la plus agréable qui soit, et qu'il dresse sur ta tête le pampre avec des entrelacs de lierre et de raisins. **11** Ce seront les Thalysies[3] de l'agriculture, revenue grâce à toi parmi les hommes : que des rochers coule le lait et des fontaines le miel et que toute plante, cultivée ou sauvage, foisonne de fruits succulents ; qu'il en soit comme les fictions de poètes, lorsqu'ils représentent la terre recevant quelque grand bienfait[4]. **12** Tout cela, ainsi que je l'ai dit, que d'autres le content et l'imaginent, car tout ce qui nous touche non seulement nous inquiète, comme le croit le poète lyrique[5], mais aussi tout naturellement nous charme. Pour moi, ce que j'admire et ce que je salue surtout en toi, je vais le dire : c'est que tu te montres au-dessus de la malignité de ce temps. **13** Hellène[6] de religion, tu sers le pouvoir actuel[7] en ce qui appartient à ce pouvoir ; tu le sers

1. Cf. *Iliade*, III, 222, où il est dit que les paroles d'Ulysse sont *semblables aux flocons de neige en hiver*. L'abondance verbale, et même une certaine redondance, ne sont pas pour déplaire aux contemporains de Candidianos : le IVe siècle a tant aimé l'éloquence !

2. Grégoire songe à Pindare qui a si souvent parlé de l'or en termes éclatants (Par exemple, *XIIIe Olympique*, v. 78 : δαμασίφρονα χρυσόν, *Ire Olympique*, v. 1-2 : « l'or étincelant comme une flamme qui s'allume dans la nuit », *IIIe Pythique*, v. 55 sv., etc.).

3. L'auteur pense évidemment, entre autres réminiscences, à l'*idylle* VII de Théocrite, les *Thalysies*.

ἰσότητα, τὸ δὲ ὑπὲρ τὰς χειμερίους εἶναι νιφάδας, — ἀγωνοθετοῦντά τε ὁμοίως νῦν καὶ ἀγωνιζόμενον πρότερον. **9** Ἄλλοι τὸ στερρὸν ἐπαινείτωσαν τῷ πράῳ συγκεκραμένον καὶ τὸ ἐν τῷ μειλιχίῳ μὴ συμπεπτωκός, οἷα τὰ τῶν λεόντων σκιρτήματα. Ἄλλοι τὸν εὐρυσθενῆ χρυσὸν καὶ τιμήεντα, μετὰ τῶν σεμνῶν ὀνομάτων ἀτιμασθέντα καὶ προτροπάδην εἴξαντα δίκῃ τῇ σῇ· πρᾶγμα μόνον δὴ πάντων καὶ ἀκοῆς καὶ πίστεως ὑψηλότερον. **10** Ποιητικὸς δέ τις ἀνὴρ καὶ τὴν τέχνην ἄφετος καὶ αὐτόνομος καὶ μέλος ἀγροικὸν προσᾳδέτω σοι, γηπόνων χορὸν στησάμενος, καὶ ἀμησάμενος στάχυν ὡραῖον πλεκέτω στέφανον ὅτι ἥδιστον, ἡμερίδας τε περὶ κεφαλῆς ἐγειρέτω κισσῷ διαπλόκους καὶ βότρυσι. **11** Γεωργίας ταῦτα θαλύσια, διὰ σοῦ πάλιν ἀνθρώποις ἐπανελθούσης· πέτραι τε γάλα ναόντων καὶ μέλι κρῆναι, καὶ φυτὸν ἅπαν ἅμα ἠρέμοις κομάτω καρποῖς, σύντροφόν τε ὁμοίως καὶ ὄρειον, οἷα τὰ τῶν ποιητῶν πλάσματα, ὅταν τινὶ ποιῶσι χαριζομένην τὴν γῆν. **12** Ταῦτα μέν, ὅπερ ἔφην, λεγόντων τε καὶ πλαττόντων ἕτεροι· τὸ γὰρ οἰκεῖον ἅπαν οὐ πιέζει μόνον, ὡς τῇ λύρᾳ δοκεῖ, ἀλλὰ καὶ εὐφραίνειν μάλιστα πέφυκεν. Ἐγὼ δὲ ὃ διαφερόντως τῶν σῶν ἄγαμαί τε καὶ ἀσπάζομαι, τοῦτο ἐρῶ· ὅτι τῆς τοῦ καιροῦ δυσκολίας κρείττονα σεαυτὸν παρέχεις. **13** Ἕλλην μὲν ὢν τὴν θρησκείαν καὶ τῷ παρόντι κράτει τὰ τοῦ κράτους ὑπηρετούμενος· ὑπηρετούμενος δέ,

8 νῦν ante ὁμοίως posuit h ‖ **9** στερρόν vdfgh : αὐστηρόν u ‖ μειλιχίῳ udgΞ : μειλίχῳ vfB ‖ συμπεπτωκός uvdΞ : πεπτωκός fgB ‖ χρυσόν uvdΠ² marg. gh : Κροῖσον Π¹ ‖ τιμήεντα uvdfg : τιμηθέντα h ‖ ἀτιμασθέντα uvgh : ὀνομασθῆναι d ἀτιμασθῆναι f ‖ καὶ τὴν τέχνην uL : καί om. Adfgh ‖ **10** περί uvΞ : ὑπέρ dfgB ‖ **11** πέτραι τε uLdfgh : πέτραι δέ A ‖ γάλα ναόντων uL²dfh : μεγάλα ναόντων L¹A γαλάονται g ‖ ἅμα om. uvIh ‖ ὄρειον dfIh : ὥριον uvF ‖ τινί gh: τινά uvdf ‖ **12** πιέζει (cf. Pind., *Nem.*, 1, 53) udfg : πιέζειν v παίζει h ‖ **13** σεαυτόν uvgh : σαυτόν df ‖ semel tantum ὑπηρετούμενος scripserunt Π¹g.

cependant non comme les flatteurs du moment, mais comme les amis du bien et les grandes âmes : tu exècres les services des flatteurs, tu conserves à la patrie ton dévouement et tu recueilles une immortelle gloire dans une condition mortelle. **14** Il est encore un trait qu'on peut louer chez toi, c'est que tu accordes aussi quelque honneur à l'amitié, malgré tout le poids des affaires ; c'est encore que tu trouves du temps, au sortir de tant d'occupations, non seulement pour te souvenir de tes amis, mais aussi pour les honorer de tes lettres, pour leur avouer que tu les regrettes et pour les attirer auprès de toi quand ils sont loin. **15** En retour, je te souhaite, non pas une augmentation de gloire — car, si ta puissance peut recevoir un accroissement, ta vertu, elle, n'en peut recevoir — mais ce que je te souhaite, c'est uniquement ceci, et ce qu'il y a de plus grand : que tu te trouves un jour avec nous et avec Dieu, que tu sois du parti des persécutés et non de celui des persécuteurs ; car l'un est emporté par le cours du temps, tandis que l'autre possède le salut éternel.

XI

A GRÉGOIRE[1]

Entre 362 et 371[2].

1 J'ai dans mon caractère quelque chose de bon (oui, car je me glorifierai, moi aussi[3] d'une chose parmi beaucoup d'autres), c'est qu'en présence d'une décision mauvaise je m'irrite aussi bien contre moi-même que contre mes amis. **2** Or, puisqu'ils sont tous amis et parents ceux qui vivent selon Dieu et qui suivent le

1. Les manuscrits ont quelque flottement pour le nom du destinataire de cette lettre (voir l'apparat critique). Le titre adopté ici est celui qui paraît être le plus ancien. Il y a tout lieu de penser que ce Grégoire est le frère cadet de saint Basile, celui qui deviendra évêque de Nysse, dans la partie occidentale de la Cappadoce. On sait en effet par ailleurs que Grégoire de Nysse hésita avant de renoncer au monde ; ce qui s'accorde bien avec

οὐχ ὅσα οἱ τοῦ καιροῦ κόλακες, ἀλλ' ὅσα οἱ τοῦ καλοῦ φίλοι καὶ μεγαλόφρονες· καὶ τῶν μὲν τὴν θεραπείαν ἀφοσιούμενος, τηρῶν δὲ τῇ πατρίδι τὴν εὔνοιαν καὶ ἀθάνατον ἐν θνητῷ πράγματι τὴν δόξαν καρπούμενος.
14 Κἀκεῖνο δέ σου τῶν ἐπαινετῶν, ὅτι καὶ φιλίᾳ τι νέμεις αἰδοῦς ἐν τοσούτῳ τῆς ἀρχῆς ὄγκῳ· καὶ σχολὴν ἄγεις ἀπὸ τοσούτων ὧν πράττεις, μὴ μεμνῆσθαι μόνον, ἀλλὰ καὶ τιμᾶν διὰ γραμμάτων τοὺς φίλους καὶ τὸν πόθον ὁμολογεῖν καὶ πρὸς ἑαυτὸν ἕλκειν ἀπόντας.
15 'Ανθ' ὧν ἐπεύχομαί σοι, τῶν μὲν εἰς εὐδοξίαν μεῖζον οὐδὲν (κἂν γὰρ προσθήκην ἡ ἀρχὴ λάβῃ, τήν γε ἀρετὴν λαβεῖν οὐκ ἔνεστιν), ἓν δὲ ἀντὶ πάντων καὶ μέγιστον, γενέσθαι μεθ' ἡμῶν ποτε καὶ Θεοῦ, καὶ τῆς διωκομένων εἶναι μερίδος, μὴ τῶν διωκόντων· ἐπειδὴ τὸ μὲν καιροῦ φορᾷ παρασύρεται, τὸ δὲ ἀθάνατον ἔχει τὴν σωτηρίαν.

XI

ΓΡΗΓΟΡΙΩΙ

1 Ἔχω τι δεξιὸν ἐν τῇ φύσει (μεγαλαυχήσομαι γὰρ ἕν τι τῶν πολλῶν καὶ αὐτός)· ὁμοίως ἐμαυτῷ τε δυσχεραίνω βουλευομένῳ κακῶς καὶ τοῖς φίλοις.
2 Ἐπειδὴ τοίνυν φίλοι πάντες ἀλλήλων καὶ συγγενεῖς οἱ κατὰ Θεὸν ζῶντες καὶ τῷ αὐτῷ Εὐαγγελίῳ στοιχοῦντες,

13 καλοῦ uvfgh : καιροῦ d || 14 μή uvdfg : οὐ h || ἀπόντας dfFh : ἅπαντας uvI || 15 εὐδοξίαν vdfgh : εὐδοκιμίαν u || γε uvdfh : δέ g || λαβεῖν om. vgh || μερίδος, μή dfgh : μερίδος, καὶ μή uv.

XI. Codices : u = YM, v = LA, d = PR, f = Π, g = IF, h = B Ξ.

Titulus : Γρηγορίῳ fgh : τῷ αὐτῷ (id est Γρηγορίῳ Νύσσης) uv (id est Γρηγορίῳ ἐπισκόπῳ Νύσσης) d in margine add. A : γρ. Ἀνδρονίκῳ ἐν ἄλλῳ. In margine add. d : οὐκ πρὸς τὸν Νύσης, ἀλλὰ πρὸς ὡμόνυμόν τινα Γρηγόριον.

1 μεγαλαυχήσομαι uvdfg : μέγα καυχήσομαι h || τε om. h.

même Évangile, pourquoi n'entendras-tu pas de nous, franchement, ce que chacun, tout bas, chuchote? **3** On ne loue point ta gloire sans gloire, — pour employer une de vos expressions[1], — ni le fléchissement qui, peu à peu, te porte à ce qui est moins bon, ni ton amour des honneurs, le pire des démons, selon Euripide[2]. **4** Que t'est-il donc arrivé, à toi, un sage, ou comment te condamnes-tu? Tu as rejeté les livres saints et délicieux que naguère tu lisais au peuple[3] (ne rougis pas en entendant cela !), ou bien tu les as placés au-dessus du foyer, à la fumée, comme les gouvernails et les hoyaux pendant la saison d'hiver[4], et tu as pris en mains ceux qui sont âcres et mauvais et tu as préféré le nom de rhéteur à celui de chrétien ! **5** Moi, c'est le dernier que je préfère, et que toutes grâces en soient à Dieu ! Non, excellent ami, ne reste pas ainsi plus longtemps ; sors de ton ivresse, bien qu'il soit tard ; reviens à toi ; défends-toi devant les fidèles, défends-toi devant Dieu, devant les autels et les mystères, dont tu t'es éloigné.

6 Ne va pas me tenir des propos artificieux de rhéteur, en disant : « Mais quoi ! n'étais-je pas chrétien en étant rhéteur? N'étais-je pas croyant en m'agitant au milieu des jeunes gens? » et peut-être prends-tu Dieu à témoin. — Non, tu ne l'étais pas, admirable ami ; non, tu ne l'étais pas autant qu'il se doit, s'il faut te faire une concession. **7** A quoi bon choquer par ta conduite des gens qui ne sont que trop prêts, par eux-mêmes, à voir le mal? Pourquoi leur donner lieu de soupçonner et de dire de toi ce qu'il y a de moins

la donnée de cette lettre, où l'on voit que, déjà engagé dans la hiérarchie ecclésiastique et pourvu de l'ordre de lecteur, il délaissait le sanctuaire pour la rhétorique.

1. Les antithèses, même artificielles, sont très appréciées des sophistes.

2. Allusion aux vers 531-532 des *Phéniciennes*.

3. En tant que *lecteur*, un des degrés inférieurs de la hiérarchie ecclésiastique.

4. Allusion à Hésiode, *Travaux et jours*, v. 629 ; même réminiscence dans la lettre 235 de Grégoire.

τί οὐκ ἀκούσῃ παρ' ἡμῶν μετὰ παρρησίας ἃ πάντες ὑποτονθορύζουσιν ; 3 Οὐκ ἐπαινοῦσί σου τὴν ἄδοξον εὐδοξίαν, ἵν' εἴπω τι κἀγὼ καθ' ὑμᾶς, καὶ τὴν κατὰ μικρὸν ἐπὶ τὰ χείρω ῥοπήν, καὶ τὴν κακίστην δαιμονίων, ἥ φησιν Εὐριπίδης, φιλοτιμίαν. 4 Τί γὰρ παθών, ὦ σοφώτατε, ἢ τί σεαυτοῦ καταγνούς, τὰς μὲν ἱερὰς καὶ ποτίμους βίβλους ἀπέρριψας, ἃς ὑπανεγίνωσκές ποτε τῷ λαῷ (μὴ γὰρ αἰσχυνθῇς ἀκούων) ἢ ὑπὲρ καπνοῦ τέθεικας, ὡς τὰ πηδάλια χειμῶνος ὥρᾳ καὶ σκαπάνας, τὰς δ' ἁλμυρὰς καὶ ἀπότους μετεχειρίσω, καὶ ῥήτωρ ἀκούειν μᾶλλον ἢ χριστιανὸς ἠθέλησας ; 5 Ἡμεῖς δὲ τοῦτο μᾶλλον ἤπερ ἐκεῖνο, καὶ πᾶσα τῷ Θεῷ χάρις. Μὴ σύ γ', ὦ ἄριστε, μὴ ἐπὶ πολὺ τοῦτο πάθῃς, ἀλλ' ἔκνηψον ὀψὲ γοῦν, καὶ πρὸς ἑαυτὸν ἐπάνελθε, καὶ ἀπολόγησαι μὲν πιστοῖς, ἀπολόγησαι δὲ Θεῷ καὶ θυσιαστηρίοις καὶ μυστηρίοις, ἀφ' ὧν ἐμάκρυνας.

6 Καὶ μή μοι τὰ κομψὰ ταῦτα καὶ ῥητορικὰ ῥήματα · « Τί δαί ; Οὐκ ἐχριστιάνιζον ῥητορεύων, οὐδὲ ἤμην πιστὸς ἐν τοῖς μειρακίσκοις στρεφόμενος ; » καὶ ἴσως ἐπιμαρτυρῇ Θεόν. – Οὐδαμῶς, ὦ θαυμάσιε, οὔκουν ὅσον εἰκός, εἰ καὶ μέρος τι δοίημεν. 7 Ποῦ δὲ τὸ πλήσσειν ἄλλους ἐξ ὧν νῦν πράττεις, φυσικῶς πρὸς τὸ κακὸν ὄντας ἑτοιμοτέρους, καὶ τὰ χείρω διδόναι περὶ σοῦ καὶ ὑπονοεῖν

2 Εὐαγγελίῳ om. g ‖ στοιχοῦντες uvdfh : συστοιχοῦντες g ‖ ἀκούσῃ h : ἀκούουσι u[2] s. u. v ἀκούεις u[1]dfg ‖ ὑποτονθορύζουσιν u[2] γρ. vPR[1]Π[1]gh : ὑποψιθυρίζουσιν u[1]R[2] marg. Π[2] marg. cum glossemate γογγύζουσιν ‖ 3 τι κἀγώ om. uv, κἀγώ tantum om. h ‖ τὰ χείρω u v d f g : τὸ χεῖρον h ‖ ῥοπήν u[1] d f : κλοπήν u[2] s. u. vgh. ‖ ἥ uvdfh : ὅ g ‖ 4 παθών uvdΠ[2] : μαθών Π[1]gh ‖ τέθεικας ud : κατέθηκας vfgh ‖ μᾶλλον om. h ‖ 5 μᾶλλον ante τοῦτο posuit Ξ ‖ Μή uvdΠ[2]h : ἤ Π[1]g ‖ ὦ ἄριστε u : ἄριστε vdfgh ‖ Post ἄριστε uvdf add. ἦν ὅτε, g add. ἦν ὅτι, quae glossemata recte om. h ‖ τοῦτο post πάθῃς A[2] ‖ ἑαυτόν Ldfgh : σεαυτόν uA ‖ καὶ μυστηρίοις om. B ‖ 6 post ῥήματα add. εἴπῃς uv, εἴποις B ‖ δαί uv : δέ dfgh ‖ οὐδέ dfg : οὔτε δέ uvh ‖ οὔκουν Adflh : οὐκοῦν uLF ‖ ὅσον om. v.

bon? Admettons que ce soit faux. Mais quelle nécessité as-tu d'agir ainsi? On vit non pour soi seulement, mais aussi pour le prochain ; et point ne suffit de se persuader soi-même, si l'on ne persuade aussi les autres. **8** Si tu donnais en public des séances de pugilat, ou bien si tu paraissais au théâtre pour recevoir des horions sur la joue et en donner aux autres, ou encore pour te livrer à des contorsions et à des gesticulations honteuses, aurais-tu dit que tu avais la sagesse en ton âme? Ce raisonnement ne serait pas d'un sage, et il y aurait légèreté à l'admettre. **9** « Si tu changeais ! maintenant au moins, j'aurai de la joie », disait un philosophe pythagoricien qui gémissait sur la défection d'un de ses compagnons, « sinon, ajouta-t-il dans sa lettre, tu es mort pour moi ».[1] Voilà une parole que je dirai point encore à ton sujet, car d'ami qu'il était, il devint son ennemi, tout en l'aimant, comme dit la tragédie[2]. **10** Je me désolerai (c'est là un terme mesuré), si tu ne reconnais pas toi-même ton devoir, ce qui est le propre de ceux qui sont au premier rang des hommes admirables, ou bien si tu ne suis pas les bons conseils d'autrui, ce qui est le propre de ceux qui sont au second rang[3]. **11** Telle est ma remontrance. Pardonne-moi si je m'afflige par amitié et si je prends feu pour ton bien, pour celui de tout l'ordre sacerdotal, et j'ajouterai : pour celui de tous les chrétiens. **12** Et, s'il faut prier avec toi ou pour toi, que Dieu vienne au secours de ta faiblesse, lui qui rend les morts[4] à la vie !

1. Grégoire cite ici la fin de la 3e lettre du recueil de la Correspondance de Pythagore et de ses disciples ; on trouvera ce texte dans les *Epistolographi graeci* de Hercher, p. 603. Il n'est pas besoin de dire que cette correspondance est apocryphe.

2. Citation du vers 1446 des *Phéniciennes* d'Euripide.

3. Allusion aux vers 293-295 des *Travaux et jours* d'Hésiode.

4. La leçon τεθνηκότας, donnée par le plus grand nombre des manuscrits, est préférable à l'autre leçon τεθνηκότα. Dans le premier cas, on a une affirmation de portée générale ; dans le second cas, on aurait une réflexion restreinte au seul Grégoire de Nysse, et ce serait surprenant, car au § 9 l'auteur a refusé de lui appliquer le mot : « tu es mort ».

καὶ λέγειν ; Ἔστω ψεῦδος· ἀλλὰ τίς ἡ ἀνάγκη ; Οὐ γὰρ ἑαυτῷ μόνον ζῇ τις, ἀλλὰ καὶ τῷ πλησίον· οὐδ' ἀρκεῖ τὸ πείθειν ἑαυτόν, εἰ μὴ καὶ τοὺς ἄλλους. 8 Ἢ καὶ πυκτεύων σύ γ' ἐν τῷ κοινῷ, ἢ καὶ παιόμενος ἐπὶ κόρρης καὶ παίων ἐν τοῖς θεάτροις, ἢ καὶ τὰ αἰσχρὰ λυγιζόμενος καὶ καμπτόμενος εἶπες ἂν ὡς κατὰ ψυχὴν ἐσωφρόνεις ; Οὐ σωφρονοῦντος ὁ λογισμός· κοῦφον τὸ ταῦτα δέχεσθαι. 9 « Εἰ μὲν οὖν μεταβάλοιο, ἀλλὰ νῦν χαρήσομαι » — τῶν Πυθαγορικῶν ἔφη τις φιλοσόφων, ἑταῖρον ἐκπεπτωκότα θρηνῶν, — « εἰ δὲ μή, — ἐκεῖνος μὲν ἔγραψε, — τέθνηκάς μοι »· ἐγὼ δὲ τοῦτο μὲν οὐκ ἐρῶ σὴν χάριν ἔτι· φίλος γὰρ ἐχθρὸς ἐγένετ', ἀλλ' ὅμως φίλος, ἡ τραγῳδία φησίν. 10 Ἀνιάσομαι δέ, τοῦτο γὰρ εἰπεῖν μέτριον, εἰ μήτ' αὐτὸς συνορᾷς τὸ δέον, ὃ τῆς πρώτης ἐστὶ τῶν ἐπαινετῶν μερίδος, μήτ' ἄλλῳ εὖ εἰπόντι κατακολουθήσεις, ὃ τῆς δευτέρας. 11 Τοσαῦτα τὰ τῆς παραινέσεως. Καί μοι σύγγνωθι διὰ φιλίαν ἀλγοῦντι, καὶ ὁμοίως ὑπέρ τε σοῦ καὶ παντὸς τοῦ ἱερατικοῦ τάγματος φλεγομένῳ, προσθήσω δ' ὅτι καὶ πάντων Χριστιανῶν. 12 Εἰ δὲ δεῖ καὶ συνεύξασθαί σοι ἢ ὑπερεύξασθαι, Θεὸς βοηθήσαι σου τῇ ἀσθενείᾳ, ὁ καὶ τεθνηκότας ζωοποιῶν.

7 ἑαυτῷ μόνον ζῇ τις df : ἑαυτῷ ζῇ τις μόνον uL ἑαυτῷ τις ζῇ μόνον h σαυτῷ ζῇς μόνον Ag ‖ τῷ πλησίον uvgh : τοῖς πλησίον df ‖ ἑαυτόν dfFh : αὑτόν I σεαυτόν uv ‖ **8** ἢ (post κοινῷ) AΠ[2]gh : om. uLdΠ[1] ‖ post κόρρης, ἀπήεις add. f ‖ τὸ ταῦτα uvg : τὸ τοιαῦτα h οὕτω ταῦτα df ‖ **9** μεταβάλοιο Adfh : μεταβάλλοιο uL μεταβάλλοις g ‖ χαρήσομαι uI : χαιρήσομαι vdfF χαιρείσομαι B χαριοῦμαι Ξ ‖ ἑταῖρον udfh : ἕτερον vg ‖ φίλος γὰρ ἐχθρός LA[1]h : φίλος γὰρ ὢν ἐχθρός uA[2] (ὤν s. u.) dfg. Abest ὤν ab Euripidis uersu (*Phœniss*, ; 1446) quem hic refert Gregorius ‖ **10** μήτε (ante ἄλλῳ) dfgh : μηδέ uv ‖ κατακολουθήσεις ud : κατακολουθήσῃς vf κατακολουθεῖς gh ‖ **11** τά om. h ‖ καὶ παντὸς τοῦ ἱερατικοῦ τάγματος vh : καὶ παντὸς ἱερατικοῦ τάγματος dfg καὶ τοῦ ἱερατικοῦ παντὸς τάγματος u ‖ **12** σοι om. Ξ ‖ βοηθήσαι h : βοηθήσει u[1]df βοηθοίη u[2] s. u. vg ‖ τεθνηκότας u v d f g : τεθνηκότα h.

XII

A NICOBULE[1]

Vers 365.

1 Tu railles Alypiana auprès de nous : tu la trouves petite et indigne de ta grandeur, toi, l'homme gigantéen, ineffable, prodigieux d'aspect et de force. **2** C'est ainsi que je viens d'apprendre que l'âme se mesure, que la vertu se pèse, que les rocs ont plus de prix que les perles et les corbeaux plus de valeur que les rossignols ! **3** Jouis donc de ta longueur et de tes coudées, et ne sois pas en reste avec les fameux Alôades[2]. Tu conduis les chevaux, tu brandis la javeline et les bêtes sauvages t'intéressent. **4** Mais elle, elle n'a rien de tel à faire ; et il ne faut pas beaucoup de vigueur pour porter la navette, manier la quenouille et s'asseoir au métier,

car c'est là la gloire des femmes[3].

5 Mais si tu ajoutais qu'elle s'attache au sol à force de prières et qu'elle est sans cesse avec Dieu par les grands élans de son cœur, que sont alors ta hauteur et les dimensions de ton corps ? **6** Vois son silence opportun ; quand elle parle, écoute-la ; remarque son mépris de la parure, son énergie virile pour une femme, son soin pour sa maison, son amour pour son mari. Alors tu diras le mot du Laconien : « Vraiment, l'âme ne se mesure point, et l'extérieur doit se juger d'après

1. La sœur de Grégoire, Gorgonie, épousa Alypios (on le sait par Grégoire : *Épitaphe*, 24 ; Migne, *P. G.*, 38, col. 22). Elle eut une fille, Alypiana, qui épousa Nicobule (comparer la lettre 195 de Grégoire et deux de ses poèmes : Migne, *P. G.*, 37, col. 1505 sv., 1521 sv.). On voit dans cette lettre 12 que Nicobule est marié depuis peu, et si l'on ajoute, comme nous le dirons, que la lettre 13 (qui recommande Nicobule à Amphiloque) doit être datée de 365 environ, on rapportera la présente lettre à la même époque : il est évident que Grégoire ne recommande Nicobule dans la lettre 13 en l'appelant son *fils* que si ce dernier a déjà épousé Alypiana.

XII

ΝΙΚΟΒΟΥΛΩΙ

1 Σκώπτεις τὴν Ἀλυπιανὴν ἡμῖν, ὡς μικρὰν καὶ τῆς σῆς μεγαλειότητος ἀναξίαν, ὦ γιγαντιαῖε σὺ καὶ ἀμύθητε καὶ πελώριε τό τ' εἶδος καὶ τὴν ἀλκήν. 2 Νῦν γὰρ ἔγνων ὅτι ψυχὴ μετρεῖται καὶ ἀρετὴ ταλαντεύεται καὶ τιμιώτεραι τῶν μαργάρων αἱ πέτραι καὶ κόρακες ἀηδόνων αἰδεσιμώτεροι. 3 Σὺ μὲν οὖν ἀπόλαυε τοῦ μεγέθους καὶ τῶν πηχῶν καὶ μηδὲν λείπου τῶν Ἀλωάδων ἐκείνων. Ἵππον γὰρ ἄγεις καὶ τινάσσεις αἰχμὴν καὶ θῆρές σοι μέλουσι. 4 Τῇ δ' οὐδὲν ἔργον, οὐδὲ πολλῆς τῆς ἰσχύος κερκίδα φέρειν καὶ ἠλακάτην μεταχειρίζεσθαι καὶ ἱστῷ προσκαθέζεσθαι· τὸ γὰρ γέρας ἐστὶ γυναικῶν. 5 Εἰ δὲ καὶ τοῦτο προσθείης, ὅτι τῇ γῇ προσπέφυκε δι' εὐχὴν καὶ Θεῷ σύνεστιν ἀεὶ τοῖς μεγάλοις τοῦ νοῦ κινήμασι, τί σοι ἐνταῦθα τὸ ὕψος ἢ τὰ μέτρα τοῦ σώματος ; 6 Ἰδὲ καίριον σιωπήν, φθεγγομένης ἄκουσον, τὸ ἀκαλλώπιστον κατανόησον, τὸ ὡς γυναιξὶν ἀνδρικόν, τὴν οἰκωφελίαν, τὴν φιλανδρίαν· καὶ τότε φήσεις τὸ τοῦ Λάκωνος· « Ὄντως οὐ μετρεῖται ψυχὴ καὶ δεῖ τὸν ἐκτὸς ἐόντα πρὸς τὸν ἐντὸς βλέπειν ἄνθρωπον ».

XII. Codices : u = Y M, v = L A, d = P R.

Titulus : Νικοβούλῳ nos : τῷ αὐτῷ (id est Νικοβούλῳ) uvd. postea addunt uv : ὀνειδίσαντι (-σαντα u) ἐπὶ ἡλικίᾳ τὴν ἰδίαν γαμετὴν Ἀλυπιανήν. Ἡ αὐτὴ δὲ θυγατὴρ Γοργονίας ἀδελφῆς τοῦ μακαρίου Γρηγορίου.

1 γιγαντιαῖε u¹d : μακρέ u² γρ. v ; eligendum puto γιγαντιαῖε, cum praesertim paulo post de gigantibus agatur. ‖ ἀμύθητε uvd Bill. : ἀμέτρητε Bill. marg., Maur., e codd. *Paris. gr.* 3014 (saec. XIII) et *Paris. gr.* 1405 (saec. XVI) ‖ 2 γάρ om. u ‖ 3 λείπου vd : λίπου u ‖ αἰχμήν uvP : αἰχμητήν R ‖ σοι uLd : σου A ‖ 5 προσπέφυκε u¹vd : προσκέκυφε u² γρ. ‖ 6 οἰκωφελίαν uLd cf. Theocr, XXVIII, 2 : οἰκωφέλειαν A.

l'intérieur ». **7** Si tu regardes ainsi les choses, tu cesseras de plaisanter et de te moquer d'elle à cause de sa petitesse, et tu te féliciteras de ton mariage.

XIII

A AMPHILOQUE[1]

Vers 365.

1 Je loue le mot de Théognis qui, au lieu de louer l'amitié qui ne va que jusqu'aux coupes et au plaisir, loue[2] celle qui repose sur les faits. Qu'est-ce donc qu'il écrit ?

Autour du cratère[3], nombreux sont les amis qui nous accompagnent ;
s'agit-il d'affaire sérieuse, ils se font rares[4].

2 A vrai dire, nous n'avons pas entretenu l'un avec l'autre des relations de cratères ; nous n'avons même pas été beaucoup ensemble (et pourtant nous aurions dû l'être par-dessus tout, tant à cause de nous qu'à cause de l'amitié qui nous vient de nos pères) ; en revanche, nous nous demandons l'affection qui s'appuie sur les actes. **3** Toute proche est une lutte, et des luttes c'est la plus grande : notre fils Nicobule[5] est dans un trouble incroyable, les gens que l'on soupçonnerait le moins lui causent des ennuis. **4** Nous te demandons donc de venir et de nous secourir au plus vite pour prendre part au procès et te charger de la défense, si tu nous trouves lésés ; en tout cas, ne te laisse point

1. Sur ce correspondant, voir la note 1 de la lettre 9. Amphiloque a fait ses débuts comme avocat vers 363 et il s'est retiré du monde vers 370. La date de 365, proposée pour cette lettre par Tillemont et les Bénédictins, est une moyenne raisonnable.

2. Cette répétition du verbe *louer* s'autorise de l'emploi, évidemment intentionnel, du verbe ἐπαινεῖν qui revient trois fois dans le texte.

3. Grand vase dans lequel se faisait le mélange de l'eau et du vin.

4. Théognis, v. 643-644.

5. Nicobule, comme en fait foi la lettre précédente, est le mari d'une nièce de Grégoire, Alypiana.

7 Ἂν οὕτω ταῦτα σκοπῇς, παύσῃ τοῦ παίζειν καὶ καταπαίζειν αὐτῆς ὡς μικρᾶς, καὶ σαυτοῦ μακαρίσεις τὴν συζυγίαν.

XIII

ΑΜΦΙΛΟΧΙΩΙ

1 Ἐπαινῶ τὸ Θεόγνιδος, ὃς τὴν μέχρι πότων καὶ τοῦ ἡδέος φιλίαν οὐκ ἐπαινῶν, ἐπαινεῖ τὴν ἐπὶ τῶν πραγμάτων· τί γράφων ;

Πολλοὶ πὰρ κρητῆρι φίλοι γίνονται ἑταῖροι,
ἐν δὲ σπουδαίῳ πρήγματι, παυρότεροι.

2 Ἡμεῖς τοίνυν κρατήρων μὲν ἀλλήλοις οὐ κεκοινωνήκαμεν, οὐδὲ γὰρ πολλὰ συγγεγόναμεν ἀλλήλοις (καίτοι χρῆν παντὸς μᾶλλον, καὶ δι' ἡμᾶς αὐτούς, καὶ διὰ τὴν ἐκ πατέρων φιλίαν), τὴν ἐπὶ τῶν ἔργων δ' ἀπαιτοῦμεν εὔνοιαν. 3 Ἐγγὺς ἀγών, καὶ ἀγώνων ὁ μέγιστος· ὁ γὰρ υἱὸς ἡμῶν Νικόβουλος ἐν ταραχαῖς ἀδοκήτοις, παρ' ὧν ἥκιστ' ἂν ᾠήθη τις ἔχων πράγματα. 4 Διὰ τοῦτ' ἀξιοῦμέν σε παρεῖναι καὶ βοηθεῖν ἡμῖν ὡς τάχιστα, καὶ συνδικάσοντα καὶ συνηγορήσοντα, εἰ εὕροις ἀδικουμένους·

7 μακαρίσεις u L d : μακαρίσῃς A.

XIII. Codices : u = YM, v = LA, d = P, f = Π, g = ΛF, h = B Ξ.

Titulus : Ἀμφιλοχίῳ fgh : τῷ αὐτῷ (id est Ἀμφιλοχίῳ) uvd.

1 καὶ τοῦ ἡδέος u[2] γρ. A[2] γρ. dfgh : καὶ συνουσίας u[1]LA[1] ‖ ἐπί uvh : ἀπό dfg ‖ Πολλοί κ.τ.λ. = Theognis, 643-644. Aliam uero formam primi uersus exhibet A[2] γρ. : πολλοί τοι πόσιος καὶ βρώσιός εἰσιν ἑταῖροι. ‖ πάρ nos e Theognidis libris et metri causa : παρά codd. ‖ πρήγματι dfgh : πράγματι u v ‖ 2 post τοίνυν, γε add. M ‖ κρατήρων μέν v d f g h : κρατήρων γε u ‖ γάρ om. u ‖ χρῆν h : χρή g ἐχρῆν uvdf ‖ καὶ δι' ἡμᾶς αὐτούς om. d ‖ 3 ἡμῶν om. vh ‖ ἔχων uvgh : ἔχειν df ‖ 4 σε om. uvgh ‖ συνδικάσοντα MdfgΞ : δικάσοντα YvB.

prévenir par la partie adverse et ne vends pour un mince profit cette indépendance qui t'a toujours été reconnue par tous, nous le savons.

XIV

A CÉSAIRE[1]

Avant 372.

1 Accorde à toi-même et à nous un bienfait tel que tu n'en accorderas pas souvent ; car ce n'est pas souvent que se présentent les occasions d'un tel bienfait. **2** Protège de la plus juste protection mes nobles cousins[2], qui pâtissent fort au sujet d'un domaine qu'ils ont acheté comme propre à s'y retirer et comme susceptible de leur fournir quelque appoint pour leur subsistance ; **3** mais, après avoir acheté, ils sont tombés dans maintes tribulations, en partie parce qu'ils ont affaire à des vendeurs malhonnêtes, en partie parce que les voisins leur font des dégâts et des ravages ; si bien qu'ils auraient avantage à recouvrer l'argent qu'ils ont versé, avec les frais supplémentaires qu'ils ont engagés et qui ne sont pas minces, et à renoncer à leur acquisition. **4** Si tu veux bien évoquer devant toi cette affaire, afin que la forme du contrat soit la meilleure et la plus sûre, quand tu l'auras examinée, ce serait le plus agréable et pour eux et pour nous. **5** Si non,— et c'est la seconde requête, — oppose-toi aux menées et à la malhonnêteté de cet individu, afin qu'à aucun

1. Ce Césaire n'est point le frère cadet de Grégoire de Nazianze (cf. Lettre 7), mais un de ses homonymes, qui devait exercer une magistrature en Cappadoce. La lettre date d'avant 372 ; car il y est question de deux cousins de Grégoire dont l'un, Helladios (cf. la note 2) était déjà mort en 372 (voir Hauser-Meury, *Prosopographie*, p. 51 et 96).

2. La lettre suivante les nommera : ils s'appellent Helladios et Eulalios. Ce dernier deviendra évêque de Nazianze, en 383.

εἰ δ' οὖν, μὴ προληφθῆναι τῷ ἐναντίῳ μέρει κέρδους μικροῦ τὴν ἐλευθερίαν ἀποδόμενον, ἣν ἀεί σοι μαρτυρηθεῖσαν παρὰ πάντων γινώσκομεν.

XIV

ΚΑΙΣΑΡΙΩΙ

1 Εὐεργέτησόν τι καὶ σεαυτὸν καὶ ἡμᾶς, οἷον οὐ πολλάκις εὐεργετήσεις, ὅτι μηδὲ πολλάκις παραπίπτουσιν εὐεργεσίας τοιαύτης καιροί. 2 Τῶν κυρίων μου τῶν ἀνεψιῶν πρόστηθι προστασίαν δικαιοτάτην, καμνόντων ἱκανῶς ἐπὶ κτήματι, ὅπερ ὠνήσαντο μὲν ὡς καὶ πρὸς ἀναχώρησιν ἐπιτήδειον καί τινα τοῦ βίου παρέχειν αὐτοῖς ἀποτροφὴν δυνάμενον· 3 ἐπεὶ δ' ὠνήσαντο, πλείοσι περιπεπτώκασι δυσχερείαις, τὰ μὲν τῶν πεπρακότων ἀγνωμόνων πειρώμενοι, τὰ δ' ὑπὸ τῶν γειτονούντων περικοπτόμενοι καὶ πορθούμενοι, ὥστε κέρδος εἶναι αὐτοῖς, τὸ τίμημα ὃ δεδώκασι κομισαμένοις, μεθ' ὧν προσαναλώκασιν, ὄντων οὐκ ὀλίγων, ἀπηλλαγῆναι τῆς κτήσεως. 4 Εἰ μὲν οὖν σοι φίλον εἰς σεαυτὸν περιστῆσαι τὴν πραγματείαν, ὅπως ἂν κάλλιστα καὶ ἀσφαλέστατα ἔχῃ σοι τὸ συνάλλαγμα διασκεψαμένῳ, τοῦτο δὴ καὶ αὐτοῖς καὶ ἡμῖν ἥδιον. 5 Εἰ δὲ μή, τό γε δεύτερον, τῇ περιεργίᾳ καὶ ἀγνωμοσύνῃ τοῦ ἀνδρὸς ἀντίθες σεαυτόν,

4 προληφθῆναι uvdfg : πληροφορηθῆναι h ‖ ἀποδόμενον vdf h : ἀποδιδόμενον ug ‖ ἥν om. Λ.

XIV. Codices : u = YM, v = LA, d = PR, f = Π, g = IF, h = BΞ.

Titulus : Καισαρίῳ h : Καισαρίῳ Γρηγόριος g τῷ αὐτῷ (id est Καισαρίῳ) uv (id est Καισαρίῳ ἀδελφῷ) df.

1 *καί* om. v ‖ 2 μου post ἀνεψιῶν iterum posuit u ‖ ὡς *καί* om. R *καί* post ὡς om. f ‖ 3 ἀγνωμόνων πειρώμενοι uvgh : ἀγνωμονεῖν πειρωμένων df ‖ γειτονούντων M : γειτόνων cett. ‖ εἶναι αὐτοῖς uvgh : αὐτοῖς εἶναι df ‖ ὃ δεδώκασι om. uvgB ‖ 4 supra φίλον, σοφόν A[2] ‖ εἰς σεαυτόν uvΞ : εἰς ἑαυτόν dfgB ‖ δή M : om. cett. ‖ 5 περιεργίᾳ uvdfg : ἐπηρείᾳ h ‖ σεαυτόν MΞ : σαυτόν Yvdfg αὐτόν B.

égard il ne l'emporte sur eux, vu leur éloignement des affaires, soit qu'il les lèse, s'ils gardent la propriété, soit qu'il leur fasse perdre quelque chose, s'ils y renoncent. **6** Pour moi, à vrai dire, je rougis de t'écrire à ce sujet. Mais comme nous leur sommes également redevables, et à cause de leur famille, et à cause du genre de vie qu'ils ont choisi (de qui donc peut-on avoir plus soin que d'hommes tels que ceux-ci ? de quoi peut-on avoir plus honte que de ne pas s'empresser d'accorder des bienfaits de cette sorte ?), toi donc, ou pour toi-même, ou pour nous, ou pour ces hommes eux-mêmes, ou pour tout cela ensemble, de toute façon sois bienfaisant pour eux !

XV

A LOLLIANOS[1]

Avant 372.

1 Il est heureux que tu nous reviennes, après un long temps ; cependant, ce qui est mieux encore, c'est que tu nous reviennes en réussissant comme tu le désires et que tu nous aies délivrés de soucis à ton sujet. **2** Nous mettons en effet tout en commun avec toi, les peines comme les joies ; en cela consiste l'amitié. **3** Or, puisque tu es de retour,

fais don à tes amis de ta félicité,

comme le dit certain auteur[2]. **4** Et tu feras ce don, si tu t'empresses de regarder mes nobles cousins Helladios et Eulalios, d'une façon générale comme tes familiers (je dis : familiers, s'il est vrai que tu ne nous considères pas comme étranger pour toi ; car je ne sais

1. Lettre qui a trait à la même affaire que la précédente et qui doit se placer à la même époque. Grégoire recommande ses cousins Helladios et Eulalios à Lollianos, magistrat de Cappadoce. Ce personnage étant inconnu par ailleurs (c'est même la seule fois qu'il figure dans la correspondance de Grégoire), nous ne savons à quoi fait allusion le premier paragraphe de la lettre, où l'on voit que Lollianos *revient* en Cappadoce.

2. Euripide, *Oreste*, v. 433.

ἵνα μὴ πάντως ἕν γέ τι διὰ τὴν ἀπραγμοσύνην αὐτῶν ἔχῃ πλέον, ἢ κατέχοντας ἀδικῶν, ἢ ζημιῶν ἀπαλλαττομένους. 6 Ἐγὼ μὲν οὖν καὶ ἠρυθρίασα περὶ τούτων ἐπιστέλλων. Ἐπειδή γ' ὁμοίως αὐτοῖς ὀφειλόμεθα, καὶ διὰ τὸ γένος, καὶ διὰ τὴν τοῦ βίου προαίρεσιν (τίνος γὰρ ἂν τις κήδοιτο μᾶλλον ἢ τῶν τοιούτων ; ἐπὶ τῷ δ' ἂν αἰσχύνοιτο πλέον ἢ τὰ τοιαῦτα εὐεργετεῖν οὐ προθυμούμενος ;), σὺ δ' ἢ διὰ σεαυτόν, ἢ δι' ἡμᾶς, ἢ διὰ τοὺς ἄνδρας αὐτούς, ἢ διὰ πάντα ταῦτα ὁμοῦ, ἀλλὰ πάντως γ' αὐτοὺς εὐεργέτησον.

XV

ΛΟΛΛΙΑΝΩΙ

1 Εὖ γ' ὅτι ἐπανήκεις ἡμῖν, διὰ μακροῦ μέν, ἀλλ' ὅμως (καὶ ὃ τούτου κρεῖττον), ὅτι κατὰ νοῦν πράττων, καὶ τῶν ἐπὶ σοὶ φροντίδων ἡμᾶς ἠλευθέρωσας. 2 Πάντα γὰρ κοινὰ ποιούμεθα πρὸς σέ, καὶ λύπας καὶ εὐφροσύνας · τοιοῦτον γὰρ ἡ φιλία. 3 Ἐπεὶ δ' ἐπανήκεις, μετάδος φίλοισι σοῖσι τῆς εὐπραξίας, φησὶν ὁ εἰπών · 4 μεταδώσεις δέ, εἰ τοὺς κυρίους μου τοὺς ἀνεψιοὺς Ἑλλάδιον καὶ Εὐλάλιον, καὶ τἄλλα οἰκείους ὁρᾶν προθυμοῖο (οἰκείους δὲ λέγω, εἰ μὴ ἄλλους ἡμᾶς πρὸς ἑαυτὸν νομίζεις,

6 τούτων uvΞ : αὐτῶν dfgB || τό om. MΞ || αἰσχύνοιτο uvdfg : — νετο B — ναιτο Ξ || σεαυτόν uvflh : σαυτόν dF || πάντα ταῦτα uvh : ταῦτα πάντα dfg.

XV. Codices : u = YM, v = LA, d = P, f = Π, g = IF, h = BΞ.

Titulus : Λολλιανῷ uv : Λολιανῷ h Πρὸς Λολλιανόν g Ἰουλιανῷ df.

2 εὐφροσύνας udfgh : φροντίδας v || 3 ἐπεὶ δέ vdfgh : ἐπειδὴ δέ u || σοῖσι uvgh et libri Euripidis (*Orest.*, 433) : σοῖς df || 4 οἰκείους ... οἰκείους A : οἰκείους ... οἰκείως d οἰκείως ... οἰκείους LΠ² οἰκείως ... οἰκείως uΠ¹gh || μή ante ἄλλους om. h || ἡμᾶς πρὸς ἑαυτόν uvg : ἡμᾶς σαυτόν d ἡμᾶς σαυτῷ f ἡμᾶς σεαυτῷ h || νομίζεις dfh : νομίζοις uvg.

ce que je pourrais dire de plus grand), et si tu ne souffres pas qu'ils aient recours à d'autres protecteurs. **5** Montre-toi tout pour eux : ami dévoué, voisin agréable, auxiliaire généreux et, pour m'éviter de tout énumérer, montre-toi pour eux le noble Lollianos, l'homme célèbre par son honnêteté. **6** Je gage que, si tu les fréquentes quelque temps et si tu te rends compte de la hauteur de leur philosophie[1], tu intercèderas auprès des autres pour eux. Si grande est la confiance que j'ai en ton caractère, et si nombreuses sont mes espérances de ne point échouer à ton égard dans la démarche que je viens de faire !

XVI

A EUSÈBE DE CÉSARÉE[2]

Année 365.

1 Puisque celui auquel je m'adresse n'aime point le mensonge et qu'il est le plus perspicace de tous pour le dépister chez autrui, se cachât-il dans des labyrinthes subtils et compliqués au possible ; puisque, au surplus, moi-même je ne me plais point à la ruse, étant donné (je le dirai, même s'il m'en coûte) que tel est mon tempérament et telle la formation qui me vient de la parole de Dieu, — pour ces raisons, je vais écrire ce que je pense. **2** Accepte ma franchise ; sinon, tu feras tort à la vérité en m'ôtant la liberté et en me forçant à contenir en moi la douleur de mon chagrin,

1. C'est-à-dire : de leur vertu.

2. Valens, devenu empereur d'Orient en 364, est partisan d'une des formes de l'arianisme : l'*homéisme* (selon laquelle le Fils de Dieu n'est que *semblable* au Père : ὅμοιος). Il s'apprête à venir en Cappadoce, en 365 (pour cette date, voir Dom P. Maran, *Vita Sancti Basilii*, dans Migne, *P. G.*, 29, p. XLI et XLII). Eusèbe, évêque de Césarée, sent qu'il a besoin d'un conseiller sûr pour résister à la pression de l'empereur qui va s'efforcer de l'entraîner à l'arianisme. Or, il s'est brouillé récemment (fin de 363) avec Basile, qu'il avait ordonné prêtre et pris pour principal collaborateur. N'osant rappeler Basile, qui s'est retiré dans sa

οὐ γὰρ οἶδ' ὅ τι μεῖζον ἂν εἴποιμι), καὶ μὴ ἑτέρων δεηθῆναι προστατῶν ἀνάσχοιο. 5 Ἀλλὰ πάντα σεαυτὸν παράσχοις, φίλον χρηστόν, γείτονα δεξιόν, παραστάτην γενναῖον, ἵνα μὴ καθ' ἕκαστον λέγω, τὸν εὐγενῆ Λολλιανόν, τὸν ἐπὶ καλοκἀγαθίᾳ γνώριμον. 6 Ὑπισχνοῦμαι δέ, εἰ ἐπὶ πλεῖον αὐτοῖς ὁμιλήσαις καὶ τῆς φιλοσοφίας αὐτῶν τὸ ὕψος κατίδοις, ὅτι πρὸς ἄλλους ὑπὲρ αὐτῶν πρεσβεύσεις. Τοσοῦτον θαρρῶ τῷ σῷ τρόπῳ, καὶ οὕτω πολλὰς ἐλπίδας ἔχω μὴ διαμαρτήσεσθαί σου περὶ ὧν αὐτὸς ἐπρέσβευσα.

XVI

ΕΥΣΕΒΙΩΙ ΚΑΙΣΑΡΕΙΑΣ

1 Ἐπειδὴ πρὸς ἄνδρα ποιοῦμαι τοὺς λόγους, οὔτ' ἀγαπῶντα τὸ ψεῦδος καὶ τὸ ἐν ἑτέρῳ φωρᾶσαι πάντων ὀξύτατον, κἂν ὅτι μάλιστα σοφοῖς πλέκηται καὶ ποικίλοις τοῖς λαβυρίνθοις · πρὸς δέ, οὐδ' αὐτῷ μοι φίλον τὸ τεχνικὸν (εἰρήσεται γὰρ κἂν ᾖ φορτικώτερον), πεφυκότι τ' οὕτω καὶ τυπουμένῳ παρὰ τοῦ λόγου, διὰ τοῦτο γράφω τὰ παριστάμενα. 2 Καί μου δέξαι τὴν παρρησίαν · ἢ ἀδικήσεις γε τῆς ἀληθείας, τὰ τῆς ἐλευθερίας ἀποστερῶν καὶ ἀναγκάζων ἐν ἐμαυτῷ κατέχειν τὴν ὠδῖνα τῆς λύπης,

4 ὅ τι μεῖζον ἂν εἴποιμι Fh : ὅ τι μείζονα εἴποιμι uv ὅ τι ἂν μεῖζον εἴποιμι d f ὅ τι μεῖζον εἴποιμι I ‖ μή ante ἑτέρων om. h ‖ 5 παράσχοις g : παράσχοιο cett. ‖ παραστάτην uvdfFh : προστάτην I ‖ Λολλιανόν uvg : Λολιανόν h Ἰουλιανόν df ‖ 6 ὁμιλήσαις uvg : ὁμιλήσειας df ὁμιλήσεις h ‖ αὐτῶν post φιλοσοφίας om. h ‖ πρεσβεύσεις FB : πρεσβεύσοις uvd πρεσβεύοις f πρεσβεύεις IΞ ‖ σῷ om. Ξ ‖ διαμαρτήσεσθαι MvdfFh : διαμαρτήσασθαι YI ‖ σου om. Y v.

XVI. Codices : u = YM, v = L A, d = P, f = Π, h = BΞ.

Titulus : Εὐσεβίῳ Καισαρείας d : Εὐσεβίῳ ἐπισκόπῳ Καισαρείας uvfh.

1 ποιοῦμαι uAdfh : ποιήσομαι L ‖ οὔτ' uvh : οὐκ df ‖ αὐτῷ uAfh : αὐτό dL ‖ supra τεχνικόν, τεχνικῶν A[2] ‖ 2 γε τῆς ἀληθείας τά om. u, τῆς ἀληθείας τά om. vB.

telle une plaie apparemment cicatrisée, mais virulente. **3** Pour ma part, j'ai du plaisir à voir que tu m'honores (s'il est vrai que je suis homme, comme l'a déjà dit quelqu'un)[1], j'ai du plaisir à me voir invité à des synodes et à des entretiens spirituels. **4** Mais je ne puis accepter l'affront qui a été fait à mon très précieux frère, Basile, et qui lui est encore fait par ta Piété : c'est lui que, de ma vie, de ma pensée et de la plus haute philosophie j'ai choisi dès le début comme associé, et que je tiens encore pour tel ; et je ne me fais aucun reproche du jugement que je porte sur lui. **5** Il est en effet plus modéré de m'exprimer ainsi, afin que je n'aie point l'air de faire mon propre éloge en admirant ses qualités. **6** Quant à toi, en le déshonorant et en m'honorant, tu me parais agir à peu près comme celui qui, d'une main, caresserait la tête et, de l'autre, frapperait la joue d'une même personne, ou bien comme celui qui retirerait les fondations d'une maison, tout en peignant les murs et en décorant l'extérieur. **7** Si donc tu veux m'accorder quelque crédit, voici ce que tu feras (je te demande de me croire, et c'est justice) : si tu traites cet homme avec la déférence voulue, lui aussi te traitera avec déférence. Alors, pour notre part, nous suivrons, comme l'ombre suit le corps ; car nous sommes petit et fort enclin à la paix. **8** Nous ne sommes pas, en effet assez malheureux pour vouloir être philosophe et avoir la meilleure part[2] en tout le reste, mais négliger la chose qui est le point capital de notre doctrine : la charité, surtout à l'égard d'un homme qui est prêtre et qui est tel que, par sa vie, sa doctrine et sa conduite, nous le tenons pour le meilleur de tous ceux que nous connaissons. Car l'affliction que nous éprouvons n'obscurcira point la vérité.

solitude du Pont, Eusèbe écrit à Grégoire de Nazianze pour lui demander de venir auprès de lui. Nous n'avons pas cette missive ; mais la lettre 16 de Grégoire en suppose l'existence.

1. Allusion possible à la sentence : *tous les mortels sont heureux quand on les honore*, τιμώμενοι γὰρ πάντες ἥδονται βροτοί.

2. Voir *Saint Luc*, X, 62.

ὥσπερ τι νόσημα ὕπουλον καὶ κακόηθες. **3** Ἐγὼ χαίρω μὲν ὑπὸ σοῦ τιμώμενος (εἴπερ ἄνθρωπός εἰμι, τοῦ προειρηκότος ὁ λόγος), καὶ καλούμενος ἐπί τε συνόδους καὶ συλλόγους πνευματικούς. **4** Οὐ φέρω δὲ τὴν γεγενημένην ὕβριν τῷ τιμιωτάτῳ ἀδελφῷ Βασιλείῳ καὶ γινομένην ἔτι παρὰ τῆς σῆς εὐλαβείας, ὃν καὶ βίου καὶ λόγου κοινωνὸν καὶ τῆς ὑψηλοτάτης φιλοσοφίας εἱλόμην τ' ἀπ' ἀρχῆς καὶ νῦν ἔχω· καὶ οὐδὲν ἐμαυτῷ μέμφομαι τῆς ἐπ' αὐτῷ κρίσεως. **5** Οὕτω γὰρ εἰπεῖν μετριώτερον, ἵνα μὴ ἐμαυτὸν ἐπαινεῖν δόξω, τὰ ἐκείνου θαυμάζων. **6** Σὺ δέ μοι δοκεῖς ποιεῖν παραπλήσιον, τὸν μὲν ἀτιμάζων, τιμῶν δ' ἡμᾶς, ὥσπερ ἂν εἴ τις ἑνὸς ἀνδρὸς τῇ μὲν τῶν χειρῶν καταψήχοι τὴν κεφαλήν, τῇ δὲ παίοι τὴν παρειάν· ἢ καὶ θεμελίους ὑποσπῶν οἰκίας, διαζωγραφοίη τοὺς τοίχους καὶ καλλωπίζοι τὰ ἔξωθεν. **7** Εἴ τι οὖν ἐμοὶ πείθοιο, τοῦτο ποιήσεις (πεισθῆναι δ' ἀξιῶ· καὶ γὰρ δίκαιον)· εἰ ἐκεῖνον θεραπεύσεις τὰ εἰκότα, καὶ παρ' ἐκείνου θεραπευθήσῃ. Τὸ δὲ καθ' ἡμᾶς ἕψεται ὥσπερ τοῖς σώμασιν αἱ σκιαί, μικρούς τ' ὄντας καὶ πρὸς εἰρήνην ἑτοιμοτέρους. **8** Οὐδὲ γὰρ οὕτως ἀθλίως πράττομεν ὥστε τἄλλα μὲν ἐθέλειν φιλοσοφεῖν καὶ τῆς κρείττονος εἶναι μερίδος, ὑπερορᾶν δὲ πράγματος ὃ τοῦ καθ' ἡμᾶς λόγου κεφάλαιόν ἐστι, τῆς ἀγάπης· ἄλλως τε καὶ πρὸς ἄνδρα ἱερέα τε καὶ τοσοῦτον, ὃν καὶ βίῳ καὶ λόγῳ καὶ πολιτείᾳ πάντων ἄριστον, ὧν ἴσμεν, γινώσκομεν. Οὐ γὰρ ἐπισκοτήσει τὸ λυπεῖσθαι τῇ ἀληθείᾳ.

3 συνόδους καὶ συλλόγους vdfh : συλλόγους καὶ συνόδους u ‖ **5** μετριώτερον M : μέτριον cett. ‖ ἐμαυτὸν ἐπαινεῖν uvh : ἐπαινεῖν ἐμαυτόν df ‖ **6** ποιεῖν παραπλήσιον uvh : παραπλήσιον ποιεῖν df ‖ ἀτιμάζων uvdf : ἀτιμῶν h ‖ καταψήχοι uvdh : -ψύχοι Π^1 -ψήκοι Π^2 ‖ τήν om. h ‖ διαζωγραφοίη uvdΠ^2 s. u. B : ζωγραφοίη Π^1 ζωγραφοῖ Ξ ‖ **7** πείθοιο df : πείθῃ uvh ‖ εἰ ante ἐκεῖνον om. dΠ^1h ‖ τε post ἐκεῖνον add. B ‖ **8** τε post ἱερέα om. d ‖ πολιτείᾳ dfh : πολιᾳ̃ uv.

XVII

AU MÊME[1]

Année 365.

1 C'est moins en insulteur que je t'ai écrit, — tel est le reproche que tu as fait à ma lettre, — qu'en homme spirituel[2], en philosophe, et de la façon qui convenait, à moins que cela même ne peine le très éloquent Grégoire[3]. **2** Oui, si par la dignité tu l'emportes, tu nous accorderas bien quand même un peu de liberté et de légitime franchise. Sois donc mieux disposé à notre égard. **3** Cependant, si tu jugeais ma lettre comme celle d'un serviteur et de quelqu'un qui ne doit pas même te regarder en face, — alors, nous recevrons les coups, et sans pleurer : nous le reprochera-t-on ? Mais ces sentiments conviennent à tout autre qu'à ta Piété. Car c'est le fait d'un grand cœur d'accepter la liberté de ses amis plus que la flatterie de ses ennemis.

XVIII

AU MÊME[4]

Année 365.

1 Je n'ai pas été particulièrement mal disposé à l'égard de ta Piété, ne m'en fais pas le reproche ; mais après avoir pris quelque liberté et montré quelque hardiesse, juste assez pour apaiser ma peine et la

1. L'évêque de Césarée dut prendre assez mal la lettre précédente ; il dut le faire savoir à son correspondant dans une missive que nous n'avons pas et à laquelle Grégoire répond.

2. C'est-à-dire : soumis à l'esprit de Dieu.

3. Ce membre de phrase, assez énigmatique pour nous, semble être le rappel d'un passage de la lettre d'Eusèbe.

4. Valens approche de Césarée (cf. lettre 16) ; Eusèbe est menacé ; Grégoire se réconcilie avec l'évêque et lui promet son concours pour résister à l'empereur hérétique.

XVII

ΤΩΙ ΑΥΤΩΙ

1 Οὐχ ὑβριστικῶς ἐπέστειλα μᾶλλον, ὅπερ ἐμέμψω τῆς ἐπιστολῆς, ἢ πνευματικῶς τε καὶ φιλοσόφως, καὶ ὡς εἰκὸς ἦν, εἰ μὴ καὶ τοῦτο λυπεῖ τὸν λογιώτατον Γρηγόριον. 2 Καὶ γὰρ εἰ τῷ βαθμῷ κρατεῖς, ἀλλὰ δώσεις τι καὶ ἡμῖν ἐλευθερίας καὶ παρρησίας δικαίας. Καὶ διὰ τοῦτο ἔσο ἡμῖν χρηστότερος. 3 Πλὴν εἰ κρίνοις τὴν ἐπιστολὴν ὡς οἰκέτου καὶ οὐδ' ἀντιβλέπειν ὀφείλοντος, οὕτω δὴ καὶ πληγὰς ληψόμεθα καὶ οὐδὲ δακρύσομεν· ἢ καὶ τοῦτο ἐγκληθησόμεθα ; Ὃ πάντας μᾶλλον ἢ τὴν σὴν εὐλάβειαν παθεῖν ἄξιον. Ἔστι γὰρ ἀνδρὸς μεγαλόφρονος φίλων ἀποδέχεσθαι μᾶλλον ἐλευθερίαν ἢ ἐχθρῶν κολακείαν.

XVIII

ΤΩΙ ΑΥΤΩΙ

1 Εἶχον μὲν οὐδ' ἄλλως πρὸς τὴν σὴν εὐλάβειαν μικροψύχως, μὴ τοῦτό μου καταγνῷς· ἀλλὰ μικρὸν ἐλευθεριάσας τε καὶ θαρρήσας, ὅσον τὸ λυποῦν ἐπιψύξαι

XVII. Codices : u = YM, v = LA, d = P, f = Π, g = IF, h = BΞ.

Titulus : Τῷ αὐτῷ uvdfh (uide praecedentem epistulam) : Εὐσεβίῳ ἐπισκόπῳ Καισαρείας Καππαδοκίας g.

1 ὅπερ vdfgh : ὥσπερ M ὡς ὅπερ που Y ‖ λυπεῖ uLgh : λυπῇ Adf ‖ τὸν λογιώτατον Γρηγόριον uvdΠ²Ξ : τῷ λογιωτάτῳ Γρηγόριον Π¹B τῷ λογιωτάτῳ Γρηγορίῳ g ‖ 2 post εἰ add. καί F ‖ καὶ ἡμῖν ante τι posuit B ‖ 3 κρίνοις Yvfgh : κρίνεις Md ‖ δή uvdΠ²Ξ : δέ Π¹gB.

XVIII. Codices : u = YM, v = LA, d = P, f = Π, g = IF, h = B Ξ.

Titulus : Τῷ αὐτῷ codd. (De hoc titulo, uide *epistulam* 16, quod attinet ad uvdfh, et *epistulam* 17, quod attinet ad g).

1 θαρρήσας uvdf : θαρσήσας gh.

guérir, aussitôt j'ai cédé, je me suis incliné et spontanément soumis au canon. **2** Ne devais-je pas le faire, te connaissant et connaissant les lois de l'Esprit? Mais maintenant, même si j'étais dans les sentiments les plus bas et les plus vils, les circonstances du moins ne me permettent pas d'être dans ces dispositions, non plus que les bêtes féroces qui se sont ruées sur l'Église[1], ni non plus ta générosité et ton courage, toi qui combats si purement et si sincèrement pour l'Église. **3** Nous viendrons donc[2], si tu le veux, unissant nos prières aux vôtres, pour combattre avec vous, pour vous aider et, tels des jeunes gens qui encouragent un lutteur de grande classe, pour donner l'onction[3] de nos cris d'enthousiasme.

XIX

A BASILE[4]

Année 365.

1 Voici le moment de prendre une décision sage, d'être énergiques, de ne laisser personne se montrer plus courageux que nous et de ne pas compromettre en un moment toutes nos sueurs et nos peines. Pourquoi t'écris-je ainsi et de quel lieu? **2** Notre évêque, Eusèbe, très aimé de Dieu (ainsi faut-il désormais à

1. Allusion à Valens et à ses satellites, qui avaient déjà malmené plusieurs évêques orthodoxes.

2. Il promet de venir et d'amener Basile avec lui (cf. la lettre suivante).

3. Allusion aux onctions d'huile que faisaient les athlètes avant la lutte.

4. Lettre écrite pour décider Basile à quitter sa retraite du Pont (cf. la première note de la lettre 16) et à revenir à Césarée, où Grégoire et lui aideront l'évêque Eusèbe à tenir tête à l'empereur Valens.

καὶ θεραπεῦσαι, αὐτίκα ἡττήθην καὶ ὑπεκλίθην καὶ τῷ κανόνι φέρων ἐμαυτὸν ὑπέθηκα. **2** Τί δ' οὐκ ἔμελλόν σέ τε γινώσκων καὶ νόμους πνεύματος ; Νῦν δὲ καὶ εἰ λίαν μικροψύχως εἶχον καὶ ἀγεννῶς, ἀλλ' ὅ γε καιρὸς οὐκ ἐᾷ τοῦτο πάσχειν καὶ οἱ καταδραμόντες θῆρες τῇ ἐκκλησίᾳ, τό τε σὸν γενναῖον καὶ ἀνδρικόν, οὕτω καθαρῶς καὶ γνησίως προπολεμοῦντος τῆς ἐκκλησίας. **3** Ἥξομεν οὖν, εἰ δοκεῖ, καὶ ταῖς εὐχαῖς ὑμῖν συλλαμβανόμενοι καὶ συναγωνιούμενοι καὶ ὑπηρετησόμενοι καὶ ὡς ἀθλητὴν ἄριστον κελευσταὶ παῖδες ταῖς ὑποφωνήσεσιν ὑπαλείψοντες.

XIX

ΒΑΣΙΛΕΙΩΙ

1 Καιρὸς εὐβουλίας καὶ καρτερίας καὶ τοῦ μηδένα φανῆναι ἡμῶν ἀνδρικώτερον μηδὲ τοὺς πολλοὺς ἱδρῶτας καὶ πόνους ἐν ὀλίγῳ καταλυθῆναι. Γράφω δὲ διὰ τί ταῦτα καὶ πόθεν ; **2** Ὁ θεοφιλέστατος ἐπίσκοπος ἡμῶν Εὐσέ-

2 πνεύματος udfgh : πνευματικούς v ‖ καὶ εἰ udfgh : εἰ καί v ‖ τῆς ἐκκλησίας uvgh : τῇ ἐκκλησίᾳ df ‖ ἀνδρικόν dfgh : ἀνδρεῖον uv ‖ οὕτω καθαρῶς καὶ γνησίως προπολεμοῦντος vdfgh (quae lectio, difficilior propter anacoluthiam et genitiuum absolutum, magis arridet) : οὕτω καθαρῶς προπολεμοῦν καὶ γνησίως u ‖ 3 ἥξομεν uvdgh : ἥξωμεν f ‖ ὑμῖν συλλαμβανόμενοι uvdΠ² : ἡμῖν συλλαμβάνοιο Π¹gB ὑμῖν συλλαμβάνοιο Ξ ‖ ὑπαλείψοντες Yvdh : ἐπαλείψοντες Mg ὑπαλείψαντες f. (Lectio ὑπαλείψοντες melior esse uidetur non solum propter audaciorem metaphoram, sed etiam propter iterationem eiusdem soni : ὑ in ὑποφωνήσεσιν et ὑπαλείψοντες).

XIX. Codices : u = Y, v = C, d = PR, f = Π, g = IF, h = BΞ.

Titulus : Βασιλείῳ τῷ αὐτῷ codd. (id est : Βασιλείῳ uh Βασιλειῳ nos : ἑταίρῳ d Γρηγόριος Βασιλείῳ vfF Βασιλείῳ Γρηγόριος I).

1 μηδέ uvPfgh : μήτε R ‖ 2 ἐπίσκοπος ἡμῶν Εὐσέβιος gh : ἡμῶν ἐπίσκοπος Εὐσέβιος ud ἡμῶν Εὐσέβιος C ἡμῶν Εὐσέβιος ἐπίσκοπος f.

son sujet et penser et écrire) a pour nous des sentiments tout à fait conciliants et amicaux, et, comme le fer sous l'action du feu, il s'amollit sous l'action du temps. **3** Je crois même que va te parvenir une lettre pour te demander et te mander, comme il me l'a fait entendre et comme me le garantissent plusieurs personnes qui connaissent bien ses pensées. **4** Devançons-le en arrivant ou en lui écrivant, ou mieux en lui écrivant d'abord, puis en arrivant, afin que nous n'ayons pas ensuite la confusion d'être vaincus, alors que nous pouvons vaincre en cédant d'une façon glorieuse et en vrais philosophes, ce que tout le monde réclame de nous. **5** Viens donc, sur ma foi, et pour le motif en question et à cause des circonstances : en effet, une coalition d'hérétiques se précipite sur cette Église ; les uns sont déjà là et causent des troubles, et les autres, dit-on, vont arriver. **6** Et il y a lieu de redouter que ne soit ravagée la doctrine de vérité, si de toute urgence ne se met en branle l'esprit de Béséléel[1], le sage architecte de ce genre de discussions et de formules dogmatiques. **7** S'il te paraît bon que j'aille te trouver, que je séjourne avec toi et que je fasse route avec toi, nous ne nous déroberons pas[2].

1. Béséléel est le constructeur de l'arche d'alliance ; il est renommé pour son habileté, qu'il devait à l'Esprit de Dieu (*Exode*, XXXI, 2-3 ; XXXV, 30-31). Grégoire voit en Basile la même sagesse pour réfuter les attaques des hérétiques et défendre la foi. Grégoire aurait pu ajouter qu'il sera le second de Basile comme Ooliab était l'assistant de Béséléel *(Ibid.)*.

2. Voilà un des passages les plus déconcertants, à notre point de vue, en ce qui concerne le singulier et le pluriel dans l'emploi des pronoms et des formes verbales. Dans la même phrase, on passe du singulier, répété quatre fois, au pluriel ; et, dans tout ce qui précède, on n'avait que *je*, et pas une seule fois *nous*, car les *nous* désignaient, sans aucun doute possible, Grégoire et Basile à la fois. Il y a évidemment une préoccupation stylistique dans cette substitution de *nous* à *je*. Mais laquelle ? Pour le cas présent, il semble que φευξούμεθα ait été choisi pour donner une clausule plus pleine et qui soit parfaitement symétrique des deux clausules précédentes συνδιάξοντα et συνοδεύσοντα.

βιος (οὕτω γὰρ λοιπὸν περὶ αὐτοῦ δεῖ καὶ φρονεῖν καὶ γράφειν) λίαν πρὸς ἡμᾶς ἔχει συμβατικῶς τε καὶ φιλικῶς, καί, ὥσπερ σίδηρος πυρί, τῷ χρόνῳ μαλάσσεται. 3 Καὶ οἶμαι καὶ γράμμα ἥξειν πρὸς σὲ παρακλήσεώς τε καὶ κλήσεως, ὡς ἐμοί τε παρεδήλωσε καὶ πολλοὶ πείθουσιν ἡμᾶς τῶν τὰ ἐκείνου σαφῶς εἰδότων. 4 Ὃν προλάβωμεν, ἢ παρόντες, ἢ ἐπιστείλαντες, μᾶλλον δὲ προεπιστείλαντες, εἶτα παρόντες, ἵνα μὴ αἰσχυνθῶμεν ὕστερον ἡττηθέντες, ἐξὸν νικῆσαι τῷ καλῶς ἡττηθῆναι καὶ φιλοσόφως, ὃ παρὰ τῶν πολλῶν ἀπαιτούμεθα. 5 Ἧκε οὖν ἐμοὶ πεισθεὶς καὶ διὰ τοῦτο καὶ διὰ τὸν καιρόν· ἐπειδὴ σύστασις αἱρετικῶν κατατρέχει τὴν ἐκκλησίαν, τῶν μὲν ἤδη παρόντων καὶ ταρασσόντων, τῶν δέ, ὡς λόγος, παρεσομένων. 6 Καὶ δέος παρασυρῆναι τὸν λόγον τῆς ἀληθείας, εἰ μὴ τάχιστα κινηθείη τὸ πνεῦμα Βεσελεήλ, τοῦ σοφοῦ τῶν τοιούτων ἀρχιτέκτονος λόγων τε καὶ δογμάτων. 7 Εἰ δὲ δοκεῖ παρεῖναι καὶ αὐτὸν ἐμὲ συνδιάξοντα καὶ συνοδεύσοντα, οὐδὲ τοῦτο φευξούμεθα.

2 λοιπὸν περὶ αὐτοῦ δεῖ καὶ φρονεῖν h : δεῖ περὶ αὐτοῦ λοιπὸν καὶ φρονεῖν u δεῖ περὶ αὐτοῦ καὶ φρονεῖν C περὶ αὐτοῦ λοιπὸν δεῖ φρονεῖν PF περὶ αὐτοῦ δεῖ φρονεῖν R περὶ αὐτοῦ λοιπὸν δεῖ καὶ φρονεῖν fI ‖ 3 γράμμα uvdfI : γράμματα Fh ‖ καὶ κλήσεως om. Ξ ‖ πολλοί uvh : οἱ πολλοί dfg ‖ εἰδότων ante σαφῶς C ‖ 4 ἢ ἐπιστείλαντες ... εἶτα παρόντες om. I ‖ μᾶλλον δὲ προεπιστείλαντες om. B ‖ τῷ ugh : τό vdf ‖ 7 δοκεῖ uvdfg : δοκεῖς h ‖ παρεῖναι καὶ αὐτὸν ἐμὲ συνδιάξοντα dF[1] (F[2] s. u. : ταῦτα) : παρεῖναι καὶ αὐτὸν ἐμὲ συνδιδάξοντα fI καὶ αὐτὸν ἐμὲ παρεῖναι συνδιάξοντα Y[1]C (Y[2] συνδιδάξοντα), παρεῖναι καὶ διδάξοντα ταῦτα B παρεῖναι καὶ διδάξαντα Ξ ‖ καὶ συνοδεύσοντα udfgB : -σαντα C om. Ξ ‖ φευξούμεθα d : -ξόμεθα ufgh -ξώμεθα C.

XX

A CÉSAIRE[1]

Fin de 368.

1 Même les frayeurs ne sont point inutiles aux sages ; et, pour ma part, je dis qu'elles leur sont fort bonnes et salutaires. Si nous souhaitons ne pas en éprouver, du moins quand nous en éprouvons nous instruisent-elles. **2** L'âme qui souffre est proche de Dieu, comme Pierre le dit quelque part d'une façon très admirable[2] ; et quiconque a échappé à un danger est plus attaché à celui qui l'a sauvé. **3** Par conséquent, ne nous irritons point d'avoir été enveloppés dans le sinistre, mais soyons reconnaissants d'y avoir échappés. **4** Ne nous montrons pas, à l'égard de Dieu, autres au moment des périls, et autres après les périls ; mais décidons-nous, soit dans notre propre pays, soit au dehors, soit dans la vie privée, soit dans la vie publique (ainsi faut-il parler sans se lasser), — décidons-nous à suivre celui qui nous a sauvés, à être de son parti, en faisant peu de cas de ce qui est peu et de ce qui va au ras de cette terre. **5** Donnons à ceux qui viendront dans la suite un exemple dont ils parleront, qui soit grand pour notre gloire, grand aussi pour le profit de l'âme, et qui apprenne en même temps à la multitude ce qu'il y a de plus utile : que mieux vaut le péril que la sécurité, et que le malheur est

1. Césaire, le frère de Grégoire, exerçait une charge dans les finances en Bithynie (cf. le Discours VII de Grégoire, §15, ainsi que le poème *Sur sa vie*, v. 370) lorsqu'un tremblement de terre ravagea cette contrée, en octobre 368 (cf. Socrate, *Histoire ecclésiastique*, IV, 16).

2. Cette phrase ne figure pas dans les deux Épîtres canoniques de saint Pierre. Une scholie marginale du manuscrit I écrit à ce propos : ἐν τῇ φαινομένῃ Πέτρου διδασκαλίᾳ κεῖται. Il s'agit probablement d'une citation de l'écrit apocryphe, aujourd'hui perdu, qui avait pour titre *La prédication de Pierre.* Grégoire citera encore cette phrase, cinq ans plus tard, dans son Discours XVII, § 5, mais sans mentionner cette fois le nom de Pierre.

XX

ΚΑΙΣΑΡΙΩΙ

1 Οὐδ' οἱ φόβοι τοῖς εὐφρονοῦσιν ἄχρηστοι· ὡς δ' ἔγωγέ φημι, καὶ λίαν καλοὶ καὶ σωτήριοι. Εἰ γὰρ καὶ γίνεσθαι αὐτοὺς ἀπευχόμεθα, γινομένοις γε παιδευόμεθα. 2 Κάμνουσα γὰρ ψυχὴ ἐγγίζει Θεῷ, φησί που θαυμασιώτατα λέγων ὁ Πέτρος, καὶ παντὶ διαφυγόντι κίνδυνον πλείων οἰκείωσις πρὸς τὸν περισώσαντα. 3 Μὴ οὖν, ὅτι μετεσχήκαμεν τοῦ κακοῦ, δυσχεράνωμεν· ἀλλ' ὅτι διαπεφεύγαμεν, εὐχαριστήσωμεν. 4 Μηδ' ἄλλοι φανῶμεν τῷ Θεῷ παρὰ τὸν καιρὸν τῶν κινδύνων, καὶ ἄλλοι μετὰ τοὺς κινδύνους· ἀλλὰ βουληθῶμεν εἴτ' ἐνδημοῦντες, εἴτ' ἐκδημοῦντες, εἴτ' ἰδιωτεύοντες, εἴτε τὰ κοινὰ πράττοντες (δεῖ γὰρ οὕτω λέγειν καὶ μὴ λιπεῖν), τῷ σώσαντι κατακολουθεῖν καὶ γίνεσθαι τῆς ἐκείνου μοίρας, μικρὰ τῶν μικρῶν καὶ χαμαὶ ἐρχομένων φροντίσαντες. 5 Καὶ δῶμέν τι διήγημα τοῖς εἰς ὕστερον, μέγα μὲν εἰς δόξαν ἡμῖν, μέγα δ' εἰς ὠφέλειαν ψυχῆς· τὸ δ' αὐτὸ καὶ παίδευμα τοῖς πολλοῖς χρησιμώτατον, ὅτι κρεῖττον

XX. Codices : u = YM, v = LA, d = PR, f = Π, g = IF, h = BΞ.

Titulus : Καισαρίῳ uvh : Καισαρίῳ ἀδελφῷ df Καισαρίῳ Γρηγόριος g.

1 ἔγωγε df : ἐγώ uvgh ‖ γε udfgΞ : δέ v τε B ‖ **2** ἐγγίζει Θεῷ dfg : ἐγγύς ἐστι Θεοῦ uvh ‖ διαφυγόντι uvdf : διαφεύγοντι gh ‖ πλείων uvgh : πλεῖον df ‖ πρός uvdfgB : περί Ξ ‖ περισώσαντα A^2 s. u. dfgh : περισωθέντα uLA^1 ‖ **3** δυσχεράνωμεν uv : δυσχεραίνωμεν dfgh ‖ διαπεφεύγαμεν uvgh : διεφύγομεν df ‖ εὐχαριστήσωμεν uvgh : εὐχαριστῶμεν df ‖ **4** τῷ Θεῷ om. Y ‖ λιπεῖν nos : λυπεῖν codd. λείπειν edd. ‖ post λυπεῖν, A^2 s. u. add. : τὰ πολλά ‖ γίνεσθαι dB : γενέσθαι uvfgΞ ‖ φροντίσαντες M A^2 s. u. gh : φροντίσαντας YLA^1df ‖ **5** εἰς om. dfI ‖ μέγα μὲν εἰς δόξαν om. I ‖ ἡμῖν fF h : ἐμήν v ἡμῶν ud, om. I ‖ κρεῖττον udfgΞ : κρείττων vB.

préférable à la bonne fortune, s'il est vrai qu'avant nos frayeurs nous étions au monde, et qu'après nos frayeurs nous nous sommes donnés à Dieu. **6** Peut-être te paraissons-nous importun en t'écrivant fréquemment sur le même sujet, et peut-être trouves-tu que ces propos sont non pas une exhortation, mais une déclamation. **7** Aussi, en voilà assez. Sache pourtant quels sont nos désirs et nos souhaits les plus vifs : aller jusqu'à toi pour nous réjouir avec toi de ce que tu as été sauvé et pour t'entretenir plus à fond de tout ceci, **8** et en tout cas, te recevoir ici au plus vite et célébrer avec toi une fête d'action de grâces.

XXI

A SOPHRONIOS[1]

Entre 365 et 369.

1 L'or change et se transforme de bien des manières quand on le travaille pour en faire de multiples ornements et quand l'art l'oriente vers de multiples destinations ; il reste néanmoins ce qu'il est : de l'or, et ce n'est pas la matière qui reçoit un changement, mais la forme. **2** De même, comme nous avons la conviction que ta bonté reste identique pour tes amis, quand même tu ne cesses d'avancer vers des rangs plus élevés, nous avons osé t'adresser cette requête avec moins de crainte devant ta dignité que de confiance en ta vertu. **3** C'est pour notre très honorable fils Nicobule[2] qui

1. Originaire de Césarée en Cappadoce (voir lettres 22, 29, 37 et les lettres 76 et 96 de S. Basile). On sait par Ammien-Marcellin (XXVI, 7, 2) que Sophronios était *notaire* en 365, et qu'il devint dans la suite préfet de Constantinople. Puisque la lettre 21 (§ 2) parle de l'ascension de ce personnage vers des rangs plus élevés, il faut la placer après 365 ; mais on ne la fera pas descendre au-dessous de 369. Cette année-là, en effet, Grégoire adresse à Sophronios la lettre 29, et Basile lui écrit aussi (lettre 32) : or, ces deux lettres indiquent assez qu'il est arrivé aux plus hautes dignités. — Pour le titre de cette lettre 21, les manuscrits donnent soit : Σωφρονίῳ (qui est vraisemblablement le titre le plus ancien), soit Σωφρονίῳ μαγίστρῳ *(maître des Offices)*, soit Σωφρονίῳ

ἀσφαλείας κίνδυνος, καὶ συμφορὰ εὐημερίας αἱρετωτέρα· εἴ γε πρὸ μὲν τῶν φόβων ἦμεν τοῦ κόσμου, μετὰ δὲ τοὺς φόβους τοῦ Θεοῦ γεγενήμεθα. 6 Ἴσως σοι φορτικοὶ δοκοῦμεν πολλάκις σοι περὶ τῶν αὐτῶν ἐπιστέλλοντες, καὶ οὐ παραίνεσιν, ἀλλ' ἐπίδειξιν νομίζεις τοὺς λόγους. 7 Διὸ τούτων μὲν ἅλις· ἡμᾶς δ' ἴσθι προθυμουμένους καὶ εὐχομένους μάλιστα μὲν γενέσθαι μέχρι σοῦ, συνησθησομένους τῇ σωτηρίᾳ σου καὶ περὶ τούτων τελεώτερον διαλεξομένους· 8 εἰ δ' οὖν, ἀλλ' ἐνταῦθά σε δεξομένους ὡς τάχιστα, συνεορτάσαι τὰ χαριστήρια.

XXI

ΣΩΦΡΟΝΙΩΙ

1 Ὁ χρυσὸς ἄλλοτε μὲν ἄλλως μεταποιεῖται καὶ σχηματίζεται, εἰς πολλοὺς κόσμους τυπούμενος καὶ πρὸς πολλὰ ὑπὸ τῆς τέχνης ἀγόμενος· μένει δ' ὅπερ ἐστί, χρυσός, καὶ οὐχ ἡ ὕλη μεταβολήν, ἀλλὰ τὸ σχῆμα λαμβάνει. 2 Οὕτω καὶ τὴν σὴν καλοκἀγαθίαν ἡγούμενοι τὴν αὐτὴν μένειν τοῖς φίλοις, κἂν ἀεὶ προΐῃς ἐπὶ τὰ ἔμπροσθεν, ταύτην ἐθαρρήσαμεν τὴν πρεσβείαν προσαγαγεῖν, οὐ μᾶλλον τὴν ἀξίαν εὐλαβηθέντες ἢ τῷ τρόπῳ πιστεύσαντες. 3 Τῷ αἰδεσιμωτάτῳ υἱῷ ἡμῶν Νικοβούλῳ

5 τοῦ om. udfg ‖ 6 σοι om. dfIB ‖ νομίζεις Yvdfgh : νομίζειν M ‖ 7 σου post σωτηρίᾳ om. vgh ‖ 8 Verbis ὡς τάχιστα deficit F.

XXI. Codices : u = YM, v = LA, d = PR, f = Π, g = IF, h = B Ξ.

Titulus : Σωφρονίῳ dfh : Σωφρονίῳ ὑπάρχῳ uv Σωφρονίῳ μαγίστρῳ g.

1 ἄλλοτε μὲν ἄλλως uvPfgh : ἄλλως μὲν ἄλλοτε R ‖ λαμβάνει post μεταβολήν ponunt df ‖ 2 μένειν uvdfIh : ἦν F ‖ προΐῃς uvP[2] s. u. Rf : προείης Ih προήεις P[1] προΐοις F ‖ 3 υἱῷ uvdΠ[2] s. u. man. rec. h : ἀδελφῷ Π[1]g.

nous est lié à tout point de vue : et par la parenté et par l'affection et — ce qui est plus — par la vertu ; sois-lui propice ! **4** En quoi, et jusqu'à quel point ? En ce pour quoi il aura besoin de toi, et dans la mesure où tu juges que cela convient à ton grand cœur. **5** En retour, nous te donnerons, pour notre part, ce que nous avons de plus beau. Or, ce que nous avons, ce sont nos discours et le fait que nous sommes le héraut qui proclame ta vertu, sinon d'une façon qui approche de ton mérite, du moins selon notre pouvoir.

XXII

AU MÊME[1]

Entre 365 et 369.

1 Il faudrait, de même que l'on reconnaît l'or et les pierres précieuses en les voyant, que l'on discernât aussi immédiatement parmi les hommes ceux qui sont bons et ceux qui ne le sont point, sans que l'on eût besoin d'un examen plus prolongé[2]. **2** Il ne nous aurait pas fallu alors de longs discours pour intercéder en faveur de notre très précieux fils Amphiloque[3] auprès de ta Magnanimité. **3** Je me serais attendu à voir plus promptement arriver quelque chose d'incroyable et de contraire à toute attente que de lui voir faire pour de l'argent quelque chose de malhonnête, ou seulement en avoir l'idée ; tant chacun lui reconnaît la noblesse de sentiments et la possession d'une sagesse supérieure à son âge. **4** Et comment faut-il le traiter ? Rien n'échappe à la jalousie, puisque certain blâme l'a atteint, même lui : il s'est trouvé en butte à des accusa-

ὑπάρχῳ *(préfet)*. On incline à penser que Sophronios était alors *maître des Offices*, charge qui, dans le *cursus honorum*, était inférieure à celle de préfet de Constantinople.

1. Cette lettre est postérieure à la 21e puisqu'on n'y fait plus allusion à l'ascension de Sophronios dans le *cursus honorum ;* mais on ne la mettra pas après 369, pour la raison indiquée lettre 21, note 1.

τὰ πάντα ἔχοντι πρὸς ἡμᾶς ἐπιτηδείως καὶ διὰ συγγένειαν καὶ διὰ τὴν οἰκειότητα καί, τὸ τούτων μεῖζον, διὰ τὸν τρόπον, γενοῦ δεξιός. 4 Ἐν τίσι, καὶ πόσον ; Ἐν οἷς αὐτὸς σοῦ δεηθήσεται, καὶ ὅσον τῇ σῇ μεγαλονοίᾳ πρέπειν ὑπολαμβάνεις. 5 Ἀντιδώσομεν δὲ καὶ ἡμεῖς ὧν ἔχομεν τὸ κάλλιστον. Ἔχομεν δὲ τοὺς λόγους καὶ τὸ κήρυκες εἶναι τῆς σῆς ἀρετῆς, εἰ καὶ μὴ τῆς ἀξίας ἐγγύς, ἀλλά γε κατὰ τὴν ἡμετέραν δύναμιν.

XXII

ΤΩΙ ΑΥΤΩΙ

1 Ἔδει, καθάπερ τὸν χρυσὸν καὶ τοὺς λίθους τῇ ὄψει γνωρίζομεν, οὕτω καὶ τοὺς καλοὺς καὶ μὴ τῶν ἀνδρῶν αὐτόθεν διαγινώσκεσθαι, καὶ μὴ μακροτέρας δεῖσθαι δοκιμασίας. 2 Οὐ γὰρ ἂν πολλῶν ἐδέησεν ἡμῖν λόγων ὑπὲρ τοῦ τιμιωτάτου υἱοῦ Ἀμφιλοχίου πρεσβεύουσι πρὸς τὴν σὴν μεγαλόνοιαν. 3 Θᾶττον ἂν ἤλπισα ἕν τι τῶν ἀπίστων καὶ παραδόξων, ἢ τοῦτον ἀγεννές τι πράξειν ἐπὶ χρήμασιν, ἢ διανοήσεσθαι · τοσοῦτον αὐτῷ τὸ παρὰ πάντων συγκεχωρηκὸς ἐπὶ καλοκἀγαθίᾳ καὶ τὸ πρεσβυτέραν τῆς ἡλικίας ἔχειν φρόνησιν. 4 Ἀλλὰ τί χρὴ παθεῖν ; Οὐδὲν διαφεύγει τὸν φθόνον, ὁπότε καὶ τούτου

3 διὰ τὴν οἰκειότητα u : δι' οἰκειότητα vdfgh || τὸ τούτων μεῖζον dfg : ὃ τούτων μεῖζόν ἐστι uvh || τὸν τρόπον γενοῦ δεξιός. Ἐν τίσι om. P || 4 πόσον uvFh : ὁπόσον dfI || 5 ἀλλά om. h.

XXII. Codices : u = YM, v = LA, d = PR, f = Π, g = IΛF, h = B Ξ.

Titulus : Τῷ αὐτῷ (id est : Σωφρονίῳ df Σωφρονίῳ ὑπάρχῳ uv) : Σωφρονίῳ h Σωφρονίῳ μαγίστρῳ IF Σωφρονίῳ μαγίστρῳ παραθετικῇ Λ.

1 γνωρίζομεν uvdfIΛh : γνωριζόμενον F || 3 ἄν om. Ξ || διανοήσεσθαι dΠ² s. u. h : διανοήσασθαι uvΠ¹g || καλοκἀγαθίᾳ uvdfIh : -θίαν Λ, -θίας F || παρὰ πάντων uvdfΛFh : παρ' ἁπάντων I.

tions parce qu'il a de l'ingénuité bien plutôt qu'un naturel pervers. **5** Puisses-tu trouver intolérable de le laisser déchirer par les calomnies ! Et non seulement cela, — je le demande à ta sainte et grande âme, — mais de plus honore la patrie, secours la vertu, aie des égards pour nous, qui avons trouvé notre gloire près de toi et par toi, et tiens lieu à cet homme de tout en joignant à ta puissance ton bon vouloir, puisque je sais que tout cède à ta vertu.

XXIII

A CÉSAIRE[1]

Entre 365 et 369.

1 Si la demande que nous te faisons est grande, ne t'en étonne point : elle s'adresse à quelqu'un de grand et il faut mesurer sa demande à celui qui la reçoit. **2** Il est également déplacé de chercher de grandes choses auprès d'un petit personnage, et de petites choses auprès d'un grand : dans un cas, c'est maladresse, dans l'autre, c'est mesquinerie. **3** Je t'amène, de ma propre main, mon très précieux fils Amphiloque[2] : il est si connu pour la noblesse de ses sentiments, supérieure même à ce qu'on attend de son âge, que je serais satisfait, moi, vieillard[3], prêtre et votre ami, si tu le juges de la sorte. **4** S'il s'est laissé prendre à l'amitié d'un homme et n'a pas soupçonné qu'on le calomniait, qu'y a-t-il d'étonnant ? N'étant point

1. Lettre qui se rapporte au même sujet que la précédente ; donc, de même date. Le destinataire est peut-être le magistrat qui fut préfet de Constantinople en 365 (Ammien-Marcellin XXVI, 7, 2).
2. Voir les lettres 22 et 9.
3. Grégoire n'a alors que quarante ans environ. Le mot se comprend cependant : en tant que prêtre (πρεσβύτερος), il peut se dire tel ; et il est plus âgé qu'Amphiloque.

τις μῶμος ἥψατο, ἀνδρὸς δι' ἁπλότητα μᾶλλον ἢ τρόπου κακίαν περιπέσοντος ἐγκλήμασιν. 5 Ἀλλά σοι μὴ ἀνεκτὸν φανήτω περιϊδεῖν αὐτὸν ταῖς συκοφαντίαις παρασυρόμενον. Μή, δέομαί σου τῆς ἱερᾶς καὶ μεγάλης ψυχῆς, — ἀλλὰ καὶ τὴν πατρίδα τίμησον, καὶ τῇ ἀρετῇ βοήθησον, καὶ ἡμᾶς αἰδέσθητι τοὺς παρὰ σοῦ καὶ διὰ σοῦ δοξασθέντας, καὶ ἀντὶ πάντων γενοῦ τῷ ἀνδρί, τῷ δύνασθαι τὸ θέλειν προσθείς, ἐπειδὴ πάντα τῆς σῆς ἀρετῆς οἶδα ἡττώμενα.

XXIII

ΚΑΙΣΑΡΙΩΙ

1 Εἰ μεγάλα ἐστὶν ἃ αἰτοῦμεν, μηδὲν θαυμάσῃς, ἐπεὶ καὶ παρὰ μεγάλου, καὶ συμμετρεῖσθαι δεῖ τῷ αἰτουμένῳ τὴν αἴτησιν. 2 Ὁμοίως γὰρ ἄτοπον παρὰ μικροῦ μεγάλα ζητεῖν, καὶ παρὰ μεγάλου μικρά· τὸ μὲν γὰρ ἄκαιρον, τὸ δὲ μικρόλογον. 3 Αὐτός σοι προσάγω διὰ τῆς ἐμαυτοῦ χειρὸς τὸν τιμιώτατον υἱὸν ἡμῶν Ἀμφιλόχιον, ἄνδρα τοσοῦτον ἐπὶ καλοκἀγαθίᾳ γνώριμον καὶ παρὰ τὸ εἰκὸς τῆς ἡλικίας, ὥστ' αὐτὸς ἂν ἠγάπησα ὁ γέρων καὶ ἱερεὺς καὶ ὑμέτερος φίλος οὕτως ὑπολαμβάνεσθαι. 4 Εἰ δὲ φιλίας ἀνδρὸς ἡττηθεὶς τὴν διαβολὴν οὐχ ὑπείδετο, τί θαύμαστον; Τῷ γὰρ μὴ πονηρὸς εἶναι οὐδ'

4 ἀνδρὸς δι' ἁπλότητα uvdΠ² s. u. h : δι' ἀνδρὸς ἁπλοτήτα Π¹g ‖ τρόπου Ldfgh : τρόπων uA ‖ 5 σου τῆς ἱερᾶς Ydfg : τῆς ἱερᾶς σου Mvh.

XXIII. Codices : u = YM, v = LA, d = PR, f = Π, g = ΙΛF, h = ΒΞ.

Titulus : Καισαρίῳ Π²IFh : Καισαρίῳ παραθετική Λ Καισαρίῳ ἀδελφῷ Π¹ τῷ αὐτῷ (id est : Καισαρίῳ uv Καισαρίῳ ἀδελφῷ d).

1 ἐπεί vdfgh : ἐπειδή u ‖ 2 ζητεῖν dfgh : αἰτεῖν u v ‖ 3 υἱόν uA² s. u. dfgh : om. LA¹ ‖ αὐτὸς ἄν Yvdfgh : ἂν αὐτός M ‖ 4 τήν ante πονηρίαν om. vgh.

pervers, il n'a pas soupçonné la perversité, jugeant qu'il convenait mieux pour lui de corriger la parole[1] plus que les mœurs. **5** C'est ainsi qu'il a accepté de travailler avec cet homme. Qu'y a-t-il là de répréhensible auprès des gens de bien? Ne souffre donc pas que la méchanceté triomphe de la vertu et ne fais pas affront à nos cheveux blancs ; prends, au contraire, en considération notre témoignage et joins ta bienveillance à nos bénédictions qui ont peut-être quelque crédit auprès de Dieu, dont nous sommes le ministre.

XXIV

A THÉMISTIUS[2]

Entre 365 et 369.

1 L'éloquence est en péril[3] : c'est ton heure, puisque tu es le roi de l'éloquence[4]. De plus, mon cher Amphiloque est pour toi un ami par son père. J'ajouterai aussi qu'il est d'une nature à ne faire honte ni à la race de ses pères ni à notre amitié, si je ne suis pas mauvais juge en ce domaine. **2** Et le point le plus important, surtout pour un homme qui est, comme toi, un philosophe, c'est que, sans être aucunement coupable, il a des ennuis. C'est là, à un point de vue, chose bien légère ; pour nous, inversement, ce serait chose bien lourde de montrer pour lui de l'indifférence. **3** D'ailleurs, je ne fais que ce que je peux ; et ce que je peux, c'est intercéder auprès de ceux qui peuvent faire du bien : rien d'autre ne m'est possible dans l'état où je suis présentement. **4** Mais toi, confirme cette parole de ton ami Platon disant que les cités ne verront pas cesser leurs maux tant que le pouvoir ne sera pas joint

1. Amphiloque est avocat, comme nous l'avons vu à propos de la lettre 9.

3. Puisque Amphiloque, avocat, orateur, a des ennuis, *l'éloquence est en péril;* rattacher la cause de celui qu'on recommande à une cause plus générale est un procédé classique chez Grégoire et chez les épistoliers de son temps.

ὑπείδετο τὴν πονηρίαν, λόγου μᾶλλον διόρθωσιν ἢ τρόπου προσήκειν αὐτῷ νομίσας. 5 Οὕτω συμπονεῖν ἐδέξατο. Τί τοῦτο δεινὸν τοῖς εὐγνώμοσι ; Μὴ τοίνυν ἀνάσχῃ πλέον ἔχειν ἀρετῆς κακίαν, μηδὲ τὴν ἡμετέραν πολιὰν ἀτιμάσῃς· ἀλλὰ καὶ τὴν μαρτυρίαν αἰδέσθητι καὶ τὸ φιλάνθρωπον ὑπόθες ταῖς παρ' ἡμῶν εὐλογίαις, ὧν ἴσως τις παρὰ Θεῷ λόγος, ᾧ παρεστήκαμεν.

XXIV

ΘΕΜΙΣΤΙΩΙ

1 Λόγοι τὸ κινδυνευόμενον· καὶ σὸς ὁ καιρός, εἴπερ βασιλεὺς σὺ τῶν λόγων. Καὶ πρός γε, σοὶ φίλος πατρόθεν ὁ ἐμὸς Ἀμφιλόχιος· προσθήσω δ' ὅτι καὶ τοιοῦτος, οἷος μήτε γένος πατέρων αἰσχύνειν, μήτε τὴν ἡμετέραν φιλίαν, εἰ μὴ φαῦλος ἐγὼ τῶν τοιούτων κριτής. 2 Καὶ τὸ μέγιστον, ἀνδρὶ μάλιστα κατὰ σὲ φιλοσόφῳ, ὅτι μηδὲν ἀδικῶν ἔχει πράγματα. Ὃ τῳ μέν ἐστι κουφότατον, ἡμῖν δ' αὖ βαρύτατον, εἰ περιορῶντες φαινοίμεθα. 3 Ἐγὼ μὲν οὖν ὃ μόνον δύναμαι, τοῦτο ποιῶ· δύναμαι δὲ πρεσβεύειν πρὸς τοὺς εὖ ποιεῖν δυναμένους· οὐ γὰρ ἄλλο γ' οὐδὲν ἐμοὶ δυνατὸν οὕτως ἔχοντι ὥσπερ νῦν ἔχω. 4 Σὺ δὲ τὸν τοῦ σοῦ Πλάτωνος βεβαίωσον λόγον, μὴ πρότερον παύσασθαι κακῶν τὰς πόλεις εἰπόντος, πρὶν ἂν συνέλθῃ

4 τὴν om. vgh ‖ 5 ἐδέξατο YA¹gh : ἔδοξε MLA² γρ. df.

XXIV. Codices : u = YM, v = LA, d = P, f = Π, g = ΙΛF, h = ΒΞ.

Titulus : Θεμιστίῳ h : Θεμιστίῳ ἐπάρχῳ F Θεμ. ἐπ. πραιτωρίων Ι Θεμ. ἐπ. πραιτ. παραθετική Λ τῷ αὐτῷ (id est : Θεμιστίῳ) uvdf.

1 βασιλεὺς σύ AdfI : σὺ βασιλεύς uLΛFh ‖ ὅτι om. vdfg ‖ 2 ὃ τῷ μέν uvdfg : ᾧ τὸ μέν h ‖ ἡμῖν δ' αὖ βαρύτατον uv : ἡμῖν δ' ἂν βαρύτατον γένοιτο dfg ἡμῖν δὲ βαρύτατον γένοιτο h ‖ εἰ περιορῶντες v : εἴπερ ὁρῶντες u εἰ παρορῶντες dfgh.

à la philosophie[1]. **5** Tu es puissant à ces deux égards. Tends la main à celui qui t'implore, conseille-le et aide-le comme il convient. **6** Tu ne saurais mieux te montrer philosophe qu'en soutenant présentement la justice ; et, en outre, c'est nous obliger, nous qui sommes ton panégyriste et — si tu me permets de le dire — ton ami.

XXV

A AMPHILOQUE[2]

Années 370-373.

1 Ce n'est pas du pain que nous t'avons demandé, pas plus qu'on ne demande de l'eau à ceux qui habitent Ostrakinè[3]. Mais si nous demandons des légumes à un homme d'Ozizalée[4], ces légumes dont il y a surabondance chez vous, et chez nous grande pénurie, rien d'étonnant à cela, rien qui soit en dehors des lois de l'amitié. **2** Veuille donc nous envoyer des légumes en grande quantité, et des plus beaux, — ou, du moins, tous ceux que tu pourras, car même les petites choses sont grandes pour les pauvres, — surtout parce que nous recevons Basile le Grand ; prends garde, de même que tu l'as connu rassasié et philosophe, de le connaître affamé et irrité !

1. Platon, *Lettre VII*, 326 a-b ; *République*, V, 473 d, VI, 499 b-d. Thémistius était grand admirateur de Platon et, plus encore, d'Aristote.

2. Les lettres 22, 23 et 24 nous ont montré Amphiloque, cousin et ami de Grégoire, en butte à des ennuis. Ces difficultés sont maintenant terminées ; aussi considérons-nous les lettres 25, 26 et 27 comme postérieures aux lettres 22, 23 et 24. Lors de ces dernières, Amphiloque était encore dans le monde ; maintenant il vit en ermite, cultivant un petit jardin ; voir saint Basile, lettre 150. Il n'était pas encore évêque d'Iconium ; par conséquent on est avant la fin de 373, date à laquelle il sera promu à cette dignité.

3. Pline l'Ancien mentionne une ville de ce nom, à 65.000 pas de Péluse (*Histoire naturelle*, V, 68). De toute façon, Grégoire en fait le symbole d'une contrée sans eau.

φιλοσοφίᾳ τὸ δύνασθαι. 5 Ἱκανὸς γὰρ εἶ ἀμφότερα. Δὸς χεῖρα τῷ δεομένῳ καὶ παραινέσας τὰ εἰκότα καὶ βοηθήσας. 6 Ὡς οὐκ ἔστιν ὅ τι φιλοσοφήσαις ἄμεινον ἢ νῦν τῷ δικαίῳ συναγωνισάμενος, πρὸς τῷ καὶ ἡμᾶς εὖ ποιεῖν τοὺς σοὺς ἐπαινέτας, εἰ δὲ δίδως εἰπεῖν, καὶ φίλους.

XXV

ΑΜΦΙΛΟΧΙΩΙ

1 Ἄρτους μὲν οὐκ ᾐτήσαμεν παρὰ σοῦ, ὅτι μηδ' ὕδωρ παρὰ τῶν Ὀστρακίνην οἰκούντων. Λάχανα δ' εἰ αἰτοῦμεν παρ' ἀνδρὸς Ὀζιζαλέως, ὧν ἀφθονία μὲν παρ' ὑμῖν, παρὰ δ' ἡμῖν πολλὴ σπάνις, θαυμαστὸν οὐδὲν οὐδ' ἔξω τῆς συνηθείας. 2 Καταξίωσον οὖν λάχανα ἡμῖν ἀποστεῖλαι πλεῖστα καὶ κάλλιστα, ἢ ὅσα γε δυνατὸν (ἐπεὶ καὶ τὰ μικρὰ μεγάλα τοῖς πένησιν), ἐπειδὴ μάλιστα καὶ τὸν μέγαν Βασίλειον δεξιούμεθα· οὗ μὴ βουληθῇς, ὥσπερ ἐπειράθης κεκορεσμένου φιλοσοφοῦντος, οὕτω πειραθῆναι πεινῶντος καὶ δυσχεραίνοντος.

5 ἱκανὸς γὰρ εἶ d Π[2] : ἱκανὸς εἶ γάρ u A[2] marg. ἱκανώσῃ γάρ A[1] L ἱκανὸς γάρ (sine εἶ) Π[1] g h ‖ 6 φιλοσοφήσαις d Π[2] : φιλοσοφήσεις u v g h φιλοσοφήσας Π[1] ‖ πρὸς τῷ u v I Λ : πρὸς τό d f F h.

XXV. Codices : u = YM, v = LA, d = P, f = Π, g = IF, h = BΞ.

Titulus : Ἀμφιλοχίῳ nos : τῷ αὐτῷ (id est : Ἀμφιλοχίῳ) uvdfgh.

1 αἰτοῦμεν h : αἰτοίημεν uvdfg ‖ καί ante θαυμαστόν add. v ‖ 2 καί post μάλιστα om. h ‖ ἐπειράθης κεκορεσμένου φιλοσοφοῦντος uvdfgΞ : ἐπειράθης καὶ φιλοσοφοῦντος κεκορεσμένου B.

XXVI

AU MÊME

Années 370-373.

1 Que parcimonieusement nous viennent les légumes de chez vous ! Ne dirait-on pas des légumes en or? Cependant toute votre richesse est en jardins, en cours d'eau, en bois, en vergers, et votre pays est légumifère, comme il est aurifère chez d'autres, et

vous vous repaissez des plantes de prairies[1].

2 Mais le blé, pour vous, c'est la félicité de la fable[2] ; et le pain, c'est, comme il est dit, le pain des Anges[3], tant vous l'aimez et tant vous en êtes peu sûrs ! **3** Envoyez-nous donc des légumes plus copieusement ; sinon, nous ferons cette seule menace : nous garderons notre blé ; et nous saurons si vraiment les cigales ne vivent que de rosée[4] !

XXVII

AU MÊME

Années 370-373.

1 Tu plaisantes[5]. Mais je connais les dangers que court Ozizalée affamée, en dépit de tous vos efforts pour cultiver le sol. **2** Il n'y a chez ces gens qu'une chose à louer : c'est que, même s'ils succombent à la famine, ils sont embaumés et ont une brillante sépulture. Comment? Parce que l'on jette sur eux quantité de fleurs de toute sorte.

1. Les mots du texte grec forment ici le second hémistiche d'un hexamètre. L'expression λειμώνια φύλλα se lit dans Théocrite, XVIII, 39.
2. Allusion aux îles des Bienheureux (cf. lettre 4).
3. *Psaume* LXXVII, 25.
4. Sur cette croyance des Anciens, comparer : Théocrite ,IV, 6 ; Virgile, *Églogue V*, 77 ; Pline l'Ancien, *Hist. nat.*, XI, 36.
5. Amphiloque avait dû répondre sur le même ton.

XXVI

ΤΩΙ ΑΥΤΩΙ

1 Ὡς μικρολόγως ἡμῖν ἥκει τὰ λάχανα παρ' ὑμῶν· καὶ τί γὰρ ἄλλο ἢ χρυσολάχανα ; Καίτοι γ' ὁ πᾶς πλοῦτος ὑμῖν κῆποι καὶ ποταμοὶ καὶ ἄλση καὶ παράδεισοι, καὶ λαχανηφόρος ὑμῖν ἡ χώρα, ὡς χρυσοφόρος ἄλλοις, καὶ λειμώνια φύλλα νέμεσθε.

2 Ὁ δὲ σῖτος ὑμῖν, ἡ μυθικὴ μακαρία· καὶ ὁ ἄρτος, ὃ δὴ λέγεται, ἄρτος ἀγγέλων, οὕτως ἄσπαστός τε καὶ ἄπιστος. 3 Ἢ τοίνυν μεταδίδοτε τούτων ἡμῖν ἀφθονώτερον, ἢ ἄλλο μὲν οὐδὲν ἀπειλήσομεν· τὸν δὲ σῖτον ἐφέξομεν, καὶ εἰσόμεθα εἰ ὄντως δρόσῳ μόνῃ τρέφονται τέττιγες.

XXVII

ΤΩΙ ΑΥΤΩΙ

1 Παίζεις. Ἐγὼ δ' οἶδα τὸν κίνδυνον Ὀζιζαλέως πεινῶντος, ὅταν μάλιστα γεωργήσητε. 2 Ὧν ἓν τοῦτο μόνον ἐπαινετόν, ὅτι κἂν λιμῷ φθαρῶσιν, ἀλλ' εὐωδοῦσι καὶ λαμπρᾶς τυγχάνουσι τῆς ταφῆς. Πῶς ; πολλοῖς βάλλονται καὶ ποικίλοις τοῖς ἄνθεσιν.

XXVI. Codices : u = YM, v = LA, d = P, f = Π, g = IF, h = ΒΞ.
Titulus : Τῷ αὐτῷ (id est : Ἀμφιλοχίῳ) uvdfgh.
1 χρυσολάχανα uvdfh : χρυσᾶ λάχανα g ‖ λαχανηφόρος uvdf : λαχανοφόρος gh ‖ νέμεσθε uLdgh : νέμεσθαι A f ‖ 3 ὄντως δρόσῳ μόνῃ uvdfIh : ὄντως ἀρόσωμεν ἢ F.

XXVII. Codices : u = YM, v = LA, d = P, f = Π, g = IF, h = ΒΞ.
Titulus : Τῷ αὐτῷ (id est : Ἀμφιλοχίῳ) uvdfgh.

XXVIII

AU MÊME[1]

Date incertaine.

1 En visitant les villes montagneuses et limitrophes de la Pamphylie, nous avons pêché là-bas dans les montagnes un Glaucos marin[2] : ce n'est pas avec des filets en lin que, des profondeurs, nous avons retiré ce poisson, mais c'est dans les rets de la charité fraternelle que nous avons enveloppé notre capture. **2** Une fois que notre Glaucos a su marcher sur terre, nous l'avons envoyé porter cette lettre à votre Bonté. Qu'elle le reçoive cordialement et qu'elle lui accorde l'hospitalité réputée dans les Écritures[3] ... avec des légumes !

XXIX

A SOPHRONIOS[4]

Fin de 369.

1 Tu vois quel est notre sort et comment se déroule le cycle des choses humaines : tantôt les uns, tantôt les autres sont florissants et se fanent ; le bonheur n'est pas stable pour nous, ni le malheur, comme on le dit, mais très vite ils changent et s'effondrent, si bien que mieux vaudrait se fier aux vents ou à des caractères tracés sur l'eau qu'à la prospérité humaine. **2** Pour quelle raison ? Afin, je pense, que constatant ce qu'il y a dans les choses d'inconstant et d'instable nous accou-

1. Bien que la date de ce billet soit incertaine, l'allusion aux légumes, qui se lit à la fin, invite à placer ce document à côté des lettres 25-27.

2. Glaucos est une sorte de pêcheur fantôme errant par la mer (cf. Hérondas, *Mime III*, v. 51). Hauser-Meury signale qu'il y a un poisson de ce nom (*Prosopographie*, p. 86).

3. La Bible vante fréquemment l'hospitalité (*Luc*, X, 38, XIX, 5-6 ; *Hébr.*, XI, 31, XIII, 2 ; *I Tim.* III, 2 ; *I Pierre* IV, 9 ; *Tit.*, I, 8 ; *Rom.*, XII, 13, XVI, 2 ; *Gen.*, XVIII, 1-8 ; etc.).

XXVIII

ΤΩΙ ΑΥΤΩΙ

1 Τὰς ὀρείους μέν, ὁμόρους δὲ τῇ Παμφυλίᾳ πόλεις ἐπισκεψάμενοι, Γλαῦκον ἐκεῖ θαλάττιον ἐν τοῖς ὄρεσιν ἡλιεύσαμεν, οὐ λίνου δικτύοις τοῦ βυθοῦ τὸν ἰχθὺν ἐξελκύσαντες, ἀλλ' ἀγάπῃ φίλων τὸ θήραμα σαγηνεύσαντες. 2 Ἅπαξ δὲ τὸν Γλαῦκον πεζεύειν μαθόντα, γραμματηφόρον προσαπεστάλκαμεν πρὸς τὴν ὑμετέραν ἀγαθότητα, ὃν φιλοφρόνως ξενισάτω καὶ τῷ παρὰ ταῖς Γραφαῖς εὐδοκιμοῦντι ξενισμῷ μετὰ λαχάνων καταξιωσάτω.

XXIX

ΣΩΦΡΟΝΙΩΙ

1 Ὁρᾷς οἷα τὰ ἡμέτερα καὶ ὅπως κύκλος τις τῶν ἀνθρωπίνων περιτρέχει πραγμάτων· νῦν μὲν τῶν, νῦν δὲ τῶν ἀνθούντων καὶ ἀπανθούντων, καὶ οὔτε τοῦ εὖ πράττειν ἑστῶτος ἡμῖν, οὔτε τοῦ δυστυχεῖν, ὃ δὴ λέγουσιν, ἀλλὰ τάχιστα μετακινουμένου καὶ μεταπίπτοντος, ὡς αὔραις εἶναι μᾶλλον πιστεύειν καὶ γράμμασι καθ' ὕδατος ἢ ἀνθρώπων εὐετηρίᾳ. 2 Τίνος ἕνεκεν ; ἐμοὶ δοκεῖν, ἵνα τὸ ἐν τούτοις ἄστατον καὶ ἀνώμαλον θεωροῦντες,

XXVIII. Codices : d = P, f = Π.
Titulus : Τῷ αὐτῷ nos : 'Αμφιλοχίῳ df.

XXIX. Codices : u = YM, v = LA, d = PR, f = Π, g = IF, h = BΞ.
Titulus : Σωφρονίῳ h : Σωφρονίῳ ὑπάρχῳ f Σωφρονίῳ μαγίστρῳ g ῷ αὐτῷ (id est : Σωφρονίῳ d Σωφρονίῳ ὑπάρχῳ uv).

1 Post ἀνθούντων add. τε F ‖ ὕδατος uvgh : ὕδασιν df (quod e praecedenti γράμμασι effluxit) ‖ εὐετηρίᾳ dfF (cf. *epist.* 32, § 6) : εὐημερίᾳ uvIh ‖ 2 δοκεῖν g : δοκεῖ cett.

rions avec plus d'empressement vers Dieu et vers la vie future, et que nous prenions quelque soin de nous-mêmes, en nous souciant médiocrement des ombres et des songes. **3** Mais d'où nous vient ce langage? Car ce n'est pas au hasard que je philosophe ainsi et ce n'est pas sans raison que je me mets en avant.

4 Naguère au nombre des hommes qui ne sont point obscurs se trouvait celui que tu aimais aussi, Césaire ; et même, si je ne me trompe en ma qualité de frère, il était parmi les plus illustres : connu pour sa science, supérieur à la multitude par sa noblesse de sentiments, brillant par l'abondance de ses amis ; et il avait à cœur que le premier d'entre les premiers parmi eux, ce fût toi et ta Noblesse, et il nous en persuadait. **5** Or, cela c'est du passé ; et tu ajouteras de toi-même d'autres détails en l'honorant d'éloges funèbres et en accordant plus encore au disparu ce que la nature nous donne à nous tous, hommes[1]. **6** Maintenant, — veuille, je t'en prie, ne point parcourir sans larmes ce récit, ou plutôt puisses-tu pleurer d'une façon bonne et utile ! — maintenant Césaire gît, mort, sans amis, isolé, lamentable, honoré d'un peu de myrrhe (si encore il l'a !) et des pauvres vêtements des défunts ; c'est même beaucoup qu'on lui ait accordé cela ! **7** Et c'est la ruée de ses ennemis, à ce que j'apprends, l'un ici, l'autre là, sur ses biens, avec pleine licence : les uns pillent, les autres s'y préparent. Ah ! quelle insensibilité ! Ah ! quelle cruauté ! Et pour les empêcher, personne ; mais le plus humain nous accorde une seule faveur : il fait appel aux lois[2] ! Et s'il faut tout dire en peu de mots, nous sommes devenus la fable de ces gens, nous qui naguère passions pour heureux. **8** Puissent ces faits ne pas te paraître tolérables ! Partage notre douleur, notre indignation,

1. La faculté de pleurer et de s'apitoyer.

2. La situation évoquée ici se comprend si l'on se reporte au poème de Grégoire intitulé *Sur ses affaires* (Migne, *P.G.*, 37, 982-986, v. 165-220) et si l'on consulte aussi les lettres 32 et 33 de saint Basile (Migne, *P.G.*, 32, 316 B-317 C). Des serviteurs et des gens de l'entourage de Césaire pillèrent ses biens après

μᾶλλόν τι προστρέχωμεν τῷ Θεῷ καὶ τῷ μέλλοντι, καί τινα ποιώμεθα καὶ ἡμῶν αὐτῶν ἐπιμέλειαν, βραχέα τῶν σκιῶν καὶ τῶν ὀνειράτων φροντίζοντες. 3 Ἀλλὰ πόθεν ἡμῖν ὁ λόγος ; Οὐ γὰρ εἰκῇ ταῦτα φιλοσοφῶ, οὐδὲ διακενῆς καλλωπίζομαι.

4 Ἦν ποτε τῶν οὐκ ἀφανῶν καὶ ὁ σὸς Καισάριος, εἰ δὲ μὴ ὡς ἀδελφὸς ἀπατῶμαι, καὶ τῶν λίαν ἐπιφανῶν, γνώριμος μὲν ἐπὶ παιδεύσει, καλοκἀγαθίᾳ δ' ὑπὲρ τοὺς πολλούς, λαμπρὸς δὲ φίλων περιουσίᾳ, ὧν πρῶτον ἐν πρώτοις σέ τε καὶ τὴν σὴν εὐγένειαν ὑπάρχειν αὐτῷ αὐτός τ' ἐφρόνει καὶ ἡμᾶς ἔπειθε. 5 Τὰ μὲν δὴ παλαιὰ ταῦτα, καὶ τὰ πλείω παρὰ σεαυτοῦ προσθήσεις τιμῶν αὐτὸν ἐπιτάφια, καὶ ὃ φύσει πάντες ἔχομεν ἄνθρωποι μᾶλλόν τι τῷ ἀπελθόντι χαριζόμενος. 6 Τὰ δὲ νῦν, — καὶ ὅπως μοι μὴ παραδράμῃς ἀδακρυτὶ τὸν λόγον ἢ δακρύσαις γ' εἰς καλὸν καὶ χρήσιμον, — ὁ μὲν κεῖται νεκρός, ἄφιλος, ἔρημος, ἐλεούμενος, σμύρνης ὀλίγης ἠξιωμένος (εἴ γε καὶ τοῦτο), καὶ μικρῶν ἐνδυμάτων τῶν τελευταίων (πολύ γ' ὅτι τούτων). 7 Ἐπιπεπτώκασι δ' οἱ ἐχθροί, ὥς γε πυνθάνομαι, καὶ ἄλλος ἄλλοθεν τὰ ἐκείνου κατὰ πολλὴν ἐξουσίαν οἱ μὲν διαρπάζουσιν, οἱ δὲ μέλλουσιν. Ὢ τῆς ἀναλγησίας, ὢ τῆς ὠμότητος · καὶ ὁ κωλύσων οὐδείς, ἀλλ' ὅ γε φιλανθρωπότατος τοῦτο χαρίζεται μόνον, ἀνακαλεῖται τοὺς νόμους · καὶ εἰ δεῖ συντόμως εἰπεῖν, δρᾶμα γεγόναμεν, οἵ ποτε νομισθέντες εὐδαίμονες. 8 Ταῦτα μὴ ἀνεκτὰ φανήτω σοι · ἀλλὰ καὶ συνάλγησον

2 τι uvdfg : ἔτι h ‖ τῷ ante Θεῷ om. v g h ‖ *καί* ante ἡμῶν om. vfIh ‖ 4 οὐκ M s. u. ‖ ὧν MA[1] (ut uidetur) fgh: ᾧ YLd ὃ A[2] ‖ ante αὐτός, add. ὡς dfgB ‖ 5 σεαυτοῦ uvgΞ : σαυτοῦ df σεαυτῷ B ‖ ἐπιτάφια uvdfh : ἐπιταφίῳ g ‖ τῷ om. df ‖ χαριζόμενος Adfgh : -μενοι uL ‖ 6 ὅπως μοι μὴ παραδράμῃς uvdfB : ὅπως μοι παραδράμῃς I πῶς μοι παραδράμῃς F ὅπως μὴ παραδράμῃς Ξ ‖ post τὸν λόγον add. τῷ λόγῳ dfg ‖ ἤ om. f ‖ δακρύσαις uv : -σεις dfgh. De optatiuo, cf. *epist.* 83, § 2 ‖ τοῦτο uvdfg : τούτου h ‖ τελευταίων uvdfg : εὐτελῶν h ‖ τούτων uvdfh : τοῦτο g ‖ 7 ὁ om. L s. u. A.

et rends service à Césaire malgré sa mort ! Oui, au nom même de ton amitié, oui, au nom de ce qui t'est le plus cher et de tes espérances ! Favorise la réalisation de ces dernières pour toi-même en te montrant ami fidèle et sincère du disparu, afin que les vivants, eux aussi[1], reçoivent de toi cette même grâce et que tu leur rendes l'espoir ! **9** Crois-tu que c'est pour une question d'argent que nous sommes dans l'angoisse ? L'élément le plus insupportable de notre honte, ce serait que, seul entre tous les hommes, Césaire parût n'avoir pas eu d'amis, lui qui croyait en avoir un grand nombre. **10** Telle est ma requête et tels sont ceux qui la formulent, puisque ce qui nous touche ne t'est vraisemblablement pas indifférent. Pour ce qui est de nous secourir, par quels moyens, de quelle façon, la situation te l'indiquera et ta prudence en jugera.

XXX

A PHILAGRIOS[2]

Fin de 369.

1 Je n'ai plus Césaire ! Je vais dire quelque chose, bien que ce sentiment ne soit pas digne d'un philosophe[3] : je chéris ce qui était à Césaire, et tout ce que je vois et qui me rappelle son souvenir, je l'entoure de mes bras et je le baise, et je crois, pour ainsi dire, le voir, être avec lui, lui parler. **2** Voilà aussi ce que je viens d'éprouver à l'instant en face de ta lettre. A peine avais-je lu l'inscription du début de ta missive,

sa mort. Grégoire et son père récupérèrent ce qu'ils purent et firent des dons aux pauvres. Alors se présentèrent des gens qui prétendaient que Césaire leur devait de l'argent. Ils ne produisaient aucun titre ; on les paya quand même. Mais d'autres vinrent formuler de semblables réclamations, tandis que les premiers disaient ouvertement qu'ils regrettaient de n'avoir pas demandé plus. Grégoire et son père cessèrent de payer. Les prétendus créanciers leur intentèrent un procès !

1. C'est-à-dire le père, le frère et toute la famille de Césaire.

καὶ συναγανάκτησον καὶ δὸς χάριν νεκρῷ Καισαρίῳ. Ναὶ πρὸς τῆς φιλίας αὐτῆς, ναὶ πρὸς τῶν σῶν φιλτάτων καὶ τῶν ἐλπίδων, ἃς ποίησον σεαυτῷ δεξιὰς πιστὸς τῷ ἀπελθόντι φανεὶς καὶ γνήσιος· ἵνα καὶ τοῖς ζῶσι τοῦτο χαρίσῃ καὶ ποιήσῃς αὐτοὺς εὐέλπιδας. 9 Οἴει περὶ χρημάτων ἡμᾶς ἀλγεῖν ; Τὸ τῆς αἰσχύνης ἡμῖν ἀφορητότερον, εἰ δόξειε μόνος τῶν πάντων Καισάριος μὴ ἐσχηκέναι φίλους, ὁ δὴ καὶ πολλοὺς ἔχειν οἰόμενος. 10 Ἡ μὲν οὖν πρεσβεία τοιαύτη καὶ παρὰ τοιούτων, ἐπειδή σοι καὶ τὸ καθ' ἡμᾶς ἴσως οὐ πάρεργον. Ἃ δὲ βοηθήσεις καὶ δι' ὧν καὶ ὅπως, τά τε πράγματα ὑποθήσεται καὶ ἡ σὴ διασκέψεται σύνεσις.

XXX

ΦΙΛΑΓΡΙΩΙ

1 Καισάριον οὐκ ἔχω. Ἐρῶ γάρ, καὶ εἰ μὴ φιλόσοφον τὸ πάθος· στέργω τὰ Καισαρίου, καὶ ὅ τί ποτ' ἂν ἴδω Καισαρίου γνώρισμα περιπτύσσομαι καὶ ἀσπάζομαι, καὶ οἱονεὶ αὐτὸν ὁρᾶν δοκῶ καὶ συνεῖναι καὶ διαλέγεσθαι. 2 Οἷον ἔπαθον καὶ νῦν ἐπὶ τοῖς σοῖς γράμμασιν. Ὁμοῦ τε γὰρ ἀνέγνων τὸ πρόγραμμα τῆς ἐπιστολῆς, τὸ γλυκύ

8 Καισαρίῳ ante νεκρῷ ponit h ‖ τῆς ante φιλίας om. dfIh ‖ χαρίσῃ udfgh : -ζῃ v ‖ ποιήσῃς uvdfh : -σεις g ‖ post εὐέλπιδας, σοι add. g (e sequenti οἴει) ‖ 9 ἡμῖν udfgh : ἡμῶν u ‖ πάντων vdfgh : ἁπάντων u ‖ 10 οὖν om. h ‖ τοιούτων uvdfFh : τοιούτου I ‖ διασκέψεται uvdfFh : διασκέψηται I ‖ σύνεσις Y^2 marg. vdfgh : δύναμις Y^1.

XXX. Codices : u = YM, v = LA, d = PR, f = Π, g = IF, h = BΞ.

Titulus : Φιλαγρίω h : τῷ αὐτῷ (id est : Φιλαγρίῳ uvdf Φιλαγρίῳ ῥήτορι g).

1 ἔχω uvdfF : ἔχων Ih ‖ Post γνώρισμα add. καί uvF ‖ οἱονεί uvdfg : οἷον h ‖ 2 Οἷον dfh : Καὶ οἷον uvg (uerbum καί effluxisse uidetur e praecedenti καί ante οἱονεί) ‖ καὶ νῦν d : καί om. cett. ‖ Ὁμοῦ τε γάρ df : Ὁμοῦ τε Yvgh Ὁμοῦ γε M.

cette douce chose pour moi et ce doux nom de Philagrios, que soudain me sont revenues en mémoire toute les joies du passé : les villes, les occupations, les repas, la pauvreté[1], l'aimable camaraderie, suivant le mot d'Homère[2], ou bien les délassements, ou encore les études, les sueurs que nous ont coûtées les belles-lettres, nos communs maîtres, l'élévation de nos espérances, tout ce que l'on pourrait citer parmi les belles choses de jadis, dont le souvenir seul me réjouit si fort. **3** Aussi, pour que nous retrouvions tout cela mieux encore et grâce à toi, mets en branle ton stylet et accorde-moi la grâce d'une lettre. Cela, ce n'est point du tout pour nous une petite chose, encore que la plus grande — être ensemble — nous ait été arrachée par l'envie[3] qui a disposé de nous de façon à nous affliger.

XXXI

AU MÊME[4]

Date incertaine.

1 Ce qui est pour toi un sujet d'affliction l'est aussi tout à fait pour nous : car nous considérons que tout est commun entre amis, les événements heureux et les autres ; c'est la règle de l'amitié. **2** Cependant, s'il faut quelque peu philosopher et s'entretenir avec toi comme il convient, — c'est ce que postule la loi de l'amitié, — je ne veux pas et je considère qu'il n'est

1. Peut-être est-ce une allusion à une vie d'ascèse et de mortification que les deux amis auraient pratiquée en commun.
2. *Iliade*, III, v. 175.
3. Grégoire désigne par là le sort dans ce qu'il a de désagréable, l'ensemble des circonstances qui l'éloignent de son ami. Il est superflu de remarquer combien cette idée de la jalousie, du Φθόνος envieux de la joie des mortels, est conforme aux conceptions grecques, ce qui n'implique pas, d'ailleurs, que le Φθόνος soit pour Grégoire une divinité malfaisante, comme pour les païens. Point n'est besoin de voir dans ce passage une allusion aux difficultés que Grégoire connut dans son séjour à Constantinople, comme l'a pensé Tillemont, ce qui l'amenait à placer cette lettre au moins dix ans plus tard.

μοι πρᾶγμα καὶ ὄνομα, τὸν Φιλάγριον, καὶ πάντα μ' ἀθρόως ὑπεισῆλθε τά ποτε τερπνά, αἱ πόλεις, αἱ διατριβαί, ἡ τράπεζα, ἡ πενία, τὰ τῆς ἐρατεινῆς ὁμηλικίης, ὅ φησιν Ὅμηρος, ἢ παίγνια, ἢ σπουδάσματα, οἱ τῶν λόγων ἱδρῶτες, οἱ κοινοὶ παιδευταί, τὸ τῶν ἐλπίδων ὕψος, πάντα ὅσα ἂν εἴποι τις τῶν τηνικαῦτα καλῶν, οἷς ἐγὼ χαίρω διαφερόντως καὶ μεμνημένος. **3** Ἵν' οὖν ἔτι μᾶλλον ὁμιλῶμεν τούτοις καὶ διὰ σοῦ, κίνει τὴν γραφίδα καὶ χαρίζου τὸ ἐπιστέλλειν. Πάντως οὐδὲ τοῦθ' ἡμῖν μικρόν, εἰ καὶ τὸ μέγιστον ἥρπασεν ἡμῶν ὁ φθόνος, τὴν συνουσίαν, λυπηρῶς διαθεὶς τὰ ἡμέτερα.

XXXI

ΤΩΙ ΑΥΤΩΙ

1 Ἃ μέν ἐστί σοι λυπηρά, πάντως καὶ ἡμῖν. Κοινὰ γὰρ πάντα ποιούμεθα τὰ τῶν φίλων, εὖ τε καὶ ὡς ἑτέρως ἔχοντα, ὅσπερ δὴ καὶ φιλίας ὅρος ἐστί. **2** Καίτοι καὶ περὶ τούτων εἴ τι δεῖ φιλοσοφῆσαι καὶ τὰ εἰκότα διαλεχθῆναί σοι (ὥσπερ οὖν δεῖ καὶ ὁ τῆς φιλίας ὑποτίθεται νόμος), οὐ βούλομαί σε, οὐδέ γε καλῶς ἔχειν ὑπολαμβάνω,

2 καί ante πρᾶγμα add. g ‖ τόν om. h ‖ πάντα με uvh : πάντα μοι dfg (quod e praecedenti μοι repetitum esse uidetur) ‖ ὅ om. h ‖ τά ante παίγνια et σπουδάσματα add. df ‖ τῶν ante λόγων om. Ξ ‖ πάντα post εἴποι τις traiecit F ‖ **3** ἔτι om. Ξ ‖ τούτοις uvd $Π^2$ s. u. : αὐτοῖς $Π^1$h αὐτῷ g ‖ καί post τούτοις om. Mvh ‖ κίνει M vdfgh : κινοῦ Y ‖ τό uvPfgh : τῷ R ‖ μικρόν ante ἡμῖν ponit Ξ ‖ ἥρπασεν ἡμῶν uvΞ : ἡμῶν ἥρπασεν dfg ἥρπασεν ἡμῖν B

XXXI. Codices : u = YM, v = LA, d = PR, f = Π, g = IF, h = BΞ.

Titulus : Τῷ αὐτῷ uvd : Φιλαγρίῳ fh Φιλαγρίῳ ῥήτορι g.

1 πάντα ποιούμεθα vdfgh : ποιούμεθα πάντα u ‖ τά om. I ‖ τε uL (ut uidetur) dfg : γε Ah ‖ ὅσπερ u : ὥσπερ vdfg ὅπερ h ‖ φιλίας ὅρος Y M^1 vdfgh : ὅρος φιλίας M^2 γρ. man. rec. ‖ **2** Καίτοι καὶ περί uvF^2 (καί infra uersum) h : καίτοι περί dfIF^1 ‖ δεῖ LdfIB : δή uAFΞ ‖ φιλίας uvdIh : φιλοσοφίας fF.

pas bien que toi, Philagrios, excellemment instruit des choses divines, tu éprouves les mêmes sentiments que le vulgaire, que tu fléchisses avec ton corps, que tu gémisses de ta souffrance comme d'une chose irrémédiable ; **3** il faut, au contraire, que tu fasses la philosophie de ta souffrance[1], que tu purifies ton cœur maintenant surtout et au plus haut point, que tu te révèles supérieur à tes chaînes et que tu voies dans la maladie un acheminement vers ton bien, qui est de mépriser le corps et les choses corporelles, ainsi que tout ce qui passe[2], trouble et périt, pour être tout entier au monde d'en haut ; **4** il faut que tu vives, au lieu du présent, pour le temps à venir, que tu fasses de cette vie un entraînement à la mort, comme le dit Platon[3], et que tu dégages ton âme de ce corps ou de ce tombeau, — pour parler comme lui[4], — autant que faire se peut. **5** Si tu es ainsi philosophe, excellent ami, et si tu es dans ces dispositions, tu en tireras les plus grands avantages, tu nous tranquilliseras à ton sujet et tu apprendras à beaucoup de gens à faire la philosophie de leurs souffrances. **6** De plus, tu feras un gain qui n'est pas mince, si la chose t'intéresse : tu seras admiré de tous. **7** Quant aux volumes que tu m'as demandés, j'en ai trouvé une partie et je te l'envoie de bon cœur, je veux parler du Démosthène ; l'autre partie, je l'ai perdue. Je n'ai pas ce que tu désires, l'Iliade. **8** Ne doute point, en effet, je t'en prie, que les seuls livres dont je crois jouir, les seuls que je crois posséder légitimement soient ceux dont tu peux profiter et dont tu peux user comme des tiens propres.

1. C'est-à-dire : que tu médites sur ta souffrance pour en tirer un profit spirituel. Cf. A. M. Malingrey, *Philosophia*, p. 249, n. 57.

2. Littéralement : *tout ce qui coule*. Réminiscence du πάντα ῥεῖ d'Héraclite. Quant au mépris du corps que Grégoire recommande dans ce même passage, on peut y voir un souvenir de la doctrine de Platon ; mais c'est plus encore un écho de saint Paul (*I Cor.*, IX, 27 ; *II Cor.*, IV, 10, etc.) et de l'Évangile (*Matth.*, V, 29-30, XVIII, 8-9 ; *Marc.*, IX, 46).

3. *Phédon*, 81 a.

4. *Gorgias*, 493 a, *Cratyle*, 400 c. Platon joue sur les mots σῶμα (corps) et σῆμα (tombeau).

Φιλάγριον ὄντα καὶ τὰ θεῖα διαφερόντως πεπαιδευμένον, ταὐτὸν πάσχειν τοῖς πολλοῖς, οὐδὲ συγκαταπίπτειν τῷ σώματι, οὐδ' ὡς ἀνήκεστον τὴν κακοπάθειαν ὀδύρεσθαι, 3 ἀλλ' ἐμφιλοσοφεῖν τῷ πάθει, καὶ τὴν διάνοιαν νῦν δὴ καὶ μάλιστα ἐκκαθαίρεσθαι, καὶ κρείττω φαίνεσθαι τῶν δεσμῶν, καὶ ἡγεῖσθαι τὴν νόσον παιδαγωγίαν πρὸς τὸ συμφέρον, τοῦτο δ' ἐστί, περιφρονοῦντα τὸ σῶμα καὶ τὰ σωματικὰ καὶ πᾶν τὸ ῥέον καὶ ταραχῶδες καὶ ἀπολλύμενον, ὅλον τῆς ἄνω γενέσθαι μοίρας, 4 καὶ ζῆν ἀντὶ τοῦ παρόντος τῷ μέλλοντι, θανάτου μελέτην — τοῦτο ὅ φησι Πλάτων — τὸν τῇδε βίον ποιούμενον καὶ λύοντα τὴν ψυχὴν τοῦ εἴτε σώματος, εἴτε σήματος, κατ' ἐκεῖνον εἰπεῖν, ὅση δύναμις. 5 Ἂν ταῦτα φιλοσοφῇς, ὦ ἄριστε, καὶ οὕτως ἔχῃς, αὐτός τ' ὀνήσῃ τὰ μέγιστα καὶ ἡμᾶς ἐπὶ σοὶ ῥᾴους ποιήσεις καὶ πολλοὺς διδάξεις ἐμφιλοσοφεῖν τοῖς πάθεσι. 6 Καὶ πρός γε, οὐ μικρὸν κερδανεῖς — εἴ τί σοι καὶ τούτου μέλει — τὸ παρὰ πάντων θαυμάζεσθαι. 7 Τῶν δὲ πυκτίων ὧν ᾔτησας, τὸ μὲν εὗρον καὶ ἔπεμψά σοι προθύμως, τὸ Δημοσθενικὸν λέγω· τὸ δ' ἐζημιώθην· οὐκ ἔχω οἵου σὺ χρῄζεις, τὴν Ἰλιάδα. 8 Μή γάρ μοι διαπιστήσῃς, ὅτι μόνον τούτων ἀπολαύειν νομίζω καὶ μόνα κεκτῆσθαι καλῶς, ὧν ἂν αὐτὸς μετάσχοις καὶ οἷς ἂν ὡς σεαυτοῦ χρήσαιο.

3 παιδαγωγίαν uvdfh : παιδαγωγοῦσαν g ‖ τό ante ταραχῶδες add. B ‖ τῆς ἄνω γενέσθαι uvIh : γενέσθαι τῆς ἄνω df τῆς ἄνω γίνεσθαι F ‖ 4 τοῦτο om. df ‖ 7 πυκτίων uvdfΞ : πτυκτίων gB ‖ ἔχω MA : ἔχων YLdfgh ‖ οἵου uvdfgB : οἵας Ξ ‖ 8 μοι om. v ‖ μόνον vdfgΞ : μόνων uB ‖ ἄν om. fFh ‖ μετάσχοις udfh : μετάσχῃς vg ‖ ὡς σεαυτοῦ uAFh : ὡς ἑαυτοῦ L ὡς σαυτοῦ dfI.

XXXII

AU MÊME[1]

Date incertaine.

1 C'est fort bien d'être philosophe dans tes maux et de devenir pour beaucoup un exemple de la patience dans les douleurs. De même que tu usais de ton corps pour tout ce qu'il y a de mieux, quand tu étais bien portant, de même tu en fais encore un noble usage, maintenant que tu es malade, et que tu es inactif sans inaction, si je puis dire[2]. **2** Car tu es philosophe et, ainsi que l'a dit, paraît-il, Diogène, un jour qu'il avait la fièvre et résistait au mal, tu donnes toi aussi le spectacle d'une lutte entre l'âme et le corps. **3** Cette attitude convenait à mon Philagrios : ne pas mollir, ne pas fléchir sous les maux, mépriser le limon <du corps>[3], laisser le corps subir ce qui le concerne, lui qui, de toute façon, maintenant ou plus tard, doit se dissoudre par une loi de nature — il partira en effet, terrassé soit par la maladie, soit par le temps — ; mais garder l'âme elle-même dans les hauteurs, se placer avec Dieu par la pensée, savoir enfin qu'il est anormal pour nous d'être philosophes en dehors des dangers, mais dans les épreuves de nous montrer sans philosophie et de manquer ainsi à notre promesse[4].

4 Tu as évidemment tout parcouru par la pensée, tout ce que l'on dit chez nous, tout ce que l'on dit au dehors[5], comme un homme instruit dans ces deux domaines et capable d'instruire les autres. De cet ensemble tu t'es composé un remède contre la faiblesse humaine. **5** Et pour philosopher un peu à mon tour avec toi, si tu m'invites à le faire, je dirai que je n'apprécie pas les courtes vues d'Aristote : définissant

1. La première phrase du texte montre que Grégoire a reçu de Philagrios une réponse à la lettre 31.

2. Cliquetis de mots qui réjouissait les lettrés d'alors. Sous cette expression sophistique se cache cependant une pensée sérieuse : inactif extérieurement par le fait de sa maladie, Philagrios ne perd pas son temps ; car il enrichit son âme.

XXXII

ΤΩΙ ΑΥΤΩΙ

1 Εὖ γ' ὅτι φιλοσοφεῖς ἐν τοῖς πάθεσι καὶ γίνῃ πολλοῖς ὑπόδειγμα τῆς ἐν τοῖς ἀλγεινοῖς καρτερίας· καὶ ὥσπερ ἐπὶ παντὶ βελτίστῳ κατεχρῶ τῷ σώματι, ἡνίκα ὑγιεινῶς εἶχες, οὕτω καὶ νῦν τούτῳ χρῇ καλῶς, ἐπειδή γ' ἀσθενῶς ἔχεις καὶ ἀργεῖς οὐκ ἀργῶς, ἵν' οὕτως εἴπω. 2 Φιλοσοφεῖς γάρ, καὶ ὅ φασι Διογένην εἰρηκέναι ποτὲ πυρέττοντα καὶ διακαρτεροῦντα, τοῦτο καὶ αὐτὸς παρέχεις ὁρᾶν, ψυχῆς πάλην καὶ σώματος. 3 Τοῦτο ἔπρεπε τῷ ἐμῷ Φιλαγρίῳ, μὴ μαλακίζεσθαι μηδὲ κάμπτεσθαι πρὸς τὰ πάθη, ἀλλὰ περιφρονεῖν τὸν πηλὸν καὶ τὸ μὲν σῶμα ἐᾶν πάσχειν τὰ ἑαυτοῦ, πάντως ἢ νῦν ἢ ὕστερον λυθησόμενον νόμῳ φύσεως (οἰχήσεται γὰρ ἢ νόσῳ κάμνον ἢ χρόνῳ)· αὐτὴν δ' ὑψοῦ τὴν ψυχὴν ἔχειν καὶ μετὰ Θεοῦ τετάχθαι τοῖς λογισμοῖς κἀκεῖνο εἰδέναι, ὅτι τῶν ἀτόπων ἐστὶν ἡμᾶς ἔξω μὲν κινδύνων φιλοσοφεῖν, ἐν δὲ ταῖς χρείαις ἀφιλοσόφους φαίνεσθαι καὶ διαψεύδεσθαι τὴν ὑπόσχεσιν.

4 Πάντ' ἐπῆλθες δηλαδὴ τῇ διανοίᾳ, ὅσ' ἡμέτερα, ὅσ' ἀλλότρια, ὡς ἀνὴρ πεπαιδευμένος ἐν ἀμφοτέροις καὶ παιδευτὴς ἄλλων, καὶ ἐκ πάντων σεαυτῷ συνελέξω τὸ τῆς ἀνθρωπίας φάρμακον. 5 Ἵνα δέ σοι κἀγὼ συμφιλοσοφήσω μικρόν, εἰ τοῦτο κελεύεις, οὐκ ἐπαινῶ τοῦ Ἀριστοτέλους τὸ μικρολόγον, ὃς τὴν εὐδαιμονίαν

XXXII. Codices : u = YM, v = LA, d = PR, f = Π, g = IF, h = BΞ.

Titulus : Τῷ αὐτῷ g : Φιλαγρίῳ uvdfh.

1 τούτῳ χρῇ uv : χρῆσαι τούτῳ df χρῶ τούτῳ g χρῇ τούτῳ h ‖ ἀργεῖς uv : ἀλγεῖς dfgh ‖ 2 Διογένην uvdfh : Διογένη I Διογένει F ‖ ψυχῆς πάλην uvh : πάλην ψυχῆς dfF πάλιν ψυχῆς I ‖ 3 τὰ ἑαυτοῦ uvdfh : τὸ ἑαυτοῦ g ‖ κάμνον uvIh : κάμον d καμών f κάμνων F ‖ αὐτήν df : αὐτόν uvgh ‖ μέν om. v ‖ 4 ἀνθρωπίας Adgh : ἀνίας uLf (error e compendio natus) ‖ 5 σοι κἀγὼ συμφιλοσοφήσω μικρόν uvgh : σοι μικρὸν συμφιλοσοφήσω κἀγώ df.

ce qu'est pour nous le bonheur, il a marché droit jusqu'à un certain point en montrant que le bonheur est une activité de l'âme conforme à la vertu[1] et en ajoutant qu'il est dans une vie parfaite — ceci, très sagement, à cause de la mobilité et de l'instabilité de notre nature. **6** Mais voici ce qui n'est plus noble et qui est même tout à fait terre à terre : c'est qu'il ajoute à ce qui précède l'abondance des biens extérieurs[2] ; à ce compte, si quelqu'un se trouvait d'être pauvre, maladif, roturier, exilé, de ce fait le bonheur lui serait interdit ! **7** J'apprécie au contraire la générosité et la grandeur d'âme des Stoïciens qui affirment que les circonstances extérieures ne font nul obstacle au bonheur, mais que l'homme vertueux est dans la béatitude, même s'il est enfermé et brûlé dans le taureau de Phalaris[3].

8 C'est pourquoi j'admire ceux qui chez nous ont couru des dangers pour le bien ou ont supporté généreusement le malheur ; mais j'admire aussi ceux du dehors[4] qui leur ressemblent, comme le fameux Anaxarchos[5], Épictète, Socrate, pour n'en point nommer beaucoup. **9** Le premier, ayant les mains pilées dans un mortier, par ordre du tyran[6], encourageait les bourreaux à broyer la dépouille d'Anaxarchos ; qu'entendait-il par là ? notre misérable chair ; car ce n'était pas Anaxarchos que l'on pilait, ce n'était pas son âme de philosophe ; cette distinction se nomme chez nous l'homme extérieur et l'homme intérieur[7]. **10** Épictète, à qui l'on écartelait une jambe sur le chevalet, philosophait comme s'il eût été dans le corps d'un autre, et il sembla qu'on lui briserait la jambe avant qu'il ne s'aperçût

1. *Morale à Nicomaque*, I, 7.
2. *Ibid.*, I, 8.
3. Phalaris fut tyran d'Agrigente de 570 à 554. Il avait fait construire par le bronzier Périlaos un taureau d'airain, creux et muni d'une porte à une épaule : on faisait entrer par là les victimes, puis un feu était allumé sous le taureau et les prisonniers mouraient entre les parois surchauffées. On racontait même dans l'antiquité qu'un dispositif ingénieux captait les cris des condamnés et leur faisait imiter les meuglements du taureau.
4. Les païens; ce thème fut traité par Julien (VI, 256 ab ; 265 b-d).

ἡμῖν ὁριζόμενος, μεχρὶ μέν τινος προῆλθεν ὀρθῶς, ψυχῆς ἐνέργειαν κατ' ἀρετὴν εἶναι ταύτην ἀποφηνάμενος καὶ προσθεὶς ἐν βίῳ τελείῳ – καὶ τοῦτο μάλα σοφῶς – διὰ τὸ τρεπτὸν ἡμῶν καὶ εὐμετάπτωτον τῆς φύσεως· 6 ἐκεῖνο δ' οὐκ ἔτι μεγαλοπρεπῶς, ἀλλὰ καὶ λίαν ταπεινῶς, ὅτι καὶ τὴν ἔξωθεν εὐετηρίαν προστίθησιν, ὡς, εἰ τύχοι πένης τις ὤν, ἢ νοσώδης, ἢ δυσγενής, ἢ φυγόπατρις, παρὰ τοῦτο αὐτῷ τῆς εὐδαιμονίας κωλυομένης. 7 Ἐπαινῶ δὲ τῶν ἀπὸ τῆς Στοᾶς τὸ νεανικόν τε καὶ μεγαλόνουν, οἳ μηδὲν κωλύειν φασὶ πρὸς εὐδαιμονίαν τὰ ἔξωθεν, ἀλλ' εἶναι τὸν σπουδαῖον μακάριον, κἂν ὁ Φαλάριδος ταῦρος ἔχῃ καιόμενον.

8 Καὶ διὰ τοῦτο θαυμάζω μὲν τοὺς παρ' ἡμῖν ὑπὲρ τοῦ καλοῦ κινδυνεύσαντας ἢ συμφορὰν διενεγκόντας νεανικῶς· θαυμάζω δὲ καὶ τῶν ἔξωθεν τοὺς τούτοις παραπλησίους, οἷον τὸν Ἀνάξαρχον ἐκεῖνον, τὸν Ἐπίκτητον, τὸν Σωκράτην, ἵνα μὴ λέγω πολλούς. 9 Ὧν ὁ μὲν ἐν ὅλμῳ κοπτομένων αὐτοῦ τῶν χειρῶν, οὕτω τοῦ τυράννου κελεύοντος, πτίσσειν τὸν Ἀναξάρχου θύλακον διεκελεύετο τοῖς βασανισταῖς. Τί τοῦτο λέγων; τὸ μοχθηρὸν ἡμῶν σαρκίον, ὡς Ἀναξάρχου γ' οὐ πτισσομένου, τῆς φιλοσόφου ψυχῆς· ὅπερ ἡμῖν ὁ ἐκτὸς καὶ ὁ ἐντὸς ἄνθρωπος ὀνομάζεται. 10 Ὁ δὲ τὸ σκέλος κατατεινόμενος καὶ στρεβλούμενος ἐφιλοσόφει ὥσπερ ἐν ἀλλοτρίῳ τῳ σώματι, καὶ θᾶττον κατεαγῆναι τὸ σκέλος

5 προῆλθεν ὀρθῶς uvh : ὀρθῶς προῆλθεν dfg ‖ ἀποφηνάμενος udfg : ἀποφαινόμενος vh ‖ σοφῶς Y¹M¹L¹AI (in rasura) h : σαφῶς Y²M²L²dfF ‖ εὐμετάπτωτον udfh : μετάπτωτον vIF (sed εὐ- s. u.) ‖ **6** προστίθησιν uvdfg : προσθήσει h ‖ τοῦτο αὐτῷ udfgh : τοῦτο αὐτό v ‖ 7 καιόμενον udfgh : καιόμενος v ‖ **8** θαυμάζω μέν uvdfI : θαυμάζομεν F h ‖ **9** ἐν om. h (quod facile excidit post μέν) ‖ αὐτοῦ uvdf : αὐτῷ gh ‖ γε om. Yv ‖ ὅπερ dfg : ἅπερ uvh ‖ ὁ ἐκτὸς καὶ ὁ ἐντός uvh : ὁ ἐντὸς καὶ ἐκτός dfI ὁ ἐντὸς καὶ ὁ ἐκτός F ‖ **10** ἐν ἀλλοτρίῳ τῳ σώματι nos : ἐν ἀλλοτρίῳ τῷ σώματι uvgh ἐν ἀλλοτρίῳ σώματι df ‖ κατεαγῆναι uvdΠ² man. rec. I : κατεάγη Π¹ F h.

de la violence qu'on lui faisait[1]. **11** Socrate, condamné à mort par les Athéniens et demeurant en prison, comme tu le sais, s'entretint jusqu'au bout avec ses disciples de cette autre prison qu'est le corps[2] et, alors qu'il pouvait s'évader, il refusa[3] ; enfin lorsqu'on lui apporte la ciguë, il la reçoit avec une véritable joie, comme s'il ne la recevait pas pour mourir, mais comme s'il buvait à la santé de quelqu'un[4]. **12** J'ajouterais aussi à ces exemples celui de Job, qui est de chez nous, si je ne savais que tu es loin, grâce à Dieu, et que tu resteras loin des souffrances de cet homme.

13 C'est ainsi que tu me parais endormir ta douleur, divin et saint ami[5], et en te soignant de la sorte tu sembles pouvoir améliorer ton état et nous remplir d'aise, nous qui te louons et t'aimons ; **14** car tu ne fléchis point sous la maladie, tu ne te laisses pas ébranler, comme dit le divin David, par la paix des pécheurs[6] et par leur prospérité en cette vie, mais tu te purifies, s'il est permis de dire cela de toi, et tu fais de ton infirmité matière à vertu.

XXXIII

AU MÊME

Date incertaine.

1 D'aucuns te blâment, je m'en aperçois, parce que tu embellis ton unique domaine et que tu y travailles avec ardeur dans un état physique tel que le tien.

1. Épictète aurait été ainsi torturé par ordre de Néron, suivant une anecdote célèbre rapportée par Celse dans un passage que nous a conservé Origène (*Contre Celse*, VII, 53 ; édition Koetschau, Leipzig, 1899. Dans le même passage est aussi raconté le supplice d'Anaxarchos). Ce supplice aurait rendu Épictète boiteux. Il est vrai qu'on expliquait aussi sa claudication par des rhumatismes, ce qui est plus vraisemblable.

2. Allusion à divers passages du *Phédon*, entre autres à 82 e, où il est dit que le corps est une sorte de clôture à travers laquelle l'âme est obligée de regarder les choses.

3. Allusion au *Criton*.

4. *Phédon*, 117 b-c.

ἢ ἐπαισθάνεσθαι τῆς βίας ἔδοξε. 11 Σωκράτης δὲ τὸν θάνατον ὑπ' Ἀθηναίων κατακριθεὶς καὶ οἰκῶν, ὡς οἶσθα, τὸ δεσμωτήριον, τέως μὲν ὡς ὑπὲρ ἄλλου δεσμωτηρίου τοῦ σώματος διελέγετο τοῖς μαθηταῖς καὶ φυγεῖν ἐξὸν ἀπηξίωσεν· ἐπειδὴ δὲ προσηνέχθη τὸ κώνειον, δέχεται μαλ' ἡδέως, ὥσπερ οὐκ ἐπὶ θανάτῳ δεχόμενος, ἀλλὰ φιλοτησίας προπινόμενος. 12 Προσέθηκα δ' ἂν τούτοις καὶ Ἰὼβ τὸν ἡμέτερον, εἰ μή σ' ᾔδειν πόρρω τῶν ἐκείνου παθῶν καὶ ὄντα σὺν Θεῷ καὶ ἐσόμενος.

13 Ταῦτά μοι δοκεῖς κατεπᾴδειν σεαυτοῦ, ὦ θεία καὶ ἱερὰ κεφαλή, καὶ οὕτω σεαυτὸν ἰατρεύων, αὐτός τ' ἂν ῥᾴων γενέσθαι καὶ ἡμᾶς εὐφρανεῖν τοὺς σοὺς ἐπαινέτας καὶ ἐραστάς, 14 οὐδὲν ὑπὸ τῆς νόσου καμπτόμενος, οὐδ', ὅ φησιν ὁ θεῖος Δαυΐδ, ὑπὸ τῆς εἰρήνης τῶν ἁμαρτωλῶν καὶ τῆς κατὰ τὸν βίον εὐροίας αὐτῶν ἐγκοπτόμενος, ἀλλὰ καὶ καθαιρόμενος, εἰ θέμις ἐπὶ σοῦ τοῦτο εἰπεῖν, καὶ ὕλην ἀρετῆς ποιούμενος τὴν ἀσθένειαν.

XXXIII

ΤΩΙ ΑΥΤΩΙ

1 Λαμβάνονταί σού τινες (αἰσθάνομαι γάρ), ὡς φιλοκαλοῦντος τὸ μόνον σου κτῆμα καὶ φιλεργοῦντος ἐν τοιαύτῃ καταστάσει τοῦ σώματος. Καὶ θαυμαστὸν

11 ἐπειδή uvF : ἐπεί dfIh ‖ δέχεται μαλ' ἡδέως Y¹M¹vh (ἱλαρῶς Y²M² γρ.) : μάλα δέχεται ἱλαρῶς df δέχεται μάλα ἵλεως I μάλα δέχεται ἱλέως F ‖ 12 ᾔδειν πόρρω Mvgh : ᾔδειν οὐ πόρρω YPf ἰδεῖν οὐ πόρρω R ‖ 13 κατεπᾴδειν df : κατεπᾴδων uvgh ‖ ἄν om. dfg ‖ 14 βίον τοῦτον εὐροίας αὐτῶν Y¹M¹vgh (εὐνοίας Y²M² s. u.) : βίον αὐτῶν εὐροίας df ‖ ἐγκοπτόμενος uvgh : ἐκκοπτόμενος d f ‖ καί post ἀλλά om. L (sed add. s. u.) Ag.

XXXIII. Codices : u = YM, v = LA, d = PR, f = Π, g = IF, h = B.

Titulus : Τῷ αὐτῷ codd.

1 Ante τοιαύτῃ add. τῇ P.

Rien d'étonnant ; car il est plus facile d'être philosophe à propos des affaires d'autrui que des siennes propres. **2** Quant à moi, si je t'avais vu agir ainsi au-delà de la mesure, t'appliquer à cette activité avec cupidité ou violence, je t'aurais certainement blâmé — car la vérité sera dite[1] — sans égard pour notre amitié ou nos études[2]. **3** Mais si tu t'adonnes au travail, sans cependant dépasser la mesure, si tu uses de ton travail pour le bien, et s'il s'ajoute à cela ton mal qui t'absorbe en des soucis et te persuade que cette activité du corps est dans l'intérêt de ton corps, je ne puis m'empêcher de blâmer ceux qui te blâment, et je t'absous de l'accusation. **4** En outre, je me persuade ceci : c'est que nul n'est supérieur à toi pour juger des situations, puisque tous te prennent comme maître et comme conseiller pour leurs propres affaires, tant privées que publiques, et je crois aussi que nul n'est plus philosophe que toi pour avoir soin de son âme. **5** Si conserver au corps la santé ou la lui rendre est le fait de la médecine seule, qui donc est assez hardi et assez ignorant pour t'imposer des lois à ce sujet[3] ? **6** Laisse donc les gens de côté ; laisse-les être des geais[4] qui veulent juger le vol des aigles ; ne prends pas d'autre conseiller que toi-même et Dieu en ce qui concerne ton mal et tout ce qui s'y rapporte, et tu ne manqueras pas à ton devoir.

1. Formule de Démosthène. Grégoire l'emploie soit en rappelant discrètement le souvenir du grand orateur athénien (lettre 190), soit, comme ici, sans aucune indication. Il est vrai qu'un lettré comme Philagrios reconnaissait sans peine la citation. D'ailleurs on a vu dans la lettre 31, § 7, que Grégoire avait envoyé un Démosthène à Philagrios, sur la demande expresse de ce dernier.

2. Leurs études faites en commun, comme l'indique la lettre 30.

3. Il s'agit des gens qui, sans être médecins, veulent imposer à Philagrios des préceptes d'hygiène.

4. Le geai est un oiseau qui a particulièrement mauvaise réputation chez les Grecs. On lui prête tous les défauts : cruauté jointe à la lâcheté (p. ex. *Iliade*, XVII, v. 755-757), sotte prétention (p. ex. le geai paré des plumes d'un autre oiseau : Lucien, *Apologie*, IV).

οὐδέν · ἐπειδὴ καὶ ῥᾷον ἐν τοῖς ἀλλοτρίοις ἢ τοῖς οἰκείοις φιλοσοφεῖν. 2 Ἐγὼ δ' εἰ μὲν ἑώρων σε πέρα τοῦ μέτρου τοῦτο ποιοῦντα, ἢ πλεονεκτικῶς ἢ βιαίως τῇ φιλοσοφίᾳ προσκείμενον, κἂν ἐμεμψάμην (εἰρήσεται γὰρ τἀληθές), μηδὲν τὴν φιλίαν ἢ τὴν παίδευσιν αἰδεσθείς. 3 Εἰ δὲ φιλεργεῖς μέν, οὐκ ἔξω δὲ τοῦ μέτρου, χρῇ δ' εἰς δέον οἷς φιλεργεῖς, πρόσεστι δὲ καὶ τὸ πάθος ἐνασχολοῦν τε ταῖς φροντίσι καὶ πεῖθον ὡς ὑπὲρ τὸ σῶμά σοι τὰ τοῦ σώματος, οὐκ ἔχω πῶς μὴ τοῖς μεμφομένοις μέμψωμαι, σὲ τῆς αἰτίας ἐλευθερῶν. 4 Καὶ πρός γε τοῦτ' ἐμαυτὸν πείθω, ὅτι μήτε λογίσασθαι περὶ πραγμάτων σοῦ τις ἀμείνων, ᾧ γε καὶ πρὸς τὰ ἑαυτῶν ἅπαντες χρῶνται διδασκάλῳ καὶ παραινέτῃ ὁμοίως ἰδίᾳ καὶ δημοσίᾳ, μήτε ψυχῆς φροντίσαι φιλοσοφώτερος. 5 Εἰ δὲ καὶ τῷ σώματι τὴν ὑγείαν φυλάσσειν ἢ ἐπανάγειν μονῆς ἰατρικῆς, τίς οὕτω τολμηρὸς καὶ ἀπαίδευτος ὥστε σοι περὶ τούτων νομοθετεῖν ; 6 Τοὺς μὲν οὖν πολλοὺς ἔα χαίρειν καὶ εἶναι κολοιοὺς πτῆσιν ἀετῶν δοκιμάζοντας · αὐτὸς δὲ σεαυτῷ χρῶ συμβούλῳ καὶ τῷ Θεῷ περί τε τοῦ πάθους καὶ τῶν ὅσα περὶ τὸ πάθος, καὶ οὐχ ἁμαρτήσεις τοῦ δέοντος.

2 μέτρου MdfΞ : μετρίου YLA (ι erasum) gB ‖ πλεονεκτικῶς ἢ MAdIh : πλεον. καί YLfF ‖ εἰρήσεται γὰρ τἀληθές om. F ‖ ἢ τήν d : καὶ τήν uvfgh ‖ 3 μέτρου uvdfFh : μετρίου I ‖ ἐνασχολοῦν τε ταῖς d : ἐνασχολοῦν σε ταῖς uf ἐνασχολεῖν ταῖς vgh ‖ πεῖθον ud : πείθειν vfgh ‖ μέμψωμαι f : μέμψομαι cett. ‖ 4 τοῦτ' vdfgh : τούτῳ u ‖ 5 ὑγείαν ugΞ cf. *epist.* 92, § 1 : ὑγίειαν vdf ὑγίαν B ‖ φυλάσσειν uvdΠ²gh : φυλάξαι Π¹ ‖ ἢ ἐπανάγειν uvΠ² marg. gh : om. d σε ἣν ἐπαναγαγεῖν Π¹ ‖ καὶ ἀπαίδευτος ud : ἢ ἀπαίδευτος vfgh ‖ 6 ἔα χαίρειν uLA¹dfgh : χαίρειν ἔα A² (ἔα s. u.) ‖ ἁμαρτήσεις uvIh : ἁμαρτήσῃ dfF.

XXXIV

AU MÊME

Date incertaine.

1 Je me souviens de la visite que je t'ai faite quand nous nous sommes rencontrés dernièrement dans mon pays de Mataza[1] (car j'appelle mien et je considère comme tel ce qui est à toi) ; je me souviens de la philosophie dont tu fis preuve alors et dont le souvenir me donne encore le frisson[2]. **2** Je t'expliquais le Psaume LXXII (tu le voulais ainsi et il n'était pas possible de s'y opposer), ce psaume dans lequel David se sent pris de vertige et s'afflige de voir les méchants dans la prospérité. Puis, reportant sa pensée vers les jugements de l'au-delà et vers la rémunération qui est réservée à nos vies, il apaise son trouble et guérit son chagrin. **3** Et, autant que je le pouvais, je ramenais l'explication à ton mal, en philosophant sur ce sujet d'après nos livres, d'après ceux du dehors[3], attendu que je conversais avec un homme instruit et tel que toi, et en même temps sous l'impulsion de l'Esprit et sous l'aiguillon de la douleur ; car rien n'est plus inventif que la souffrance. **4** Mes propos allaient leur train. Alors toi, pendant que je parlais, tu te levas, comme au signal de départ d'une course, tu tendis les mains vers le ciel, et regardant, en quelque sorte, vers l'Orient[4] (car tu n'avais pas de regard), tu t'écrias : « Je te rends grâces, Père qui as créé et qui châties[5]

1. En Cappadoce (voir W. M. Ramsay, *The historical geography of Asia Minor*, London, 1890, p. 307).
2. Un frisson admiratif, comme la suite le montre.
3. C'est-à-dire les écrits des auteurs païens (cf. lettre 32, § 4).
4. Les chrétiens, dans l'antiquité, prient volontiers le visage tourné vers l'Orient, vers la région où a vécu le Christ.
5. Παιδευτά avec le sens non pas de celui qui instruit, mais de celui qui châtie ; réminiscence de l'*Épître aux Hébreux*, XII, 7, 9, 10.

XXXIV
ΤΩΙ ΑΥΤΩΙ

1 Μέμνημαι τῆς σῆς συνουσίας, ἣν ἀλλήλοις συνεγενόμεθα πρώην ἐν Ματάζῃ τῇ ἐμῇ (ἐμὰ γὰρ καλῶ καὶ ὑπολαμβάνω τὰ σά), καὶ τῆς φιλοσοφίας ἣν τηνικαῦτα ἐφιλοσόφησας, ἧς φρίττω καὶ νῦν μεμνημένος ἔτι. 2 Ἐγὼ μὲν ἐξηγούμην σοι τὸν οϐ´ ψαλμὸν (σὺ γὰρ ἐκέλευες καὶ ἀντιλέγειν οὐκ ἦν), ἐν ᾧ Δαυῒδ ἰλιγγιᾷ καὶ ἀσχάλλει πρὸς τοὺς κακοὺς εὐθηνοῦντας · εἶτα πέμπων τοὺς λογισμοὺς εἰς τὰ ἐκεῖσε δικαιωτήρια καὶ τὴν ἀποκειμένην τοῖς βίοις ἀντίδοσιν, οὕτω τῆς ταραχῆς ἵσταται καὶ τὸ λυποῦν θεραπεύεται. 3 Καί, ὡς οἷόν τ᾿ ἦν, εἷλκον τὴν ἐξήγησιν πρὸς τὸ πάθος, ἐκ τῶν ἡμετέρων, ἐκ τῶν ἔξωθεν ταῦτα φιλοσοφῶν, ὡς ἀνδρὶ πεπαιδευμένῳ καὶ τοσούτῳ διαλεγόμενος, καὶ ἅμα τοῦ Πνεύματος οὕτω φέροντος καὶ τοῦ ἀλγεῖν παραθήγοντος, οὐδὲν γὰρ τοῦ πάσχειν εὑρετικώτερον. 4 Ἔτρεχέ πως ὁ λόγος. Σὺ δὲ μεταξὺ τοῦ λόγου διαναστάς, ὥσπερ ἐξ ὕσπληγος, καὶ τὰς χεῖρας εἰς τὸν οὐρανὸν ἀνατείνας, πρός τε ἀνατολὰς οἷον βλέπων (οὐ γὰρ τὸ βλέπειν εἶχες) · « Εὐχαριστῶ σοι, Πάτερ, ἐβόας, ὦ ποιητὰ τῶν σῶν ἀνθρώπων καὶ παιδευτά,

XXXIV. Codices : u = YM, v = LA, d = PR, f = Π, g = IF, h = BΞ.

Titulus : Τῷ αὐτῷ uvd : Φιλαγρίῳ fgh.

1 ἣν uvgh : ᾗ df ‖ Ματάζῃ uvdf : Ματίζει I (ut uidetur) Ματίζῃ F Ματόανζι B Ματιανζῇ Ξ ‖ Ante τηνικαῦτα add. τό h ‖ 2 οϐ´ udF : ἑϐδομηκοστὸν δεύτερον vfIh ‖ ἰλιγγιᾷ uLdΠ²gh : εἰλιγγιᾷ AΠ¹ ‖ εὐθηνοῦντας uvdΠ²h : εὐθυμοῦντας Π¹I εὐθυνοῦντας F ‖ ἐκεῖσε Mdf : ἐκεῖθεν Yvgh ‖ δικαιωτήρια udfIh : δικαστήρια v δικαιοτήρια F ‖ 3 εὑρετικώτερον uA² γρ. dFh : εὐεργετικώτερον LA¹I ἐργετικώτερον f ‖ 4 ὕσπληγος uvdfFh : μάστηγος I (glossa inserta) ‖ εἰς τὸν οὐρανόν gh : ἐπὶ τὸν οὐρανόν u πρὸς τὸν οὐρανόν v εἰς οὐρανόν df ‖ τε vdfgh : γε u ‖ ὦ ante Πάτερ add. df ‖ ὦ ante ποιητά om. df.

tes hommes, de leur faire du bien même malgré eux, de purifier l'intérieur de l'homme par l'extérieur[1] et de nous faire passer par l'adversité pour atteindre le bienheureux terme, pour des raisons que seul tu connais ! » **5** Et à quoi bon rapporter tous les propos par lesquels tu philosophais avant nous et avec nous, heureux, pour ainsi dire, de ta maladie ? Et dans ton maître tu trouvais un disciple. **6** Mais pourquoi ai-je rappelé ces souvenirs ? Parce que par ton intermédiaire je crie à tous et je proclame que nous devons plaindre les méchants pour leur maladie intérieure plus qu'ils ne doivent nous plaindre pour notre maladie extérieure, du moment que nous sommes dans de telles dispositions ; oui, je proclame préférable à la prospérité sans frein la maladie supportée en philosophe.

XXXV

AU MÊME[2]

Date incertaine.

1 Jusqu'ici c'est moi qui t'écrivais en des termes propres à te consoler dans ton mal ; car tu y étais tombé avant moi. Aujourd'hui, c'est toi, me semble-t-il, qui pourrais nous consoler : nous sommes presque aussi mal en point. **2** Il fallait, en effet, vu notre amitié, que nous ne fussions pas séparés, même à cet égard. Mais, pour mieux dire, tu m'as déjà consolé : ta patience me prêche la patience.

1. Voir lettre 32, § 9.
2. Les lettres 35 et 36, quoique de date incertaine, sont postérieures aux cinq précédentes.

ὅτι καὶ ἄκοντας ἡμᾶς εὖ ποιεῖς καὶ τῷ ἐκτὸς καθαίρεις τὸν ἐντὸς ἄνθρωπον καὶ διὰ τῶν ἐναντίων διεξάγεις ἡμᾶς πρὸς τὸ μακάριον τέλος, οἷς αὐτὸς ἐπίστασαι λόγοις. »
5 Καὶ τί ἂν λέγοιμι πάντα, οἷς προεφιλοσόφεις ἡμῶν καὶ συνεφιλοσόφεις, ὥσπερ τῇ νόσῳ χαίρων ; καὶ εἶχες μαθητὴν τὸν διδάσκαλον. 6 Ἀλλὰ πρὸς τί τούτων ἐμνήσθην ; ἐκεῖνο διὰ σοῦ πᾶσι βοῶν καὶ κηρύσσων, ὅτι θρηνητέοι μᾶλλον ἡμῖν οἱ κακοὶ τῆς ἔνδον νόσου ἤπερ ἐκείνοις ἡμεῖς τῆς ἐκτός, ἂν οὕτως ἔχωμεν, καὶ ὅτι κρείττων εὐημερίας ἀχαλινώτου νόσος φιλόσοφος.

XXXV

ΤΩΙ ΑΥΤΩΙ

1 Πρότερον μὲν αὐτὸς ἔγραφόν σοι τοὺς παρακλητικοὺς εἰς τὸ πάθος · προενεπεπτώκεις γάρ. Νῦν δέ μοι δοκεῖς αὐτὸς ἂν ἡμᾶς παρακαλέσαι, μικροῦ τὰ ἴσα κακοπαθοῦντας. 2 Ἔδει γὰρ ἡμᾶς φίλους ὄντας μηδὲ ταῦτα χωρίζεσθαι · μᾶλλον δ' ἤδη παρακέκληκας, οἷς καρτερεῖς τὸ καρτερεῖν εἰσηγούμενος.

4 ἡμᾶς om. u ‖ τῷ ἐκτός uAdf : τὸ ἐκτός Lg διὰ τῶν ἐκτός h ‖ η supra ει in uerbo διεξάγεις v ‖ 5 λέγοιμι uvdfh : εἴποιμι g ‖ 6 διὰ σοῦ πᾶσι vdgh : πᾶσι διὰ σοῦ uf ‖ ἤπερ uA² s. u. dfh : εἴπερ LA¹g ‖ ἔχωμεν uvdfh : ἔχοιμεν g ‖ καί om. uv.

XXXV. Codices : u = YM, v = LA, d = PR, f = Π, g = I F, h = BΞ.

Titulus : Τῷ αὐτῷ uvdfg : Φιλαγρίῳ h.

1 τοὺς παρακλητικούς uvdfg : τοὺς παρακλητικοὺς λόγους h (De omisso substantiuo uide *Thesaurum linguae graecae* sub uerbo παρακλητικός ‖ προενεπεπτώκεις nos : προεπεπτώκεις uLF προεμπεπτώκεις d f I h προσεπεπτώκεις A ‖ 2 ἔδει uvdfIh : δεῖ F.

XXXVI

AU MÊME

Date incertaine.

1 Je souffre de ma maladie, et je suis heureux, non pas parce que je souffre, mais parce que j'enseigne aux autres la patience. **2** Comme je ne peux pas ne pas souffrir, voici du moins ce que je gagne à souffrir : c'est de me soumettre et de rendre grâces à Dieu dans les peines aussi bien que dans les joies ; car je me persuade que rien de ce qui nous concerne n'est sans raison, quoi qu'il nous en semble, auprès de celui qui est la Raison[1].

XXXVII

A SOPHRONIOS[2]

Vers 369.

1 Honorer sa mère est au nombre des actions pieuses. Mais les uns ont une mère, les autres une autre ; tandis que la mère commune de tous, c'est la patrie[3]. Cette dernière, tu l'as honorée par tout l'éclat de ta vie ; et tu l'honoreras encore maintenant en ayant des égards pour nous à propos de ce qui fait l'objet de notre requête. **2** Cette requête, quelle est-elle? Le plus éloquent parmi ses contemporains, le rhéteur Eudoxe[4] est certainement connu de toi. Son fils ou, pour tout dire d'un mot, un second Eudoxe pour la vie et

1. Rien n'est sans raison (ἄλογος) pour le Verbe de Dieu (Λόγος).
2. Sophronios fut maître des Offices et préfet de Constantinople (voir lettre 21). La lettre 37 suppose qu'il est un personnage de tout premier plan, ce qui la situe vers 369 (voir lettre 29).
3. La Cappadoce (voir lettre 39).
4. Rhéteur cappadocien. Voir les lettres 176-180, 181, 187.

XXXVI

ΤΩΙ ΑΥΤΩΙ

1 Ἀλγῶ τῇ νόσῳ καὶ χαίρω· οὐχ ὅτι ἀλγῶ, ἀλλ' ὅτι τοῦ καρτερεῖν τοῖς ἄλλοις εἰμὶ διδάσκαλος. 2 Ἐπειδὴ γὰρ τὸ μὴ πάσχειν οὐκ ἔχω, τοῦτό γε τῷ πάσχειν παρακερδαίνω, τὸ φέρειν καὶ τὸ εὐχαριστεῖν ὥσπερ ἐν τοῖς εὐθύμοις, οὕτω δὴ κἀν τοῖς ἀλγεινοῖς, ἐπειδὴ πείθομαι μηδὲν ἄλογον εἶναι παρὰ τῷ λόγῳ τῶν ἡμετέρων, κἂν ἡμῖν οὕτω φαίνηται.

XXXVII

ΣΩΦΡΟΝΙΩΙ

1 Μητέρα τιμᾶν, τῶν ὁσίων. Μήτηρ δὲ ἄλλη μὲν ἄλλου· κοινὴ δὲ πάντων, πατρίς. Ταύτην ἐτίμησας μὲν πάσῃ σου τῇ τοῦ βίου λαμπρότητι· τιμήσεις δὲ καὶ νῦν αἰδεσθεὶς ἡμᾶς ὑπὲρ ὧν πρεσβεύομεν. 2 Ἡ πρεσβεία δὲ τίς; Τὸν λογιώτατον τῶν καθ' ἑαυτόν, Εὐδόξιον τὸν ῥήτορα πάντως γινώσκεις. Τούτου παῖς, ἵν' εἴπω συντό-

XXXVI. Codices : u = YM, v = LA, d = PR, f = Π, g = IF, h = B Ξ.

Titulus : Τῷ αὐτῷ codd.

1 τοῦ udfgh : τό L τῷ A ‖ 2 τῷ πάσχειν u A : τοῦ πάσχειν dfgh τὸ πάσχειν L ‖ τὸ ante εὐχαριστεῖν om. u ‖ οὕτω δὴ κἀν MAdf : οὕτω δὲ κἀν Y h οὕτω καὶ ἐν g τοῦτο δὲ κἀν L ‖ τῶν ἡμετέρων uvdh : τῷ ἡμετέρῳ fI ἡμῶν F.

XXXVII. Codices : u = YM, v = LA, d = PR, f = Π, g = IF, h = BΞ.

Titulus : Σωφρονίῳ fh : Σωφρονίῳ μαγίστρῳ g τῷ αὐτῷ (id est : Σωφρονίῳ d Σωφρονίῳ ὑπάρχῳ uv).

1 δὲ post μήτηρ om. h ‖ Ταύτην ἐτίμησας μέν uvg : ταύτην μὲν ἐτίμησας dfΞ ταύτην μὲν ἐτίμησας μέν B ‖ αἰδεσθεὶς ἡμᾶς v dfgh : ἡμᾶς αἰδεσθείς u ‖ 2 καθ' ἑαυτὸν vdfgh : καθ' αὑτόν u.

l'éloquence se présente aujourd'hui à toi par notre intermédiaire. **3** Afin d'ajouter encore à ta célébrité, sois bienveillant à son égard sur tous les points où il aura besoin de ta protection. **4** On aurait honte, si toi, le protecteur universel de notre patrie, toi qui as obligé tant de personnes, — et j'ajouterai : qui en obligeras tant, — tu n'honorais pas avant tous les autres celui qui est le meilleur en éloquence, et si tu n'honorais pas aussi cette éloquence qu'il est juste de respecter, sinon pour d'autres raisons, du moins parce qu'elle fait l'éloge de tes belles qualités.

XXXVIII

A THÉMISTIUS[1]

Vers 369.

1 Les Spartiates ont pour signe distinctif la lance[2] ; c'est l'épaule pour les Pélopides[3] ; c'est l'éloquence pour le grand Thémistius. En effet, bien que tu l'emportes en tout sur tous, c'est là celle de tes qualités que je reconnais comme la plus insigne. **2** C'est elle qui, dès l'abord, nous a unis l'un à l'autre, — s'il est vrai que nous sommes quelque chose dans l'éloquence, — et qui nous a décidé maintenant à avoir de l'assurance. **3** Si tu connaissais l'homme pour lequel nous t'adressons cette requête, tu nous approuverais sans doute d'avoir cette assurance. Du célèbre Eudoxe c'est l'enfant que je te présente, c'est notre fils Eudoxe[4], digne du plus haut intérêt pour sa vie et son éloquence, ainsi que tu le trouveras toi-même en approchant le cordeau de la pierre, comme dit le proverbe[5] ; d'ailleurs, quelle règle est plus juste que toi ? Pour nous, c'est un ami très cher, autant à cause de sa vertu que de notre amitié pour son père. **4** Songe que tu nous obligeras en tout ce que tu feras pour lui et que tu honoreras ainsi ton talent ; accepte donc de le faire

1. Même objet que la lettre précédente. Sur Thémistius, voir la lettre 24.

μως, ἄλλος Εὐδόξιος καὶ βίῳ καὶ λόγῳ νῦν σοι πρόσεισι δι' ἡμῶν. 3 Ἵν' οὖν ὀνομαστότερον σεαυτὸν καταστήσῃς, γενοῦ τῷ ἀνδρὶ δεξιὸς ἐν οἷς ἂν δέηται τῆς σῆς προστασίας. 4 Αἰσχρὸν γάρ, κοινὸν ὄντα σε τῆς πατρίδος προστάτην καὶ πολλοὺς εὖ πεποιηκότα, προσθήσω δ' ὅτι καὶ ποιήσοντα, μὴ πρὸ πάντων τιμῆσαι τὸν ἄριστον ἐν λόγοις, οὕς, εἰ μή τι ἄλλο, κατὰ τοῦτο αἰδεῖσθαι δίκαιον, ὅτι τῶν σῶν καλῶν εἰσιν ἐπαινέται.

XXXVIII

ΘΕΜΙΣΤΙΩΙ

1 Σπαρτιάτας ἡ λόγχη γνωρίζει, ὦμος τοὺς Πελοπίδας, λόγοι τὸν μέγαν Θεμίστιον. Κἂν γὰρ ἐν πᾶσι πάντων κρατῇς, τοῦτο τῶν σῶν οἶδα τὸ ἐπισημότατον. 2 Τοῦτο καὶ ἀπ' ἀρχῆς ἡμᾶς συνῆψεν ἀλλήλοις, — εἰ δή τι τὸ καθ' ἡμᾶς ἐν λόγοις, — καὶ θαρρεῖν νῦν ἀνέπεισεν. 3 Εἰ δὲ μάθοις τὸν ἄνδρα ὑπὲρ οὗ πρεσβεύομεν, τάχα καὶ ἀποδέξῃ τοῦ θάρσους ἡμᾶς· Εὐδοξίου τοῦ πάνυ παῖδά σοι τοῦτον προσάγω, τὸν ἀξιολογώτατον υἱὸν ἡμῶν Εὐδόξιον βίῳ μὲν καὶ λόγῳ οἷον αὐτὸς εὑρήσεις τὸν λίθον ποτὶ τὰν σπάρταν ἄγων, ὡς ἡ παροιμία (τίς δέ σου στάθμη δικαιοτέρα ;)· ἡμῖν δ' εἰς τὰ μάλιστα φίλον, οὐχ ἧττον διὰ τὴν ἀρετὴν ἢ τὴν πατρικὴν φιλίαν. 4 Ὡς οὖν ἡμᾶς εὖ ποιήσων ὅ τι ἂν τὸν ἄνδρα εὐεργετήσῃς καὶ λόγους τιμήσων τοὺς σούς, ἀγαγεῖν αὐτὸν εἰς τὰ ἔμπροσθεν

XXXVIII. Codices : u = YM, v = LA, d = P, f = Π, g = IF, h = BΞ.
Titulus : Θεμιστίῳ uvdfh : Θεμιστίῳ ἐπάρχῳ πραιτωρίων g.
2 ἡμᾶς συνῆψεν uv: συνῆψεν ἡμᾶς dfgh ‖ εἰ δή τι uvdfIB : εἰ δεῖ τι FΞ ‖ νῦν uvdfIh : ἄν F ‖ 3 πρεσβεύομεν uvIh : πρεσβεύω dfF (-μεν s. u.) ‖ ἀποδέξῃ uvdfgΞ : ἀποδέξαι B ‖ σοι om. h ‖ οἷον αὐτός udfIh : οἷον αὐτόν vF ‖ τὸν λίθον AdfF : τὰν λίθον uLIh ‖ τὰν σπάρταν MIΞ : τὰν σπάρτον YvdfB τὴν σπάρτον F.

aller de l'avant. Il a besoin de se faire connaître par son éloquence et de gagner sa vie par cette éloquence. Quel genre de vie lui faut-il et comment, il te l'expliquera ; à ta science et à ta sagesse d'en juger.

XXXIX

A SOPHRONIOS[1]

Vers 369.

1 Je veux qu'à mes amis tout soit favorable. Et lorsque je dis : mes amis, j'entends les hommes d'une parfaite honorabilité et qui nous sont unis sous le rapport de la vertu, puisqu'à cette dernière nous avons, nous aussi, quelque part. **2** Or, voici que je cherchai récemment quel est le plus grand bienfait que je pourrais accorder à notre très vénérable frère Amazonios[2] (car je me suis pris d'une grande affection à son égard pour l'avoir rencontré dernièrement) et j'ai pensé que je devais lui accorder un bienfait entre tous : celui de ton amitié et de ta protection. **3** En peu de temps il nous a montré une science considérable, à la fois cette science que nous avons recherchée jadis, quand nous étions un homme à courte vue[3], et aussi cette science que nous recherchons, de préférence à l'autre, maintenant que nous avons levé nos regards vers les hauteurs de la vertu[4]. **4** Pour notre part, nous sommes-nous révélé à lui comme ayant quelque valeur sous le rapport de la vertu, c'est à lui de le savoir ; en tout cas, ce que nous avons de plus beau, nous le lui avons montré à notre tour : à cet ami nous avons fait connaître nos amis.

1. Pour dater cette lettre, mêmes raisons que pour la lettre 37.
2. Différent du destinataire de la lettre 94.
3. Allusion au temps où il étudiait les sciences profanes, l'éloquence en particulier.
4. La *science* qu'il recherche depuis qu'il s'est donné à Dieu, c'est la connaissance des Saintes Écritures, de la doctrine chrétienne, connaissance qui ne se sépare pas pour lui de l'effort vers la perfection.

θέλησον. Δεῖται δ' ἀπὸ λόγων γνωρισθῆναι καὶ βίον ἑαυτῷ πορίσασθαι τὸν ἐκ λόγων. Ὅντινα δὲ τοῦτον καὶ πῶς, αὐτὸς παραστήσει, δοκιμάσει δ' ἡ σὴ λογιότης καὶ σύνεσις.

XXXIX

ΣΩΦΡΟΝΙΩΙ

1 Πάντα τοῖς φίλοις βούλομαι δεξιά. Φίλους δ' ὅταν εἴπω, τοὺς καλοὺς λέγω καὶ ἀγαθοὺς καὶ κατ' ἀρετὴν ἡμῖν συναπτομένους, ἐπειδή τι καὶ αὐτοὶ ταύτης μεταποιούμεθα. 2 Ταῦτά τοι καὶ νῦν ζητήσας τί μέγιστον ἂν χαρισαίμην τῷ αἰδεσιμωτάτῳ ἀδελφῷ ἡμῶν Ἀμαζονίῳ (καὶ γὰρ ἥσθην τῷ ἀνδρὶ διαφερόντως ἐκ τῆς ἔναγχός μοι γεγενημένης πρὸς αὐτὸν συνουσίας), ἓν ἀντὶ πάντων αὐτῷ χαρίσασθαι δεῖν ᾠήθην, τὴν σὴν φιλίαν καὶ προστασίαν. 3 Ὁ μὲν γὰρ πολλὴν ἐν βραχεῖ τὴν παίδευσιν ἐπεδείξατο, τήν τε σπουδασθεῖσαν ἡμῖν ποτε, ὅτε μικρὸν διεϐλέπομεν, καὶ τὴν νῦν ἀντ' ἐκείνης σπουδαζομένην, ὅτε πρὸς τὸ τῆς ἀρετῆς ὕψος ἐϐλέψαμεν. 4 Ἡμεῖς δ' εἰ μέν τι καὶ κατ' ἀρετὴν ἐφάνημεν ὄντες αὐτῷ, αὐτὸς ἂν εἰδείη· τὸ δ' οὖν κάλλιστον ὧν ἔχομεν ἀντεπιδεικνύ-

4 ἑαυτῷ dfgh : αὐτῷ uv ‖ αὐτός om. A[1], suppl. A[2] marg. ‖ καί ante ἡ σή add. M ‖ τελεία ante λογιότης add. F.

XXXIX. Codices : u = YM, v = LA, d = PR, f = Π, g = IF, h = B Ξ.

Titulus : Σωφρονίῳ fh : τῷ αὐτῷ (id est : Σωφρονίῳ vd Σωφρονίῳ ὑπάρχῳ u Σωφρονίῳ μαγίστρῳ g cf. supra, *epist.* 29).

1 τούς ante κατ' ἀρετήν add. u ‖ αὐτοί uvdfIF[2] marg. h : ἡμεῖς F[1] ‖ 2 Ταῦτά τοι καὶ νῦν uvdfg : Ταύτῃ τοίνυν B Ταύτῃ τοι καὶ νῦν Ξ ‖ πάντων αὐτῷ χαρίσασθαι uvF[2] marg. h : πάντων χαρίσασθαι dfIF[1] ‖ 3 πολλὴν ἐν βραχεῖ dfgh : ἐν βραχεῖ πολλήν uv ‖ supra παίδευσιν, προαίρεσιν A[2] m. r. ‖ ἐπεδείξατο uvdfg : ἐνεδείξατο h ‖ διεϐλέπομεν uv : διεβαίνομεν dfgh ‖ 4 καί ante κατ' ἀρετήν om. IF[1]h (καί add. F[2] infra uersum) ‖ δ' οὖν uvdfgB : δὴ οὖν Ξ ‖ ἔχομεν uvgh : εἴχομεν df ‖ ἀντεπιδεικνύμεθα uvdfF : ἀντεπεδεικνύμεθα I ἀντεδεικνύμεθα h.

Puisque nous te considérons comme le premier d'entre eux et comme un ami authentique, nous voulons que tu te révèles à lui tel que notre communauté de patrie le demande, tel aussi que le veulent notre affection et les paroles que nous avons dites en lui promettant par-dessus tout ta sollicitude.

XL

A BASILE[1]

Vers juin 370.

1 Ne t'étonne pas, si je vais sembler dire quelque chose d'étrange et que personne n'a encore dit. Je crois que tu as la réputation d'être un homme ferme, sûr et d'esprit solide ; mais je vois dans plusieurs de tes décisions et de tes actes plus de naïveté que de prudence. **2** En effet, quand on est soi-même exempt de malice, on est assez lent à la soupçonner chez autrui ; c'est un peu ce qui arrive présentement. Tu nous as appelé à la métropole au moment où s'y établit une délibération pour le choix d'un évêque ; et le prétexte était si bien trouvé et si bien fait pour persuader ! Tu feignais d'être malade, de rendre le dernier soupir, de désirer nous voir et nous dire adieu, — j'ignore quel était ton dessein et comment par notre présence nous devions aider à la réalisation de la chose[2]. **3** Je suis parti, extrêmement affligé de la chose[3] : qu'y a-t-il, en effet,

1. L'évêque de Césarée, Eusèbe, meurt en juin 370. Peu après, Basile, le principal collaborateur de l'évêque défunt, appelle Grégoire de Nazianze à Césarée.

2. Basile, qui avait une santé déplorable, n'a eu sans doute qu'à exagérer ses malaises pour se dire mourant. Il comptait sur l'influence de son ami pour mettre en échec les candidats hérétiques et se faire élire lui-même. Homme d'action, il sentait que, dans l'intérêt de la foi, il devait devenir évêque de Césarée. Grégoire, plus délicat et plus nuancé, n'a rien voulu faire qui pût donner prise à des soupçons de brigue et d'ambition.

3. Répétition intentionnelle de la même expression pour deux idées différentes.

μεθα, τῷ φίλῳ τοὺς φίλους· ὧν σε πρῶτον καὶ γνήσιον εἶναι τιθέμενοι, τοιοῦτον αὐτῷ φανῆναι βουλόμεθα, οἷον ἥ τε κοινὴ πατρὶς ἀπαιτεῖ καὶ ὁ ἡμέτερος βούλεται πόθος καὶ λόγος, ἀντὶ πάντων αὐτῷ τὴν σὴν κηδεμονίαν ὑποσχομένων.

XL

ΒΑΣΙΛΕΙΩΙ

1 Μὴ θαυμάσῃς, ἐάν τι παράδοξον λέγειν δόξω καὶ μὴ πρότερόν τισιν εἰρημένον. Ἐμοὶ δοκεῖς σὺ δόξαν μὲν ἔχειν ἀνδρὸς βεβηκότος καὶ ἀσφαλοῦς καὶ στερροῦ τὴν διάνοιαν, πολλὰ δὲ βουλεύεσθαι καὶ πράττειν ἁπλούστερον ἢ ἀσφαλέστερον. 2 Τὸ γὰρ κακίας ἐλεύθερον, καὶ ὑφορᾶσθαι κακίαν ἀργότερον· οἷόν τι καὶ τὸ νῦν παρόν. Ἐκάλεσας ἡμᾶς ἐπὶ τὴν μητρόπολιν, περὶ ἐπισκόπου βουλῆς προκειμένης· καὶ τὸ πλάσμα, ὡς εὐπρεπές τε καὶ πιθανόν· ἀρρωστεῖν ἔδοξας καὶ ἀναπνεῖν τὰ τελευταῖα καὶ ποθεῖν ἰδεῖν τε ἡμᾶς καὶ τὰ ἐξόδια φθέγξασθαι, — οὐκ οἶδα ἵνα τί γένηται καὶ τί παρόντες τῷ πράγματι συντελέσωμεν. 3 Ἐγὼ δὲ ὥρμησα μέν, τῷ πράγματι περιαλ-

4 ὧν udfgh : ὃν v ‖ πρῶτον καὶ γνήσιον εἶναι dfgh : πρῶτον εἶναι καὶ γνήσιον u πρῶτον εἶναι καὶ γνήσιον εἶναι v ‖ Post βουλόμεθα add. τῷ φίλῳ τοὺς φίλους B ‖ πόθος καὶ λόγος vdfgh : λόγος καὶ πόθος u ‖ ὑποσχομένων vh : ὑποσχόμενος ud ὑποσχομένῳ f ὑπισχομένων I ὑπισχνουμένων F.

XL. Codices : u = Y, v = L, d = PR, f = Π, g = IF, h = BΞ. Titulus : Βασιλείῳ h : τῷ αὐτῷ (id est : Γρηγόριος Βασιλείῳ ug Βασιλείῳ ἑταίρῳ d Γρηγόριος Βασιλείῳ ἐπισκόπῳ γενομένῳ f). In L incertum est quia periit titulus praecedentis epistulae quae est *epistula* 8.

1 ἐάν uvdfg : ἄν h ‖ λέγειν vdfgBΞ[2] s. u. : λέξειν u γράφειν Ξ[1] ‖ 2 συντελέσωμεν uvdgh : συντελέσομεν f.

pour moi de plus sublime que ta vie et de plus douloureux que ton départ de ce monde? J'ai versé des torrents de larmes ; j'ai gémi ; pour la première fois je me suis vu en ce moment dans un état qui n'est pas celui d'un philosophe[1] ; et de quels devoirs funèbres ne me suis-je acquitté? **4** Mais quand j'ai vu des évêques accourir à la ville, j'ai brisé mon élan ; et je me suis étonné d'abord que tu n'aies pas compris ce qui s'impose et que tu n'aies pas pris garde aux langues de tous ces gens qui s'empressent de calomnier les plus intègres ; en second lieu, j'ai trouvé étrange que tu n'estimes pas que le même sort convient à toi et à nous qui avons même pensée, même vie et à qui tout est commun — car Dieu nous a ainsi harmonisés l'un à l'autre dès le début[2] ; en troisième lieu, — laisse-moi te le dire, — j'ai été surpris de te voir penser que les promotions de ce genre sont pour les hommes les plus pieux, et non pas pour les plus puissants et les plus agréables à la foule. **5** Ainsi donc, pour ces raisons, j'ai ramené mon vaisseau en arrière[3] et je rentre. Prends toi-même le parti, si tu le veux bien, de fuir le tumulte présent et les mauvais soupçons. Je rendrai visite à ta Piété quand la situation sera réglée et quand le moment opportun sera venu : je ferai alors bien d'autres reproches, et plus sévères.

1. Ce mot désigne ici l'homme parfaitement maître de lui.

2. Grégoire est alors simple prêtre ; il ne désire pas monter plus haut et il juge que son ami doit avoir les mêmes sentiments.

3. Littéralement : *j'ai heurté la poupe ;* allusion à une manœuvre où les rameurs, cessant de faire avancer le navire, agissent en sens contraire. C'est alors la poupe qui heurte les flots, et non plus la proue.

γήσας· τί γὰρ ἐμοὶ τῆς σῆς ζωῆς ὑψηλότερον ἢ καὶ τῆς ἐκδημίας ἀνιαρότερον; καὶ δακρύων ἀφῆκα πηγὰς καὶ ἀνῴμωξα καὶ ᾐσθόμην ἐμαυτοῦ νῦν πρῶτον ἀφιλοσόφως διακειμένου· καὶ τί γὰρ οὐ τῶν ἐπιταφίων ἐπλήρωσα; 4 Ἐπεὶ δ' ᾐσθόμην ἐπισκόπους συντρέχειν ἐπὶ τὴν πόλιν, ἀνεκόπην μὲν τῆς ὁρμῆς, ἐθαύμασα δὲ πρῶτον μὲν εἰ μὴ συνεῖδες τὸ εὔσχημον μηδὲ τὰς τῶν πολλῶν ἐφυλάξω γλώσσας, αἳ τάχιστα τοῖς ἀκεραιοτέροις ἐπηρεάζουσι· δεύτερον δέ, εἰ μὴ ταὐτά σοί τε καὶ ἡμῖν πρέπειν ὑπολαμβάνεις, οἷς καὶ λόγος καὶ βίος καὶ τὰ πάντα κοινά, οὕτως ἐκ Θεοῦ τὰ πρῶτα συναρμοσθεῖσι· τρίτον (ἔστω γὰρ καὶ τοῦτο εἰπεῖν), εἰ τῶν εὐλαβεστέρων ἐνόμισας εἶναι τὰς τοιαύτας προβολάς, ἀλλὰ μὴ τῶν δυνατωτέρων καὶ τοῖς πλήθεσιν οἰκειοτέρων. 5 Ἐγὼ μὲν οὖν διὰ ταῦτα πρύμναν ἐκρουσάμην καὶ ἀναδύομαι. Σοὶ δὲ εἰ δοκεῖ καὶ αὐτῷ, τοῦτο δεδόχθω φυγεῖν τοὺς ἐν μέσῳ θορύβους καὶ τὰς πονηρὰς ὑπονοίας. Τὴν δὲ σὴν εὐλάβειαν τηνικαῦτα ὄψομαι ἡνίκ' ἂν τά τε πράγματα καταστῇ καὶ καιρὸς ᾖ, καὶ ὀνειδίσω γε πλείονα καὶ βαρύτερα.

3 ἢ καὶ τῆς ἐκδημίας df : ἢ τῆς ἐκδημίας uvgh (lectio quae exhibit καί magis arridet quia perfectum ἰσόκωλον praebet) ‖ ἀνιαρότερον df : ἀνιαρώτερον uvgh ‖ ἀνῴμωξα uv : ἀνώμοξα df ἀνοίμωξα gh ‖ 4 ἐπεὶ δέ uvdfg : ἐπειδὴ δέ h ‖ πρῶτον μέν uvdfgB (μέν marg.) : πρῶτον δέ Ξ ‖ ἀκεραιοτέροις uvdfF² γρ. : καθαροτέροις I καθαρωτέροις F¹h ‖ καὶ τὰ πάντα vd : καὶ πάντα ufgh ‖ τὰς τοιαύτας ante εἶναι ponit Ξ ‖ οἰκειοτέρων uvdfIh : οἰκειοτάτων F ‖ 5 ἐκρουσάμην uvdΞ : ἀνεκρουσάμην fgB ‖ αὐτῷ uvdh : αὐτό fg ‖ φυγεῖν uvdfg : φεύγειν h ‖ ὑπονοίας uvfgh : ἐπινοίας d ‖ καὶ καιρὸς ᾖ om. g.

XLI

A L'ÉGLISE DE CÉSARÉE[1]

Juin-septembre 370.

1 Je suis un pasteur de peu d'importance, chef d'un troupeau minuscule et le plus petit des ministres de l'Esprit. Mais la grâce n'est pas étroite ni circonscrite par les lieux. **2** Que l'on accorde donc aux petits eux-mêmes la liberté de parler, surtout quand il s'agit d'intérêts communs et d'une telle importance, et quand ceux qui donnent les conseils sont d'un âge si avancé, lequel a peut-être un peu plus de sagesse que n'en a le commun des hommes. **3** Ce n'est pas sur des questions minimes et quelconques que vous délibérez, mais sur des questions telles que, si elles sont résolues en bien ou en mal, la communauté éprouve nécessairement l'un ou l'autre effet. Il s'agit en effet pour vous de l'Église, pour laquelle le Christ a souffert, et de celui qui doit la présenter[2] et la conduire à Dieu. **4** La lampe du corps, c'est l'œil[3], ainsi que nous l'avons appris, et non pas seulement l'œil qui voit et qui est vu corporellement, mais encore l'œil qui contemple et qui est contemplé spirituellement. Or, la lampe de l'Église, c'est l'évêque ; c'est là pour vous une évidence, quand bien même nous ne vous l'écririons pas. **5** Ainsi donc, de toute nécessité, de même que,

1. Après la mort d'Eusèbe, évêque de Césarée, en juin 370, Grégoire l'Ancien et Grégoire de Nazianze estiment que Basile doit être élu à ce siège. Le vieil évêque de Nazianze, chargeant son fils d'écrire en son nom, fait connaître par cette lettre ses sentiments au clergé de l'Église de Césarée. On est alors dans les mois qui suivirent la mort d'Eusèbe : l'élection traîna, en effet, mais elle eut lieu avant la fin de l'année 370, en septembre.

2. Réminiscence de l'*Épître aux Éphésiens*, V, 27.

3. *Saint Matthieu*, VI, 22.

XLI

ΤΗΙ ΕΚΚΛΗΣΙΑΙ ΚΑΙΣΑΡΕΩΝ

1 Εἰμὶ μὲν ποιμὴν ὀλίγος καὶ μικροῦ ποιμνίου προεστηκὼς καὶ πολλοστὸς ἐν ὑπηρέταις τοῦ Πνεύματος. Ἡ χάρις δ' οὐ στενὴ οὐδὲ τόποις περιγραπτός. **2** Διὰ τοῦτο δεδόσθω καὶ τοῖς μικροῖς παρρησία, ἄλλως τε καὶ περὶ κοινῶν καὶ τηλικούτων ὄντος τοῦ λόγου, καὶ μετὰ τοσαύτης βουλευομένοις τῆς πολιᾶς, ἣ τυχὸν ἔχει τι καὶ τῶν πολλῶν συνετώτερον. **3** Οὐ περὶ μικρῶν οὐδὲ τῶν τυχόντων βουλεύεσθε, ἀλλ' ὧν ἢ εὖ ἢ κακῶς ἐχόντων ἀνάγκη καὶ τὸ κοινὸν ἢ οὕτως ἢ ἐκείνως ἔχειν. Περὶ γὰρ Ἐκκλησίας ὑμῖν ὁ λόγος, ὑπὲρ ἧς Χριστὸς ἔπαθεν, καὶ τοῦ ταύτην Θεῷ παραστήσοντος καὶ προσάξοντος. **4** Λύχνος μὲν τοῦ σώματός ἐστιν ὁ ὀφθαλμός, ὡς ἠκούσαμεν, οὐ μόνον οὗτος ὁ σωματικῶς ὁρῶν καὶ ὁρώμενος, ἀλλὰ καὶ ὁ πνευματικῶς θεωρῶν καὶ θεωρούμενος· λύχνος δὲ τῆς Ἐκκλησίας ἐπίσκοπος, ὃ δῆλον ὑμῖν κἂν αὐτοὶ μὴ γράφωμεν. **5** Ἀνάγκη

XLI. Codices: u = Y, v = L (f. 6 ; textus uero initio mutilus incipit inde a uerbis : [νομί] ζεται καὶ πρὸς ἥν, § 6), d = PR, f = Π, g = IF, h = BΞ.

Titulus : Τῇ Ἐκκλησίᾳ Καισαρέων codd. Ea sola uerba mihi uidentur esse retinenda. Addunt uero codices : ἐκ προσώπου τοῦ ἑαυτοῦ πατρὸς ἐπισκόπου ὄντος u f h ὡς ἐκ τοῦ πατρός d ἐκ προσώπου τοῦ πατρὸς αὐτοῦ g. Ante uerba τῇ Ἐκκλησίᾳ add. g Γρηγόριος.

1 μικροῦ ποιμνίου udfh : ποιμνίου μικροῦ g ‖ Ante πολλοστός add. οὐ f ‖ **3** βουλεύεσθε udfh : βουλεύεσθαι g ‖ ἢ ante εὖ om. d ‖ τὸ κοινὸν ἢ οὕτως ἢ ἐκείνως nos : τὸ κοινὸν ἢ ἐκείνως ἢ οὕτως u τὸ κοινὸν οὕτως ἢ ἐκείνως dfh τὸ κοινὸν ἢ οὕτως ἢ οὕτως g ‖ ὑμῖν u : ἡμῖν cett. ‖ ἔπαθεν udfh : ἀπέθανεν g ‖ παραστήσοντος udfgB : προπαραστήσαντος Ξ (errorem censeo natum e uicino προσάξοντος) ‖ γάρ uB : om. dfgΞ ‖ **4** ἐστιν ante τοῦ σώματος ponunt gB ‖ Verba inter σωματικῶς et θεωρούμενος om. Ξ ‖ θεωρῶν καί om. $Π^1$gB (add. $Π^2$ m. r.).

si l'œil est net, le corps est bien guidé, et s'il n'est pas net, le corps est mal guidé ; de même l'Église est absolument compromise avec son chef ou sauvée avec lui, suivant ce qu'il est. **6** Voilà pourquoi il faut se préoccuper de toute Église comme du corps du Christ[1], mais surtout de la vôtre. Car elle fut dès l'origine la mère de presque toutes les Églises[2], elle l'est encore, elle est regardée comme telle, et elle attire les regards de l'univers[3] comme la circonférence tracée d'après son centre ; cela vient non seulement de l'orthodoxie qu'elle a prêchée depuis le début à tous, mais encore de cette grâce de la concorde que Dieu lui a donnée d'une manière évidente. **7** Comme vous nous avez appelé à examiner cette question, agissant en cela comme il faut et suivant les canons, mais comme nous sommes terrassé par la vieillesse et les infirmités, si nous pouvions aller vous trouver en personne, au cas où l'Esprit nous en donnerait la force, — car rien n'est incroyable aux croyants, — ce serait le mieux pour tout le monde et le plus agréable pour nous : nous vous apporterions ainsi quelque concours et nous participerions nous-même à la bénédiction ; mais si la maladie l'emportait, nous voulons, dans la mesure où c'est possible aux absents, vous apporter de l'aide.

8 Je suis convaincu qu'il y a chez vous plus d'un homme digne du premier rang, comme on peut l'attendre d'une ville si importante et si bien conduite de tout temps par de tels évêques ; cependant, parmi ceux qui sont en honneur chez vous, je ne puis préférer absolument personne à notre fils très aimé de Dieu, le prêtre Basile, je le dis en prenant Dieu à témoin : c'est un homme dont la vie et la doctrine sont pures et qui,

1. *Épître aux Colossiens*, I, 24.

2. L'influence du siège de Césarée s'exerçait non seulement sur la province de Cappadoce, mais sur tout le diocèse civil du Pont (voir Tillemont, *Mémoires pour servir à l'histoire ecclésiastique des six premiers siècles*, t. IX, p. 101).

3. L'univers envisagé ici est évidemment l'Orient.

τοίνυν, ὥσπερ ἐκείνου καθαρῶς μὲν ἔχοντος ὀρθῶς ἄγεσθαι καὶ τὸ σῶμα, μὴ καθαροῦ δὲ τυγχάνοντος, οὐκ ὀρθῶς · οὕτω καὶ τῷ προστάτῃ τὴν Ἐκκλησίαν, ὁποτέρως ἂν ἔχῃ, πάντως ἢ συνδιακινδυνεύειν ἢ συνδιασώζεσθαι. **6** Πάσης μὲν οὖν Ἐκκλησίας φροντιστέον, ὡς Χριστοῦ σώματος, μάλιστα δὲ τῆς ὑμετέρας, ἣ μήτηρ σχεδὸν πασῶν τῶν Ἐκκκησιῶν ἦν τ' ἀπ' ἀρχῆς καὶ νῦν ἐστι καὶ νομίζεται, καὶ πρὸς ἣν τὸ κοινὸν βλέπει, ὡς κέντρῳ κύκλος περιγραφόμενος, οὐ μόνον διὰ τὴν ὀρθοδοξίαν ἄνωθεν πᾶσι κεκηρυγμένην, ἀλλὰ καὶ τὴν ἐκ Θεοῦ δεδομένην αὐτῇ προδήλως χάριν τῆς ὁμονοίας. **7** Ἐπειδὴ τοίνυν κεκλήκατε μὲν καὶ ἡμᾶς εἰς τὴν περὶ τούτου διάσκεψιν, ποιοῦντες ὀρθῶς καὶ κανονικῶς, κρατούμεθα δὲ γήρᾳ καὶ ἀρρωστίᾳ, εἰ μὲν καὶ αὐτοὶ παρείημεν, τοῦ Πνεύματος ἐπιρρώσαντος (οὐδὲν γὰρ ἄπιστον τοῖς πιστοῖς), τοῦτο τῷ παντὶ βέλτιον καὶ ἡμῖν ἥδιον, ἵνα καὶ ὑμῖν τι συνεισενέγκωμεν καὶ αὐτοὶ τῆς εὐλογίας μετάσχωμεν · εἰ δὲ τὰ τῆς ἀσθενείας νικῴη, ὅσα γ' ἀποῦσι δυνατὸν συνεισφέρομεν·

8 Πείθομαι μὲν καὶ ἄλλους εἶναι παρ' ὑμῖν τῆς προστασίας ἀξίους, καὶ ὡς ἐκ πόλεως τοσαύτης καὶ οὕτω καὶ ὑπὸ τοιούτων ἡγμένης ἄνωθεν · ἑνὸς δ' οὐδένα δύναμαι προτιμῆσαι τῶν παρ' ὑμῖν τιμίων τοῦ θεοφιλεστάτου υἱοῦ ἡμῶν Βασιλείου τοῦ πρεσβυτέρου (λέγω δ' ὡς ὑπὸ Θεῷ μάρτυρι), ἀνδρὸς καὶ βίῳ καὶ λόγῳ κεκαθαρμένου

5 τὴν Ἐκκλησίαν udfΞ : τῆς Ἐκκλησίας gB ‖ συνδιακινδυνεύειν u : συγκινδυνεύειν dfgh ‖ **6** Post τῆς ὑμετέρας, add. καὶ νῦν h, quod e sequenti καὶ νῦν patet esse depromptum ‖ πασῶν udfh : ἁπασῶν g ‖ **7** ἐπειδή vdfgh : ἐπεί u ‖ καί ante ἡμᾶς om. F ‖ δέ ante γήρᾳ om. Ξ ‖ καί ante αὐτοί om. I ‖ παρείημεν uvfgh : παρήειμεν d ‖ εἰ δὲ τὰ τῆς ἀσθενείας νικῴη, ὅσα IB : εἰ δὲ τὰ τῆς ἀσθενείας νικώσης ἀπολειφθείην, ὅσα uv εἰ δὲ τῆς ἀσθενείας νικώσης ἀπολειφθείην, ὅσα d εἰ δὲ τῆς ἀσθενείας νικώσης, ὅσα Π[1] (Π[2] m. r. add. ἀπολειφθείην ante ὅσα) εἰ δὲ τὰ τῆς ἀσθενείας νικᾷ, ὅσα F εἰ δὲ τὰ τῆς ἀσθενείας νικώσης, ὅσα Ξ ‖ συνεισφέρομεν uvRfgh : συνεισφέρωμεν P ‖ **8** Καί ante πείθομαι add. g ‖ καὶ ἄλλους ... ἀξίους om. Π[1] suppl. Π[2] marg. man. rec. ‖ καί ante ὡς om. uvgh.

seul entre tous, ou du moins le mieux possible, peut, à ces deux points de vue, tenir contre les circonstances présentes et contre cette démangeaison de parler que les hérétiques font prévaloir[1]. **9** J'écris cela aux prêtres, aux moines, à l'ordre des magistrats et des sénateurs et à tout le peuple. Si tel est votre avis et si notre suffrage l'emporte, suffrage droit et intègre, attendu qu'il est exprimé d'accord avec Dieu, alors je suis et je serai en esprit avec vous, ou plutôt j'ai déjà mis la main à l'œuvre et j'ai confiance en l'Esprit. **10** Mais si vous étiez d'un autre avis et non de celui-là, si une telle question se décidait d'après les coteries et les parentés, et si la violence de la foule troublait encore la sérénité du vote, faites à votre guise ce qui vous plaît ; nous, nous resterons chez nous.

XLII

A EUSÈBE DE SAMOSATE[2]

Juin-septembre 370.

1 Qui me donnera des ailes comme celles de la colombe[3]? Ou comment faut-il que se renouvelle ma vieillesse[4], pour que je puisse passer jusqu'auprès

1. Grégoire a maintes fois censuré cette tendance des sectes ariennes à discuter indiscrètement sur le problème trinitaire (voir en particulier le Discours 27).

2. C'est toujours Grégoire l'Ancien qui, par la plume de son fils, demande à Eusèbe, évêque de Samosate, de venir à Césarée pour favoriser l'élection de Basile. Évêque de Samosate, en Comagène, dans le diocèse civil d'Orient, Eusèbe n'a pas à élire Basile, l'élection étant réservée aux évêques de la province ; mais, défenseur intrépide de la foi, il a un prestige qui profitera à la cause de Basile. Cette lettre ne se trouve que dans une seule de nos familles de manuscrits ; elle est donnée par certains manuscrits des lettres de Basile et elle a figuré dans la correspondance de ce dernier jusqu'au jour où les éditeurs bénédictins la restituèrent à Grégoire. Ainsi qu'ils l'ont vu, ce n'est pas une lettre de Basile, mais relative à l'élection de Basile ; celui qui écrit est un vieil évêque cappadocien, autrement dit Grégoire l'Ancien à qui son fils prête sa plume (d'ailleurs une scholie l'indique dans un manuscrit) ; la lettre s'adresse à un évêque d'une région

καὶ μόνου τῶν πάντων, ἢ ὅτι μάλιστα, κατ' ἀμφότερα δυναμένου στῆναι πρὸς τὸν νῦν καιρὸν καὶ τὴν κατέχουσαν τῶν αἱρετικῶν γλωσσαλγίαν. 9 Ταῦτα καὶ ἱερατικοῖς γράφω καὶ μοναστικοῖς καὶ τοῖς ἐκ τοῦ ἀξιωματικοῦ καὶ βουλευτικοῦ τάγματος καὶ τοῦ δήμου παντός. Εἰ μὲν οὖν τοῦτο συνδόξειε καὶ ἡ ψῆφος ἡμῶν κρατοίη, οὕτως ὀρθῶς τε καὶ ὑγιῶς ἔχουσα, ὡς μετὰ Θεοῦ ψηφιζομένη, καὶ πάρειμι πνευματικῶς καὶ παρέσομαι, μᾶλλον δ' ἐπιβέβληκα τὴν χεῖρα ἤδη καὶ θαρρῶ τῷ Πνεύματι. 10 Εἰ δ' ἄλλο τι καὶ μὴ τοῦτο συνδόξειε καὶ κατὰ φατρίας καὶ συγγενείας τὰ τοιαῦτα κρίνοιτο καὶ ἡ ὀχλώδης χεὶρ πάλιν παρασύροι τὸ ἀκριβές, πράττοιτε καθ' ὑμᾶς τὸ ἀρέσκον, ἡμεῖς δὲ συσταλησόμεθα.

XLII

<ΕΥΣΕΒΙΩΙ ΣΑΜΟΣΑΤΩΝ>

1 Τίς δώσει μοι πτέρυγας ὡσεὶ περιστερᾶς ; ἢ πῶς ἀνακαινισθῇ μου τὸ γῆρας, ὥστε με δυνηθῆναι διαβῆναι πρὸς τὴν ὑμετέραν ἀγάπην καὶ τόν τε πόθον,

9 ψηφιζομένη Y^2d : ψηφιζομένων Y^1vfgh ‖ 10 παρασύροι uvPgh : παρασύρει R ‖ συσταλησόμεθα uvdfFh : συσταλησώμεθα I.

XLII. Codices : g = IF. Exstat etiam in quibusdam codicibus epistularum Basilii, inter quos eminent *Laurentianus* IV-14 (id est noster codex L, sed inter epistulas Basilii), *Athous Vatopedi* 72 (saec. X), *Parisinus Coislin.* 237 (saec. XI).

Titulus : Εὐσεβίῳ Σαμοσάτων nos : Γρηγόριος g (post rasuram I) add. I marg. : φαίνεται αὕτη ἡ ἐπιστολὴ τοῦ πατρὸς ἢ ἐκ προσώπου τοῦ πατρός. Codices epistularum Basilii : Γρηγογίῳ ἑταίρῳ, quod significat epistulam missam esse a Basilio ad Gregorium. Sed hanc epistulam non esse scriptam a Basilio sed de Basilio eligendo viderunt tam alii doctissimi viri, quam editores Benedictini qui docuerunt epistulam esse Gregorii loco patris sui scribentis eamque missam Eusebio Samosatensi. Unde titulus in editione Benedictinorum : Εὐσεβίῳ ἐπισκόπῳ Σαμοσατέων. Hunc titulum sine vocabulo ἐπισκόπῳ adhibuimus, ut in *epistulis* 44, 64-66.

1 τόν τε FL *Vatop. Coislin.* : τότε I.

de votre Charité, contenter le désir que j'ai de vous voir, exposer les chagrins de mon âme et trouver par vous quelque consolation dans mes épreuves? **2** En effet, à la suite de la mort du bienheureux[1] évêque Eusèbe, une crainte s'est emparée de nous, et elle n'est pas légère : nous avons peur que ceux qui épiaient jadis l'Église de notre métropole et qui voulaient la remplir d'ivraie hérétique[2], ne saisissent maintenant l'occasion pour déraciner par leurs enseignements pervers la piété[3] qui a été semée dans les âmes des hommes avec de multiples fatigues, et pour déchirer l'unité de cette Église, ainsi qu'ils l'ont fait dans beaucoup d'autres. **3** Or, lorsque nous sont parvenues des lettres du Clergé[4] nous priant de ne pas rester indifférent à son égard en une telle circonstance, j'ai jeté les yeux autour de moi et je me suis souvenu de votre charité ainsi que de votre foi droite et du zèle que vous avez sans cesse pour les Églises de Dieu. **4** Aussi ai-je envoyé le bien-aimé Eusthate, mon collègue dans le diaconat, pour prier votre Dignité et pour l'alerter : qu'elle ajoute le présent effort à tous ceux déjà accomplis pour les Églises, qu'elle assure le repos de ma vieillesse par sa venue et qu'elle maintienne la piété si connue de la droite Église[5] en lui donnant avec nous (si toutefois nous sommes jugé digne d'être votre auxiliaire en cette bonne œuvre) un pasteur selon la volonté du Seigneur, capable de diriger son peuple. **5** Nous avons, en effet, sous les yeux un homme qui ne vous est pas inconnu ; si nous sommes jugé digne de l'obtenir, je sais que nous acquerrons une grande assurance auprès de Dieu et que nous accorderons un très grand bienfait au peuple qui nous a appelé. Mais je vous demande, encore et toujours, de quitter toute hésitation et de devancer les difficultés causées par l'hiver.

voisine et qui est un grand défenseur de la foi, ce qui convient parfaitement à Eusèbe de Samosate, lequel (nous le savons par ailleurs) assista à l'élection de Basile.

1. L'évêque défunt de Césarée est appelé *bienheureux* suivant un usage qui existait déjà chez les classiques.

ὃν ἔχω ἐφ' ὑμῖν, ἀναπαῦσαι καὶ τὰ λυπηρὰ τῆς ψυχῆς διηγήσασθαι καὶ δι' ὑμῶν εὑρέσθαι τινὰ παραμυθίαν τῶν θλίψεων ; **2** Ἐπὶ γὰρ τῇ κοιμήσει τοῦ μακαρίου Εὐσεβίου τοῦ ἐπισκόπου φόβος ἡμᾶς κατέλαβεν οὐ μικρὸς μήποτε οἵ ποτε ἐφεδρεύοντες τῇ Ἐκκλησίᾳ τῆς μητροπόλεως ἡμῶν καὶ βουλόμενοι αὐτὴν αἱρετικῶν ζιζανίων πληρῶσαι, καιροῦ νῦν λαβόμενοι, τὴν πολλῷ καμάτῳ κατασπαρεῖσαν ἐν ταῖς ψυχαῖς τῶν ἀνθρώπων εὐσέβειαν ταῖς παρ' ἑαυτῶν διδασκαλίαις ἐκριζώσωσι καὶ ταύτης τὴν ἑνότητα κατατέμωσιν, ὅπερ καὶ ἐπὶ πολλῶν Ἐκκλησιῶν πεποιήκασιν. **3** Ἐπειδὴ δὲ καὶ γράμματα πρὸς ἡμᾶς ἀφίκετο τοῦ κλήρου, παρακαλοῦντα μὴ παροφθῆναι ἐν καιρῷ τοιούτῳ, περιβλεψάμενος ἐν κύκλῳ ἐμνήσθην τῆς ὑμετέρας ἀγάπης καὶ τῆς ὀρθῆς πίστεως καὶ τοῦ ζήλου ὃν ἔχετε ἀεὶ ὑπὲρ τῶν Ἐκκλησιῶν τοῦ Θεοῦ · **4** καὶ τούτου ἕνεκεν ἀπέστειλα τὸν ἀγαπητὸν Εὐστάθιον τὸν συνδιάκονον παρακαλέσαι ὑμῶν τὴν σεμνοπρέπειαν καὶ δυσωπῆσαι πᾶσι τοῖς ὑπὲρ τῶν Ἐκκλησιῶν καμάτοις καὶ τὸν παρόντα ἐπιθεῖναι κἀμοῦ τε τὸ γῆρας τῇ συντυχίᾳ ἀναπαῦσαι καὶ τῇ ὀρθῇ Ἐκκλησίᾳ τὴν περιβόητον εὐσέβειαν διορθώσασθαι, δόντας αὐτῇ μεθ' ἡμῶν (εἰ ἄρα καταξιωθείημεν συναντιλαβέσθαι ὑμῖν τοῦ ἀγαθοῦ ἔργου) ποιμένα κατὰ τὸ βούλημα τοῦ Κυρίου, δυνάμενον διευθῦναι τὸν λαὸν αὐτοῦ. **5** Ἔχομεν γὰρ πρὸ ὀφθαλμῶν ἄνδρα, ὃν οὐδ' αὐτοὶ ἀγνοεῖτε · οὗ εἰ καταξιωθείημεν ἐπιτυχεῖν, οἶδα ὅτι μεγάλην παρρησίαν πρὸς τὸν Θεὸν κτησόμεθα καὶ τῷ ἐπικαλεσαμένῳ ἡμᾶς λαῷ μεγίστην εὐεργεσίαν καταθησόμεθα. Ἀλλὰ παρακαλῶ καὶ πάλιν καὶ πολλάκις πάντα ὄκνον ὑπερθεμένους ἀπαντῆσαι καὶ προλαβεῖν τὰ ἐκ τοῦ χειμῶνος δυσχερῆ.

2 ἐκριζώσωσι F *Vatop. Coislin.* : ἐκριζώσουσι IL ‖ καί ante ἐπί om. I ‖ **3** ἀφίκετο ante πρὸς ἡμᾶς L ‖ παρακαλοῦντα IL *Vatop. Coislin.* : παρακαλοῦντος F ‖ **4** Κυρίου g *Vatop. Coislin.* : Θεοῦ L ‖ **5** καταθησόμεθα FL *Vatop. Coislin.* : καθησόμεθα I ‖ καί ante πάλιν om. g.

XLIII

AUX ÉVÊQUES[1]

Juin-septembre 370.

1 Que vous êtes aimables, bons et débordants de charité ! Vous nous invitez à la métropole où vous allez, je crois, faire quelque délibération au sujet d'un évêque ; c'est ce que je devine par vous, sans que vous me déclariez ni qu'il faut y aller, ni dans quel dessein, ni à quel moment : vous nous faites connaître subitement que vous êtes partis de chez vous. **2** On dirait que vous êtes des gens décidés à ne pas nous rendre honneur ou nullement désireux d'avoir notre collaboration, mais soucieux de nous empêcher d'être là afin de ne pas rencontrer notre opposition. Tels sont vos procédés et nous supporterons l'outrage ; mais notre sentiment, tel qu'il est, nous allons le faire connaître. **3** Les uns vont évidemment proposer un candidat, les autres un autre, selon le caractère ou les intérêts de chacun, ainsi qu'il arrive généralement en pareil cas. Nous, nous ne pouvons préférer personne — car ce ne serait pas juste — à notre très honorable fils, le prêtre Basile. **4** Qui donc, parmi ceux que nous connaissons, trouvons-nous de plus recommandable par sa conduite, ou de plus puissant par sa parole, et complètement entraîné à une vertu éclatante ? Si la faiblesse de sa santé est une objection, je dis que ce n'est pas un athlète que vous avez à élire, mais un maître pour la doctrine, et en même temps, n'est-il pas vrai, il y a ce qui est possible à celui qui fortifie et soutient les faibles[2], s'ils sont dans cet état. **5** Si vous agréez ce suffrage,

1. Les évêques de la province de Cappadoce sont réunis à Césarée pour procéder à l'élection du nouvel évêque de cette ville (voir lettre 40, 41, 42). Ils ont fait connaître à Grégoire l'Ancien qu'ils se réunissaient ; car les prescriptions canoniques ordonnaient que l'on prévînt dans ce cas les évêques de la province. Mais, ne se souciant point de voir venir un partisan déclaré de Basile, ils ne lui ont dit ni qu'il devait venir, ni à quel moment, ni quel était le but de leur rassemblement.

XLIII

ΤΟΙΣ ΕΠΙΣΚΟΠΟΙΣ

1 Ὡς ἡδεῖς ὑμεῖς καὶ φιλάνθρωποι καὶ περιττοὶ τὴν ἀγάπην· κεκλήκατε ἡμᾶς ἐπὶ τὴν μητρόπολιν, ὡς οἶμαι, περὶ ἐπισκόπου τι βουλευσόμενοι, — τοῦτο γὰρ ὑμῶν αἰσθάνομαι, οἵ γε μήθ' ὅτι παρεῖναι δεῖ, μήτ' ἐφ' ᾧ, μήθ' ὅτε προαγορεύσαντες, ἀθρόως ἡμῖν ὅτι ἐξώρμησθε δεδηλώκατε, 2 ὡς ἂν τινες οὐ τιμᾶν ἐγνωκότες ἢ κοινωνοὺς ἔχειν ἐσπουδακότες, ἀλλὰ τὸ παρεῖναι ἀποσπουδάζοντες, ἵνα μηδ' ἄκουσιν ἡμῖν περιπέσητε. Τὸ μὲν οὖν ὑμέτερον τοιοῦτον, καὶ οἴσομεν ὑβριζόμενοι· τὸ δ' ἡμέτερον, ὅπως ἔχει, παραστήσομεν. 3 Ἄλλοι μὲν ἄλλους δηλαδὴ προβαλοῦνται, κατὰ τοὺς ἑαυτῶν ἕκαστος τρόπους ἢ πόρους, ὅπερ ἐν τοῖς τοιούτοις φιλεῖ συμβαίνειν. Ἡμεῖς δ' οὐδένα προτιμῆσαι δυνάμεθα, οὐδὲ γὰρ ὅσιον, τοῦ τιμιωτάτου υἱοῦ ἡμῶν Βασιλείου τοῦ πρεσβυτέρου. 4 Τίνα γάρ, ὧν ἴσμεν, εὑρίσκομεν ἢ βίῳ δοκιμώτερον, ἢ λόγῳ δυνατώτερον, καὶ πανταχόθεν εἰς ἀρετῆς κάλλος ἐξησκημένον ; Εἰ δὲ ἀσθένεια πρόφασις, — οὐ γὰρ ἀθλητὴν προβαλεῖσθε, ἀλλὰ διδάσκαλον, καὶ ἅμα που τὸ δυνατὸν τοῦ τοὺς ἀσθενεῖς, ἅνπερ ὦσι τοιοῦτοι, ῥώννυντος καὶ ὑπερείδοντος. 5 Ἂν ταύτην δέχησθε

XLIII. Codices : u = Y, v = L, d = PR, f = Π, g = IF, h = BΞ.

Titulus : Τοῖς ἐπισκόποις codd. (addunt ὡς ἀπὸ τοῦ πατρός dΠ² man. rec. ὡς ἐκ τοῦ πατρός F ὁ πατὴρ Γρηγορίου I).

1 βουλευσόμενοι uvdfgB : βουλευόμενοι Ξ ‖ ὅτι uvdf : ὅτε gh ‖ προαγορεύσαντες vgh : προσαγορεύσαντες u προσαγορεύοντες df ‖ 2 κοινωνούς uvdgh : κοινούς Π¹ (-νω- suppl. Π² marg. man. rec.) ‖ ἄκουσιν uvdfg : ἤκουσιν h ‖ ὅπως ἔχει udΠ² s. u. man. rec. : ἔχει πῶς vΠ¹ πῶς ἔχει gh ‖ 3 ἕκαστος dfgh : ἕκαστοι uv ‖ πρεσβυτέρου dfh : συμπρεσβυτέρου uvg ‖ 4 Εἰ δὲ ἀσθένεια df : Ἡ δὲ ἀσθένεια uvgh ‖ προβαλεῖσθε uvdfh : προβάλλεσθαι I προβάλλεσθε F ‖ 5 ταύτην uvΠ² m. r. : τούτου dΠ¹gh.

nous serons avec vous et nous vous aiderons, soit spirituellement, soit même corporellement. Mais si l'on marche suivant des conditions déterminées et si les factions devaient triompher contre la justice, nous sommes heureux d'avoir été laissé de côté. Que cette affaire soit vôtre, et priez pour nous.

XLIV

A EUSÈBE DE SAMOSATE[1]

Septembre 370.

1 Par où commencerai-je ton éloge? Comment puis-je t'appeler pour te nommer exactement? Colonne et fondement[2] de l'Église, ou flambeau dans le monde[3], en employant les mêmes expressions que l'Apôtre, ou bien couronne de gloire[4] pour le groupe intact des chrétiens? Ou bien don de Dieu[5], soutien de la patrie, règle de la foi, ambassadeur de la vérité, ou tous ces titres à la fois, et plus encore? **2** Et je vais confirmer l'excès de mes louanges par les choses que nous voyons : quelle pluie est venue aussi opportunément pour la terre altérée[6]? quelle eau jaillissant du rocher, pour ceux qui étaient dans le désert[7]? Quel pain des Anges de cette sorte l'homme a-t-il mangé[8]? **3** Pour quels disciples Jésus, notre commun Seigneur, arriva-t-il si heureusement quand ils étaient submergés, pour calmer la mer et sauver ceux qui étaient en péril[9] — comme toi tu es

1. L'élection de Basile se heurtait à l'opposition d'un certain nombre d'évêques (voir lettre 43). Il manquait une voix (voir le Discours 18 de Grégoire, § 36, Migne, *P. G.*, t. 35, 1033 A 11-12). Grégoire l'Ancien, malade, s'arrache à son lit et part pour apporter le suffrage nécessaire (Discours 18, *ibid.*). Grégoire de Nazianze ne vint pas à Césarée : la lettre 40 nous dit pourquoi ; mais il confia à son père cette missive pour Eusèbe de Samosate qui était à Césarée (voir lettre 42).

2. *Ire Épître à Timothée*, III, 15.

3. *Épître aux Philippiens*, II, 15.

4. *Ire Épître aux Thessaloniciens*, II, 19.

5. *Saint Jean*, IV, 10.

τὴν ψῆφον, καὶ παρεσόμεθα καὶ συλληψόμεθα ἢ πνευματικῶς, ἢ καὶ σωματικῶς. Εἰ δ' ἐπὶ ῥητοῖς ἡ ὁδὸς καὶ κρατεῖν μέλλοιεν αἱ συστάσεις παρὰ τὸ δίκαιον, χαίρομεν παρεωραμένοι. Ὑμέτερον ἔστω τὸ ἔργον, ἡμῶν δ' ὑπερεύχεσθε.

XLIV

ΕΥΣΕΒΙΩΙ ΣΑΜΟΣΑΤΩΝ

1 Πόθεν ἄρξομαι τῶν σῶν ἐγκωμίων ; καὶ τί προσειπών σε κυρίως ἂν ὀνομάσαιμι ; στύλον καὶ ἑδραίωμα τῆς Ἐκκλησίας, ἢ φωστῆρα ἐν κόσμῳ, τὰ αὐτὰ τῷ Ἀποστόλῳ φθεγγόμενος, ἢ στέφανον καυχήσεως τῷ σῳζομένῳ μέρει Χριστιανῶν, ἢ Θεοῦ δῶρον, ἢ πατρίδος ἔρεισμα, ἢ κανόνα πίστεως ἢ πρεσβευτὴν ἀληθείας, ἢ ὁμοῦ πάντα καὶ πλείω τούτων ; 2 Καὶ τὴν ὑπερβολὴν τῶν ἐπαίνων τοῖς ὁρωμένοις πιστώσομαι. Τίς οὕτως ὑετὸς ὥριμος ἦλθε διψώσῃ γῇ ; Ποῖον ἐκ πέτρας ὕδωρ τοῖς ἐν ἐρήμῳ πλημμυροῦν ; Τίνα τοιοῦτον ἄρτον ἀγγέλων ἔφαγεν ἄνθρωπος ; 3 Τίσιν Ἰησοῦς, ὁ Κύριος ὁ κοινός, τοῖς ἑαυτοῦ μαθηταῖς οὕτως ἐν καιρῷ βαπτιζομένοις ἐπέστη, ἵνα καὶ τὸ πέλαγος ἡμερώσῃ καὶ τοὺς κινδυνεύον-

5 καί ante σωματικῶς om. g ‖ ὑπερεύχεσθε uL^2dfI^2F : ὑπερεύχεσθαι L^1 I^1.

XLIV. Codices : u = YM, v = LA, d = PR, f = Π, g = IF, h = BΞ.

Titulus : Εὐσεβίῳ Σαμοσάτων nos (ut in *epistula* 64) : Εὐσεβίῳ ἐπισκόπῳ Σαμοσατῶν καὶ ὁμολογητῇ f Εὐσεβίῳ ἐπισκόπῳ Σαμοσάτων g Εὐσεβίῳ ἐπισκόπῳ Σαμοσατέων h τῷ αὐτῷ (id est : Εὐσεβίῳ Σαμοσατέων d Εὐσεβίῳ ἐπισκόπῳ Σαμοσάτων ἐν ἐξορίᾳ ὄντι A πρὸς Εὐσέβιον ἐπίσκοπον Σαμοσάτων ἐν ἐξορίᾳ ὄντα uL, cf. *ep*. 64).

1 ἄρξομαι uLdfgh : ἄρξωμαι A ‖ τὰ αὐτά uvdfFh : ταῦτα αὐτά I ‖ 2 πιστώσομαι uvdfIh : πιστώσομεν F ‖ ὥριμος uvdgh : ὅριος Π in rasura, ὥριμος forsan prius scripto ‖ ἐρήμῳ uvdfh : ἐρημίᾳ g ‖ 3 Verba inter Ἰησοῦς et μαθηταῖς om. dfgh.

apparu pour nous qui peinions, qui nous affligions et qui faisions presque déjà naufrage? Et pourquoi parler de ce qui concerne les autres? De quel bonheur et de quelle joie n'as-tu pas rempli les âmes des orthodoxes, et de combien d'hommes n'as-tu pas fait cesser le désespoir?

4 Aussi bien, notre mère l'Église, celle de Césarée veux-je dire, dépouille vraiment à cette heure les habits de son veuvage[1] en te voyant; elle reprend sa robe de joie[2] et elle va briller plus encore lorsqu'elle aura un pasteur digne d'elle, digne des évêques précédents et de vos mains[3].

5 Quant à nous, tu vois toi-même où nous en sommes[4] et quels miracles ont fait ton zèle, tes sueurs et ton crédit auprès de Dieu : la vieillesse se rénove[5], la maladie est vaincue, on voit bondir ceux qui étaient cloués au lit et les faibles ont la force pour ceinture[6]. D'après cela, je conjecture que nos projets vont réussir selon nos vœux. **6** Tu as donc auprès de toi mon père, en son nom et au nôtre; à toute sa vie et à sa vénérable vieillesse il veut donner comme épilogue glorieux ce combat livré maintenant pour l'Église[7]. Et nous le verrons revenir, j'en suis sûr, raffermi et rajeuni par vos prières, dont on doit tout attendre quand on s'en remet à elles. S'il venait à expirer dans cette tâche, ce n'est pas un malheur que d'avoir une telle fin et pour une telle cause. **7** Quant à moi, je le demande, pardonnez-moi si je me tiens quelque temps à l'écart des langues des méchants[8] et si j'accours seulement un peu plus tard vers vous pour vous serrer dans mes bras et pour ajouter de vive voix à mes louanges tout ce que j'ai omis maintenant.

1. L'Église devient veuve à la mort de l'évêque : ce dernier est l'époux de l'Église, comme le Christ, qu'il représente. L'expression « dépouille les vêtements de son veuvage » est une réminiscence de *Judith*, X, 2.

2. Voir *Isaïe*, LXI, 3, 10; *Zacharie*, III, 3-5; *S. Luc*, XV, 22.

3. Les mains de l'évêque, qui vont consacrer le nouveau pasteur.

4. Allusion à la maladie de son père, l'évêque de Nazianze.

6. *Ier Livre des Rois*, II, 4.

τας περισώσηται, οἷος σὺ κάμνουσιν ἡμῖν καὶ ἀνιωμένοις καὶ οἷον ἤδη ναυαγοῦσιν ἐφάνης ; Τί δεῖ τὰ τῶν ἄλλων λέγειν, ὅσης εὐθυμίας καὶ ἡδονῆς ψυχὰς ὀρθοδόξων ἐνέπλησας, καὶ ὅσων ἀπόγνωσιν ἔλυσας ;

4 Ἀλλ' ἡ μήτηρ ἡμῶν Ἐκκλησία, τὴν Καισαρέων λέγω, νῦν ὄντως ἀποδύεται τὰ ἐνδύματα τῆς χηρεύσεως ἐπὶ τῇ σῇ θέᾳ καὶ στολὴν εὐφροσύνης ἀναλαμβάνει καὶ λαμπρυνθήσεται μᾶλλον, ἐπειδὰν ποιμένος τύχῃ ἑαυτῆς τε καὶ τῶν προειληφότων καὶ τῶν ὑμετέρων χειρῶν ἀξίου.

5 Τὰ γὰρ ἡμέτερα καὶ αὐτὸς ὁρᾷς οἷα καὶ ὅσον ἐθαυματούργησεν ὁ σὸς ζῆλος καὶ ἱδρὼς καὶ ἡ κατὰ Θεὸν παρρησία · γῆρας ἀνακαινίζεται καὶ ἀρρωστία νικᾶται καὶ πηδῶσιν οἱ ἐπὶ κλίνης καὶ ἀσθενοῦντες περιζωννύονται δύναμιν. Τούτοις εἰκάζω καὶ τὰ ἡμέτερα κατὰ νοῦν ἐκβήσεσθαι. 6 Τὸν μὲν οὖν πατέρα ἔχεις καὶ ἀνθ' ἑαυτοῦ καὶ ἀνθ' ἡμῶν, τέλος παντὶ τῷ βίῳ καὶ τῇ σεμνῇ πολιᾷ καλὸν ἐπιθήσοντα, τὸν νῦν ὑπὲρ τῆς Ἐκκλησίας ἀγῶνα. Καὶ δεξόμεθα τοῦτον, εὖ οἶδα, εὐχαῖς ὑμετέραις ἐρρωμενέστερόν τε καὶ νεανικώτερον, αἷς δεῖ πάντα πιστεύειν θαρροῦντα · εἰ δὲ κἂν τῇ φροντίδι καταλύσειεν, οὐ ζημία τοιαύτης καὶ ἐπὶ τοιούτοις τυχεῖν τελευτῆς. 7 Ἐμοὶ δέ, παρακαλῶ, συγγνώμην ἔχετε, εἰ, μικρὸν ταῖς τῶν πονηρῶν γλώσσαις ὑποχωρήσας, μικρὸν ὕστερον ὑμῖν καὶ προσδράμοιμι καὶ περιπτυξαίμην καὶ ὅσα παρεῖται νῦν δι' ἐμαυτοῦ προσθείην τῆς εὐφημίας.

3 τά om. h ‖ **4** τὴν Καισαρέων u[2] γρ. A (rasura inter illa duo uerba) dfgh : τὴν κατὰ Καισαρεῖς u[1] τὴν κατὰ Καισαρέων L (rasura in A indicare uidetur uerbum κατά primum esse scriptum) ‖ λαμπρυνθήσεται u : λαμπρύνεται cett. ‖ **5** περιζωννύονται uLA[1]Ξ : περιζώννυνται dfg περζώννυνται B ‖ ἡμέτερα uvgh : ὑμέτερα df ‖ **6** ἔχεις uvd : ἔχοις fgh ‖ δεξόμεθα uΠ[1]gh : δεξαίμεθα vΠ[2] s. u. δεξώμεθα d ‖ τε om. dg ‖ δεῖ πάντα h : πάντα δεῖ uvdfg ‖ πιστεύειν θαρροῦντα nos : θαρροῦντα πιστεύειν uvh πιστεύειν θαρροῦντας dfg ‖ κἀν uvdh : κἄν f καί g ‖ **7** ἔχετε, εἰ, μικρόν dfgh : ἔχετε καὶ εἰ μικρόν u ἔχετε εἰ καὶ μικρόν v ‖ Verba inter ταῖς et ὑποχωρήσας om. I ‖ προσδράμοιμι uLh : προσδραμοῦμαι dfg προσδράμοιμοι (aut : -μουμοι) A ‖ περιπτυξαίμην uvdfBg : περιπτύξαιμι Ξ.

XLV

A BASILE[1]

En 370, après septembre.

1 Lorsque j'ai appris que tu avais été placé sur ce trône élevé et que l'Esprit, triomphant, avait mis sur le chandelier la lumière[2] qui, d'ailleurs, auparavant ne luisait pas obscurément, je me suis réjoui, j'en conviens. Comment ne l'aurais-je pas fait, voyant que l'ensemble de l'Église[3] était mal en point et avait besoin d'une telle direction ? **2** Cependant je ne suis pas accouru vers toi aussitôt, et je n'accourrai pas ; évite même de me demander de le faire. D'abord, je dois sauvegarder ton prestige ; et toi, tu ne dois pas avoir l'air de grouper tes partisans sous l'effet de je ne sais quelle sottise et quelle ambition, comme diraient tes détracteurs. **3** En second lieu, je dois arriver à m'affermir et à n'avoir pas de dépit[4]. Quand viendras-tu donc, me diras-tu peut-être, et jusques à quand tarderas-tu ? Jusqu'à ce que Dieu m'ordonne de partir, et quand auront passé les ombres de ceux qui nous attaquent en ce moment et nous dénigrent. **4** Car les lépreux ne persisteront pas, j'en suis sûr, à résister et à empêcher David d'entrer à Jérusalem[5].

1. Basile est élu. On est donc après septembre 370, date de son élévation. Grégoire lui explique dans cette lettre pourquoi il n'accourt pas pour le féliciter. Tout le monde s'imaginait, en effet, qu'il allait venir auprès de son ami et être associé à son pouvoir (c'est ce que Grégoire dit lui-même dans l'oraison funèbre de Basile : Discours 43, § 39 ; Migne, *P.G.*, t. 36, 548 C 11-D 3).

2. *S. Matthieu*, V, 15.

3. Grégoire pense ici uniquement à l'Orient où les difficultés étaient nombreuses (arianisme, schisme d'Antioche, etc.) et il espère que l'action de Basile s'exercera sur l'ensemble de l'Église d'Orient.

4. « Grégoire semble éprouver comme un malaise à voir rompue, par cette nouvelle dignité, l'égalité qu'il a toujours réclamée dans ses relations d'amitié » (S. Giet, *Sasimes*, Paris, 1941, p. 67, n. 4).

5. *IIe Livre des Rois*, V, 6.

XLV

ΒΑΣΙΛΕΙΩΙ

1 Ἐπειδή σε τεθέντα ἐπὶ τὸν ὑψηλὸν θρόνον ἔγνων καὶ τὸ Πνεῦμα ἐνίκησε, τὸν λύχνον ἐπὶ τῆς λυχνίας δημοσιεῦσαν, οὐδὲ τὸ πρὶν ἀμυδρῶς λάμποντα, ἥσθην μέν, ὁμολογῶ. Τί δ' οὐκ ἔμελλον, τὸ κοινὸν τῆς Ἐκκλησίας ὁρῶν κακῶς ἔχον καὶ τοιαύτης χρῇζον χειραγωγίας ; 2 Προσέδραμον δ' οὐκ εὐθύς, οὐδὲ προσδραμοῦμαι· μηδέ γε τοῦτο αὐτὸς ἀπαιτήσῃς. Πρῶτον μέν, ἵνα σοι τὸ σεμνὸν φυλάξω καὶ μὴ συναγαγεῖν δόξῃς τοὺς σπουδαστὰς ὑπό τινος ἀπειροκαλίας τε καὶ θερμότητος, ὡς ἂν φαῖεν οἱ διαβάλλοντες. 3 Δεύτερον δέ, ἵν' ἐμαυτῷ πραγματεύσωμαι τὸ σταθερόν τε καὶ ἀνεπίφθονον. Πότ' οὖν ἥξεις, τυχὸν ἐρεῖς, καὶ μέχρι τίνος ἀναδύσῃ ; Ἕως ἂν ὅ τε Θεὸς κελεύσῃ καὶ παρέλθωσιν αἱ σκιαὶ τῶν νῦν ἐπιτιθεμένων καὶ βασκαινόντων. 4 Οὐ γὰρ ἐπὶ πλεῖον ἀνθέξουσιν οἱ λεπροί, σαφῶς οἶδα, τῷ Δαυῒδ τὴν Ἱερουσαλὴμ ἀποκλείοντες.

XLV. Codices : u = Y, v = L, d = PR, f = Π, g = IF, h = ΒΞ.

Titulus : Βασιλείῳ edd. : Τῷ αὐτῷ uvdg (id est : Γρηγόριος Βασιλείῳ uF τῷ μεγάλῳ Βασιλείῳ L de quo uide *epist.* 8 Βασιλείῳ ἑταίρῳ d Βασιλείῳ Γρηγόριος I) Γρηγόριος Βασιλείῳ ἐπισκόπῳ γενομένῳ f τῷ αὐτῷ (id est : Βασιλείῳ) ἐπισκόπῳ h (λοιπὸν γενομένῳ add. B).

1 τὸ om. Π[1], add. Π[2] s. u. man. rec. ‖ 2 αὐτός uvdfIh : αὐτό F ‖ τὸ σεμνόν uvdfFh : τι σεμνόν I ‖ φυλάξω uvdfIh : περιφυλάξω F ‖ συναγαγεῖν uvgh : συνάγειν df ‖ τε om. uv ‖ 3 σταθερόν uvRfgh : στερρόν P ‖ ἀναδύσῃ ugΞ : ἀναδυήσῃ vdf ἀναδυήσει B ‖ τε om. Ξ ‖ κελεύσῃ vdf : κελεύῃ ugΞ κελεύει B.

XLVI

AU MÊME[1]

En 370, après septembre.

1 Comment ce qui te concerne est-il pour nous un grapillon, divin et saint ami[2]?

Quel mot s'est échappé de l'enclos de tes dents[3]?

Ou comment as-tu eu l'audace de dire cela (afin que je prenne moi-même un peu d'audace)? Comment cette pensée t'est-elle venue, comment l'encre l'a-t-elle écrite, comment le papier l'a-t-il acceptée? **2** Ah! études, Athènes, nobles actions, sueurs versées pour les belles-lettres! Tu fais presque de moi un tragédien, avec ce que tu écris[4]! Est-ce que tu nous méconnais ou que tu te méconnais toi-même, toi qui es l'œil de l'univers, toi qui en es la voix et la trompette éclatante[5], toi, la basilique de l'éloquence[6]? **3** Ce qui te concerne est peu pour Grégoire? Mais quel autre objet d'admiration pourrait-on avoir sur terre, si Grégoire ne t'admirait? **4** Il n'y a qu'un printemps parmi les saisons, un soleil parmi les astres, un ciel qui embrasse toute chose, une seule voix qui l'emporte sur tout : la tienne! — s'il est vrai que je suis capable de porter des jugements de cette sorte et si l'amitié ne m'abuse, ce que je ne pense pas. **5** Si tu nous reproches de ne pas t'admirer comme tu le mérites, adresse aussi ce reproche à tous les hommes; car jamais

1. Basile, dans une lettre qui est perdue, se plaignait de ce que Grégoire ne venait pas lui rendre visite après son élévation au siège de Césarée : le début de la lettre 46 montre que Basile avait écrit que son ami le considérait comme un *grappillon* (ἐπιφυλλίς) que le vendangeur néglige et rejette.

2. Littéralement : *divine et sainte tête* (cf. lettre 32, § 13).

3. Vers homérique (par exemple : *Iliade*, IV, 450).

4. Les exclamations qui précèdent rappellent en effet celles que l'on trouve parfois dans la tragédie; cf. lettre 5, § 5.

5. Voir *Saint Matthieu*, XXIV, 31.

XLVI

ΤΩΙ ΑΥΤΩΙ

1 Πῶς ἐπιφυλλὶς ἡμῖν τὰ σά, ὦ θεία καὶ ἱερὰ κεφαλή ; ποῖον σε ἔπος φύγεν ἕρκος ὀδόντων ; ἢ πῶς τοῦτο εἰπεῖν ἐθάρρησας, ἵνα τι καὶ αὐτὸς θαρρήσω μικρόν ; Πῶς ἢ διάνοια ὥρμησεν ἢ μέλαν ἔγραψεν ἢ χάρτης ἐδέξατο ; 2 Ὦ λόγοι καὶ Ἀθῆναι καὶ ἀρεταὶ καὶ λόγων ἱδρῶτες · μικροῦ γάρ με καὶ τραγῳδὸν οἷς γράφεις ποιεῖς. Πότερον ἡμᾶς ἀγνοεῖς ἢ σεαυτόν, ὁ τῆς οἰκουμένης ὀφθαλμός, ἡ μεγάλη φωνὴ καὶ σάλπιγξ, τὸ τῶν λόγων βασίλειον ; 3 Μικρὰ Γρηγορίῳ τὰ σά ; Τί ἂν οὖν τίς ἄλλο θαυμάσειε τῶν ἐπὶ γῆς, εἰ μὴ σὲ Γρηγόριος ; 4 Ἓν μὲν ἔαρ ἐν ὥραις, εἷς δ' ἥλιος ἐν ἀστράσιν, εἷς δὲ περιέχων ἅπαντα οὐρανός, μία δὲ φωνὴ κατὰ πάντων ἡ σή, εἴπερ τι ἐγὼ τὰ τοιαῦτα ἱκανὸς κρίνειν μηδ' ἀπατᾷ με τὸ φίλτρον, ὅπερ οὐκ οἴομαι. 5 Εἰ μὲν ὅτι μὴ πρὸς ἀξίαν θαυμάζομεν, τοῦτο ἐγκαλεῖς, ἐγκάλει καὶ πᾶσιν

XLVI. Codices : u = Y, v = C, d = PR, f = Π, g = IF, h = BΞ.

Titulus : Τῷ αὐτῷ uvd (id est : Βασιλείῳ u Γρηγόριος Βασιλείῳ v Βασιλείῳ ἑταίρῳ d) : Προαιρεσίῳ Π¹ (ut uidetur) IF¹B Βασιλείῳ Π² marg., man. rec. F² Τῷ μεγάλῳ Βασιλείῳ Ξ.

1 ἐπιφυλλίς uvdB²Ξ : ἐπιφυλλιοῖς f ἐπιφυλλιεῖς g ἐπιφυλλεῖς B¹ ‖ ἢ ante πῶς om. h ‖ ἐθάρρησας dΠ¹h : ἐθάρσησας uvΠ² s. u. g ‖ θαρρήσω ufh : θαρσήσω dg θαρσήσας C ‖ ἢ ante μέλαν om. df ‖ **3** Τί ἂν οὖν τίς ἄλλο θαυμάσειε nos : τί οὖν τις ἄλλο θαυμάσειε udf τίνα οὖν τις ἄλλον θαυμάσει C τίνα οὖν τίς ἄλλον θαυμάσειε *Marcianus gr. 80* (saec. XII) e familia v τί ἂν οὖν τις ἄλλο θαυμάσειεν I τί οὖν ἂν τις ἄλλο θαυμάσειεν F τί ἂν οὖν τις ἄλλος θαυμάσιε B τί ἂν οὖν τις θαυμάσειε Ξ ‖ **4** εἷς δὲ περιέχων dfh : εἷς τε περιέχων uvg ‖ ὁ ante οὐρανός add. I ‖ φωνὴ κατὰ πάντων dfgh : κατὰ πάντων φωνή uv ‖ τὰ τοιαῦτα ἱκανός dfgh : ἱκανὸς τὰ τοιαῦτα uv ‖ οἴομαι dfΞ : οἶμαι uvgB ‖ **5** θαυμάζομεν u d g h : θαυμάσωμεν C θαυμάζωμεν Π.

personne ne t'a admiré ni ne t'admirera dignement sinon toi-même et ta majestueuse voix, — s'il était permis de se louer soi-même et si les règles de l'éloquence nous y autorisaient. **6** Et si tu nous accuses de dédain, pourquoi pas de folie, tout d'abord? T'indignes-tu de ce que nous sommes philosophe?[1] Permets-moi de le dire : c'est là la seule chose qui soit plus élevée que ton éloquence.

XLVII

AU MÊME[2]

Début de 372.

1 J'apprends que tu es troublé par la nouvelle division de la province et que tu as des difficultés par suite de je ne sais quelle ingérence sophistique de ceux qui s'emparent du pouvoir[3] : c'est leur habitude. A cela, rien d'étonnant. Je n'ignorais pas, en effet, que l'on te jalouse et que, dans ton entourage, beaucoup qui n'avaient en vue, au travers de toi, que leurs propres intérêts, sont en train d'allumer l'étincelle des sentiments mesquins. **2** A vrai dire, je ne crains pas que tu éprouves, au milieu de tes afflictions, quelque chose d'étranger à un philosophe[4] et d'indigne de toi-même et de nous. Je crois, au contraire, que c'est maintenant surtout que mon Basile va se révéler, que la philosophie amassée par toi de tout temps va se manifester, et que, placé, pour ainsi dire, sur une haute vague, tu vas dominer les calomnies et rester inébranlable, tandis que les autres s'agitent. **3** Si tu

1. Grégoire entend faire passer la vie contemplative avant tout.

2. Au début de 372 (cf. Hauser-Meury, *Prosopographie*, p. 41, n. 47), un décret de l'Empereur Valens divise la Cappadoce : il y aura la Première Cappadoce, dont Césarée demeure la métropole, et la Seconde Cappadoce qui aura pour capitale Tyane. Anthime, évêque de Tyane, prétend dès lors n'être plus suffragant de Basile de Césarée et il s'érige lui-même en évêque métropolitain.

ἀνθρώποις· οὐδὲ γὰρ ἄλλος τις ἀξίως ἐθαύμασεν ἢ θαυμάσεται, ὅτι μὴ καὶ σὺ καὶ ἡ σὴ μεγαλοφωνία, εἴπερ οἷόν τ' ἦν ἑαυτὸν ἐπαινεῖν καὶ τοῦτο εἶχεν ἡμῖν ὁ τῶν λόγων νόμος. 6 Εἰ δὲ τὸ καταφρονεῖν ἐγκαλούμεθα, τί μὴ μανίαν πρότερον ; Ἀλλ' ὅτι φιλοσοφοῦμεν, ἀγανακτεῖς ; Δὸς εἰπεῖν, τοῦτο μόνον καὶ τῶν λόγων τῶν σῶν ὑψηλότερον.

XLVII

ΤΩΙ ΑΥΤΩΙ

1 Πυνθάνομαί σε ταράσσεσθαι παρὰ τῆς νέας καινοτομίας καὶ πράγματα ἔχειν ἀπό τινος σοφιστικῆς τῶν κρατούντων καὶ συνήθους περιεργίας· καὶ θαυμαστὸν οὐδέν. Οὐ γὰρ ἠγνόουν τὸν φθόνον καὶ ὅτι πολλοὶ τῶν περὶ σὲ τὰ ἑαυτῶν διὰ σοῦ θεραπεύοντες καὶ τὸν σπινθῆρα τῆς μικροψυχίας ἀνάπτοντες. 2 Ἐκεῖνο μὲν οὖν οὐ δέδοικα, μή τι πάθῃς ἀφιλόσοφον ἐν τοῖς λυπηροῖς καὶ σεαυτοῦ καὶ ἡμῶν ἀνάξιον. Ἀλλ' ἡγοῦμαι νῦν δὴ καὶ μάλιστα γνωρισθήσεσθαι τὸν ἐμὸν Βασίλειον, καὶ ἣν ἐν παντὶ τῷ χρόνῳ συνελέξω φιλοσοφίαν, διαδειχθήσεσθαι, καὶ ὑπερσχήσειν τὰς ἐπηρείας, ὥσπερ ὑψηλῷ κύματι, καὶ μενεῖν ἄσειστον, ἄλλων τινασσομένων. 3 Εἰ δὲ δοκεῖ,

5 ἀξίως ἐθαύμασεν uvΞ : ἀξίως ἢ ἐθαύμασεν dfgB || 6 δὸς εἰπεῖν τοῦτο udfIh : δὸς ἡμῖν τοῦτο v F.

XLVII. Codices : u = Y, v = L, d = PR, f = Π, g = I F, h = BΞ.

Titulus : Τῷ αὐτῷ uvdfh (id est : Γρηγόριος Βασιλείῳ u Τῷ μεγάλῳ Βασιλείῳ v de quo uide *epist.* 8 Βασιλείῳ ἑταίρῳ d Γρηγόριος Βασιλείῳ ἐπισκόπῳ γενομένῳ f Βασιλείῳ h) : Βασιλείῳ Γρηγόριος I Γρηγόριος Βασιλείῳ F.

1 ταράσσεσθαι uvdfh : ταράττεσθαι g || Οὐ dfgh : οὐδέ uv (quod e praecedenti οὐδέν uenisse uidetur) || τῶν om. dfh || 2 οὐ om. Π^1 add. Π^2 man. rec. || γνωρισθήσεσθαι uvd Π^2 man. rec. h : γνωρίσισθαι Π^1 γνωθήσεσθαι I γνωσθήσεσθαι F || τῷ om. h || μενεῖν df : μένειν cett. || τινασσομένων d : ταρασσομένων cett.

le veux, j'irai moi-même auprès de toi pour te communiquer, à l'occasion, quelque avis (à supposer que la mer ait besoin d'eau et toi de quelqu'un pour te conseiller) ; en tout cas, j'irai pour en retirer moi-même quelque fruit et pour m'exercer à supporter avec toi les outrages.

XLVIII

AU MÊME[1]

Vers Pâques 372.

1 Ne cesseras-tu de nous reprocher d'être ignorant, grossier, étranger à l'amitié, indigne même de vivre, parce que nous avons eu l'audace de comprendre ce qui nous est arrivé ?[2] Car nous ne faisons pas d'autre mal, tu peux en convenir toi-même, nous n'avons conscience d'aucun tort, ni petit, ni grand, à ton égard, et puissions-nous ne nous en jamais sentir coupable ! Mais nous nous sommes aperçu de ceci seulement : on nous a trompé[3] ; il est trop tard, mais nous nous en sommes aperçu ! **2** Nous accusons le trône épiscopal, qui t'a subitement élevé au-dessus de nous[4]. Nous sommes fatigué d'entendre des reproches sur ta manière d'agir, et de nous défendre auprès de ceux qui connaissent bien et notre passé et la situation présente : car ce qu'il y a de plus ridicule ou de plus lamentable dans ce qui nous arrive, c'est d'être à la fois victime et accusé ; voilà présentement notre sort ! **3** Les uns te reprochent ceci, les autres cela, chacun ce qui lui plaît[5], selon son humeur ou selon la mesure de la colère qu'il éprouve à cause de nous ; les plus modérés t'accusent

2. Après les protestations de Grégoire devant la pression exercée pour lui faire accepter un siège épiscopal, il laisse éclater sa déception devant l'obstacle de la violence d'Anthime.

4. « On » désigne à la fois S. Basile et Grégoire l'Ancien.

5. Le mépris de Grégoire à l'égard de la foule se manifeste plus d'une fois (voir lettres, 33, 6 ; 40, 4, 10). Outre l'éloignement instinctif pour la masse dont l'agitation trouble la contemplation, l'influence platonicienne ne semble pas étrangère à ce sentiment.

καὶ αὐτὸς παρέσομαι, τυχὸν μὲν καὶ γνώμης τινὸς κοινωνήσων (εἴπερ ὕδατος δεῖται θάλασσα καὶ σὺ τοῦ συμβουλεύσοντος)· πάντως δέ, ὠφεληθησόμενος καὶ φιλοσοφήσων τὸ συνυβρίζεσθαι.

XLVIII

ΤΩΙ ΑΥΤΩΙ

1 Οὐ παύσῃ βλασφημῶν ἡμᾶς ὡς ἀπαιδεύτους καὶ σκαιοὺς καὶ ἀφίλους καὶ οὐδὲ ζῆν ἀξίους, ὅτι συνιέναι τετολμήκαμεν ἃ πεπόνθαμεν; Οὐ γὰρ ἄλλο γε οὐδὲν ἀδικοῦμεν, αὐτὸς ἂν εἴποις, οὐδέ τι σύνισμεν ἡμῖν αὐτοῖς ἢ μικρὸν ἢ μεῖζον περὶ σὲ κακοῖς γεγονόσι, μηδὲ συγγνοίημεν· πλὴν τοῦτο μόνον ἔγνωμεν ἠπατημένοι, ὀψὲ μὲν ἄγαν, ἔγνωμεν δέ. 2 Καὶ τὸν θρόνον αἰτιώμεθα, ὡς ὑψηλότερόν σε ἡμῶν ἀθρόως ποιήσαντα. Καὶ κάμνομεν τὰ σὰ ἐγκαλούμενοι καὶ ἀπολογούμενοι πρὸς τοὺς σαφῶς εἰδότας καὶ τὰ πρῶτα ἡμῶν καὶ τὰ νῦν· τοῦτο γὰρ ὧν πάσχομεν τὸ γελοιότατον ἢ ἐλεεινότατον, τοὺς αὐτοὺς καὶ ἀδικεῖσθαι καὶ ἐγκαλεῖσθαι, ὅπερ νῦν ἡμῖν συμβέβηκεν. 3 Ἐγκαλοῦσι δ' ἄλλοι μὲν ἄλλο τι καὶ ὅ τι ἂν ἕκαστος βούληται, κατὰ τὸν ἑαυτοῦ τρόπον ἢ τὸ μέτρον τῆς ὑπὲρ ἡμῶν ὀργῆς· οἱ φιλανθρωπότατοι δέ, ὑπεροψίαν

3 συμβουλεύσοντος uvh : συμβουλεύοντος cett. ‖ ὠφεληθησόμενος uvdfΞ : ὠφελησόμενος gB ‖ τὸ συνυβρίζεσθαι om. v.

XLVIII. Codices : u = Y, v = L, d = PR, f = Π, g = IF, h = B Ξ.

Titulus : Τῷ αὐτῷ uvdfgh (id est : Γρηγόριος Βασιλείῳ uI Βασιλείῳ Γρηγόριος vF Βασιλείῳ ἑταίρῳ d Γρηγόριος Βασιλείῳ πρὸς ταῦτα f Γρηγόριος Βασιλείῳ ἐπισκόπῳ λοιπὸν γενομένῳ B τῷ αὐτῷ ἐπισκόπῳ Ξ).

1 ἀπαιδευτοὺς καί udΠ² marg. : om. v Π¹gh ‖ συνιέναι Π² h (συνειέναι B) : συνεῖναι cett. ‖ οὐδέν post ἀδικοῦμεν g ‖ ἡμῖν αὐτοῖς gh : αὐτοῖς ἡμῖν uv ἡμῖν ἑαυτοῖς df ‖ 2 ἡμῶν om. v ‖ καί ante ἀδικεῖσθαι om. Ξ ‖ ἢ ἐλεεινότατον udfgh : καὶ ἐλεεινότατον v ‖ καί ante ἡμῖν add. u.

de dédain et de mépris, disant que tu nous as jeté de côté après t'être servi de nous, comme l'ustensile le plus vulgaire, le plus dénué de valeur, ou bien comme ces supports sur lesquels reposent les voûtes, et que l'on enlève et dont on ne fait aucun cas, quand l'édifice se tient ! **4** Mais laissons ces gens de côté ; laissons-les dire tout ce qu'ils veulent : nul ne réfrènera la liberté des langues ! Pour toi, renonce — tu me le dois — à ces bienheureuses et vaines espérances que tu t'es forgées contre ceux qui te censurent et qui disent que tu nous outrages, sous prétexte d'honneur, comme un homme léger et bien fait pour ce genre de choses[1] ! **5** Moi, je vais te faire connaître mon état d'âme, tel qu'il est, et ne t'en fâche point contre moi. Je vais te dire ce que j'ai crié sous le coup de l'émotion[2] ; car je n'ai pas été bouillonnant de colère ou bouleversé par l'événement au point de perdre la raison et de ne pas savoir ce que je disais ! **6** « Je ne me procurerai pas des armes, je n'apprendrai pas l'art militaire, que je n'ai pas appris plus tôt, quand le moment semblait plus indiqué, quand tout le monde était armé et furieux[3]... tu connais le peu de force des faibles ! Je ne me battrai pas contre le belliqueux Anthime, bien qu'il soit un guerrier hors de saison ; car je suis désarmé, ignorant de la guerre et trop sujet aux blessures ! **7** Fais-lui toi-même la guerre, si cela te plaît ; car la nécessité rend souvent belliqueux les faibles, ou bien cherche des gens pour se battre, quand il voudra s'emparer de

1. Grégoire joue sur le double sens de καταβάλλειν : *payer* ce que l'on doit, et *renoncer à* ce qu'on espérait. Basile espérait que Grégoire, en prenant possession de l'évêché de Sasimes, ferait cesser toutes les calomnies.

2. C'est-à-dire la première fois que Basile lui parla de l'évêché de Sasimes. Basile vint à Nazianze tout exprès pour cela, il s'assura l'appui de Grégoire l'Ancien, et il conféra l'épiscopat à son ami, malgré les protestations de l'intéressé... Ces protestations, il est vrai, se calmèrent pour faire place à un consentement provisoire ; car Grégoire de Nazianze ne pouvait résister à une volonté de son père fermement exprimée (voir le poème *Sur sa vie*, v. 386-425, Migne, *P.G.*, 37, 1056-1058 ; et comparer les v. 357-362 et 495-522, *ibid.*, col. 1054, 1063-1065).

καὶ περιφρόνησιν καὶ τὸ παρερρίφθαι ἡμᾶς μετὰ τὴν χρείαν, ὥσπερ τῶν σκευῶν τὰ ἀτιμότατα καὶ τοῦ μηδενὸς ἄξια ἢ τῶν ἐρεισμάτων ταῦτα ὑπὲρ ὧν αἱ ἀψῖδες, ἃ μετὰ τὴν πῆξιν ὑφαιρεῖται καὶ διαπτύεται. 4 Τούτους μὲν οὖν χαίρειν ἐάσωμεν καὶ λέγειν ὅ τι ἂν λέγωσιν· οὐδεὶς ἐφέξει γλώσσης αὐτονομίαν. Καὶ σύ μοι τὸν μισθὸν κατάβαλε τὰς μακαρίας καὶ κενὰς ἐλπίδας, ἃς κατὰ τῶν βλασφημούντων ἐξεῦρες, ὡς διὰ τιμὴν ὑβρίζων τοὺς κούφους ἡμᾶς καὶ προχείρους πρὸς τὰ τοιαῦτα. 5 Ἐγὼ δὲ τὸ ἐμὸν ὡς ἔχει δηλώσω, καί μοι μηδὲν ὀργισθῇς. Ἐρῶ γὰρ ἃ καὶ παρ' αὐτὰ τοῦ πάθους ἀπεφθεγξάμην, οὐ τοσοῦτον ἢ τῷ θυμῷ ζέσας ἢ τῷ γεγονότι καταπλαγείς, ὥστε κλαπῆναι τοὺς λογισμοὺς καὶ ἀγνοεῖν ἅπερ ἔλεγον. 6 « Οὔτε ὅπλα κτήσομαι, οὔτε τὰ τακτικὰ μαθήσομαι, ἃ μὴ πρότερον ἔμαθον, ἡνίκα καιρὸς εἶναι μᾶλλον ἐδόκει, πάντων ὁπλιζομένων καὶ μαινομένων (οἶσθα τὰ τῶν ἀσθενῶν ἀρρωστήματα), οὔτε τὸν ἀρήιον Ἄνθιμον ὑποστήσομαι, καίπερ ἄωρον ὄντα πολεμιστήν, ψιλός τ' ὢν καὶ ἀπόλεμος καὶ πρὸς τὰ τραύματα ἐπιτηδειότερος. 7 Ἀλλ' ἐκείνῳ μὲν αὐτὸς πολέμει, εἰ τοῦτό σοι φίλον (καὶ γὰρ τοὺς ἀσθενεῖς πολλάκις αἱ χρεῖαι ποιοῦσι πολεμιστάς), ἢ ζήτει τοὺς πολεμήσοντας, ὅταν σου τῶν

3 ἀψῖδες vP : ἀψίδες uRfgh ‖ καί ante μετά add. Π[1], del. Π[2] ‖ 4 ἐάσωμεν ufg : ἐάσομεν vdh ‖ κατάβαλε uvdfFh : κατάβαλλε I ‖ τὰς μακαρίας καὶ κενὰς ἐλπίδας uvdfI[2] : τὰς μακαρίας καὶ τὰς κενὰς ἐλπίδας I[1] τὰς μακαρίας καὶ τὰς καινὰς ἐλπίδας F τὰς μακαρίας ἐλπίδας B τὰς μακρὰς καὶ κενὰς ἐλπίδας ἢ καὶ μακαρίας Ξ (uerba ἢ καὶ μακαρίας uidentur fuisse uaria lectio pro : μακράς, ambae uero lectiones in textum postea sunt admissae) ‖ 5 ἔχει uvdfFh : εἶχε I ‖ παρ' αὐτὰ τοῦ πάθους uvIB : παρ' αὐτὸ τὸ πάθος dfΞ παρ' αὐτοῦ τοῦ πάθος F ‖ ἢ post τοσοῦτον om. g ‖ 6 οὔτε τὰ τακτικά uvΞ : οὔτε τακτικά dfgB ‖ γάρ post οἶσθα add. h ‖ τὰ τῶν ἀσθενῶν ἀρρωστήματα Y[2] marg. γρ. (genuina lectio : uide huius *epist.* §7) : τῶν Ἀθηνῶν τὰ ἀριστεύματα Y[1] τὰ τῶν Ἀθηνῶν ἀρρωστήματα vdΠ[2] marg. g τὰ τῶν Ἀθηνῶν ἀριστεύματα Π[1] τῶν Ἀθηνῶν τὰ ἀρρωστήματα h.

tes mules, en gardant les défilés, tout comme cet Amalec qui barrait la route à Israël[1]. Quant à nous, au lieu de tout, donne-nous le repos[2]. **8** Pourquoi faut-il donc que je me batte pour des cochons de lait et des volatiles, qui ne sont même pas à moi, comme s'il s'agissait d'âmes et de règles canoniques? Pourquoi faut-il priver la métropole de son « illustre » Sasimes, ou bien découvrir et dévoiler le secret de ta pensée, qu'il vaudrait mieux cacher? » **9** Agis donc virilement, sois fort, attire tout à ta propre gloire, comme les fleuves attirent les torrents, et, sans préférer une amitié et une intimité qui procèdent de la vertu et de la piété, sans t'inquiéter de l'impression que tu produiras en agissant de la sorte, sois au seul Esprit. **10** Pour nous, nous retirerons de ton amitié ce seul avantage : ne pas se fier aux amis et ne rien préférer à Dieu!

XLIX

AU MÊME[3]

Vers Pâques 372.

1 Tu nous reproches l'oisiveté et la paresse parce que nous n'avons pas pris possession de ta Sasimes, parce que nous ne nous remuons pas comme un évêque, et parce que nous ne vous armons pas les uns contre les autres, comme une pâture jetée entre des chiens! mais pour moi la plus grande action, c'est l'inaction[4]. **2** Et — pour que tu connaisses une de mes qualités —

1. *Exode*, XVII, 8 sv. Ce que Grégoire dit de l'ardeur belliqueuse d'Anthime n'est pas une exagération humoristique : dans l'oraison funèbre de saint Basile, Grégoire a raconté que l'évêque de Tyane était là, à la tête de ses gens, proclamant qu'il défendait ses fils spirituels, les âmes, la foi et qu'il ne fallait pas payer redevance aux hérétiques... D'ailleurs, comme le remarque Grégoire dans ce même passage, tout homme qui vous gênait était hérétique! (Discours 43, § 58, Migne, *P.G.*, 36, 572 B).

2. C'est-à-dire l'exemption du ministère épiscopal et la possibilité de s'adonner à la vie ascétique et à la contemplation. C'est un « repos »... d'un genre spécial et qui ne mérite ce nom que par l'absence d'activité extérieure.

ἡμιόνων λαμβάνηται, τὰ στενὰ τηρῶν καὶ ὥσπερ ὁ Ἀμαλὴκ ἐκεῖνος εἴργων τὸν Ἰσραήλ. Ἡμῖν δ' ἀντὶ πάντων δοῦναι τὴν ἡσυχίαν. 8 Τί γὰρ δεῖ μάχεσθαι περὶ γαλαθηνῶν καὶ ὀρνίθων, καὶ τοῦτο ἀλλοτρίων, ὡς δὴ περὶ ψυχῶν καὶ κανόνων ; Τί δὲ τῶν λαμπρῶν Σασίμων ἀποστερεῖν τὴν μητρόπολιν, ἢ γυμνοῦν καὶ ἀνακαλύπτειν τὸ τῆς γνώμης ἀπόρρητον, συγκρύπτειν δέον ; » 9 Ἀλλὰ σὺ μὲν ἀνδρίζου καὶ κραταιοῦ καὶ πάντα ἕλκε πρὸς τὴν σεαυτοῦ δόξαν, ὥσπερ οἱ ποταμοὶ τοὺς χειμάρρους, μήτε φιλίαν μήτε συνήθειαν τοῦ καλοῦ προτιμῶν καὶ τῆς εὐσεβείας μήτε τοῦ ποῖός τις εἶναι δόξεις ἐκ τοῦ ταῦτα ποιεῖν φροντίζων, ἀλλ' ἑνὸς ὢν τοῦ πνεύματος. 10 Ἡμεῖς δὲ τοῦτο μόνον κερδανοῦμεν τῆς σῆς φιλίας, τὸ μὴ πιστεύειν φίλοις μήτε τοῦ Θεοῦ ποιεῖσθαί τι προτιμότερον.

XLIX

ΤΩΙ ΑΥΤΩΙ

1 Ἐγκαλεῖς ἡμῖν ἀργίαν καὶ ῥᾳθυμίαν, ὅτι μὴ τὰ σὰ Σάσιμα κατειλήφαμεν μηδ' ἐπισκοπικῶς κινούμεθα μηδ', ὥσπερ κυσὶ βρῶμα ῥιφὲν ἐν μέσῳ, κατ' ἀλλήλων ὑμᾶς ὁπλίζομεν · ἐμοὶ δὲ μεγίστη πρᾶξίς ἐστιν ἡ ἀπραξία. 2 Καὶ ἵν' εἰδῇς τι τῶν ἐμῶν καλῶν, τοσοῦτον τῇ ἀπραγ-

7 στενά d Π² gB²Ξ : στέρνα uvΠ¹ B¹ ‖ 9 δόξεις dfΞ : δόξης uvFB δόξει I ‖ 10 μήτε uvdfg : μηδέ h (Videtur Gregorius aliquoties usus uno μήτε uel οὔτε sine altero : uide *epist.* 114, 165, 232. Quod uero attinet ad hunc usum apud scriptores graecos tempore Romani imperii, uide Jannaris, *An historical greek Grammar*, § 1723 b).

XLIX. Codices : u = Y, v = L (usque ad : ὁπλίζομεν) C, d = PR, f = Π, g = I F, h = B Ξ.

Titulus : Τῷ αὐτῷ codd. (id est : Γρηγόριος Βασιλείῳ uCfF Βασιλείῳ Γρηγόριος LI Βασιλείῳ ἑταίρῳ d Τῷ αὐτῷ ἐπισκόπῳ h λοιπὸν γενομένῳ add. B).

1 τὰ σὰ Σάσιμα Ξ : τὰ Σάσιμα uvdfgB ‖ ἐν om. R.

je suis si fier de mon inactivité que je crois même être pour tous un modèle de grandeur d'âme sur ce point. **3** Et si tous nous imitaient, il n'y aurait pas de difficultés pour les Églises et la foi ne serait pas mise en pièces, en servant d'arme à chacun dans ses querelles personnelles !

L

AU MÊME[1]

Année 372, après Pâques.

1 Avec quelle ardeur tu bondis, tel un jeune poulain, dans tes lettres ! Et il n'y a rien d'étonnant que, goûtant depuis peu à la gloire, tu veuilles mettre en valeur devant nous cette gloire que tu découvres[2], afin de te montrer encore plus imposant, comme font les peintres qui peignent les beaux sujets. **2** Quant à moi, t'expliquer tout, — ce qui concerne les évêques, ce qui regarde la lettre dont tu t'indignes, d'où nous sommes parti, jusqu'où nous nous sommes avancé, où nous nous sommes arrêté, — cela me paraît dépasser les dimensions d'une lettre et constituer le sujet moins d'une apologie que d'une histoire ! **3** Mais pour exposer la chose en peu de mots, je dirai que le très noble Anthime est venu à nous avec quelques évêques, soit pour rendre visite à mon père — c'est ce qui apparaissait, — soit pour tenter... ce qu'il a tenté. **4** Il nous a mis à l'épreuve maintes fois et sur maints

1. Grégoire ne resta pas longtemps dans la retraite où il avait fui. Il céda aux prières de son père qui le rappelait à Nazianze et, revenu dans sa patrie, il aida Grégoire l'Ancien dans l'administration de son petit diocèse (voir le poème *Sur sa vie*, v. 495-525, Migne, *P.G.*, 37, 1063-1065). Or, comme Nazianze était en Seconde Cappadoce, Anthime vint visiter Grégoire l'Ancien et son fils pour les détacher de Basile. Peine perdue. Il appela ensuite Grégoire à un synode. Il essuya un refus. Enfin il demanda à Grégoire de s'employer à obtenir un accord entre Basile et lui-même. Grégoire accepta et écrivit à ce sujet à son ami. Basile, se croyant trahi, répondit en termes très vifs. La lettre 50 remet les choses au point.

μοσύνῃ φιλοτιμοῦμαι, ὥστ' οἴεσθαι καὶ νόμος εἶναι πᾶσι τῆς περὶ τοῦτο μεγαλοψυχίας. 3 Καὶ ὡς εἰ πάντες ἡμᾶς ἐμιμοῦντο, οὐδὲν ἂν ἦν πρᾶγμα ταῖς Ἐκκλησίαις οὐδ' ἂν ἡ πίστις παρεσύρετο, τῶν ἰδίων ἑκάστῳ φιλονεικιῶν ὅπλον τυγχάνουσα.

L

ΤΩΙ ΑΥΤΩΙ

1 Ὡς θερμὸν ἐξάλλῃ καὶ πωλικὸν ἐν τοῖς γράμμασι· καὶ θαυμαστὸν οὐδὲν ἄρτι σε δόξης γευόμενον ἡμῖν ἐπιδείκνυσθαι βούλεσθαι ἥντινα δόξαν εὑρίσκεις, ἵν' οὕτω σεαυτὸν μᾶλλον σεμνοποιῇς, ὥσπερ τῶν γραφέων οἱ τὰς ὥρας γράφοντες. 2 Ἐμοὶ δὲ τὸ μὲν πάντα ἐκδιηγεῖσθαι, τὰ τῶν ἐπισκόπων καὶ τὰ τῆς ἐπιστολῆς, ἐφ' ᾗ σὺ δυσχεραίνεις, ὅθεν τ' ἠρξάμεθα καὶ ὅπη προέβημεν καὶ εἰς ὃ κατελήξαμεν, μακρότερον ἢ κατ' ἐπιστολὴν εἶναι φαίνεται καὶ οὐκ ἀπολογίας μᾶλλον ἔργον ἢ ἱστορίας. 3 Ὡς δὲ συντόμως δηλῶσαι, ἧκεν ὁ γενναιότατος Ἄνθιμος μετά τινων ἐπισκόπων, εἴτε ὡς τὸν πατέρα ἐπισκεψόμενος τὸν ἐμὸν (καὶ τοῦτο γὰρ ἔδοξεν), εἴτε σπουδάζων ἅπερ ἐσπούδασε. 4 Πολλὴν δὲ καὶ περὶ

2 περὶ τοῦτο u : περὶ τούτου C περὶ ταῦτα dfgh || 3 παρεσύρετο uvdf (cf. *epist.* 19, § 6) : περιεσύρετο gh.

L. Codices : u = Y, v = C, d = PR, g = IF, h = BΞ.

Titulus : Τῷ αὐτῷ uvdg (id est : Γρηγόριος Βασιλείῳ uvF Βασιλείῳ ἑταίρῳ d Βασιλείῳ Γρηγόριος I) : Γρηγόριος Βασιλείῳ B Βασιλείῳ Ξ.

1 γευόμενον uvIh (quae lectio potior esse uidetur ob acriorem ironiam) : γευσάμενον dF || ἥντινα uvh : ὧν τινα dF ὅντινα I || εὑρίσκεις uvgh : εὑρίσκειν d || οὕτω σεαυτόν F : οὕτως ἑαυτόν udI οὕτως αὐτόν C οὕτως σεαυτόν h || 2 τά ante τῆς ἐπιστολῆς om. dgh || ὅπῃ uvdh : ὅποι g || καί ante εἰς om. Ξ.

sujets : sur les diocèses, sur Sasimes, sur Limnai[1], sur notre consécration épiscopale, flattant, priant, menaçant, se justifiant, blâmant, louant, délimitant ses propres circonscriptions pour montrer que nous ne devons regarder que vers lui et vers la nouvelle métropole, qui est plus grande. **5** « Pourquoi, lui dis-je alors, mets-tu notre ville dans tes circonscriptions ? Ne formons-nous pas, nous aussi, l'Église, vraiment mère d'autres Églises, et depuis longtemps ? » A la fin il partit, sans résultat, fort essoufflé et nous reprochant notre basilisme, comme une sorte de philippisme[2]. **6** Crois-tu qu'en cela nous te fassions quelque tort ? Je ne le pense pas. Mais examine aussi notre lettre, pour voir comment elle a été le fait de quelqu'un qui te manque d'égards ! Ils ont imaginé[3] de nous inviter à un synode. Comme je refusais et que je qualifiais ce procédé d'« injure », ils m'ont demandé, en second lieu, de vous inviter à venir délibérer sur ces questions. **7** Je m'en suis chargé, afin que ne se produise plus ce qui s'était passé précédemment, mais en remettant tout en votre pouvoir : la question de savoir si vous acceptez la réunion, ainsi que le lieu et le moment ; c'était là l'attitude de quelqu'un qui t'honore et non de quelqu'un qui te manque d'égards ! Et comme il n'y a pas de tort de notre part dans ce qui précède, dis-nous ce qu'est la suite. S'il faut que je vous mette au courant, je vous lirai la lettre qu'Anthime nous a envoyée quand il s'est emparé de Limnai[4], malgré nos protestations et nos menaces : il insulte, il raille, il chante victoire, pour ainsi dire, sur notre

1. Les éditeurs ont fait jusqu'ici de ce mot un nom commun : λιμνῶν, et ils ont cru qu'Anthime avait occupé *les marais* de Sasimes (Sasimes est, d'ailleurs, un lieu désertique et tout dességché, Grégoire le dit nettement au v. 441 du poème *Sur sa vie*). W. M. Ramsay a vu le premier que c'était le nom d'un village des environs de Sasimes, lequel se nomme encore *Limna* pour les Grecs et *Göljik* pour les Turcs (*The historical Geography of Asia Minor*, p. 294).

2. Le mot βασιλισμός est inventé par Grégoire à l'imitation du mot φιλιππισμός de Démosthène (XVIII, 294).

3. Anthime et ses partisans.

πολλῶν πεῖραν καθείς, τῶν παροικιῶν, Σασίμων, Λιμνῶν, τῆς ἡμετέρας χειροτονίας, χαρισάμενος, αἰτήσας, ἀπειλήσας, δικαιολογησάμενος, ψέξας, ἐγκωμιάσας, κύκλους ἑαυτῷ περιγράψας, ὡς δέον πρὸς αὐτὸν μόνον ὁρᾶν ἡμᾶς καὶ τὴν νέαν μητρόπολιν, μείζονα οὖσαν. 5 « Τί περιγράφεις εἴσω τὴν ἡμετέραν πόλιν, ἡμῶν ποιουμένων καὶ τὴν Ἐκκλησίαν, ὡς ὄντως Ἐκκλησιῶν μητέρα καὶ ἄνωθεν ; » Τέλος, ἀπῆλθεν ἄπρακτος, πολλὰ περιπνεύσας, καὶ βασιλισμὸν ἡμῖν, ὡς φιλιππισμόν, ἐγκαλέσας. 6 Μὴ τοῦτο ἀδικεῖν σοι δοκοῦμεν ; Οὐκ οἶμαι. Σκόπει δὲ καὶ τὸ τῆς ἐπιστολῆς, ὅπως ἔσχε παρὰ τῶν ὑβριστῶν ἡμῶν. Κλῆσιν συνοδικὴν ἐτύπωσαν πρὸς ἡμᾶς · ἐμοῦ δ' ἀντιλέγοντος καὶ ὕβριν φάσκοντος, ἀλλὰ τό γε δεύτερον ἠξίουν δι' ἐμοῦ παρακληθῆναι ὑμᾶς περὶ τούτων βουλευσομένους. 7 Τοῦτο ὑπέστην, ἵνα μὴ τὸ πρότερον γένηται, τὸ πᾶν ἐφ' ὑμῖν ποιούμενος, εἰ βούλεσθε συναγαγεῖν αὐτούς, καὶ ὅπου, καὶ πηνίκα · ὅπερ τιμῶντος ἦν, οὐχ ὑβρίζοντος. Ἐπειδὴ δ' οὐδὲ τοῦτο ἀδικοῦμεν, εἰπὲ τὸ λειπόμενον. Εἰ δὲ δεῖ παρ' ἐμοῦ τοῦτο μαθεῖν ὑμᾶς, αὐτὴν ὑμῖν ἀναγνώσομαι τὴν Ἀνθίμου ἐπιστολήν, ἥν, ὅτε κατέσχε Λίμνας, ἡμῶν ἀπαγορευόντων καὶ ἀπειλούντων, ἐπέσταλκε πρὸς ἡμᾶς, ὑβρίζων καὶ ὀνειδίζων καὶ ὥσπερ ἐπινίκιόν τινα

4 τῶν ante Σασίμων add. FΞ ‖ Λιμνῶν nos : λιμνῶν codd. (praeter Ξ qui uerbum omisit), edd. Nos uero legimus Λιμνῶν, putans hoc esse nomen illius uici Sasimis proximi qui adhuc *Limna* uocatur. (Vide W. M. Ramsay, *The historical Geography of Asia Minor*, p. 294) ‖ 5 ἡμετέραν u : ὑμετέραν cett. ‖ περιπνεύσας vdgh : πνεύσας u ‖ 6 ἡμᾶς vgB : ὑμᾶς udΞ ‖ δι' ἐμοῦ ante ἠξίουν ponit g ‖ 7 ἐπειδή uvdgΞ : ἐπεί B ‖ Εἰ δὲ δεῖ παρ' ἐμοῦ τοῦτο μαθεῖν ὑμᾶς *Marcianus gr. 80* (saec. XII) e familia v : εἰ δὲ παρ' ἐμοῦ τοῦτο μαθεῖν ὑμᾶς u C d ἢ δεῖ παρ' ἐμοῦ τοῦτο μαθεῖν ὑμᾶς gB εἰ δεῖ παρ' ἐμοῦ τοῦτο μαθεῖν ὑμᾶς Ξ. Editores Benedictini ponunt δεῖ post τοῦτο, quae est correctio recens : cf. *Vaticanus Chisianus gr. 12* (saec. XIV) ubi δεῖ deprehenditur post τοῦτο supra uersum ‖ Λίμνας nos : λίμνας codd., edd., cf. § 4 ‖ ἐπιστόλην ante Ἀνθίμου ponit g.

défaite. **8** Alors, comment expliquer que nous offensons cet homme à cause de vous, et que nous vous déplaisons parce que nous le favorisons ? Voilà ce que tu aurais dû préalablement savoir, admirable ami, et dès lors ne pas nous manquer d'égards, entre autres raisons, parce que nous sommes prêtre. **9** D'ailleurs, si tu as par trop de prétention et de fierté, et si tu nous interpelles du haut de ta supériorité comme un évêque de métropole parlant à des évêques de petite ville ou même à des évêques sans ville[1], nous avons, nous aussi, quelque hauteur à t'opposer. C'est là un procédé très facile pour n'importe qui, et peut-être assez logique.

LI

A NICOBULE[2]

Années 384-390.

1 Parmi ceux qui écrivent des lettres (puisque tu m'interroges aussi sur ce point), certains écrivent plus longuement qu'il ne convient, et certains trop brièvement. Les uns et les autres n'atteignent pas la juste mesure[3], tout comme n'atteignent pas le but les archers qui tirent soit trop près, soit trop loin ; l'échec est égal, encore qu'il provienne de causes opposées. **2** Ce qui est la mesure pour les lettres, c'est ce que demande le sujet : il ne faut pas écrire trop longuement là où il n'y a pas beaucoup de matière, et il ne faut pas lésiner là où il y en a beaucoup. **3** Qu'est-ce à dire ? Faut-il mesurer notre savoir-faire avec le cordeau perse[4], ou au contraire avec des coudées d'enfants[5], et alors faut-il écrire si imparfaitement que ce ne soit pas même

1. Jeu de mots entre μητροπολίτης, μικροπολίταις et ἀπόλισιν. Grégoire peut dire qu'il est un *évêque sans ville*, puisqu'il n'a jamais pris possession et ne prendra jamais possession de son siège de Sasimes.

4. Écho d'une sentence qu'on retrouve dans un vers des *Aitia* de Callimaque : κρίνετε τέχνῃ, μὴ σχοίνῳ Περσίδι τὴν σοφίην (*Oxyrynchos Papyri* 2079, 18). Il s'agit d'une mesure dont la précision touche au ridicule.

καθ' ἡμῶν ᾄδων ὡς ἡττημένων. 8 Καίτοι τίνα ἔχει λόγον, ἐκείνῳ μὲν προσκρούειν δι' ὑμᾶς, ὑμῖν δ' ἀπαρέσκειν, ὡς ἐκείνῳ χαριζομένους ; Ταῦτα δὲ ἔδει πρότερον μαθεῖν, ὦ θαυμάσιε, καὶ μὴ τότε ὑβρίζειν, εἰ μή τι ἄλλο, ὡς πρεσβυτέρους. 9 Εἰ δὲ λίαν ἐπιδεικτικῶς ἔχεις καὶ φιλοτίμως, καὶ ἐξ ὑπερδεξίων ἡμῖν διαλέγῃ, ὡς μητροπολίτης μικροπολίταις, ἢ καὶ ἀπόλισιν, ἔστι καὶ ἡμῖν ὀφρὺς ἣν ἀνθέξομεν. Ῥᾷστον γὰρ τοῦτο παντί, καὶ ἴσως εὐλογώτερον.

LI

ΝΙΚΟΒΟΥΛΩΙ

1 Τῶν γραφόντων ἐπιστολὰς (ἐπειδὴ καὶ τοῦτο αἰτεῖς), οἱ μὲν μακρότερα γράφουσιν ἤπερ εἰκός, οἱ δὲ καὶ λίαν ἐνδεέστερα · καὶ ἀμφότεροι τοῦ μετρίου διαμαρτάνουσιν, ὥσπερ τῶν σκοπῶν οἱ τοξεύοντες, ἄν τε εἴσω πέμπωσιν, ἄν τε ὑπερπέμπωσι · τὸ γὰρ ἀποτυγχάνειν ἴσον, κἂν ἀπὸ τῶν ἐναντίων γίνηται. 2 Ἔστι δὲ μέτρον τῶν ἐπιστολῶν, ἡ χρεία · καὶ οὔτε μακρότερα γραπτέον, οὗ μὴ πολλὰ τὰ πράγματα, οὔτε μικρολογητέον, ἔνθα πολλά. 3 Τί γάρ ; Ἢ τῇ περσικῇ σχοίνῳ μετρεῖσθαι δεῖ τὴν σοφίαν, ἢ παιδικοῖς πήχεσι, καὶ οὕτως ἀτελῆ γράφειν ὡς μηδὲ γράφειν, ἀλλὰ μιμεῖσθαι τῶν σκιῶν τὰς

8 προσκρούειν udgh : προσκρούομεν C ‖ δέ ante ἔδει om. h ‖ μὴ τότε ud : μήτε τότε C μηδὲ τότε *Marcianus gr. 80* (saec. XII e familia v) gB μηδέποτε Ξ ‖ 9 μή ante διαλέγῃ add. F ‖ διαλέγῃ udF Ξ : διαλέγει CIB ‖ ἀνθέξομεν Ξ : ἀνθέλξομεν uvdg ἀνθέξωμεν B ‖ *καί* ante ἴσως om. C.

LI. Codices : u = Y, v = LA, d = PR, f = Π, g = IF, h = BΞ.

Titulus : Νικοβούλῳ nos : τῷ αὐτῷ codd. (id est : Πρὸς Νικόβουλον vh Νικοβούλῳ Γρηγόριος I Γρηγόριος Νικοβούλῳ F).

1 ὑπερπέμπωσι uAdfgh : ὑπερπέμψωσι L.

écrire, faut-il ne représenter que les ombres visibles à l'heure de midi[1] ou les lignes qui se présentent de face, mais dont la suite s'estompe et se laisse deviner plutôt qu'elle n'apparaît et qu'elle ne se fait reconnaître par telle ou telle de ses extrémités ; et l'on a ainsi, pour dire le mot, des approximations d'approximations ? Non, il faut fuir la démesure, d'un côté comme de l'autre, et rencontrer la juste mesure. **4** Voilà donc quel est mon point de vue sur la concision. Quant à la clarté, voici ce qu'il faut savoir : on doit éviter le plus possible l'allure d'un discours en forme et pencher vers le ton de la conversation ; et, pour le dire brièvement, la meilleure et la plus belle des lettres sera celle qui entraînera l'adhésion du profane aussi bien que celle de l'homme instruit : l'un verra qu'elle est à la portée de la foule, l'autre, qu'elle dépasse la foule ; ce sera aussi celle que l'on comprend d'emblée : car il est aussi inopportun qu'une devinette soit facile à comprendre et qu'une lettre ait besoin d'une interprétation. **5** La troisième qualité des lettres, c'est la grâce. Cette dernière, nous l'assurerons à condition de ne pas écrire d'une manière sèche, désagréable et sans coquetterie, sans parure ni toilette, comme l'on dit : par exemple, si nous nous passions de sentences, de proverbes et de traits, ou encore de plaisanteries et d'énigmes qui égaient le style, — ou, au contraire, si nous en abusions manifestement : la première manière est celle d'un rustre ; la seconde, celle d'un insatiable. **6** De tout cela l'usage doit être tel que celui de la pourpre dans les tissus. Les figures de style, nous les admettrons, mais en petit nombre et, de plus, telles qu'elles ne manquent pas de retenue. Quant aux antithèses, aux membres de phrase de longueur approximative ou égale, nous les laisserons aux sophistes ; et si, d'aventure, nous les mettions en œuvre, nous le ferions comme par manière de jeu plutôt que sérieuse-

1. C'est-à-dire : les ombres les plus marquées, les ombres saillantes. Comparaison avec l'art du dessin ou de la peinture. Nous dirions : faut-il ne tenir compte que des grandes lignes ?

μεσημβρινὰς ἢ τῶν γραμμῶν τὰς κατὰ πρόσωπον ἀπαντώσας, ὧν συνιζάνει τὰ μήκη καὶ παραφαίνεται μᾶλλον ἢ φαίνεται τῶν ἄκρων τισὶ γνωριζόμενα, καὶ ἔστιν, ὡς ἂν εἴποιμι καιρίως, εἰκασμάτων εἰκάσματα ; Δέον, ἀμφοτέρων φεύγοντα τὴν ἀμετρίαν, τοῦ μετρίου κατατυγχάνειν. **4** Περὶ μὲν δὴ τῆς συντομίας ταῦτα γινώσκω· περὶ δὲ σαφηνείας ἐκεῖνο γνώριμον, ὅτι χρὴ φεύγοντα τὸ λογοειδές, ὅσον ἐνδέχεται, μᾶλλον εἰς τὸ λαλικὸν ἀποκλίνειν· καί, ἵν' εἴπω συντόμως, αὕτη τῶν ἐπιστολῶν ἀρίστη καὶ κάλλιστα ἔχουσα, ἣ ἂν καὶ τὸν ἰδιώτην πείθῃ καὶ τὸν πεπαιδευμένον, τὸν μέν, ὡς κατὰ τοὺς πολλοὺς οὖσα, τὸν δέ, ὡς ὑπὲρ τοὺς πολλούς, καὶ ᾖ αὐτόθεν γνώριμος· ὁμοίως γὰρ ἄκαιρον καὶ γρῖφον νοεῖσθαι καὶ ἐπιστολὴν ἑρμηνεύεσθαι. **5** Τρίτον ἐστὶ τῶν ἐπιστολῶν, ἡ χάρις. Ταύτην δὲ φυλάξομεν, εἰ μήτε παντάπασι ξηρὰ καὶ ἀχάριστα γράφοιμεν καὶ ἀκαλλώπιστα, ἀκόσμητα καὶ ἀκόρητα, ὃ δὴ λέγεται, οἷον δὴ γνωμῶν καὶ παροιμιῶν καὶ ἀποφθεγμάτων ἐκτός, ἔτι δὲ σκωμμάτων καὶ αἰνιγμάτων, οἷς ὁ λόγος καταγλυκαίνεται· μήτε λίαν τούτοις φαινοίμεθα καταχρώμενοι· τὸ μὲν γὰρ ἀγροῖκον, τὸ δ' ἄπληστον. **6** Καὶ τοσαῦτα τούτοις χρηστέον, ὅσα καὶ ταῖς πορφύραις ἐν τοῖς ὑφάσμασι. Τροπὰς δὲ παραδεξόμεθα μέν, ὀλίγας δέ, καὶ ταύτας οὐκ ἀναισχύντους. 'Αντίθετα δὲ καὶ πάρισα καὶ ἰσόκωλα τοῖς σοφισταῖς ἀπορρίψομεν· εἰ δέ που καὶ παραλάβοιμεν, ὡς καταπαί-

3 γραμμῶν Y[1] : κέντρων Y[2] γρ. vd γραφῶν fgh ‖ οἷς ante ὧν add. Ξ ‖ ὧν uvdfgΞ : ἧ B ‖ συνιζάνει ... μᾶλλον om. Ξ ‖ ὡς uvgh : πῶς df ‖ μετρίου uLA (ι s. u.) dfIh : μέτρου F ‖ **4** συντομίας vdfgh : εὐμετρίας u ‖ **5** ἀχάριστα Π (ut uidetur) F : ἄχαρι uvd *Vaticanus gr. 1780* (saec XVI) qui tamen plerumque praebet textum codicis Π ἀχάριτα Ih (et forsitan Π) ‖ γράφοιμεν uvdf (cf. infra : φαινοίμεθα) : γραφόμενα I γράφωμεν F γράφομεν h ‖ καὶ ἀκαλλώπιστα, ἀκόσμητα om. g ‖ ἀκόσμητα om. B ‖ ἀκόσμητα καὶ ἀκόρητα om. Ξ ‖ φαινοίμεθα uvdfh : φαινώμεθα g ‖ **6** παραδεξόμεθα udfh : παραδεξώμεθα vg ‖ 'Αντίθετα δὲ καί uvdfg : 'Αντίθετα καί h ‖ ἀπορρίψομεν udFΞ : ἀπορρίψωμεν v f I B.

ment. **7** Ma conclusion, c'est ce que j'ai entendu dire à quelqu'un de fort habile, à propos de l'aigle : au temps où les oiseaux se disputaient la royauté et se présentaient les uns et les autres parés à qui mieux mieux, ce qui fut pour l'aigle sa plus grande beauté, ce fut de ne pas se croire beau. C'est ce point qu'il faut par-dessus tout surveiller dans les lettres : ne pas avoir de coquetterie et être le plus près possible de la nature[1]. **8** Voilà ce que nous t'envoyons, sous forme de lettre, à propos de l'art d'écrire des lettres[2]. D'ailleurs ce n'est peut-être pas bien notre affaire, à nous qui avons de plus grands sujets d'activité. Le reste, tu l'apprendras par la pratique ; car tu as d'heureuses dispositions, et les habiles en cette matière te l'enseigneront.

LII

AU MÊME

Années 384-390.

1 Tu demandes à la prairie des fleurs en automne, et tu veux faire porter des armes à Nestor malgré sa vieillesse, quand tu me réclames présentement quelque chose d'habilement écrit, à moi qui ai, de longue date,

1. Grégoire a-t-il mis ce conseil en pratique ? Si nous en jugeons avec notre goût moderne, nous trouverons que ses lettres sont très travaillées, parfois même trop. Cependant l'emploi des ornements stylistiques est plus discret dans les lettres de Grégoire que dans d'autres parties de son œuvre (par exemple, certains de ses *Panégyriques*). Mais surtout la personnalité de Grégoire est trop riche, son tempérament trop spontané pour qu'il soit prisonnier des recettes de l'école (voir l'Introduction, p. XVIII-XIX).

2. En se reportant à l'apparat critique on verra qu'une leçon tirée d'un manuscrit sans valeur par les premiers éditeurs a donné lieu à une correction ingénieuse, mais inutile, puisque les manuscrits pris comme base de cette édition donnent une leçon meilleure, appuyée sur une expression parallèle dans le membre de phrase suivant et employée dans une autre lettre.

ζοντες μᾶλλον τοῦτο ποιήσομεν ἢ σπουδάζοντες. 7 Πέρας τοῦ λόγου, ὅπερ τῶν κομψῶν τινος ἤκουσα περὶ τοῦ ἀετοῦ λέγοντος, ἡνίκα ἐκρίνοντο περὶ βασιλείας οἱ ὄρνιθες καὶ ἄλλος ἄλλως ἧκον ἑαυτοὺς κοσμήσαντες, ὅτι ἐκείνου κάλλιστον ἦν τὸ μὴ οἴεσθαι καλὸν εἶναι. Τοῦτο κἀν ταῖς ἐπιστολαῖς μάλιστα τηρητέον τὸ ἀκαλλώπιστον καὶ ὅτι ἐγγυτάτω τοῦ κατὰ φύσιν. 8 Τοσαῦτά σοι περὶ ἐπιστολῶν, ὡς δι' ἐπιστολῆς παρ' ἡμῶν· καὶ ταῦτ' ἴσως οὐ πρὸς ἡμῶν, οἷς τὰ μείζω σπουδάζεται· τἄλλα δ' αὐτός τε φιλοπονήσεις, εὐμαθὴς ὤν, καὶ οἱ περὶ ταῦτα κομψοὶ διδάξουσιν.

LII

ΤΩΙ ΑΥΤΩΙ

1 Ἐν μετοπώρῳ τὰ ἄνθη παρὰ τοῦ λειμῶνος αἰτεῖς καὶ γεγηρακότα ὁπλίζεις τὸν Νέστορα, ἐμέ τι νῦν ἀπαιτῶν

6 ποιήσομεν udΞ : ποιήσωμεν vfgB ‖ 7 ἤκουσα uLA¹dfgh : ἠκούσαμεν A² s. u. altera manu) ‖ ἄλλος uvfgh : ἄλλοι d ‖ ἧκον uvdfIh : ἦλθον F ‖ κοσμήσαντες uvdfIh : κομίσαντες F ‖ ἐγγυτάτω uvdfgΞ : ἐγγύτατον B ‖ 8 καί ante ὡς add. v ‖ παρ' ἡμῶν uvdfgh. Hanc lectionem, cui respondet infra : πρὸς ἡμῶν facile accipies praesertim si contuleris *epist.* 76, § 5 : ταῦτα παρ' ἡμῶν πρὸς τὴν σὴν λογιότητα. Editores tamen maluerunt παρῆμεν (e *Parisino gr. 920* saec. XIV) et A. Misier coniecit διῆμεν (*Revue de Philologie*, 25, 259) ‖ ἴσως οὐ πρὸς ἡμῶν uvdfIh : ἴσως οὐ παρ' ἡμῶν F ‖ εὐμαθής uvdfIh : εὐπαθής F.

LII. Codices : u = Y, v = LA, d = PR, f = Π, g = IF, h = BΞ.

Titulus : Τῷ αὐτῷ v (id est : Νικοβούλῳ) : τοῦ ἁγίου πατρὸς ἡμῶν Γρηγορίου τοῦ θεολόγου ἐπιστολαὶ διάφοροι · α' πρὸς Νικόβουλον u Τοῦ ἁγίου Γρηγορίου τοῦ θεολόγου ἐπιστολαί · α' πρὸς Νικόβουλον d Ἐπιστολαὶ διάφοροι τοῦ ἁγίου Γρηγορίου ἐπισκόπου Ναζιανζοῦ τοῦ θεολόγου · α' πρὸς Νικόβουλον f Νικοβούλῳ Γρηγόριος I Γρηγόριος Νικοβούλῳ F Τοῦ ἁγιωτάτου Γριγορίου τοῦ θεολόγου ἐπισκόπου Ναζιανζοῦ ἐπιστολαὶ διάφοροι · α' ἐπιστολὴ Νικοβούλῳ B Τοῦ ἁγίου Γρηγορίου τοῦ θεολόγου ἐπιστολαὶ διάφοροι · α' Νικοβούλῳ Ξ.

1 μετοπώρῳ uvdfh : μεθοπώρῳ g ‖ αἰτεῖς uvdfg : ἐπιζητεῖς h ‖ ἀπαιτῶν δεξιόν uvdfg : δεξιὸν ἀπαιτῶν h.

renoncé à tous les agréments de l'éloquence et de la vie. **2** Toutefois, comme tu nous imposes là un travail non pas digne d'Eurysthée ou d'Héraklès, mais bien doux et bien fait pour nous : celui de te composer un recueil de mes lettres aussi complet que possible,

> Voici maintenant ce ruban ; mets-le dans tes volumes[1] ;

il n'a pas trait aux amours, mais aux discours[2] ; il a moins d'apparat qu'il n'a d'utilité et de rapport avec notre bercail[3]. **3** Tel auteur a telle marque distinctive, tel autre en a une autre, petite ou grande ; celle de nos ouvrages, c'est d'être instructifs en sentences et en réflexions, là où la chose est possible. De même que des enfants bien nés font toujours reconnaître leur père, de même en est-il pour les ouvrages : ceux qui en ont la paternité se reconnaissent ordinairement aussi bien que lorsqu'il s'agit de caractéristiques corporelles. Voilà ce qui nous concerne. **4** Quant à toi, réponds à notre cadeau en écrivant toi-même et en profitant de ce que nous écrivons. Nous ne pouvons demander ni réclamer une récompense meilleure que celle-là, plus utile à ceux qui la demandent ou plus convenable à celui qui l'accorde.

1. Réminiscence d'un vers de l'*Iliade* (XIV, 219) : Héra, voulant s'attirer les faveurs de Zeus, demande à Aphrodite de lui prêter le ruban magique qu'elle porte autour de la poitrine et qui récèle tous les charmes. C'est en lui remettant ce ruban qu'Aphrodite prononce le vers en question : *Voici maintenant ce ruban, mets-le dans un pli de ta robe.* Grégoire emploie le mot ἱμάς (ruban) pour désigner le volume qu'il envoie à Nicobule, parce que, selon l'usage antique, ce volume est roulé et attaché par un ruban ou une lanière.

2. Par *amours* et *discours* j'essaie de rendre rapprochement voulu entre ἐρωτικόν et λογικόν : le ruban d'Aphrodite avait rapport avec les amours (ἐρωτικόν), le ruban que Grégoire envoie à Nicobule autour du volume de ses lettres a rapport avec les discours (λογικόν) ; car ces lettres sont écrites dans la prose d'art, rythmée et travaillée, qui est avant tout la prose oratoire. Pour les sophistes et les lettrés de ce temps, l'éloquence absorbe tous les genres.

δεξιὸν εἰς λόγους, ὃς πάλαι καὶ λόγου παντὸς καὶ βίου τὸ τερπνὸν καταλέλυκα. 2 Ὅμως δέ, (οὐ γὰρ Εὐρύσθειόν τινα τοῦτον ἆθλον ἐπιτάττεις ἡμῖν, οὐδὲ Ἡράκλειον, ἀλλὰ καὶ μάλα ἥμερον καὶ ἡμέτερον, τῶν ἐμῶν ἐπιστολῶν σοι συναγαγεῖν ὅσας οἷόν τε)· τῇ νῦν τοῦτον ἱμάντα ταῖς σαῖς ἐγκατάθου βίβλοις, οὐκ ἐρωτικόν, ἀλλὰ λογικόν, οὐδ' ἐπιδεικτικὸν μᾶλλον ἢ χρήσιμον καὶ τῆς ἡμετέρας αὐλῆς. 3 Ἄλλου μὲν γὰρ ἄλλο τι γνώρισμα, ἢ μικρὸν ἢ μεῖζον· τῶν δ' ἡμετέρων λόγων τὸ παιδευτικὸν ἔν τε γνώμαις καὶ δόγμασιν, ὅπη παρείκοι. Καὶ καθάπερ εὐγενεῖ τόκῳ, τοῖς λόγοις ὁ πατὴρ ἀεὶ συνεμφαίνεται· οὐχ ἧττον ἢ τοῖς σωματικοῖς ὡς τὰ πολλὰ χαρακτῆρσιν οἱ φύσαντες. Τὸ μὲν οὖν ἡμέτερον τοιοῦτον. 4 Σὺ δ' ἡμῖν ἀντιδοίης αὐτό τε τὸ γράφειν καὶ τὴν ἐξ ὧν γράφομεν ὠφέλειαν. Τούτου γὰρ ἀμείνω μισθὸν οὔτ' αἰτεῖν οὔτ' ἀπαιτεῖν ἔχομεν ἢ τοῖς αἰτοῦσι λυσιτελέστερον ἢ τῷ παρέχοντι πρεπωδέστερον.

1 πάλαι καὶ λόγου παντὸς καὶ βίου τὸ τερπνόν uvdfh : πάλαι καὶ βίου καὶ λόγου τὸ τερπνόν g ‖ 2 Ὅμως δέ, οὐ γάρ uvdfIh : Ὅμως γὰρ οὐδέ F ‖ μάλα ἥμερον καὶ ἡμέτερον dfgΞ : μάλα ἡμέτερόν τε καὶ ἥμερον uv μάλα ἥμερον καὶ φιλάνθρωπον B ‖ σοι om. F ‖ τῇ νῦν τοῦτον u (cf. *Iliad.*, XIV, 219) : τῆιν ὗν τοῦτον v σὺ τοίνυν τοῦτον dfIΞ οὐ τοίνυν τοῦτον F τοίνυν τοῦτον B. Vera lectio : τῇ νῦν (ita libri homerici) corrupta est in τοίνυν, postea scribae addiderunt σύ, ne τοίνυν esset primum uerbum ; tamen codex B nihil addidit ante τοίνυν ‖ Post ἐρωτικόν, τινα add. uLΞ (perperam, quia *isokolon* tunc deficeret) ‖ λογικόν Y^1vdfgh : ἀττικόν Y^2 γρ. ‖ 3 ἢ μικρὸν ἢ μεῖζον dfgh : ἢ μεῖζον ἢ μικρόν uv ‖ ὅπη uvdfFh: ὅποι I ‖ παρείκοι uvdfgΞ: παρήκοι B ‖ ἀεί uvdfg : αἰεί h ‖ σωματικοῖς uLA^1dfgh : σώμασι A^2 (altera manu).

LIII

AU MÊME

Années 384-390.

1 J'ai toujours préféré Basile le Grand[1] à moi-même, bien qu'il fût d'un avis opposé, et je le préfère encore, non moins par vérité que par amitié. C'est pourquoi je mets ses lettres en premier lieu et les miennes à la suite[2]. **2** Je désire en effet que partout nous soyons unis, et en même temps je donne à autrui un exemple de mesure et de soumission.

LIV

AU MÊME

Années 384-390.

Être laconique, ce n'est pas, comme tu le crois, n'écrire que quelques syllabes ; c'est dire beaucoup de choses en quelques syllabes. Ainsi je prétends qu'Homère est concis et qu'Antimaque est prolixe[3]. Comment cela ? C'est que je juge de la longueur d'après les choses exprimées, et non d'après le nombre des lettres[4].

1. Titre que Grégoire a donné volontiers à son ami, non seulement quand il fut mort (c'est le cas ici), mais même quand il était encore vivant (voir, par exemple, la lettre 25). La postérité a ratifié ce jugement en donnant ce titre à l'évêque de Césarée.

2. Texte de la plus grande importance pour nous donner une idée du recueil que Grégoire composa lui-même avec ses lettres ; on a parlé de ce recueil dans l'Introduction. Rappelons seulement ici que les lettres de Basile jointes par Grégoire aux siennes propres étaient les lettres que son ami lui avait écrites, et non pas des lettres de Basile adressées à d'autres correspondants.

3. Antimaque est un poète épique et lyrique que l'on situe vers 400 avant Jésus-Christ. Ses œuvres sont perdues. On sait cependant que sa *Thébaïde* était un poème d'une étendue considérable.

4. Jeu de mots dans le texte entre πράγμασι et γράμμασι.

LIII

ΤΩΙ ΑΥΤΩΙ

1 Ἀεὶ προτιμήσας ἐμαυτοῦ τὸν μέγαν Βασίλειον, εἰ κἀκείνῳ τοὐναντίον ἐδόκει, καὶ νῦν προτιμῶ οὐχ ἧττον διὰ τὴν ἀλήθειαν ἢ τὴν φιλίαν. Διὰ τοῦτο προθεὶς τὰς ἐκείνου ἐπιστολάς, τὰς ἐμὰς ὑποτίθημι. 2 Καὶ γὰρ ἐπιθυμῶ πανταχοῦ συνεζεῦχθαι ἡμᾶς ἀλλήλοις, καὶ ἅμα τύπον παρέχων τοῖς ἄλλοις τοῦ μετρίου καὶ τῆς ὑφέσεως.

LIV

ΤΩΙ ΑΥΤΩΙ

Τὸ λακωνίζειν οὐ τοῦτό ἐστιν, ὅπερ οἴει, ὀλίγας συλλαβὰς γράφειν, ἀλλὰ περὶ πλείστων ὀλίγας. Οὕτως ἐγὼ καὶ βραχυλογώτατον Ὅμηρον λέγω καὶ πολὺν τὸν Ἀντίμαχον. Πῶς ; τοῖς πράγμασι κρίνων τὸ μῆκος, ἀλλ' οὐ τοῖς γράμμασι.

LIII. Codices : u = Y, v = LA, d = PR, f = Π, g = IF, h = B Ξ.

Titulus : Τῷ αὐτῷ codd. (id est : Πρὸς Νικόβουλον u d f Νικοβούλῳ v g h).

1 ἐδόκει Y^1vdfFh : δοκεῖ IY^2 γρ. ‖ διά ante τὴν φιλίαν add. B ‖ προθείς vdfgh : προτιθείς Y ‖ 2 παρέχων uvdfgΞ : παρέχω B ‖ καί ante τῆς ὑφέσεως om. F ‖ ὑφέσεως uvdfFh : ἐφέσεως I.

LIV. Codices : u = Y, v = LA, d = PR, f = Π, g = IF, h = B Ξ.

Titulus : Τῷ αὐτῷ codd. (id est : Πρὸς Νικόβουλον udf Νικοβούλῳ vgh).

πῶς uLdfgh : ὡς A post rasuram unius litterae ‖ κρίνων uvd$Π^2$gΞ : κρίνω $Π^1$B.

LV

AU MÊME

Années 384-390.

Tu fuis ceux qui te poursuivent ; c'est peut-être en vertu des lois de l'amour, pour recevoir plus d'hommages. Viens donc et compense la peine que nous cause ta longue absence. Puis, si quelque motif te rappelle chez toi, tu nous laisseras de nouveau et tu t'assureras la gloire de te faire de nouveau désirer.

LVI

A THÉCLA[1]

Entre 372 et 375.

1 Le petit supplément joint à ta lettre, je l'ai reçu comme une grande épître. Je suis en effet à vous, et vous à moi[2], l'Esprit nous ayant ainsi accordés. **2** Le sachant, priez pour nous et soyez assurés qu'en toutes choses vous ne trouverez personne de plus sincère que nous et qui prenne plus de part à ce qui vous concerne, quand bien même ni une longue fréquentation ni une longue expérience ne vous l'ont encore appris. **3** Quant à vos sujets d'affliction, que faut-il vous écrire, sinon que je veux que vous considériez cela comme une occasion de sublime *philosophie*[3], que vous teniez bon dans vos malheurs et que vous luttiez ainsi

1. Cette dame est sans doute à distinguer de celle dont la lettre suivante nous apprendra la richesse et la générosité ; mais elle est probablement la même que celle à qui sont adressées les lettres 222 et 223.

2. Il semble que le pronom *vous* désigne ici Thécla et son entourage. Dans la lettre suivante, où Thécla sera seule en question, il n'y aura pas ce pluriel.

3. Sur ce mot, voir la lettre 40, § 3 et la note.

LV

ΤΩΙ ΑΥΤΩΙ

Φεύγεις διώκοντας ἴσως νόμοις ἐρωτικοῖς, ἵνα σεαυτὸν ποιῇς τιμιώτερον. Ἧκε οὖν καὶ νῦν τὴν τοῦ μακροῦ χρόνου ζημίαν ἀναπλήρωσον ἡμῖν. Καὶ εἴ τί σε τῶν αὐτόθι κατέχοι, πάλιν ἀφήσεις ἡμᾶς, ὡς ἂν σεμνότερος ᾖς πάλιν ποθούμενος.

LVI

ΘΕΚΛΗΙ

1 Τὴν σμικράν σου προσθήκην τοῦ γράμματος, ὡς μεγάλην ἐπιστολὴν ἐδεξάμην. Ἐμοὶ γὰρ ὑμεῖς καὶ ὑμῶν ἐγώ, τοῦ Πνεύματος οὕτως ἡμᾶς ἁρμόσαντος. 2 Τοῦτο εἰδότες, καὶ εὔχεσθέ τε ὑπὲρ ἡμῶν καὶ περὶ πάντων θαρρεῖτε, ὡς οὐδένας γνησιωτέρους ἡμῶν εὑρήσοντες οὐδὲ μᾶλλον τὰ ὑμέτερα κοινουμένους, εἰ καὶ μήπω μήτε συνήθεια πολλὴ μήτε πεῖρα τοῦτο ἐδίδαξε. 3 Περὶ δὲ τῶν λυπηρῶν τί χρὴ γράφειν, ἢ ὅτι βούλομαι τῆς ἄκρας φιλοσοφίας

LV. Codices : u = Y, v = LA, d = PR, f = Π, g = IF, h = BΞ.
Titulus : Τῷ αὐτῷ nos : Νικοβούλῳ codd.
ποιῇς uvdfgΞ : ποιήσῃς B ‖ Ἧκε οὖν καὶ νῦν uvdf : Ἧκε οὖν ἀλλὰ νῦν Ih Ἧκε νῦν οὖν ἀλλά F ‖ ἀναπλήρωσον LfgB : ἀναπληρώσων uAdΞ ‖ κατέχοι uvdfh : κατέχει g.

LVI. Codices : u = YM, v = LA, d = P, f = Π, g = IF, h = BΞ.
1 σμικράν df : μικράν uvgh ‖ ἁρμόσαντος dfgh : ἁρμόζοντος uv ‖ **2** καί ante εὔχεσθε om. dfgh ‖ τε om. uv ‖ οὐδένας uvh : οὐδένα df οὐδενος I οὐδενός Ξ, οὐδέν σε F ‖ εὑρήσοντες gB : εὑρίσκοντες uvdΠ[1]Ξ, εὑρήσοντα Π[2] s. u. ‖ εἰ καί uvfgh : καὶ εἰ d ‖ **3** χρὴ γράφειν uLA[1]dfgh : γράφειν χρή A[2] s. u.

contre ceux qui vous affligent, puisque aussi bien une autre conduite n'est ni possible ni sainte.

LVII

A LA MÊME[1]

Entre 372 et 375.

1 Au cours de l'année passée, un froid violent est venu sur notre patrie, et les yeux qui, sur nos vignes, déjà s'ouvraient pour éclore, ont été crevés ; elles sont restées stériles, ce qui a fait que nos coupes sont sèches et taries. **2** Et qui donc nous a poussé à te faire valoir sur le ton tragique le manque de fruits de nos plants ? C'est le désir que tu deviennes toi-même pour nous une vigne en fleur, selon le mot de Salomon[2], et un cep chargé de fruits, non point en portant du raisin, mais en exprimant le suc des raisins à des assoiffés. **3** Et quels sont ces assoiffés ? Ceux qui élèvent le mur d'enceinte de notre église[3]. Ne pouvant, moi, les rafraîchir avec le breuvage capiteux récolté

1. Sur nos six familles de manuscrits, une seule présente cette lettre. Des manuscrits des lettres de Basile, au contraire, la donnent comme étant de ce dernier. Pour compléter le témoignage de notre unique famille (la famille f, représentée par le manuscrit Π), nous avons recours pour l'établissement du texte à quatre manuscrits des lettres de Basile : le *Parisinus Coislin. 237* (XIe s.) et nos trois manuscrits IPR, mais dans la partie où ils présentent un recueil des lettres de Basile. IPR appartiennent à ce que les éditeurs de la correspondance de Basile appellent « l'embranchement A », et le *Coislin* est de « l'embranchement B » ; Π représente une troisième tradition. On a les plus sérieuses raisons de penser que la lettre 57 est de Grégoire : il y est fait allusion à la construction d'une église, or le père de Grégoire avait fait élever à ses frais l'église de Nazianze. De plus, le style est révélateur : la vivacité piquante qui va jusqu'à la préciosité, jointe à l'émotion d'un poète affligé de voir la nature souffrir des rigueurs de l'hiver, ce sont là des traits qui conviennent parfaitement à Grégoire. Les anciennes éditions attribuaient cette lettre à Basile ; mais les Bénédictins l'ont restituée à Grégoire. Sur la question de savoir comment cette lettre a pu s'introduire dans le recueil de la correspondance de Basile, voir P. Gallay, *Les manuscrits des Lettres de Saint Grégoire de Nazianze*, p. 126-127.

2. *Cantique des Cantiques*, II, 13.

καιρὸν τοῦτον νομίσαντας ἐγκαρτερεῖν τοῖς πάθεσι καὶ οὕτως ἀγωνίζεσθαι πρὸς τοὺς λυποῦντας, ἐπειδή γε ἄλλως οὔτε δυνατὸν οὔτε ὅσιον ;

LVII

ΤΗΙ ΑΥΤΗΙ

1 Τὸ παριππεῦσαν ἔτος κρυμὸς γέγονε τῇ πατρίδι βαρὺς καὶ τὰς βλεφαρίδας τῶν ἀμπέλων τὰς ἤδη πρὸς ὠδῖνας λυομένας ἀνέκοψεν· αἱ δὲ ἀπομείνασαι στεῖραι αὐχμηρὰς καὶ ἀβρόχους τὰς φιάλας ἐξειργάσαντο. 2 Τί δή ποτ' οὖν σοι τὴν τῶν φυτῶν ἀκαρπίαν ἐκτραγῳδῆσαι προήχθημεν ; Ἵνα γένῃ ἡμῖν, κατὰ τὸν Σολομῶντα, καὶ αὐτὴ ἄμπελος κυπρίζουσα καὶ κατάκαρπος κληματίς, οὐ βότρυν ἐξανθήσασα, ἀλλὰ τῶν βοτρύων ἐκθλίψασα τοῖς διψῶσι τὴν δρόσον. 3 Τίνες δέ εἰσιν οἱ διψῶντες ; οἱ τὸν περίβολον τῆς συνόδου τειχίζοντες. Τούτους ὀρεινῷ μεθύσματι ποτίζειν οὐκ ἔχων ἐγώ, ἐπὶ τὴν

3 καιρὸν τοῦτον uvgh : τοῦτον καιρόν df.

LVII. Codices : *Parisinus Coislin. 237* (saec. XI) inter epistulas Basilii IPR inter epistulas Basilii Π inter epistulas Gregorii.

Titulus : Τῇ αὐτῇ nos : Θέκλῃ *Coislin.* IPR, Πρὸς ἐλευθέραν Π.

1 γέγονε *Coislin.* : γεγένηται IPR ἐγένετο Π ‖ ἐν ante τῇ πατρίδι add. Π ‖ τὰς βλεφαρίδας τῶν ἀμπέλων *Coislin.* : τῶν ἀμπέλων τὰς βλεφαρίδας IPR τὰς βλεφαρίδας τῆς ἀμπέλου Π ‖ τὰς ἤδη om. IPR ‖ ἡμῶν post αὐχμηράς add. IPR ‖ ἐξειργάσαντο *Coislin.* PΠ : εἰργάσαντο IR ‖ 2 Τί δή ποτ' οὖν σοι τὴν τῶν φυτῶν ἀκαρπίαν ἐκτραγῳδῆσαι προήχθημεν *Coislin.* : Τί δή ποτ' οὖν σοι τῶν φυτῶν τὴν ἀκαρπίαν ἐκτραγῳδῶ IPR Τί οὖν σοι δήποτε μέλλω τὴν τῶν φυτῶν ἀκαρπίαν ἐκτραγῳδεῖν Π ‖ Ἵνα γένῃ ἡμῖν κατὰ τὸν Σολομῶντα καὶ αὐτή *Coislin.* : Ἵνα ἡμῖν κατὰ τὸν Σολομῶντα αὐτὴ γένῃ IPR Ἵνα γένῃ καὶ αὐτὴ κατὰ τὸν Σολομῶντα Π ‖ ἐξανθήσασα *Coislin.* IPR : ἀνθήσασα Π ‖ ἐκθλίψασα τοῖς διψῶσι τὴν δρόσον *Coislin.* : ἐξοινώσασα τοῖς πόνοις τὴν δρόσον IPR ἐκθλίψασα τοῖς διψῶσι δρόσον Π ‖ 3 Τίνες δέ εἰσιν οἱ διψῶντες ; Οἱ τὸν περίβολον *Coislin.* Π : Εἰσί τινες παρ' ἡμῖν ἄνδρες οἱ τὸν περίβολον IPR.

sur nos collines, je trouve refuge vers ta dextre pleine de grappes, pour que tu fasses abondamment couler vers nous tes fontaines. **4** Si tu le fais vite, tu guériras maint gosier sec et tu me réjouiras le premier, au suprême degré, moi qui te sollicite à la manière attique.

LVIII

A BASILE[1]

Année 372-373.

1 J'ai toujours vu en toi le maître de ma vie, le docteur de ma foi et tout ce que l'on peut dire de beau : et je te vois tel encore présentement. Si quelqu'un vante tes mérites, il le fait certainement soit avec moi, soit après moi, tant je suis conquis par ta piété et tant je suis purement à toi. Rien d'étonnant à cela : là où plus grande est l'intimité, plus grande aussi est la connaissance ; et là où la connaissance est plus riche, plus le témoignage aussi est parfait. **2** Et le plus grand bien de cette vie pour moi, c'est ton amitié et ton intimité. Tel je suis sur ce point, et tel je veux être.

1. Cette lettre demande, pour être bien comprise, qu'on se représente exactement la situation de l'époque au point de vue de la doctrine de la Trinité. Le Concile de Nicée avait affirmé énergiquement la divinité de la seconde Personne, le Fils ou Verbe, parce que l'arianisme faisait de cette seconde Personne une créature du Père ; mais la troisième Personne, l'Esprit Saint, n'étant pas directement attaquée par l'hérésie arienne, avait moins attiré l'attention des Père du Concile. Ces derniers s'étaient contentés d'attester qu'ils croyaient au Saint Esprit, qu'ils mentionnaient à la suite du Fils. C'était bien affirmer implicitement la divinité de la troisième Personne que de l'associer étroitement aux deux autres ; mais le Saint Esprit n'avait pas été explicitement appelé Dieu. Dans les années 372-373, la doctrine s'était explicitée et l'on commençait à donner le titre de Dieu à l'Esprit Saint. Toutefois Basile se montrait réservé sur ce point, par condescendance pour les scrupules de certains qu'il ne voulait pas choquer. Ceux qu'il entendait ménager ainsi étaient soit des orthodoxes timorés, soit des ariens modérés qu'il espérait gagner peu à peu à l'orthodoxie. Il va sans dire que la pensée de Basile était orthodoxe et que c'était un souci apostolique respectable qui lui faisait adopter cette attitude.

πολυστάφυλόν σου κεχώρηκα δεξιάν, ἵν' ἡμῖν ἐκ ποταμίας τοὺς σοὺς κελεύσῃς ἐπιρρεῦσαι κρούνους. 4 Τοῦτο γὰρ τάχος ποιήσασα πολλῶν μὲν στόματα ξηρὰ θεραπεύσεις, εὐφρανεῖς δὲ πρῶτον ὡς ἔνι μάλιστα καὶ τὸν Ἀττικιστὴν ἐπαίτην ἐμέ.

LVIII

ΒΑΣΙΛΕΙΩΙ

1 Ἐγώ σε καὶ βίου καθηγητὴν καὶ δογμάτων διδάσκαλον καὶ πᾶν ὅ τι ἂν εἴποι τις τῶν καλῶν ἐθέμην τε ἀπ' ἀρχῆς καὶ νῦν τίθεμαι· καὶ εἴ τις ἄλλος ἐπαινέτης τῶν σῶν, ἢ μετ' ἐμοῦ πάντως ἢ μετ' ἐμέ· τοσοῦτον ἥττημαί σου τῆς εὐλαβείας καὶ οὕτω καθαρῶς εἰμι σός. Καὶ θαυμαστὸν οὐδέν· οὗ γὰρ πλείων ἡ συνουσία, πλείων καὶ ἡ πεῖρα· οὗ δὲ ἡ πεῖρα δαψιλεστέρα, καὶ ἡ μαρτυρία τελεωτέρα. 2 Καὶ εἴ τι ἄλλο μοι τοῦ ζῆν ὄφελος, ἡ σὴ φιλία καὶ συνουσία. Ἔχω μὲν οὕτω περὶ τούτων, καὶ ἔχοιμι· ἃ δὲ νῦν γράφω, γράφω μὲν οὐχ ἑκών, γράφω δὲ ὅμως.

3 Post ποταμίας codd. add. ποταμηδόν quod Mauristae secl. ‖ τοὺς σούς *Coislin.* IΠ : τοὺς τῶν σῶν PR ‖ 4 ποιήσασα ante τάχος IPR ‖ στόματα ξηρὰ θεραπεύσεις *Coislin.* Π : ἀναπαύσεις ψυχάς IPR ‖ εὐφρανεῖς *Coislin.* IPR : εὐεργετήσεις Π ‖ πρῶτον om. IPR ‖ καί om. Π ‖ ἐπαίτην I : ἐπαινέτην *Coislin.* PRΠ.

LVIII. Codices : u = Y, v = L, d = PR, f = Π, g = IF, h = BΞ.

Titulus : Βασιλείῳ nos : Γρηγόριος Βασιλείῳ I Βασίλειος Γρηγορίῳ F Τῷ αὐτῷ uvdfh (id est : Βασιλείῳ u Βασιλείῳ ἑταίρῳ d Γρηγόριος Βασιλείῳ f Βασιλείῳ ἐπισκόπῳ h. Quod attinet ad familiam v Τῷ αὐτῷ refertur ad titulum praecedentis epistulae qui periit : nullum uero dubium quin de Basilio agatur quia haec epistula cum ceteris epistulis ad Basilium collocata est).

1 ὅ τι dfgh : εἴ τι uv ‖ ἄν om. F ‖ εἴποι uvdfgΞ : εἴπῃ B ‖ ἐπαινέτης τῶν σῶν uv : τῶν σῶν ἐπαινέτης dfg τῶν σῶν ἐπαινέτης ᾖ h ‖ καθαρῶς uh : καθαρός vdfg ‖ πλείων (bis) uvgh : πλεῖον (bis) df ‖ συνουσία uvdfIh : συντυχία F ‖ καί ante ἡ πεῖρα om. gh. ‖ 2 οὖν ante οὕτω add. F.

Ce que je vais t'écrire maintenant, je ne te l'écris pas de gaieté de cœur ; je l'écris pourtant. Ne t'indigne point contre moi ; ou je m'indignerai fort moi-même, si je ne trouvais pas en toi la conviction que je te dis et t'écris tout ceci par affection.

3 Plusieurs nous accusent de ne pas être fermes dans la foi ; ce sont ceux qui unissent tout ce qui nous concerne, et avec raison. Les uns nous reprochent l'impiété ouvertement, les autres la lâcheté ; l'impiété, ceux qui sont persuadés que nous ne professons pas la saine doctrine ; la lâcheté, ceux qui nous accusent de dissimulation. Mais à quoi bon rapporter les paroles d'autrui ? Ce qui vient d'arriver dernièrement, je vais te le raconter.

4 Il y avait un banquet et à ce banquet participaient bon nombre de gens connus et de nos amis, et dans le nombre se trouvait un de ceux qui portent nom et habit de piété[1]. On n'en était pas encore à boire[2] et la conversation portait sur nous, comme cela arrive souvent dans les banquets, où nous sommes un sujet d'entretien au lieu de quelque autre propos. Tout le monde t'admirait et reportait sur moi cette admiration en parlant de l'identité de notre *philosophie*[3], de notre amitié, d'Athènes, de nos communes aspirations et de nos mêmes sentiments en tout point. Mais notre *philosophe* prend mal la chose. **5** « Que dites-vous là, vous autres ? » — clame-t-il avec toute la fougue d'un jeune homme — « A quel point êtes-vous menteurs et flagorneurs ! Qu'on fasse l'éloge de ces hommes sur tout le reste, je ne m'y oppose point ; mais le principal, je ne le concède pas : pour l'orthodoxie, c'est à tort qu'on fait l'éloge de Basile, à tort celui de Grégoire ; l'un trahit la foi par les propos qu'il tient, l'autre est complice de cette trahison par ce qu'il laisse faire. » **6** — « D'où tiens-tu cela, dis-je, méchant homme, nouveau Dathan et nouvel Abiron[4] par la folie ? D'où nous viens-tu en dogmatiseur ? Comment t'ériges-tu

1. Un moine.
2. On connaît l'usage grec de vider de nombreuses coupes après le repas proprement dit.

Καί μοι μηδὲν ἀχθεσθῇς· ἢ λίαν αὐτὸς ἀχθεσθήσομαι, εἰ μὴ κατ' εὔνοιαν ταῦτα λέγειν τε καὶ γράφειν πρὸς σὲ πιστευοίμην.

3 Πολλοὶ κατεγνώκασιν ἡμῶν ὡς περὶ τὴν πίστιν οὐκ ἰσχυρῶν, ὅσοι κοινοποιοῦσι τὰ ἡμέτερα καλῶς ποιοῦντες. Καὶ οἱ μὲν ἀσέβειαν ἐγκαλοῦσι φανερῶς, οἱ δὲ δειλίαν· ἀσέβειαν μέν, οἱ μηδὲ ὑγιῶς ἔχειν πιστεύοντες, δειλίαν δέ, οἱ τὴν ὑποστολὴν αἰτιώμενοι. Καὶ τὰ μὲν τῶν ἄλλων τί χρὴ καὶ λέγειν ; Ὃ δ' οὖν νεωστὶ συνέβη, τοῦτό σοι διηγήσομαι.

4 Συμπόσιον ἦν καὶ τοῦ συμποσίου μετεῖχον οὐκ ὀλίγοι τῶν ἐπιφανῶν καὶ ἡμῖν φίλων, ἐν δὲ τούτοις καὶ ἀνήρ τις τῶν εὐλαβείας ὄνομα καὶ σχῆμα περικειμένων. Οὔπω πότος ἦν, καὶ λόγος ἦν περὶ ἡμῶν, ὅπερ ἐν τοῖς συμποσίοις φιλεῖ συμβαίνειν ἀντ' ἄλλου τινὸς ἐπεισοδίου προτιθεμένων· πάντων δὲ τὰ σὰ θαυμαζόντων καὶ προστιθέντων ἡμᾶς ὡς τὰ ἴσα φιλοσοφοῦντας καὶ τὴν φιλίαν λεγόντων καὶ τὰς Ἀθήνας καὶ τὴν ἐν πᾶσι σύμπνοιάν τε καὶ ὁμόνοιαν, δεινὸν τὸ πρᾶγμα ποιεῖται ὁ δῆθεν φιλόσοφος. 5 « Καὶ τί τοῦτο, φησίν, ὦ οὗτοι ; » μάλα τι νεανικὸν ἐκβοήσας, « Ὡς λίαν ὑμεῖς ψευδεῖς τε καὶ κόλακες· τἄλλα μὲν ἐπαινείσθωσαν οἱ ἄνδρες, εἰ δοκεῖ, οὐδὲ αὐτὸς ἀντιλέγω. Τὸ μέγιστον δὲ οὐ δίδωμι, τὴν ὀρθοδοξίαν μάτην μὲν ἐπαινεῖται Βασίλειος, μάτην δὲ Γρηγόριος, ὁ μὲν προδιδοὺς τὴν πίστιν οἷς διαλέγεται, ὁ δὲ συμπροδιδοὺς οἷς ἀνέχεται. » 6 — « Πόθεν τοῦτο, ἔφην, ὦ μάταιε σὺ καὶ νέε Δαθὰν καὶ Ἀβειρὼν τὴν ἀπόνοιαν ; Πόθεν ἡμῖν ἥκεις δογματιστής ; Πῶς σεαυτὸν

2 αὐτός ante ἀχθεσθῇς transposuit P ‖ 3 καί ante ἀσέβειαν add. u ‖ ἕν post μηδέ add. Ξ ‖ 4 ἐπιφανῶν uvdfg Ξ : ἐμφανῶν B ‖ προστιθέντων uvdfg : προστιθεμένων h ‖ πᾶσι dfg : ἅπασι uvh ‖ τε df : om. uvgh ‖ δῆθεν df : δή uvgh ‖ 5 τἄλλα μέν vdfgh : τὰ μὲν ἄλλα u ‖ ὁ ante Γρηγόριος add. h.

comme juge de telles questions ? » **7** — « J'arrive à l'instant, dit-il, de la réunion tenue en l'honneur du martyr Eupsychios »[1] — c'était exact, — « et là j'ai entendu Basile le Grand parler sur la théologie[2] ; sur le Père et le Fils, c'était excellent, c'était parfait, c'était d'une manière qu'un autre aurait peine à atteindre ; mais l'Esprit, il l'escamotait ». Et là-dessus il ajoutait une certaine comparaison : parmi les cours d'eau certains effleurent les rochers et creusent le sable. **8** « Et pourquoi donc, homme admirable, ajouta-t-il en me fixant du regard, pourquoi affirmes-tu désormais que l'Esprit est Dieu », et il rappelait un de mes propos dans une réunion nombreuse, où j'avais appliqué à l'Esprit le mot bien connu : Jusques à quand cacherons-nous la lampe sous le boisseau[3] ? — « Mais Basile, poursuivit-il, se borne à faire entrevoir obscurément les choses et ne fait, pour ainsi dire, qu'esquisser la doctrine ; il ne proclame pas franchement la vérité ; avec plus de politique que de piété[4] il nous rebat les oreilles[5], et par la puissance de sa parole il masque sa duplicité. »

— **9** Je répondis : « Moi qui vis à l'écart, inconnu de la foule et presque sans qu'on sache ce que je dis ou même si je parle, je philosophe sans danger ; mais lui, ses paroles ont plus d'importance ; car il est plus en vue, et par lui-même et par son Église. **10** Tout ce qu'il dit est connu du public, et une violente guerre se livre à son sujet ; car les hérétiques ne cherchent qu'à surprendre un simple mot et à s'emparer de Basile lui-même[6] pour le chasser de son Église, lui qui reste presque comme la seule étincelle de la vérité et le seul

1. Martyr de Césarée, mis à mort sous le règne de l'empereur Julien. (Voir Sozomène, V, 11, dans Migne, *P.G.*, 67, 1248 C.)

2. Suivant l'usage de cette époque, le mot *théologie* désigne la doctrine chrétienne sur la Sainte Trinité. Les discours dans lesquels Grégoire a traité *ex professo* ce sujet sont appelés *Discours théologiques.*

3. Allusion à *Saint Matthieu,* V, 15 et passages parallèles.

4. Le mot est fréquemment synonyme d'orthodoxie au IVe siècle.

5. Le texte dit exactement : il nous inonde les oreilles.

ποιεῖς τηλικούτων κριτήν ; » 7 — « Ἐκ τῆς κατ' Εὐψύχιον, ἔφη, συνόδου νῦν ἥκω τὸν μάρτυρα » — καὶ γὰρ εἶχεν οὕτως — « κἀκεῖσε ἤκουσα τοῦ μεγάλου Βασιλείου θεολογοῦντος τὰ μὲν περὶ Πατρὸς καὶ Υἱοῦ ἄριστά τε καὶ τελεώτατα καὶ ὡς οὐκ ἄν τις ῥᾳδίως ἄλλος, τὸ Πνεῦμα δὲ παρασύροντος », καὶ προσετίθει τινὰ εἰκασίαν ὥσπερ τῶν ποταμῶν οἱ τὰς πέτρας μὲν παρατρέχοντες, τὴν δὲ ψάμμον κοιλαίνοντες. 8 « Ἢ τί δή ποτε, ὦ θαυμάσιε, σὺ μέν » — ἔφη πρὸς ἐμὲ βλέπων — « ἤδη φανερῶς οὕτω τὸ Πνεῦμα θεολογεῖς » (καί τινος ἀπεμνημόνευε τῶν ἐμῶν, ὡς ἐν συνόδῳ πολυανθρώπῳ θεολογήσαντος εἶτα ἐπειπόντος τῷ Πνεύματι τοῦτο δὴ τὸ περιβόητον τό · Μέχρι τίνος ὑπὸ τῷ μοδίῳ τὸν λύχνον κρύψομεν ;), « ὁ δὲ ὑποφαίνει μὲν ἀμυδρῶς καὶ οἷον σκιαγραφεῖ τὸν λόγον, οὐ παρρησιάζεται δὲ τὴν ἀλήθειαν πολιτικώτερον ἢ εὐσεβέστερον τὴν ἀκοὴν ἐπικλύζων καὶ τῇ δυνάμει τοῦ λόγου τὴν διπλόην περικαλύπτων. »

9 « Ὅτι ἐγὼ μέν, ἔφην, ἐν παραβύστῳ κείμενος καὶ τοῖς πολλοῖς ἀγνοούμενος καὶ μηδὲ ἃ λέγοιμι μηδὲ ὅτι λέγοιμι σχεδὸν γινωσκόμενος, ἀκινδύνως φιλοσοφῶ · τοῦ δὲ πλείων ὁ λόγος, ὡς περιφανεστέρου καὶ παρ' ἑαυτοῦ καὶ παρὰ τῆς Ἐκκλησίας. 10 Καὶ δημοσίᾳ πᾶν τὸ λεγόμενον, πολύς τε περὶ αὐτὸν ὁ πόλεμος, ζητούντων λαβέσθαι τῶν αἱρετικῶν γυμνῆς τῆς φωνῆς καὶ αὐτοῦ Βασιλείου, ἵν' ὁ μὲν ἐξωσθῇ τῆς Ἐκκλησίας, ὁ μόνος σχεδὸν ὑπολειπόμενος τῆς ἀληθείας σπινθὴρ καὶ ἡ ζωτικὴ δύναμις,

6 ποιεῖς τηλικούτων uvdfg : τηλικοῦτον ποιεῖς B τηλικοῦτοι ποιεῖς Ξ ‖ 7 τὸν μάρτυρα nos : τοῦ μάρτυρος uvdfgh (Hanc formam genitiui nobis uidetur uenisse e proximo uerbo συνόδου) ‖ ὡς om. uf ‖ οὐκ ἄν τις ῥᾳδίως ἄλλος gh : οὐκ ἄν τις ἄλλος ῥᾳδίως εἴποι uvd οὐκ ἄν τις ῥᾳδίως εἴποι f ‖ πέτρας μὲν dfh : μὲν πέτρας uvg ‖ 8 ἤδη φανερῶς οὕτω uvRfgh : οὕτω φανερῶς ἤδη P ‖ κρύψομεν udfgh : κρύψωμεν v ‖ σκιαγραφεῖ fgΞ : σκιογραφεῖ uvdB ‖ 10 περὶ αὐτὸν ὁ πόλεμος uvdfg : ὁ περὶ αὐτὸν πόλεμος h ‖ ἡ ante ζωτική om. g.

principe de vie, tout l'entour étant la proie de l'hérésie ; ainsi le mal prendrait racine dans cette ville et, partant de cette Église comme d'un tremplin, il courrait sus à toute la terre[1]. **11** Il vaut donc mieux protéger la vérité en cédant quelque peu aux circonstances comme à un nuage[2], plutôt que de la compromettre par une prédication qui dévoile tout. Pour nous, il n'y a aucun inconvénient à reconnaître que l'Esprit est Dieu par le moyen d'expressions qui mènent à cette conclusion (car c'est moins dans le son des mots que dans la pensée que se trouve la vérité) ; mais pour l'Église il y a grand dommage si à cause d'un seul homme on chasse la vérité. »

12 Les assistants n'acceptèrent point cette prudence, la trouvant vaine et faite pour se moquer d'eux. Et ils se récriaient contre nous, sous prétexte que nous protégions notre lâcheté plutôt que la doctrine : il valait bien mieux sauvegarder les nôtres par la vérité que de les desservir, sans gagner les autres, par notre prétendue prudence. **13** Quant aux détails : ce que j'ai dit, ce que j'ai entendu, comment je me suis indigné contre les contradicteurs presque au-delà de la mesure et de mon habitude, ce serait long à raconter maintenant, et sans doute n'est-ce pas nécessaire. **14** Mais finissons-en. Eux, je les ai éconduits, de la façon que j'ai dit. Quant à toi, divin et saint ami[3], enseigne-nous jusqu'où il faut aller dans la théologie de l'Esprit, quels termes il faut employer, jusqu'où doit s'étendre la prudence, afin que nous possédions toutes ces notions en face des contradicteurs. **15** Car si je manquais maintenant d'apprendre cela, moi qui te connais,

1. Exagération oratoire et orientale. Pour un Oriental, *toute la terre* désigne les régions de l'Orient. D'ailleurs, l'importance de Césarée était certaine.

2. On laisse passer le nuage qui apporte la tempête ; on ne lutte pas contre lui.

3. Littéralement : *divine et sainte tête* (cf. lettre 32, § 13).

τῶν κύκλῳ πάντων κατειλημμένων, ῥιζωθῇ δὲ τὸ κακὸν ἐν τῇ πόλει καὶ ὥσπερ ἀπό τινος ὁρμητηρίου τῆς Ἐκκλησίας ταύτης πᾶσαν καταδράμῃ τὴν οἰκουμένην. **11** Βέλτιον οὖν οἰκονομηθῆναι τὴν ἀλήθειαν, μικρὸν εἰξάντων ἡμῶν ὥσπερ νέφει τινὶ τῷ καιρῷ, ἢ καταλυθῆναι τῷ φανερῷ τοῦ κηρύγματος. Ἡμῖν μὲν γὰρ οὐδὲν βλάβος καὶ ἀπ' ἄλλων λέξεων τοῦτο συναγουσῶν Θεὸν τὸ Πνεῦμα γινώσκειν (οὐ γὰρ ἐν ἤχῳ μᾶλλον ἢ διανοίᾳ κεῖσθαι τὴν ἀλήθειαν)· τῇ Ἐκκλησίᾳ δὲ μεγάλην ζημίαν τὸ δι' ἑνὸς ἀνδρὸς διωχθῆναι τὸ ἀληθές ».

12 Οὐκ ἐδέξαντο τὴν οἰκονομίαν ὡς ἕωλον καὶ παίζουσαν αὐτοὺς οἱ παρόντες· ἀλλὰ καὶ κατεβόων ἡμῶν ὡς τὴν δειλίαν μᾶλλον ἢ τὸν λόγον οἰκονομούντων. Πολὺ γὰρ εἶναι βέλτιον τὸ ἡμέτερον φυλάττειν διὰ τῆς ἀληθείας ἢ τοῦτό γε ἀχρειοῦν καὶ μὴ προσλαμβάνειν τὸ ἀλλότριον διὰ τῆς δῆθεν οἰκονομίας. **13** Τὰ μὲν οὖν καθ' ἕκαστον, ὧν τε εἶπον, ὧν τε ἤκουσα, καὶ ὡς ἠγανάκτησα πρὸς τοὺς ἀντιτείνοντας πέρα τοῦ μετρίου σχεδὸν καὶ τῆς ἐμαυτοῦ συνηθείας, μακρὸν ἂν εἴη νῦν ἐκδιηγεῖσθαι καὶ ἴσως οὐκ ἀναγκαῖον. **14** Τέλος δὲ τοῦ λόγου, τοὺς μὲν οὕτως ἀπεπεμψάμην. Σὺ δὲ δίδαξον ἡμᾶς, ὦ θεία καὶ ἱερὰ κεφαλή, μέχρι τίνος προϊτέον ἡμῖν τῆς τοῦ Πνεύματος θεολογίας καὶ τίσι χρηστέον φωναῖς καὶ μέχρι τίνος οἰκονομητέον, ἵν' ἔχωμεν ταῦτα πρὸς τοὺς ἀντιλέγοντας. **15** Ἐγὼ γὰρ εἰ δεοίμην νῦν τοῦτο μανθάνειν, ὁ πάντων

10 ταύτης om. F ‖ καταδράμῃ uvdΠ² marg. h : καταλάβῃ Π¹ I καταλάβοι F ‖ **11** Post τῷ καιρῷ add. F : καὶ καταδῦσαι τὴν ἄτοπον ἀκοήν ‖ Θεὸν τὸ Πνεῦμα uvdfh : τὸ Πνεῦμα Θεόν g ‖ μεγάλην ζημίαν vdfIh : μεγάλη ζημία uF ‖ τὸ ἀληθές dfgh : τὴν ἀλήθειαν uv ‖ **12** πάλαι ante παίζουσαν add. f (sed punctis del.) gB ‖ τοῦτό γε ἀχρειοῦν ud : τοῦτό γε ἀγριοῦν vf, τοῦτό τε ἀχρειοῦν g τοῦτό τε ἀγριοῦν B τοι τό τε ἀγριοῦν Ξ ‖ **13** τά uvPfgh : ταῦτα R ‖ σχεδόν om. u ‖ **15** καί ante εἰ add. v.

toi-même et ce qui te concerne, mieux que personne, moi qui t'ai donné pleine assurance sur ce point et qui en ai reçu autant de toi, je serais le plus stupide et le plus malheureux des hommes.

LIX

AU MÊME[1]

Années 372-373.

1 C'était là une chose qu'un homme avisé aurait soupçonnée[2] : tandis que moi, je n'ai éprouvé aucune crainte en t'écrivant, moi qui suis tout à fait antique[3] et borné ! Ma lettre t'a peiné ; mais, je le déclare, c'est sans raison, sans juste motif, et même bien inutilement. **2** Ta peine, tu ne me l'as pas avouée ; mais tu n'as pu me la dissimuler, bien que tu y aies travaillé habilement, en couvrant comme avec un masque le visage de cette peine à cause de la honte que tu éprouvais. **3** Quant à moi, si j'ai agi là avec fourberie et malveillance, j'en serai puni moins par ta peine que par la vérité : au contraire, si j'ai agi avec simplicité et avec ma bonne volonté habituelle, j'accuserai mes péchés[4] et non ton état d'âme. N'empêche qu'il eût été mieux de mettre les choses au point, plutôt que de t'irriter contre ceux qui te donnent leur avis. **4** Tu verras donc toi-même ce que tu dois faire ; car tu es apte à donner aussi aux autres des conseils sur ce point. Pour moi, de tout mon cœur je suis à ta disposition, si Dieu le permet, pour me trouver à tes côtés, pour lutter avec toi, pour t'apporter tout l'appui possible. Qui donc refusera et qui n'aura confiance en parlant et en luttant pour la vérité sous ta conduite et avec toi ?

1. Basile prit assez mal ce que Grégoire lui mandait dans sa lettre précédente ; nous avons la lettre par laquelle il répondit (lettre 71 de Basile). Grégoire écrit maintenant une nouvelle lettre pour essayer d'arranger les choses.

2. Grégoire use à dessein d'un terme très vague pour désigner le mauvais effet produit par sa lettre précédente.

3. Nous disons de même : c'est un homme d'un autre âge.

4. Ce terme est repris directement de la lettre 71 de Basile.

μάλιστα σέ τε καὶ τὰ σὰ γινώσκων καὶ πολλάκις περὶ τούτων πληροφορίαν καὶ δεδωκὼς καὶ δεξάμενος, πάντων ἂν εἴην ἀμαθέστατός τε καὶ ἀθλιώτατος.

LIX

ΤΩΙ ΑΥΤΩΙ

1 Τοῦτο ἦν ὅπερ ἄλλος μὲν ἄν τις ὑπείδετο τῶν συνετωτέρων· ἐγὼ δὲ οὐκ ἔδεισα πρὸς σὲ γράφων, ὁ λίαν ἀρχαῖος καὶ μάταιος. Ἐλύπησέ σε τὰ γράμματα, ὡς δὲ ἐγώ φημι οὐκ ὀρθῶς οὐδὲ δικαίως, ἀλλὰ καὶ λίαν περιττῶς.
2 Καὶ τὴν λύπην οὐχ ὡμολόγησας μέν, οὐκ ἔκρυψας δέ, εἰ καὶ σοφῶς τοῦτο ἐποίησας, ὥσπερ τινὶ προσωπείῳ τῇ αἰδοῖ τὸ τῆς λύπης καλύπτων πρόσωπον. 3 Ἐγὼ δέ εἰ μὲν δολερῶς καὶ κακοήθως τοῦτο ἐποίησα, οὐχ ὑπὸ τῆς σῆς λύπης μᾶλλον ἢ τῆς ἀληθείας βλαβήσομαι· εἰ δὲ ἁπλῶς καὶ μετὰ τῆς συνήθους εὐνοίας, τὰς ἐμὰς ἁμαρτίας, οὐ τὴν σὴν διάθεσιν αἰτιάσομαι. Πλήν γε ὅτι διορθώσασθαι ταῦτα μᾶλλον εἶχε καλῶς ἢ πρὸς τοὺς συμβουλεύοντας δυσχεραίνειν. 4 Τὸ μὲν οὖν σὸν καὶ αὐτὸς ὄψει, καὶ ἄλλοις συμβουλεύειν τὰ τοιαῦτα ἱκανὸς ὤν· ἐμὲ δὲ προθύμως ἕξεις, ἐὰν διδῷ Θεός, καὶ παρεσόμενον καὶ συναγωνιούμενον καὶ τὰ δυνατὰ συνεισοίσοντα. Τίς γὰρ ἀναδύσεται; Τίς δὲ οὐ θαρρήσει ὑπὸ σοὶ καὶ μετὰ σοῦ περὶ τῆς ἀληθείας λέγων καὶ ἀγωνιζόμενος;

15 περὶ τούτων uvdfgΞ : περὶ τούτου B.

LIX. Codices : u = Y, v = L, d = PR, f = Π, g = IF, h = BΞ.

Titulus : Τῷ αὐτῷ dgh (id est : Βασιλείῳ ἑταίρῳ d Βασιλείῳ Γρηγόριος I Γρηγόριος Βασιλείῳ F Βασιλείῳ h) : Γρηγόριος Βασιλείῳ u Βασιλείῳ Γρηγόριος v Γρηγόριος Βασιλείῳ πρὸς ταῦτα f.

1 ἄν om. df ‖ σε om. u ‖ 2 οὐκ om. uv ‖ 3 εἶχε uvdf : ἔχει gh ‖ 4 οὖν om. B ‖ καί ante αὐτός om. gB ‖ συνεισοίσοντα uvdfFh : συνοίσοντα I ‖ Τίς γὰρ ἀναδύσεται nos : Τίς γὰρ ἀναδυήσεται uvdgh Τίς γὰρ ἀναδυήσηται Π Τίς γὰρ ἂν δυνήσεται Bill. Τίς γὰρ ἂν ἀναδύσεται Maur.

LX

AU MÊME[1]

Années 372-373.

1 Pour accomplir ce que tu demandes, une partie des choses est en notre pouvoir ; l'autre et, à mon avis, la principale, est au pouvoir de ta Piété. En notre pouvoir se trouvent l'élan et l'empressement : en effet, jamais nous n'avons évité ta rencontre (pourquoi l'aurions-nous fait?), nous la recherchons toujours autant, et maintenant nous la désirons plus encore. **2** Mais ce qui est au pouvoir de ta Sainteté, c'est de remédier à notre situation : nous sommes en effet au chevet de notre noble mère qu'une maladie éprouve depuis déjà longtemps. Si nous ne devions pas la laisser dans un état inquiétant, nous ne nous priverions pas de ta présence, sache-le bien. Viens seulement en aide, par tes prières, à elle pour sa santé, et à nous pour le voyage[2].

LXI

A AÉRIOS ET ALYPIOS[3]

Années 372-374.

1 De même qu'il est juste et pieux d'offrir à Dieu les prémices de l'aire et du pressoir, ainsi que des enfants[4], quand on aime vraiment ses enfants, parce

1. Le mécontentement de Basile ne fut pas de longue durée, et bientôt il demanda à Grégoire de venir le trouver à Césarée.

2. La mère de Grégoire, Nonna, mourut peu de temps après, en 374. Soulignons au passage la délicate affection de Grégoire pour ses parents. En donnant un aperçu de sa vie dans l'Introduction, nous avons noté qu'il ne se retira pas du monde, comme il en avait le désir, tant que ses parents vécurent.

3. Lettre qui se rapporte au temps où Grégoire administrait l'Église de Nazianze avec son père, de 372 à 374. Aérios et Alypios viennent de perdre leur mère, et celle-ci leur prescrivait sur son testament de faire certains dons à l'Église de Nazianze.

LX

ΤΩΙ ΑΥΤΩΙ

1 Τοῦ πληρωθῆναί σοι τὸ ἐπίταγμα, τὸ μέν τί ἐστιν ἐφ' ἡμῖν · τὸ δέ γε καί, οἶμαι, τὸ πλέον, ἐπὶ τῇ σῇ εὐλαβείᾳ. Ἐφ' ἡμῖν μέν, τὸ τῆς ὁρμῆς καὶ τῆς προθυμίας · οὔτε γὰρ ἄλλοτέ ποτε τὴν σὴν συντυχίαν ἐφύγομεν (τί μὲν οὖν ;), ἀλλ' ἀεὶ τοσοῦτον ταύτην μεταδιώκομεν καὶ νῦν πλέον ταύτην ποθοῦμεν. 2 Ἐπὶ δὲ τῇ σῇ ὁσιότητι τὸ διορθωθῆναι τὰ ἡμέτερα · προσεδρεύομεν γὰρ τῇ κυρίᾳ τῇ μητρὶ πολὺν ἤδη καμνούσῃ χρόνον ἐξ ἀρρωστίας. Καὶ εἰ μὴ μέλλοιμεν ἀμφιβόλως αὐτὴν καταλείψειν, οὐ ζημιωθησόμεθα, εὖ ἴσθι, τὴν παρουσίαν. Μόνον ταῖς εὐχαῖς τῇ μὲν πρὸς ὑγείαν, ἡμῖν δὲ πρὸς τὴν ὁδὸν ἐπικούρησον.

LXI

ΑΕΡΙΩΙ ΚΑΙ ΑΛΥΠΙΩΙ

1 Ὥσπερ ἀπαρχὰς ἀλῶνός τε καὶ ληνοῦ καὶ τέκνων τοὺς ἀληθῶς φιλοτέκνους ἀνατιθέναι Θεῷ δίκαιόν τε καὶ

LX. Codices : u = Y, v = C, d = PR, f = Π, g = IF, h = BΞ.
Titulus : Τῷ αὐτῷ vgh (id est : Γρηγόριος Βασιλείῳ vI Βασίλειος Γρηγορίῳ — cf. *epistula* 58 — F Βασιλείῳ h) : Γρηγόριος Βασιλείῳ u Βασιλείῳ ἑταίρῳ d Βασιλείῳ f.
1 τὸ δέ γε καί, οἶμαι, nos : τὸ δέ γε καὶ οἶμαι g, τὸ δέ γε καὶ οἴομαι uv, τὸ δέ γε οἶμαι d, τὸ δὲ καὶ οἴομαι Π[1]B τὸ δὲ καὶ οἶμαι Π[2] s. u. man. rec. Ξ ‖ ἐφύγομεν (τί μὲν οὖν ;) ἀλλ' ἀεὶ τοσοῦτον ταύτην nos : ἐφύγομεν, ἀλλ' ἀεὶ ταύτην udf ἐφύγομεν · τί μὲν οὖν τοσοῦτον μεταδιώκομεν vgh ‖ πλέον ταύτην vfgh : ταύτην πλέον ud ‖ 2 τό ante διορθωθῆναι om. df ‖ καμνούσῃ udf : καμούσῃ vgh ‖ μή om. C ‖ ζημιωθησόμεθα uvdgΞ : ζημιωσόμεθα Π B ‖ εὖ ἴσθι om. C.

LXI. Codices : u = YM, v = LA, d = PR, f = Π, g = IF, h = B Ξ.
Titulus : Ἀερίῳ καὶ Ἀλυπίῳ u F : Ἀερίῳ Ἀλυπίῳ v f I, Ἀλυπίῳ καὶ Ἀερίῳ d Ἀερίῳ h.
1 τε post ἀλῶνος om. Lh ‖ τε post δίκαιον om. df.

que c'est de lui que nous venons, nous-mêmes et nos biens, ainsi faut-il faire avec un nouvel héritage, afin que la portion donnée avec empressement obtienne la sécurité pour l'ensemble. **2** Ne souffrez donc pas de n'être bons pour nous[1] qu'après tous les autres ; soyez-le avant tous les autres pour Dieu, par lequel vous le serez aussi pour tous les autres[2]. Rejetant les lois du dehors, soumettez-vous aux nôtres et apportez de vous-mêmes le don qu'est votre empressement. **3** En effet, ce qui a été légué par testament, ce sont d'autres que vous qui nous le donnent, tandis que l'empressement, c'est de vous que nous l'aurons, vous à qui Dieu a le pouvoir de rendre bien plus que ce que vous donnerez maintenant, non seulement dans cette vie momentanée et instable, mais encore dans la vie éternelle et durable : c'est vers elle seule qu'il y a sécurité à regarder et à tendre toutes nos espérances. **4** Pensez que Dieu se montrera pour vous tel que vous aurez été pour les pauvres. Sans mesquinerie, sans avarice mais avec beaucoup de générosité et d'empressement exécutez les volontés de la défunte. Pensez qu'elle est à vos côtés et qu'elle regarde ce qui se passe. Par vos largesses obtenez-lui le repos : ainsi, non seulement vous aurez d'elle ses biens, mais de plus vous vous assurerez la bénédiction d'une mère, qui affermit les maisons de ses enfants[3]. **5** Songez que mieux vaut, ainsi qu'il est écrit, une part modeste avec de la justice, qu'une part plus large avec de l'avarice (pour ne rien dire de fâcheux)[4] ; songez que beaucoup ont accepté de donner des maisons entières aux Églises, que d'autres ont renoncé à tous leurs biens et ont réalisé la plus belle affaire, celle de devenir pauvres en vue des richesses de l'au-delà.

1. *Nous* désigne ici l'Église de Nazianze.

2. Les dons faits à l'Église de Nazianze seront en même temps faits à Dieu ; et, comme ils serviront à assister les pauvres, ils seront utiles à tous.

4. Le texte cité est celui du livre des *Proverbes*, XVI, 8. La réflexion qui suit la citation s'explique si l'on remarque que le texte se termine par le mot *injustice*, que Grégoire juge trop fort dans la circonstance et qu'il remplace par *avarice*.

ὅσιον, ὅτι παρ' αὐτοῦ καὶ ἡμεῖς αὐτοὶ καὶ τὰ ἡμέτερα, οὕτω καὶ νέας κληρονομίας, ἵνα τὸ μέρος προθύμως δοθὲν παράσχῃ τῷ πλείονι τὴν ἀσφάλειαν. 2 Μὴ τοίνυν ἀναμείνητε μετὰ πάντας ἡμῖν γενέσθαι χρηστοί, ἀλλὰ πρὸ πάντων Θεῷ δι' ὃν καὶ πᾶσι, καὶ τοὺς ἔξω ῥίψαντες νόμους τοῖς ἡμετέροις δουλεύσατε, τοῦτο παρ' ὑμῶν αὐτῶν καρποφοροῦντες, τὴν προθυμίαν. 3 Τὰ μὲν γὰρ καταλειφθέντα παρ' ἄλλων, τὸ δὲ πρόθυμον παρ' ὑμῶν ἕξομεν, οἷς δυνατὸς ὁ Θεὸς ἀντιδοῦναι πολυπλάσια ὧν νῦν ἐπιδώσετε, οὐ μόνον ἐν τῷ προσκαίρῳ τούτῳ βίῳ καὶ ῥέοντι, ἀλλὰ καὶ ἐν τῷ αἰωνίῳ καὶ μένοντι· πρὸς ὃν μόνον ὁρᾶν ἀσφαλὲς καὶ εἰς ὃν πάσας τείνειν ἡμῶν τὰς ἐλπίδας. 4 Ὡς οὖν τοιούτου τευξόμενοι τοῦ Θεοῦ περὶ ὑμᾶς, οἷοί περ ἂν αὐτοὶ γένησθε τοῖς πτωχοῖς, μὴ μικροψύχως μηδὲ μικρολόγως, ἀλλὰ καὶ λίαν φιλοτίμως τε καὶ προθύμως πληρώσατε τῇ κατοιχομένῃ τὴν βούλησιν, ἣν παρεῖναί τε ὑμῖν νομίσαντες καὶ ὁρᾶν τὰ γινόμενα, διὰ τῆς ἐπιδόσεως ἀναπαύσατε, ἵνα μὴ τὰ χρήματα μόνον ἔχητε παρ' αὐτῆς, ἀλλὰ καὶ στηρίζουσαν οἴκους τέκνων μητρὸς εὐλογίαν πορίσησθε, 5 τοῦτο ἐνθυμηθέντες ὅτι βελτίων μικρὰ μερὶς μετὰ δικαιοσύνης, κατὰ τὸ γεγραμμένον, ἢ πλατυτέρα μετὰ μικρολογίας (ἵνα μὴ λέγω τι βλάσφημον) καὶ ὅτι πολλοὶ καὶ οἴκων ὅλων ἐκποιουμένων εἰς ἐκκλησίας ἠνέσχοντο, οἳ δὲ καὶ παρ' ἑαυτῶν πᾶσαν προήκαντο τὴν οὐσίαν καὶ τὴν καλλίστην ἐπραγματεύοντο πραγματείαν, γενέσθαι διὰ τὸν ἐκεῖ πλοῦτον πένητες. 6 Μὴ

1 προθύμως δοθέν dfgh : δοθέν προθύμως uv ‖ 2 γενέσθαι χρηστοί dfg : γενέσθαι Θεῷ χρηστοί Lh γενέσθαι τῷ Θεῷ χρηστοί A[1] γενέσθαι χρηστοὶ τῷ Θεῷ A[2] ‖ 3 καὶ ἐν om. h ἐν om. Yv ‖ 4 γένησθε uvgh : γενήσεσθε df ‖ μή om. Ξ ‖ ἀλλὰ καὶ λίαν uvdfIh : ἀλλ' ἄγαν F ‖ ἀναπαύσατε uAdfgh : ἀναπαύσετε L ‖ 5 βελτίων uvIh : βελτίω df βέλτιον F ‖ οἴκων ὅλων vdfgh : ὅλων οἴκων u ‖ εἰς ἐκκλησίας ἠνέσχοντο uvgh : ἠνέσχοντο εἰς ἐκκλησίας df ‖ οὐσίαν vdfgh : περιουσίαν u ‖ πραγματείαν uvdfg : πραγματειῶν h.

6 Ne semez donc point parcimonieusement[1], afin de richement moissonner et assurez-vous là un bon lot[2], à vous-mêmes et à tous ceux qui vous sont les plus chers ; ne soustrayez rien de ce qui est écrit dans le testament, mais avec plaisir et bonne grâce donnez-le, ou plutôt rendez-le ; car cela appartient à Dieu, et croyez que vous ne gagnerez que ce que vous aurez dépensé pour vos âmes. **7** A quoi bon thésauriser pour les brigands et les voleurs[3], et pour des instants mobiles qui font passer tantôt aux uns, tantôt aux autres, en coups de vent, la prospérité fragile, et pourquoi ne pas se constituer des réserves sûres et plus fortes que les malfaiteurs ? **8** Montrez donc de l'économie pour d'autres choses et à l'égard d'autres personnes (car je souhaite de vous voir puissants avec de la bonté), mais, pour ce qui est de nous, combattez le bon combat[4], pour savoir lequel vaincra l'autre en piété et en méritant les bénédictions dues par Dieu à ceux qui sont généreux[5]. **9** Donnez-nous la conviction que vous êtes des chrétiens authentiques ; ou plutôt, après un beau début, si pieux et si juste, continuez à vous accorder pour le reste, afin de faire mutuellement votre joie et de faire aussi la nôtre, pour bien des raisons et spécialement parce que vous aurez été pour toute l'Église un parfait modèle de générosité sur ce point.

1. Allusion à la *IIe Épître aux Corinthiens*, IX, 6.
2. *Psaume* XV, 5 et 6.
3. *Saint Matthieu*, VI, 19.
4. *IIe Épître à Timothée*, IV, 7.
5. *Livre des Proverbes*, X, 6.

τοίνυν σπείρητε φειδομένως, ἵνα πλουσίως θερίσητε, ἀλλ' ἀγαθὸν κλῆρον καὶ ὑμῖν αὐτοῖς καὶ τοῖς φιλτάτοις ὑμῶν τοῦτον χαρίσασθε, μηδὲν ὑφελόντες τῶν γεγραμμένων, ἀλλὰ πάντα μεθ' ἡδονῆς καὶ φαιδρότητος ἐπιδόντες ἢ ἀποδόντες ὡς οἰκεῖα τοῦ Θεοῦ, ὡς τοῦτο μόνον κερδανοῦντες ὅ τι ἂν ὑπὲρ τῶν ψυχῶν ὑμῶν ἀναλώσητε. 7 Τί γὰρ δεῖ θησαυρίζειν λῃσταῖς καὶ κλέπταις καὶ καιρῶν μεταβολαῖς ἄλλοτε εἰς ἄλλους μετατιθέντων καὶ ῥιπιζόντων τὴν ἄστατον εὐπορίαν, ἀλλὰ μὴ εἰς τὰς ἀσφαλεῖς ἀποθήκας ἀποτίθεσθαι καὶ τῶν ἐπιβουλευόντων ἰσχυροτέρας ; 8 Τὸ μὲν οὖν εὐτελὲς περὶ ἄλλα καὶ ἄλλοις δείξατε (καὶ γὰρ εὔχομαι δυνατοὺς ὑμᾶς εἶναι μετὰ χρηστότητος), ἡμῖν δὲ ἀγωνίσασθε τὸν καλὸν ἀγῶνα, ὅστις νικήσει τὸν ἄλλον εὐλαβείᾳ καὶ ταῖς ὀφειλομέναις εὐλογίαις ἐκ Θεοῦ τοῖς εὐγνώμοσι. 9 Πείσατε οὖν ἡμᾶς ὅτι γνησίως χριστιανίζετε, μᾶλλον δὲ ἀπὸ καλῆς ἀρξάμενοι ἀρχῆς καὶ οὕτως εὐσεβοῦς καὶ δικαίας, ἐντεῦθεν καὶ περὶ τῶν ἄλλων ὁμονοήσατε, ὡς ἂν ὑμεῖς τε ἀλλήλοις καὶ ἡμεῖς ὑμῖν ἐπευφραινώμεθα τά τε ἄλλα καὶ δεξιὸν ὑπόδειγμα γενομένοις πάσῃ τῇ Ἐκκλησίᾳ τῆς περὶ ταῦτα εὐγνωμοσύνης.

6 τοῦτον uvdf : τοῦτο Fh τοῦ I ‖ ἐπιδόντες ἢ ἀποδόντες u : ἀποδόντες ἢ ἐπιδόντες v ἀποδόντες ἡμῖν ἢ ἐπιδόντες dfgh ‖ οἰκεῖα τοῦ Θεοῦ g : οἰκεῖα τὰ τοῦ θεοῦ uvdfh ‖ 7 δεῖ om. Ξ ‖ εἰς ἄλλους uvgh : ἄλλως df ‖ καί om. I ‖ 8 εὐτελές Lg : ἐντελές uAdfh ‖ ὑμᾶς om. g, Π marg. ‖ ἄλλον uvdfg : λαόν h ‖ εὐγνώμοσι (confer ultimum uerbum huius epistulae) uvdfg : εὖ γεγονόσι h ‖ 9 γνησίως om. u ‖ τῆς ante ἀρχῆς add. I ‖ ἐπευφραινώμεθα dfg (scriptum quidem -νόμεθα in g) : ἐπευφραινοίμεθα uvh.

LXII

A AMPHILOQUE[1]

Année 373.

Le décret de ton inimitable bonté n'est pas barbare, mais grec, et même chrétien. Quant à l'Arménien, dont tu es si fier, c'est ouvertement un barbare et il est loin de nous faire honneur !

LXIII

A AMPHILOQUE[2]

Année 374.

1 Tu es dans l'affliction? Moi, je suis dans les délices, sans nul doute. Tu pleures? Moi, comme tu le vois, je fais la fête et je me glorifie de ce qui arrive. Te voilà dans la peine parce que ton fils, à cause de sa vertu, t'a été enlevé et a reçu les honneurs? Tu souffres de ne plus l'avoir avec toi pour soigner ta vieillesse et te rendre, comme à l'habitude, les bons offices accoutumés? **2** Et moi, n'ai-je pas la douleur qu'un père nous ait quittés pour le dernier voyage, après lequel il ne nous reviendra plus et ne se montrera plus à nous? Cependant nous ne t'accusons pas, nous ne réclamons pas de toi la consolation qui nous est due ; car nous savons que les malheurs personnels ne laissent pas le temps de s'occuper de ceux des autres ; nul n'est à ce point attaché à l'amitié et à ce point philosophe, qu'il

1. Lettre adressée à son cousin Amphiloque (voir les lettres 25 à 28), qui n'est pas encore évêque d'Iconium. On devine d'après ce billet qu'Amphiloque lui avait recommandé « l'Arménien », peut-être Eustathe de Sébaste, dont Basile avait à se plaindre.

2. Le destinataire de cette lettre est le père de celui à qui est adressée la lettre 62. La teneur de cette lettre nous apprend que Grégoire l'Ancien, père de Grégoire de Nazianze, vient de mourir, et qu'Amphiloque le fils vient d'être promu évêque d'Iconium. Ces deux événements sont de l'année 374. Pour plus de détails, voir P. Gallay, *La vie de Saint Grégoire de Nazianze*, p. 124, n. 6.

LXII

ΑΜΦΙΛΟΧΙΩΙ

Οὐ βάρβαρον τὸ ἐπίταγμα τῆς ἀμιμήτου σου καλοκἀγαθίας, ἀλλ' ἑλληνικόν, μᾶλλον δὲ χριστιανικόν. Ὁ δὲ Ἀρμένιος, ἐφ' ᾧ πάνυ φιλοτιμῇ, βάρβαρος ἄντικρυς καὶ πόρρωθεν τῆς ἡμετέρας φιλοτιμίας.

LXIII

ΑΜΦΙΛΟΧΙΩΙ

1 Ἀλγεῖς ; Ἐγὼ δὲ τρυφῶ δηλονότι. Δακρύεις ; Ἐγὼ δέ, ὡς ὁρᾷς, πανηγυρίζω καὶ τοῖς παροῦσι καλλωπίζομαι. Ἦ σὲ μὲν υἱὸς λυπεῖ δι' ἀρετὴν ἁρπαζόμενος καὶ τιμώμενος, καὶ δεινὸν εἰ μὴ παρέσται σοι καὶ γηροκομήσει καὶ τὰ εἰκότα θεραπεύσει κατὰ τὸ σύνηθες ; 2 Ἐμὲ δὲ οὐκ ἀνιᾷ πατὴρ τὴν τελευταίαν ἐκδημίαν ἀφ' ἡμῶν ἐκδημήσας, ἐξ ἧς οὐκέτι πρὸς ἡμᾶς ἀναλύσει οὐδὲ παρ' ἡμῶν ὀφθήσεται ; Εἶτα ἡμεῖς μὲν οὐδὲν ἐγκαλοῦμεν οὐδὲ τὴν ὀφειλομένην ἀπαιτοῦμεν παραμυθίαν, εἰδότες ὅτι τὰ ἴδια κακὰ καιρὸν οὐ δίδωσι τοῖς ἀλλοτρίοις σχολάζειν · οὐδὲ γὰρ οὕτω τίς ἐστι φιλικὸς καὶ φιλόσοφος

LXII. Codices : u = YM, v = LA, d = P, f = Π, g = IF.
Titulus : Ἀμφιλοχίῳ nos : τῷ αὐτῷ (id est Ἀμφιλοχίῳ) uvdfg.
χριστιανικόν uv : χριστιανόν dfg ‖ ἐφ' ᾧ uvfg : ἐν ᾧ d ‖ πάνυ uvdfI : πάλιν F ‖ φιλοτιμῇ ud : φιλοτιμῆσαι vfF φιλοτιμεῖσθαι I ‖ πάνυ ante βάρβαρος add. F ‖ φιλοτιμίας uA[2] (s. u. alt. manu) : φιλίας A[1]Ldfg.

LXIII. Codices : u = YM, v = LA, d = P, f = Π, g = IF, h = BΞ.
Titulus : Ἀμφιλοχίῳ fgh : τῷ αὐτῷ (id est Ἀμφιλοχίῳ) uvd.
1 δηλονότι om. g ‖ γηροκομήσει LΠ (-μήσῃ) I (-μήσοι) : γηρωκομήσει uAdFh ‖ 2 ἐκδημίαν om. M ‖ δεόμενος παρακλήσεως uvgh : παρακλήσεως δεόμενος df.

puisse être au-dessus de ce qui trouble l'âme et qu'il puisse consoler autrui, quand il a besoin lui-même de consolation. **3** Mais à un coup tu ajoutes un autre coup, en nous faisant des reproches, ainsi que je l'apprends, en croyant que nous n'avons pas souci de ton fils, — autrement dit, de notre frère, — ou bien que nous l'avons trahi, ce qui est plus grave[1] ; et tu crois que nous ne nous rendons pas compte de la perte subie par tous, amis et parents, et par moi plus que tous, moi qui avais mis en lui l'espoir de ma vie et qui voyais en lui mon seul soutien, mon seul bon conseiller, mon seul compagnon pour la piété[2] ! **4** Et sur quoi fondes-tu cette conjecture? Si c'est sur ce qui s'est passé au premier moment[3], songe que je suis allé exprès jusqu'à vous, troublé par les rumeurs, et que je me suis empressé de communier à vos sentiments quand il était encore temps de délibérer sur cela ; mais vous nous avez fait part de tout plutôt que de ces sentiments, soit que vous fussiez dans le même désarroi, soit dans je ne sais quelle intention. **5** Si tu juges d'après ce qui s'est passé en dernier lieu[4], je ne pouvais absolument pas aller vous trouver une seconde fois à cause de mon malheur et à cause des devoirs que je devais rendre à mon père ; rien ne pouvait pour moi passer avant cela. De plus, mon malheur était tout récent, c'était à un moment où il eût été non seulement impie, mais opposé à toute convenance de faire le philosophe à contretemps et d'une manière surhumaine. Et puis nous avons pensé que nous étions devancés par les événements qui, en ce qui concerne ton fils, avaient déjà leur achèvement, selon ce qui a paru bon à Celui qui dirige notre sort. **6** Mais en voilà suffisamment sur ce point. Maintenant laisse, nous t'en prions, cette peine qui est de toutes les choses la plus déraisonnable, j'en suis persuadé. Et si tu as quelque autre pensée, fais-la connaître, afin de ne pas nous peiner et te peiner tour à tour, et afin de ne pas te mettre dans une situation fort indigne de ta

1. En ne s'empressant pas d'apporter sa sympathie à Amphiloque le père, Grégoire a pu sembler indifférent ou, comme il le dit, il a pu sembler trahir son ami.

ὥστε ὑπεράνω τῶν παθῶν εἶναι καὶ παρακαλεῖν ἄλλον, αὐτὸς δεόμενος παρακλήσεως. **3** Σὺ δὲ τῇ πληγῇ πληγὴν ἐπιβάλλεις αἰτιώμενος ἡμᾶς, ὡς πυνθάνομαι, καὶ νομίζων ἀμελεῖσθαι τὸν σὸν υἱόν, ἡμέτερον δὲ ἀδελφόν, ἢ προδεδόσθαι παρ' ἡμῶν, ὃ βαρύτερον, ἀλλὰ μὴ τῆς ζημίας ἡμᾶς ἐπαισθάνεσθαι ἣν ἐζημίωνται πάντες μὲν καὶ φίλοι καὶ συγγενεῖς, ἐγὼ δὲ καὶ πάντων μᾶλλον — ὁ καὶ τὰς ἐλπίδας τῆς ζωῆς ἐν ἐκείνῳ θέμενος καὶ μόνον μὲν ἔρεισμα, μόνον δὲ σύμβουλον ἀγαθόν, μόνον δὲ κοινωνὸν εὐσεβείας ὑπολαμβάνων. **4** Καὶ τίσι τοῦτο εἰκάζεις ; Εἰ μὲν τοῖς πρώτοις, ἐνθυμήθητι ὅτι καὶ διέβην μέχρις ὑμῶν ἐξεπίτηδες, τῇ φήμῃ τεταραγμένος, καὶ κοινωνῆσαι γνώμης ὑμῖν πρόθυμος ἐγενόμην, ἡνίκα καὶ καιρὸς ἦν ἔτι περὶ τούτων βουλεύεσθαι· καὶ πάντα μᾶλλον ἢ ταύτης ἡμῖν ἐκοινωνήσατε, εἴτε ὑπὸ τῆς αὐτῆς ἀπορίας, εἴτ' οὐκ οἶδ' ὅ τι βουληθέντες. **5** Εἰ δὲ τοῖς τελευταίοις, μάλιστα μὲν οὐκ εἴα τὸ πάθος πάλιν ὑμῖν ἐντυχεῖν καὶ ἡ τῷ πατρὶ χρεωστουμένη τιμὴ καὶ ὁσία, ἧς οὐδὲν ἐδυνάμην ποιήσασθαι προτιμότερον, καὶ ταῦτα ὑπογυίου τοῦ πάθους ὄντος, ἡνίκα οὐκ ἀσεβὲς ἦν μόνον ἀλλ' οὐδ' ὅλως εὐπρεπὲς ἔξω τοῦ καιροῦ φιλοσοφεῖν καὶ ὑπὲρ τὸ ἀνθρώπινον· ἔπειτα καὶ προκατειλῆφθαι ὑπὸ τῶν πραγμάτων ἐνομίσαμεν, πέρας ἤδη τῶν κατ' αὐτὸν ἐχόντων ὁποῖον ἐδόκει τῷ ἄγοντι τὰ ἡμέτερα. **6** Ταῦτα μὲν δὴ τοιαῦτα. Νῦν δὲ καὶ τὴν λύπην ἄνες ἡμῖν πάντων οὖσαν ἀλογωτάτην, ὡς ἐμαυτὸν πείθω· καὶ εἴ τί σοι πλέον δοκεῖ, παράστησον, ἵνα μὴ καὶ ἡμᾶς ἐν τῷ μέρει καὶ σεαυτὸν λυπῇς καὶ πρᾶγμα πάσχῃς σφόδρα τῆς σῆς

3 βαρύτερον u¹vfgh : βαρύτατον u²d ‖ πάντες μὲν καὶ φίλοι dfgΞ : μὲν πάντες φίλοι uv πάντες μὲν φίλοι B ‖ δὲ καὶ πάντων uvgh : δὲ πάντων df ‖ μᾶλλον ..... ζωῆς om. h ‖ καί ante τάς om. uLg ‖ θέμενος uvh : τιθέμενος dfg ‖ **4** καὶ καιρός LIΠ : καιρός uAdFh ‖ ἔτι om. B ‖ οἶδ' ὅ τι udfg : οἶδα τί vh ‖ **5** ἦν h : om. uvdfg ‖ ὅλως dfg : ἄλλως u v h ‖ Post πέρας, δέ add. uv ‖ κατ' αὐτόν uA²dfgh : κατὰ τῶν LA¹.

noblesse en nous accusant, au lieu des autres, nous qui ne faisons aucun mal et, s'il faut dire la vérité, nous qui avons subi la même tyrannie de la part de nos amis communs et de ceux en qui tu ne voyais seulement que des bienfaiteurs[1] !

LXIV

A EUSÈBE DE SAMOSATE[2]

Année 374.

1 Lorsque ta Piété traversait notre patrie, je ne pouvais même pas pencher la tête hors de ma chambre, étant malade au dernier point. Ce qui me peinait, ce n'était pas tant la maladie, qui me faisait craindre d'être à mes derniers moments, mais c'était le fait d'être privé de ta sainte et bonne rencontre. **2** Mon désir de voir ton précieux visage était aussi grand que devait l'être le désir d'un homme ayant besoin qu'on lui guérisse les blessures de son âme et espérant obtenir de ta Perfection cette guérison. **3** Cependant, bien que ce soit un effet de mes péchés d'avoir manqué de te rencontrer à cette occasion, il est possible maintenant que j'obtienne quelque soulagement dans mes ennuis grâce à ta bonté. **4** Si tu veux bien te souvenir de moi dans tes très efficaces prières, ce sera pour moi le viatique de toute la bénédiction de Dieu en cette vie

1. Allusion à la dignité épiscopale, qui lui a été imposée de force par Basile et par Grégoire l'Ancien, qui sont aussi des amis d'Amphiloque.

2. Exilé en 374, Eusèbe, évêque de Samosate (cf. la lettre 42), traverse la Cappadoce pour se rendre en Thrace, où il est relégué par l'empereur Valens. Ce bannissement est un des nombreux épisodes de la lutte de Valens, partisan de l'arianisme, contre les évêques orthodoxes. Grégoire, n'ayant pu voir Eusèbe à son passage, lui envoie cette lettre dans le lieu de son exil. Grégoire avait une profonde vénération pour Eusèbe de Samosate, à cause de l'énergie avec laquelle il luttait contre l'arianisme.

εὐγενείας ἀνάξιον ἀντ' ἄλλων ἡμᾶς αἰτιώμενος τοὺς οὐδὲν ἀδικοῦντας, ἀλλ' εἰ δεῖ τἀληθὲς εἰπεῖν, τὰ ἴσα τυραννηθέντας ὑπὸ τῶν κοινῶν φίλων καὶ οὓς μόνους εὐεργέτας ἐνόμιζες.

LXIV

ΕΥΣΕΒΙΩΙ ΣΑΜΟΣΑΤΩΝ

1 Ὅτε παρῄει σου ἡ θεοσέβεια διὰ τῆς πατρίδος ἡμῶν, οὐδὲ τοῦ δωματίου προκύψαι οἷός τε ἤμην, ἐν ἐσχάτῃ ἀρρωστίᾳ διάγων. Ἐλύπει δέ με οὐ τοσοῦτον ἡ νόσος τὸν περὶ τῶν ἐσχάτων φόβον ἐπάγουσα, ἀλλ' ὅτι τῆς ἱερᾶς σου καὶ ἀγαθῆς συντυχίας ἀπεστερούμην, 2 τοσαύτην ἔχων περὶ τὸ ἰδεῖν σου τὸ τίμιον πρόσωπον ἐπιθυμίαν, ὅσον εἰκὸς ἦν τὸν χρῄζοντα μὲν θεραπείας τῶν ψυχικῶν τραυμάτων, ταύτην δὲ παρὰ τῆς σῆς τελειότητος ἕξειν ἐλπίζοντα. 3 Ἀλλ' εἰ καὶ τῶν ἁμαρτιῶν τῶν ἐμῶν γέγονεν ἔργον τὸ κατὰ τὸν καιρὸν ἐκεῖνον διαμαρτεῖν με τῆς σῆς συντυχίας, νῦν διὰ τῆς σῆς ἀγαθότητος ἔστι δυνατὸν γενέσθαι μοί τινα τῶν λυπηρῶν ἐπανόρθωσιν. 4 Εἰ γὰρ καταξιώσειας κἀμοῦ μνήμην ποιεῖσθαι ἐν ταῖς εὐπροσδέκτοις σου προσευχαῖς πάσης ἔσται μοι τοῦτο τῆς παρὰ τοῦ Θεοῦ εὐλογίας ἐφόδιον, καὶ ἐν ταύτῃ μου τῇ ζωῇ καὶ ἐν τῷ αἰῶνι τῷ μέλλοντι.

LXIV. Codices : u = YM, v = L, d = PR, f = Π, g = IF.

Titulus : Εὐσεβίῳ Σαμοσάτων nos : πρὸς Εὐσέβιον ἐπισκόπῳ Σαμοσάτων ἐν ἐξορίᾳ ὄντα Υ Πρὸς Εὐσέβιον ἐπίσκοπον Σαμοσάτων ἐν ἐξορίᾳ ὄντα M L Εὐσεβίῳ ἐπισκόπῳ Σαμοσάτων ἐν ἐξορίᾳ ὄντι A Τῷ αὐτῷ (id est : Εὐσεβίω Σαμοσατέων d Εὐσεβίῳ ἐπισκόπῳ Σαμοσάτων καὶ ὁμολογητῇ f) τῷ αὐτῷ ἐν ἐξορίᾳ ὄντι (cf. *ep.* 44) g.

1 οὐδὲ τοῦ δωματίου df : οὔτε τοῦ δωματίου YLg οὔτε δωματίου MA ‖ 2 εἰκὸς ἦν τόν dfg : εἰκὸς ἦν ἔχειν τόν Υ εἰκὸς ἔχειν τόν M v ‖ τῶν om. I ‖ 3 σῆς om. uvfg ‖ Post νῦν δέ add. L ‖ δυνατὸν γενέσθαι udfg : γενέσθαι δυνατόν v ‖ 4 σου om. L ‖ ἐν τῷ αἰῶνι τῷ μέλλοντι uvdfI : ἐν τῷ μέλλοντι αἰῶνι F.

et dans le siècle à venir. **5** En effet, qu'un homme de cette valeur, qui supporte tant d'épreuves pour la foi de l'Évangile, qui a subi tant de persécutions et qui se prépare le droit d'avoir une telle assurance auprès de Dieu, le justicier, à cause de sa patience dans les tribulations, que cet homme veuille bien devenir notre intercesseur par ses prières, je suis persuadé qu'il y a là autant de puissance que j'en aurais eu en obtenant cela d'un des saints martyrs. Laisse-moi donc t'exhorter à te souvenir sans trêve de ton ami Grégoire dans ces prières où je souhaite d'être digne de ton souvenir.

LXV

AU MÊME[1]

Année 374.

1 Bien qu'il fût pour nous précieux en tout et qu'il fût au nombre des vrais amis, notre très vénérable frère Eupraxios[2] est apparu plus précieux et plus vrai encore par ses sentiments à ton égard, lui qui vient maintenant de s'élancer vers ta Piété, de la même manière — pour employer le mot de David — qu'une biche qui étanche sa soif violente, intolérable,

1. Seconde lettre à Eusèbe de Samosate exilé en Thrace. Cette lettre et la suivante ont été jadis attribuées à saint Basile, car elles figurent dans certains manuscrits de sa correspondance. Mais elles sont bien attestées dans les manuscrits de la correspondance de saint Grégoire : cinq familles sur six les donnent. Il paraît naturel de joindre les lettres 65 et 66 à la lettre 64, puisque Grégoire était alors en relations épistolaires avec Eusèbe. Rien dans le style de ces deux lettres ne fait penser à autre chose qu'à la manière de Grégoire.

2. Personnage à identifier sans nul doute avec l'Eupraxios dont Grégoire parle dans l'*Épitaphe 128* (Migne, *P.G.*, 38, 79), où il le présente comme un ecclésiastique et un moine de son entourage. Mais ce n'est pas le serviteur Eupraxios, que Grégoire nomme dans son *Testament* (Migne, *P.G.*, 37, 392 C) ; rien de commun non plus avec les deux Eupraxios de l'*Épigramme 3* (Migne, *P.G.*, 38, 83).

5 Τὸ γὰρ ἄνδρα τοσοῦτον, οὕτως ἐναθλοῦντα τῇ πίστει τοῦ Εὐαγγελίου καὶ τηλικούτους διωγμοὺς ὑπομείναντα καὶ τοσαύτην ἑαυτῷ παρρησίαν ἐπὶ τοῦ δικαιοδότου Θεοῦ ἑτοιμάζοντα διὰ τῆς τῶν θλίψεων ὑπομονῆς τοῦτον καὶ ἡμῶν καταξιοῦν γενέσθαι προστάτην διὰ τῶν προσευχῶν, πέπεισμαι ὅτι τοσαύτην ἔχει τὴν δύναμιν, ὅση ἂν ἦν μοι καὶ εἰ παρά τινος τῶν ἁγίων ἐγίνετο μαρτύρων. Ὥστε παρακλήθητι ἀπαραλείπτως μεμνῆσθαι τοῦ σοῦ Γρηγορίου ἐν οἷς εὔχομαι εἶναί σου τῆς μνήμης ἐπάξιος.

LXV

ΤΩΙ ΑΥΤΩΙ

1 Τὰ πάντα τίμιος ὢν ἡμῖν καὶ τῶν φίλων ἐν τοῖς γνησίοις, ὁ αἰδεσιμώτατος ἡμῶν Εὐπράξιος ὁ ἀδελφὸς τιμιώτερος ὤφθη καὶ γνησιώτερος ἐκ τῆς περὶ σὲ διαθέσεως, ὅς γε καὶ νῦν οὕτως ὥρμησε πρὸς τὴν σὴν θεοσέβειαν, ἵν' εἴπω τὸ τοῦ Δαυΐδ, ὡς ἔλαφος πολὺ δίψος, τὸ οὐ φορητόν, ποτίμῳ καὶ καθαρᾷ τῇ πηγῇ καταψύχουσα.

5 δικαιοδότου dfg : δικαιοτάτου uv ‖ γενέσθαι uvg : γενήσεσθαι df ‖ ὅση ἂν ἦν μοι u^2 γρ. Adfg : ὅση ἂν ἐμοί u^1L ‖ ἐγίνετο μαρτύρων d f : μαρτύρων ἐγίνετο uvg ‖ Γρηγορίου uvdΠ^1g : Βασιλείου Π^2 ras. ‖ σου τῆς uvdf : σοι τῆς g.

LXV. Codices : u = YM, v = LA, d = PR, f = Π, g = IF.

Titulus : Τῷ αὐτῷ uv (uide *epist.* 64) : Εὐσεβίῳ Σαμοσατέων d Εὐσεβίῳ ἐπισκόπῳ καὶ ὁμολογητῇ Π I Εὐσεβίῳ ἐπισκόπῳ Σαμοσατῶν F.

1 ὁ αἰδεσιμώτατος ἡμῶν Εὐπράξιος ὁ ἀδελφός fg : ὁ αἰδεσιμώτατος ἀδελφὸς ἡμῶν Εὐπράξιος uv, ὁ αἰδεσιμώτατος ἡμῶν Εὐπράξιος ἀδελφός d ‖ ὅς γε καὶ νῦν u^1 : ὅς γε νῦν v ὥστε καὶ νῦν u^2 γρ. df ‖ οὕτως om. g ‖ πολὺ δίψος nos : πολύδιψος uvdfg scrips. Mauristae τὸ πολὺ δίψος sed τό non inuenitur in codicibus ‖ τὸ οὐ φορητόν uAdfg : καὶ οὐ φορητόν L ‖ τῇ om. uvg ‖ καταψύχουσα L^2dfg : καταψύχουσαν u καταψυχούσῃ L^1A deinde add. uvd : διὰ τῆς τῶν θλίψεων ὑπομονῆς · τούτου καὶ ἡμῶν καταξίου γενέσθαι προστάτης, quod est insulsum glossema ex *epistula* 64, § 5 depromptum sicut uidit H. L. Davids (*Vigiliae christianae*, I, 4, p. 244). Recte omittitur hoc glossema in familiis fg ; in codice Π manus recentissima (saec. XIV) addidit glossema marg.

à une source agréable et pure[1]. **2** Heureux, celui qui mérite d'approcher de toi ! Plus heureux, celui qui, aux souffrances endurées pour le Christ et aux sueurs répandues pour la vérité ajoute une couronne telle que quelques-uns seulement l'obtiennent parmi ceux qui craignent Dieu[2]. **3** Car tu n'as pas fait montre d'une vertu ignorant la lutte, et ce n'est pas seulement au moment de la bonace que tu as correctement navigué et servi de pilote aux âmes des autres ; mais dans les difficultés des épreuves tu t'es révélé et tu as été au-dessus de tes persécuteurs en émigrant noblement de ton pays. **4** D'autres ont le sol paternel, mais nous, la cité d'en haut ; d'autres ont peut-être notre trône, mais nous, le Christ ; oh ! le bel échange ! Qu'avons-nous méprisé ! Qu'avons-nous reçu ! Nous avons passé par le feu et l'eau, et j'ai confiance que nous arriverons au lieu du rafraîchissement[3]. **5** Car Dieu ne nous abandonnera pas jusqu'à la fin[4] ; il ne verra pas avec indifférence l'orthodoxie persécutée, mais selon la multitude de nos douleurs ses consolations nous réjouiront[5]. Voilà donc ce dont nous sommes sûrs et ce que nous demandons dans nos prières. Quant à toi, je t'en conjure, prie pour notre misère. **6** Et chaque fois que s'en présentera l'occasion, n'hésite pas à nous bénir par tes lettres et à nous rendre plus courageux en nous révélant ce qu'il advient de toi, ainsi que tu as bien voulu le faire maintenant.

1. *Psaume XLI*, 2. Trois familles de manuscrits ajoutent ici : ... « par la patience dans les tribulations ; de lui et de moi daigne être le protecteur. » Les deux autres familles ne contiennent pas cette interpolation. H. L. Davids, sans connaître les manuscrits, s'est rendu compte de l'interpolation, et il a vu que c'était une glose empruntée à un morceau de phrase du § 5 de la lettre 64 (H. L. Davids, *De Gregorii Nazianzeni Epistula LXV*, dans *Vigiliae christianae*, I, 4, p. 244-246). Les anciens éditeurs, Billy et les Bénédictins, ont imprimé le texte avec la glose sans s'apercevoir de rien.

2. Allusion à la peine de l'exil, que son correspondant supporte en ce moment.

3. *Psaume* LXV, 12.

2 Καὶ μακάριος ὁ σοὶ πλησιάζειν ἠξιωμένος, μακαριώτερος δὲ ὁ τοῖς ὑπὲρ Χριστοῦ παθήμασι καὶ τοῖς ὑπὲρ ἀληθείας ἱδρῶσι τοιαύτην ἐπιθεὶς κορωνίδα ἧς ὀλίγοι τῶν φοβουμένων τὸν Θεὸν τετυχήκασιν. **3** Οὐ γὰρ ἀβασάνιστον ἐπεδείξω τὴν ἀρετήν, οὐδὲ ἐν εὐδίας καιρῷ μόνον ὄρθιος ἔπλευσας καὶ τὰς τῶν ἄλλων ψυχὰς ἐκυβέρνησας, ἀλλ' ἐν ταῖς δυσχερείαις τῶν πειρασμῶν διεφάνης καὶ τῶν διωκόντων γέγονας ὑψηλότερος τῷ γενναίως μεταναστῆναι τῆς ἐνεγκούσης. **4** Καὶ ἄλλοι μὲν τὸ πατρῷον ἔδαφος ἔχουσιν, ἡμεῖς δὲ τὴν ἄνω πόλιν· ἄλλοι τὸν ἡμέτερον ἴσως θρόνον, ἡμεῖς δὲ τὸν Χριστόν· ὢ τῆς πραγματείας, οἵων ὑπεριδόντες οἷα κεκομίσμεθα. Διήλθομεν διὰ πυρὸς καὶ ὕδατος, πιστεύω δὲ ὅτι καὶ ἐξελευσόμεθα εἰς ἀναψυχήν. **5** Οὐ γὰρ εἰς τέλος ἐγκαταλείψει ἡμᾶς ὁ Θεός, οὐδὲ περιόψεται τὸν ὀρθὸν λόγον δεδιωγμένον, ἀλλὰ κατὰ τὸ πλῆθος τῶν ὀδυνῶν ἡμῶν αἱ παρακλήσεις αὐτοῦ εὐφρανοῦσιν ἡμᾶς. Τοῦτο μὲν οὖν καὶ πιστεύομεν καὶ εὐχόμεθα. Σὺ δέ, παρακαλῶ, ὑπερεύχου τῆς ταπεινώσεως ἡμῶν· **6** καὶ ὁσάκις ἂν ἐμπίπτῃ καιρός, καὶ εὐλογεῖν ἡμᾶς διὰ γραμμάτων μὴ κατόκνει καὶ εὐθυμοτέρους ποιεῖν τὰ κατὰ σαυτὸν δηλῶν, ὃ ποιῆσαι καὶ νῦν κατηξίωσας.

2 Καί om. d ‖ τῆς ante ἀληθείας add. u ‖ τήν ante κορωνίδα add. F ‖ **3** μόνον om. g ‖ ὄρθιος dΠ¹g : ὀρθῶς uvΠ² s. u. ‖ μεταναστῆναι df : μεταστῆναι uvg ‖ **5** καί ante αἱ παρακλήσεις add. d f ‖ εὐφρανοῦσιν u d f g : εὐφραίνουσιν v ‖ καὶ εὐχόμεθα om. I, ponit ante καὶ πιστεύομεν F ‖ **6** καί ante διὰ γραμμάτων add. g ‖ κατόκνει uv : ὄκνει dfg ‖ ποιεῖν uv : ποίει dfg ‖ Verbo δηλῶν desinit I ‖ ὃ ποιῆσαι καὶ νῦν uF : ὡς καὶ ποιῆσαι νῦν v ὃ ποιῆσαι νῦν df ‖ κατηξίωσας uvPfF : καταξίωσον R.

LXVI

AU MÊME[1]

Année 374.

1 Quand tu écris, quand tu penses à nous, tu nous réjouis, et aussi — ce qui est plus important — quand tu nous bénis dans tes lettres. Pour nous, si nous étions digne de tes souffrances, de ta lutte pour le Christ et à cause du Christ, nous aurions mérité d'aller jusqu'à toi, d'embrasser ta Piété et de prendre modèle sur ta fermeté dans les souffrances. **2** Mais puisque nous en sommes indigne, tourmenté que nous sommes par une multitude de tribulations et d'affaires[2], nous faisons ce qui vient en second : nous saluons ta Perfection et nous te demandons de ne point te lasser de penser à nous. **3** Car ce n'est pas seulement pour nous un avantage d'être jugé digne de tes lettres ; mais c'est encore pour nous un sujet de fierté et de gloire devant tout le monde d'être en crédit auprès d'un homme qui a tant de vertu, et qui jouit auprès de Dieu d'une familiarité telle qu'il peut aussi lui rendre familiers les autres, par sa parole et par son exemple.

1. Sur l'authenticité de cette lettre, voir la note mise en tête de la lettre 65.
2. Grégoire assura la direction de l'Église de Nazianze, après la mort de son père.

LXVI

ΤΩΙ ΑΥΤΩΙ

1 Καὶ γράφων καὶ μεμνημένος εὐφραίνεις ἡμᾶς, καί, ὃ τούτου μεῖζον, εὐλογῶν ἐν τοῖς γράμμασιν. Ἡμεῖς δέ, εἰ ἦμεν ἄξιοι τῶν σῶν παθημάτων καὶ τῆς ὑπὲρ Χριστοῦ καὶ διὰ Χριστὸν ἀθλήσεως, κατηξιώθημεν ἂν καὶ μέχρι σοῦ γενόμενοι περιπτύξασθαί σου τὴν θεοσέβειαν καὶ τύπον λαβεῖν τῆς ἐν τοῖς παθήμασι καρτερίας. 2 Ἐπειδὴ δὲ ἀνάξιοι τούτου τυγχάνομεν, πολλαῖς θλίψεσι καὶ ἀσχολίαις ἐνοχλούμενοι, ὃ δεύτερόν ἐστι ποιοῦμεν· προσαγορεύομεν πρὸς τὴν τελειότητά σου καὶ ἀξιοῦμεν μὴ ἀποκάμνειν σε μεμνημένον ἡμῶν. 3 Οὐ γὰρ ὠφέλεια ἡμῖν μόνον τῶν σῶν καταξιοῦσθαι γραμμάτων, ἀλλὰ καὶ καύχημα πρὸς τοὺς πολλοὺς καὶ καλλώπισμα ὅτι λόγος ἡμῶν ἐστι παρ' ἀνδρὶ τοσούτῳ τὴν ἀρετὴν καὶ τοσαύτην ἔχοντι πρὸς Θεὸν οἰκειότητα ὥστε καὶ ἄλλους οἰκειοῦν δύνασθαι καὶ λόγῳ καὶ ὑποδείγματι.

LXVI. Codices : u = YM, d = PR, f = Π, g = IF, h = BΞ.
Titulus : Τῷ αὐτῷ dg (id est : Εὐσεβίῳ Σαμοσατέων d Εὐσεβίῳ ἐπισκόπῳ Σαμοσάτων g) : Εὐσεβίῳ ἐπισκόπῳ Σαμοσατέων uh Εὐσεβίῳ ἐπισκόπῳ Σαμοσάτων καὶ ὁμολογητῇ f.

1 εἰ ἦμεν ἄξιοι dfgh : εἰ μὲν ἄξιοι u ‖ σου τὴν θεοσέβειαν ug : τὴν σὴν θεοσέβειαν dfh ‖ 2 τούτου udfIh : τοῦ τοιούτου F ‖ ἐνοχλούμενοι uvdfgΞ : ἐνεχόμενοι B ‖ τὴν τελειότητά σου u : τὴν σὴν τελειότητα dfgh ‖ ἀποκάμνειν df : κάμνειν ugh ‖ σε om. B ‖ 3 ἡμῖν μόνον dfg : μόνον ἡμῖν uh.

LXVII

A JULIEN[1]

Années 374-375.

1 Bien des raisons m'unissent d'amitié avec toi, entre autres, les belles lettres ; rien n'est plus honorable qu'elles, aux yeux de tous, ni plus capable d'unir. De dissentiment entre nous, au contraire, il n'est aucun sujet, et puisse-t-il ne pas y en avoir ! Car ce qui t'a choqué contre mon frère Nicobule[2], ou par le fait de Nicobule, cela ne me concerne pas plus que ce qui se passe aux Indes, sauf que je n'approuve rien de ce qui est arrivé. **2** Ne me l'impute donc pas et ne prends pas, pour autant, une décision moins bonne en ce qui te regarde ; mais la mesure de clémence que tu as promise aux pauvres, rends-la effective. De plus, les clercs qui sont autour de moi, ceux pour lesquels je t'ai sollicité, retire-les du registre de l'impôt. Songe que ce serait une extrême anomalie que d'autres consacrent toute leur fortune à Dieu, et que toi, tu ne veuilles pas être bon sans qu'il t'en coûte rien ; que d'autres villes accordent cette faveur à tous ceux qui ont rapport avec l'autel, et qu'on ne l'accorde pas à ceux qui habitent avec nous et qui nous assistent, et cela par votre faute, vous, un ami intime, à qui peut-être nous ne ferons pas honte. **3** Voilà ce qu'il convenait que nous t'écrivions. Nous n'avons pu nous rencontrer, parce que la maladie m'a obligé de partir

1. Ancien condisciple de Grégoire à Athènes, ce personnage fut répartiteur des impôts en Cappadoce. Grégoire lui écrivit à ce propos les lettres 67, 68 et 69 pour obtenir une exemption en faveur du clergé. On est alors dans les années 374-375 : Grégoire dirige l'Église de Nazianze, son père étant mort en 374, et il se démettra de ses fonctions dans le courant de 375.

2. Nicobule est en réalité le neveu de Grégoire (voir la lettre 12) Le mot *frère* est un terme d'affection.

LXVII

ΙΟΥΛΙΑΝΩΙ

1 Ἐμοὶ πρὸς σὲ φιλίας μὲν πολλὰ δίκαια, καὶ εἰ μή τι ἄλλο, οἱ λόγοι ὧν οὐδὲν τοῖς πολλοῖς αἰδεσιμώτερον οὐδὲ οἰκειότερον· ἀπεχθείας δὲ ὑπόθεσις οὐδεμία οὔτε ἐστί, μήτε γένοιτο. Ἃ γὰρ πρὸς τὸν ἀδελφὸν Νικόβουλον ἢ παρὰ Νικοβούλου λελύπησαι, οὐκ ἐμὰ μᾶλλον ἢ τὰ ἐν Ἰνδοῖς πραττόμενα· ὅσον ἐπὶ τὸ μὴ συναρέσκεσθαι μηδενὶ τῶν γεγενημένων. 2 Μὴ τοίνυν ἐμοὶ ταῦτα λογίσῃ μηδὲ διὰ τοῦτο χεῖρόν τι βουλεύσῃ περὶ σεαυτοῦ· ἀλλ' ἣν ὑπέσχου τοῖς πτωχοῖς φιλανθρωπίαν, ταύτην ἐπιτελῆ ποίησον. Καὶ μέν τοι καὶ τοὺς περὶ ἐμὲ κληρικοὺς ὅσους παρῃτησάμην τῆς ἀπογραφῆς ἐλευθέρωσον, ἐκεῖνο ἐνθυμηθεὶς ὅτι λίαν τῶν ἀτόπων ἐστὶν ἄλλους μὲν καὶ οὐσίαν ὅλην καθιεροῦν τῷ Θεῷ, σὲ δὲ μηδὲ προῖκα βούλεσθαι εἶναι χρηστόν, καὶ ἄλλαις μὲν πόλεσι πάντας τοὺς περὶ τὸ βῆμα δοθῆναι, ἡμῖν δὲ μηδὲ τοὺς συνόντας καὶ θεραπεύοντας, καὶ ταῦτα παρ' ὑμῶν τῶν οἰκειοτάτων οὓς τυχὸν οὐκ αἰσχυνοῦμεν. 3 Ταῦτα ἐπισταλῆναί σοι παρ' ἡμῶν καλῶς εἶχε. Συντυχεῖν δὲ οὐκ ἐξεγένετο, ἐπειδή με ἡ νόσος ἐξώρμησε πρὸς τὰ Τύανα θεραπείας

LXVII. Codices : u = YM, v = LA, d = P, f = Π, g = IF, h = B Ξ.

Titulus : Ἰουλιανῷ uvfIh : τῷ αὐτῷ (id est Ἰουλιανῷ) d Ἰουλιανῷ ἐξισωτῇ F.

1 μήτε A²dfIΞ : μηδέ u μή A¹LB μή τι F ‖ οὐκ ἐμὰ μᾶλλον udf : οὐκ ἐμὰ ἢι μᾶλλον v οὐκ ἐμὰ οὐ μᾶλλον gh ‖ 2 ὅσους παρῃτησάμην vdfFh : ὅσουσπερ ᾐτησάμην u ὅσοισπερ ᾐτησάμην I ‖ ἀπογραφῆς dfgh : γραφῆς uv ‖ ἀτόπων Yvdfgh : ἀπίστων M ‖ καθιεροῦν τῷ Θεῷ uvdfh : καθιεροῦν Θεῷ I ἀφιεροῦν Θεῷ F ‖ μηδὲ uvdfg : μή h ‖ αἰσχυνοῦμεν udfI : αἰσχύνομαι vh αἰσχύνομεν F ‖ 3 καλῶς εἶχε uvdfg : κακῶς εἶχε B οὐ κακῶς εἶχε Ξ ‖ ἐπειδή με ἡ νόσος om. L ‖ ἐξώρμησε uvFh : ὥρμησε dfI.

pour Tyane afin d'y chercher guérison, pendant qu'il en est temps. Pardonne-nous. D'ailleurs, au lieu de nous, tu as Dieu présent assistant les pauvres, lui qui est bien plus vénérable que notre présence !

LXVIII

AU MÊME

Années 374-375.

1 Tu nous as invité[1] à venir à ta résidence — bonne idée, certes — pour t'aider à préparer la répartition des impôts ; car l'affaire comporte des soucis qui ne sont pas minces ! Pour ma part, si je me trouvais en bonne santé, j'aurais eu un vif empressement à te rencontrer ; et j'irai, quand ce sera possible, si Dieu y consent. Pour l'instant, c'est par lettre que je remplis le rôle de la présence. **2** Je sais que tu es né de parents saints et que depuis longtemps tu as progressé avec eux dans la crainte de Dieu. Par conséquent, ce que tu reconnais utile pour toi, pour ta bonne renommée et pour la sécurité de ton âme, cela tu le feras certainement, même si nous ne te l'écrivons pas nous-même. **3** Et s'il faut que nous ajoutions encore quelque conseil, nous te faisons savoir qu'à défaut de quelque autre activité que les âmes chrétiennes offrent à Dieu, celle-là se présente à toi pour l'instant ; et tu amasseras pour toi-même de grands trésors[2], si tu as le souci du bien commun et si tu corriges les mesures défectueuses prises auparavant. **4** Il y a aussi une condition très importante pour ta sécurité[3] (ce qui doit être ta première préoccupation), c'est de prendre pour colla-

1. Cette expression montre que Julien avait répondu à la lettre 67 de Grégoire. Cette réponse est perdue.

2. Allusion à une image qui revient plusieurs fois dans l'Évangile (*Saint Matthieu*, VI, 20 ; XIX, 21 ; *Saint Marc*, X, 21 ; *Saint Luc*, XVIII, 22).

3. La sécurité de l'âme de son correspondant, comme Grégoire le dit plus explicitement au § 2 de cette lettre.

τευξόμενον, ἕως καιρός· καὶ συγγίνωσκε. Ἀντὶ δὲ ἡμῶν ἔχεις Θεὸν παρόντα καὶ βοηθοῦντα τοῖς πένησι, τὸν πολὺ τῆς παρουσίας ἡμῶν αἰδεσιμώτερον.

LXVIII

ΤΩΙ ΑΥΤΩΙ

1 Ἐκάλεσας ἡμᾶς ἐπὶ τὴν μονήν, καλῶς γε ποιῶν, ὡς κοινωνοὺς τοῦ κατὰ τὴν ἐπανίσωσιν σκέμματος· καὶ γάρ ἐστιν οὐ μικρᾶς τὸ πρᾶγμα φροντίδος. Ἐγὼ δέ, εἰ μὲν ὑγιαίνων ἐτύγχανον, σφόδρα ἂν ἀπήντησα προθύμως· καὶ ἥξω δέ, ὅταν οἷόν τε ᾖ, Θεοῦ θέλοντος. Νῦν δὲ διὰ γραμμάτων πληρῶ τὰ τῆς παρουσίας. 2 Οἶδά σε καὶ γονέων ὄντα ἱερῶν καὶ τῷ θείῳ φόβῳ συνηυξημένον ἄνωθεν. Ἃ οὖν ἐπίστασαι συμφέρειν σοι καὶ πρὸς εὐδοξίαν καὶ πρὸς ἀσφάλειαν ψυχῆς, ταῦτα δηλονότι ποιήσεις κἂν αὐτοὶ μὴ γράφωμεν. 3 Εἰ δέ τι καὶ ἡμᾶς συνεισενεγκεῖν δεῖ, τοῦτο γνωρίζομεν ὅτι ἀντ' ἄλλης τινὸς πολιτείας ἣν εἰσφέρουσι τῷ Θεῷ χριστιαναὶ ψυχαί, τοῦτό σοι πρόκειται νῦν· καὶ μεγάλα σεαυτῷ θησαυρίσεις τοῦ κοινοῦ φροντίσας καὶ εἴ τι πρὸ τούτου διετέθη κακῶς καὶ τοῦτο ἐπανορθωσάμενος. 4 Ἓν δὲ καὶ μέγιστον εἰς ἀσφάλειαν (ὃ καὶ πρῶτόν σοι φυλακτέον), συνεργοὺς λαβεῖν οὓς καὶ

LXVIII. Codices : u = YM, v = LA, d = PR, f = Π, g = IF, h = ΒΞ.

Titulus : Τῷ αὐτῷ (id est Ἰουλιανῷ) uv : Ἰουλιανῷ ἐξισωτῇ dfF Ἰουλιανῷ Ih.

1 γε df : om. uvgh ‖ καί ante ἥξω om. F ‖ δέ post ἥξω om. Ξ ‖ ὅταν οἷόν τε ᾖ udfgh : οἷόν τε ὅταν ᾖ L εἰ οἷόν τε ὅταν η A ‖ 2 γονέων ὄντα ἱερῶν uv : γονέων ἱερῶν ὄντα dfh γονέων ἱερέων ὄντα g ‖ ταῦτα om. h ‖ δηλονότι ποιήσεις om. B ‖ κἂν αὐτοὶ μὴ γράφωμεν nos : κἂν ἡμεῖς αὐτοὶ μὴ γράφωμεν uv κἂν ἡμεῖς μὴ γράψωμεν df κἂν ἡμεῖς μὴ γράφωμεν gh ‖ 3 νῦν om. I ‖ θησαυρίσεις uvh : θησαυρίζεις dfg ‖ διετέθη u v dfg : ἐτέθη h ‖ καί ante τοῦτο om. h.

borateurs des hommes que tu sais supérieurs aux autres par la sagesse et le caractère. A quoi sert, en effet, que le pilote soit bon, s'il a de mauvais rameurs?

LXIX

AU MÊME

Années 374-375.

J'ai ta promesse et je me fie à ton caractère, grâce auquel j'ai aussi tes largesses[1]. Or, celui surtout qui connaît la mesure des dons et des récompenses, c'est le grand remetteur des dettes[2]. Et s'il est en notre pouvoir de régler de telles questions, de nous viendra l'offrande du sacrifice, et de toi la bonté. Partageons-nous la récompense.

LXX

A EUTROPE[3]

Vers 375.

1 Qu'est-ce à dire? Eutrope le Grand est dans nos parages, nous l'apprenons et nous n'en profitons pas! Tantale avait-il jadis un autre sort que celui-là, quand il se consumait de soif au milieu des sources? **2** Tu désires nous rencontrer, ainsi que tu l'écris, et tu as raison; car tu devais, étant ce que tu es, ne pas négliger

1. Allusion aux exemptions fiscales dont il est question dans les deux lettres précédentes.

2. On peut rapprocher cette pensée de *Saint Matthieu*, VI, 12; XVIII, 32; *Saint Luc*, VI, 37; XI, 4. Il n'est pas facile de trouver un substantif traduisant le mot διαλύτης. Je risque le terme de *remetteur*, qui figure dans Littré.

3. Ce personnage est probablement à identifier avec Eutrope qui fut proconsul d'Asie en 370-372 (Ammien-Marcellin, XXIX, 1, 36). Comme la lettre 70 indique qu'il est sorti de charge, on peut placer cette lettre vers 375. Telle est l'opinion des Mauristes, plus vraisemblable que d'autres identifications proposées par O. Seeck, *Die Briefe des Libanius zeitlich geordnet*, Leipzig, 1906, p. 151 sv.

συνέσει καὶ τρόπῳ διαφέρειν τῶν ἄλλων γινώσκεις. Τί γὰρ ὄφελος κυβερνήτην εἶναι χρηστόν, πονηροῖς χρώμενον ἐρέταις ;

LXIX

ΤΩΙ ΑΥΤΩΙ

Ἔχω τὴν ὑπόσχεσιν καὶ θαρρῶ τῷ τρόπῳ δι' ὃν ἔχω καὶ τὴν δωρεάν. Μάλιστα μὲν οὖν οἶδε τὸ μέτρον τῶν ἐπιδόσεων καὶ τῶν ἀντιδόσεων ὁ μέγας τῶν χρεῶν διαλύτης · εἰ δὲ καὶ ἐφ' ἡμῖν ἐστι τὰ τοιαῦτα συντίθεσθαι, παρ' ἡμῶν ἡ θυσία, παρὰ σοῦ τὸ φιλάνθρωπον. Μερισώμεθα τὴν ἀντίδοσιν.

LXX

ΕΥΤΡΟΠΙΩΙ

1 Τί τοῦτο ; Εὐτρόπιος ὁ μέγας ἐν ἡμετέροις · καὶ ἡμεῖς ἀκούομεν, ἀλλ' οὐκ ἀπολαύομεν. Ὁ δὲ Τάνταλος ἐκεῖνος τί ποτ' ἄλλο ἢ τοῦτο ἦν, ἐν μέσαις πηγαῖς δίψει τηκόμενος ; 2 Σὺ μὲν οὖν ποθεῖς τὴν συντυχίαν τὴν ἡμετέραν, ὡς γράφεις, καὶ καλῶς ποιεῖς · ἔδει γὰρ ὄντα

4 διαφέρειν τῶν ἄλλων uvlh : τῶν ἄλλων διαφέρειν dfF ‖ τοῖς ante ἐρέταις add. h.

LXIX. Codices : u = YM, v = LA, d = P, f = Π, g = IF, h = ΒΞ.

Titulus : Τῷ αὐτῷ uvdfg (id est : Ἰουλιανῷ uvdfI Ἰουλιανῷ ἐξισωτῇ F) : Ἰουλιανῷ h.

ὑπόσχεσιν uAL^{1}dfgh : ὑπόθεσιν L^2 γρ. ‖ οὖν om. d ‖ παρὰ σοῦ uvdfh : παρὰ δὲ σοῦ g.

LXX. Codices : u = YM, v = LA, d = P, f = Π, g = IF, h = ΒΞ.

Titulus : Εὐτροπίῳ uLfgh : τῷ αὐτῷ (id est : Εὐτροπίῳ) d. Titulus Τῷ αὐτῷ qui legitur in codice A falsus est ; ante hanc *epistulam* 70, scriptae sunt *epistulae* 135 et 137 quae non pertinent ad Eutropium.

2 οὖν om. B ‖ τὴν συντυχίαν τὴν ἡμετέραν dfgh : τὴν ἡμετέραν συντυχίαν uv ‖ ὄντα σε ὅπερ εἶ uvdfh : ὄντα ὥσπερ εἶ g.

tes amis, mais nous faire du bien en passant et nous accorder après ta sortie de charge l'honneur dont tu nous jugeais digne pendant ta charge. **3** En quel état suis-je, à ton avis, et quels sont mes sentiments, moi qui ne te désire pas moins, sinon plus encore, comme il est naturel (car ce qui est plus vénérable est plus désirable), et la maladie m'entrave ! **4** Sois pour moi le remède d'Égypte — que ce soit une parole ou quelque autre chose — avec lequel Homère guérit les âmes dans la peine[1]. **5** Et comment le seras-tu ? D'abord en pardonnant[2] — car la bonté est prête au pardon ; ensuite en nous instruisant par les lettres que tu nous enverras — car lorsque tu étais magistrat, nous pouvions t'admirer pour ta vertu plus encore que pour ta puissance.

LXXI

AU MÊME

Vers 375.

1 Que l'un fasse l'éloge de telle de tes qualités, l'autre de telle autre, tu suffiras entièrement à plusieurs langues, si l'on se divise le sujet ; mais moi, ce que j'ai admiré surtout, je vais le dire. Tu as une telle grandeur de distinction et de culture que l'on devient ton ami par le seul fait que l'on est réputé sur ces points. **2** Pour ma part, outre les honneurs si grands que tu m'as rendus lorsque tu occupais ce trône très élevé et encore exposé à l'envie, tu m'as rencontré en Asie[3], si tu te souviens (et tu t'en souviens, je le sais ; car outre ta perfection en tout, tu es parfait aussi en amitié), tu m'as vu, d'une façon générale, avec le plus grand

1. Allusion à *Odyssée*, IV, v. 219-229.
2. Parce que Grégoire ne va pas le voir.
3. On ignore les circonstances de cette rencontre ; mais le mot *Asie* désigne le diocèse civil d'Asie.

σε ὅπερ εἶ μὴ περιφρονεῖν τοὺς φίλους, ἀλλὰ καὶ ὁδοῦ πάρεργον εὖ ποιεῖν ἡμᾶς καὶ ταῦτα τιμᾶν μετὰ τὴν ἀρχὴν ἃ καὶ ἄρχων τιμᾶν ἠξίους. **3** Ἐμὲ δὲ πῶς οἴει διακεῖσθαι καὶ τίνα ἔχειν τὴν ψυχήν, ποθοῦντα μὲν οὐχ ἧττον, εἰ μὴ καὶ μᾶλλον, ὡς τὸ εἰκὸς (τὸ γὰρ αἰδεσιμώτερον, ποθεινότερον), τῇ δὲ ἀρρωστίᾳ πεπεδημένον ; **4** Σὺ δέ μοι γενοῦ τὸ Αἰγύπτιον φάρμακον, εἴτε λόγος τοῦτο ἦν, εἴτε τι ἕτερον, ᾧ φαρμακεύει τὰς ψυχὰς Ὅμηρος ἐν ταῖς λύπαις. **5** Γενήσῃ δὲ πῶς ; Πρῶτον μὲν συγγινώσκων, ἕτοιμον γὰρ τὸ χρηστὸν εἰς συγγνώμην · ἔπειτα παιδεύων ἡμᾶς ἐξ ὧν ἂν ἐπιστέλλῃς, ἐπεὶ καὶ ἄρχοντά σε τῆς ἀρετῆς μᾶλλον ἢ τῆς ἐξουσίας θαυμάζειν εἴχομεν.

LXXI

ΤΩΙ ΑΥΤΩΙ

1 Ἄλλος μὲν ἄλλο τι τῶν σῶν ἐπαινείτω, πάντως δὲ ἀρκέσεις γλώσσαις πολλαῖς μεριζόμενος · ἐγὼ δὲ ὃ μάλιστα θαυμάσας ἔχω, τοῦτο ἐρῶ. Τοσοῦτόν σοι καλοκἀγαθίας καὶ λόγων περίεστιν ὥστε σοι καὶ τοῦτο μόνον φίλους ποιεῖν, τὸ νομισθῆναί τινας τοιούτους. **2** Ἐμὲ γοῦν πρὸς πᾶσιν οἷς γε τετίμηκας οὖσι τοιούτοις ἡνίκα τὸν ὑψηλότατον εἶχες θρόνον ἔχοντα τὸ ἐπίφθονον ἔτι, καὶ κατὰ τὴν Ἀσίαν περιτυχών, εἴ τι μέμνησαι (μέμνησαι δὲ οἶδ' ὅτι τηλικοῦτος ὢν καὶ τὰ φιλικά, μετὰ τῆς ἐν πᾶσι

3 τίνα ἔχειν τὴν ψυχήν u : τίνα ἔχειν ψυχήν vdfgh ‖ **4** Σὺ δέ μοι v : Σύ μοι udfgh ‖ εἴτε τι ἕτερον om. h ‖ **5** μᾶλλον d f : πλέον uvgh ‖ εἴχομεν uvΠ¹g : ἔχομεν dΠ²h.

LXXI. Codices : u = YM, v = LA, d = P, f = Π, g = IF, h = B Ξ.

Titulus : Τῷ αὐτῷ (id est : Εὐτροπίῳ) uL : Εὐτροπίῳ dfgh. De codice A, uide *epistulam* 70.

1 λόγων uvdfFh : λόγου I ‖ σοι post ὥστε om. u ‖ ποιεῖν uvIΞ : ποιεῖ dfFB ‖ **2** οἷς γε τετίμηκας u : οἷς τετίμηκας vdfgh ‖ καί ante κατά om. d ‖ εἴ τι uvgh : εἴ γε df.

plaisir, et en particulier tu m'as engagé à t'écrire, honorant ainsi ta science, disais-tu. **3** Et non seulement cela, mais tu as bien voulu m'écrire le prem er, imitant ainsi les bons peintres qui instruisent ordinairement leurs élèves en leur offrant des modèles[1]. **4** Ainsi as-tu agi jusqu'à cette heure d'une noble manière. Pour l'avenir, n'hésite pas à m'accorder ta faveur, même si une fois encore tu te vois élevé sur un trône (le trône élèvera ta puissance, non ta vertu ; car sur ce point il n'est pas possible que tu montes : tu es parvenu au sommet). **5** Mais, tout en dirigeant les affaires publiques, ne néglige pas tes amis ; fais comme les jeunes gens d'Homère qui, au milieu de la guerre, cultivent l'amitié[2], puisqu'aussi bien ton ami Homère donne cet ornement à sa poésie.

LXXII

A GRÉGOIRE DE NYSSE[3]

Année 375.

Ne ressens pas trop la morsure de l'affliction : ce dont nous nous affligeons moins est moins affligeant. Rien d'étonnant si les hérétiques se sont réchauffés et si, avec le printemps, ils ont l'audace de ramper hors de leurs tanières, comme tu l'écris. Ils vont siffler un peu, je le sais bien, puis ils rentreront sous terre[4] devant l'opposition de la vérité et des circonstances[5] ; et cela, d'autant plus que nous confierons tout à Dieu.

1. Les lettres d'Eutrope ont été pour Grégoire des modèles de l'art épistolaire.

2. Que l'on songe à Achille et à Patrocle au chant IX de l'*Iliade*.

3. En 375, Grégoire de Nysse fut déposé et chassé de son siège par un synode d'évêques ariens, réuni sous la protection d'un haut magistrat, Démosthène, vicaire de la province du Pont Polémoniaque. Les lettres 72 et 74 se rapportent à cet événement.

4. On remarquera avec quelle continuité Grégoire « file » sa métaphore qui assimile les hérétiques à des serpents.

5. En 379, la mort de l'empereur arien Valens à la bataille d'Andrinople et l'avènement de Théodose, fidèle à l'orthodoxie, amèneront le revirement que souhaite ici Grégoire.

τελειότητος), τά τε ἄλλα εἶδες ὡς ἥδιστα καὶ γράφειν διεκελεύσω, λόγους τιμῶν τοὺς σούς. 3 Οὐ μόνον δέ, ἀλλὰ καὶ γράψαι πρότερος ἠξίωσας, τοὺς ἀγαθοὺς τῶν γραφέων μιμούμενος οἳ τῷ παραδεικνύναι τὰ πολλὰ τοὺς μαθητὰς ἐκπαιδεύουσι. 4 Τοῦτο οὖν νῦν τε πεποίηκας εὖ ποιῶν· καὶ τοῦ λοιποῦ χαρίζεσθαι μὴ κατόκνει, κἄν σε ὑψηλὸν αὖθις οἱ θρόνοι φέρωσιν (οἴσουσι γὰρ τὴν ἀρχήν, οὐ τὴν ἀρετήν· οὐδὲ γὰρ ἔχεις ὅ τι ὑψωθῇς κατὰ ταύτην, ἥκων πρὸς τὸ ἀκμαιότατον). 5 Ἀλλὰ καὶ τὰ κοινὰ πράττων τῶν φίλων μὴ ἀμέλει, κατὰ τοὺς Ὁμηρικοὺς νεανίας ἐν μέσῳ πολέμῳ τὰ φιλικὰ σπουδάζοντας, ἐπειδὴ καὶ τούτῳ ποικίλλει τὴν ποίησιν ὁ σὸς Ὅμηρος.

LXXII

ΓΡΗΓΟΡΙΩΙ ΝΥΣΣΗΣ

Μὴ σφόδρα δάκνου τοῖς λυπηροῖς. Ἂν γὰρ ἧττον λυπώμεθα, ἧττόν ἐστι λυπηρά. Οὐδὲν δεινὸν εἰ ἀνεθάλφθησαν οἱ αἱρετικοὶ καὶ τῷ ἔαρι θαρροῦσι τῶν φωλεῶν ἐξερπύσαντες, ὡς γράφεις. Μικρὰ συριοῦσιν, εὖ οἶδα, εἶτα καταδύσονται, καὶ τῇ ἀληθείᾳ καὶ τῷ καιρῷ πολεμούμενοι, καὶ τόσῳ μᾶλλον ὅσῳπερ ἂν τῷ Θεῷ τὸ πᾶν ἐπιτρέπωμεν.

2 ὡς ante ἥδιστα om. F ‖ 3 τούς ante μαθητάς om. uv ‖ 4 οὖν dfgh : δέ uv ‖ νῦν τε dfFB : νῦν uvIΞ ‖ χαρίζεσθαι dfgh : χαρίσασθαι uv ‖ ταύτην uvdfFh : αὐτήν I ‖ Post ἥκων add. τήν F ‖ ἀκμαιότατον uv : ἀκρότατον dfgh ‖ 5 τῶν φίλων μὴ ἀμέλει dfg : μὴ ἀμέλει τῶν φίλων u τῶν φίλων μὴ ἀμελεῖν h ‖ πολέμῳ udh : πολέμων v πολέμου fg.

LXXII. Codices : u = YM, v = LA, d = PR, f = Π, g = ΛF, h = BΞ.

Titulus : Γρηγορίῳ Νύσσης nos : τῷ αὐτῷ uvdfgh (id est : Γρηγορίω τῷ Νύσσης u Γρηγορίῳ Νύσσης v, Γρηγορίῳ ἐπισκόπῳ Νύσσης d Γρηγορίῳ ἐπισκόπῳ fg Γρηγορίῳ h).

Ἂν γὰρ ἧττον λυπώμεθα nos : Ἂν γὰρ ἧττον λυπώμεθα uvh Ἃ γὰρ ἂν ἧττον λυπούμεθα df Ἐὰν γὰρ ἧττον λυπώμεθα g ‖ τῷ ἔαρι udfg : τῷ ἀέρι v τὸν ἀέρα h ‖ συριοῦσιν uvdfg : συρίσουσιν h ‖ τῇ ἀληθείᾳ u : τῷ Θεῷ vdfgh.

LXXIII

AU MÊME[1]

Date indéterminée.

A propos de ce que tu as écrit, voici notre sentiment : nous ne nous indignons pas d'être méprisé, et nous nous réjouissons d'être honoré. La première chose, nous la méritons ; la seconde est un effet de votre zèle. Prie pour nous[2]. Excuse la brièveté ; de toute façon, si c'est court, c'est tout de même plus long que le silence !

LXXIV

AU MÊME[3]

Année 375.

1 Tout en restant ici, je voyage avec vous par la charité ; car l'affection rend tout commun entre nous. Et j'ai bon espoir, confiant en la bonté de Dieu et en vos prières, que tout évoluera selon votre désir, que la tempête se résoudra en brise, et que le Dieu de l'orthoxie vous donnera pour récompense de triompher des calomniateurs. **2** Puissions-nous donc surtout vous voir bien vite et vous retrouver, comme nous le souhaitons ! Si vous tardiez, les événements imposant ainsi leur marque, par vos lettres[4] du moins ne refusez pas de nous donner de la joie en nous faisant connaître

1. Il n'est pas sûr qu'il s'agisse ici des mêmes événements que dans les lettres 72 et 74.

2. « Votre zèle » et « Prie pour nous », voilà un de ces passages brusques du pluriel au singulier pour la 2e personne signalés dans l'Introduction, p. XLIV. La lettre précédente, adressée aussi à Grégoire de Nysse, employait uniquement « tu ». Cette lettre 73 emploie un « vous » contre deux « tu » ; la lettre suivante utilisera « vous » d'un bout à l'autre, en s'adressant au même correspondant.

3. Sur la date et le sujet de cette lettre, voir la note au titre de la lettre 72.

4. Rapprochement intentionnel entre πραγμάτων et γράμμασι.

LXXIII

ΤΩΙ ΑΥΤΩΙ

Περὶ ὧν ἐπέσταλκας, οὕτως ἔχομεν · οὔτε ὑπερορώμενοι δυσχεραίνομεν, καὶ τιμώμενοι χαίρομεν. Τοῦ μὲν γὰρ ἡμεῖς ἄξιοι, τὸ δὲ τῆς ὑμετέρας φιλοτιμίας. Προσεύχου περὶ ἡμῶν. Τῇ βραχυλογίᾳ συγγίνωσκε · πάντως γάρ, εἰ καὶ μικρὰ ταῦτα, σιωπῆς γε μακρότερα.

LXXIV

ΤΩΙ ΑΥΤΩΙ

1 Καὶ μένων συνεκδημῶ διὰ τῆς ἀγάπης ὑμῖν · πάντα γὰρ ὁ πόθος κοινοποιεῖ τὰ ἡμέτερα. Καὶ πολλὰς ἐλπίδας ἔχω, τῇ τοῦ Θεοῦ φιλανθρωπίᾳ θαρρῶν καὶ ταῖς ὑμετέραις εὐχαῖς, ὅτι πάντα κατὰ νοῦν ὑμῖν ἐκβήσεται καὶ ἡ καταιγὶς εἰς αὔραν λυθήσεται καὶ τοῦτον ὑμῖν ὁ Θεὸς τῆς ὀρθοδοξίας δώσει μισθὸν τὸ τοὺς ἐπηρεάζοντας ὑπερσχεῖν. 2 Μάλιστα μὲν οὖν ἴδοιμεν ὑμᾶς ἐν τάχει καὶ ἀπολάβοιμεν ὡς εὐχόμεθα. Εἰ δὲ χρονίζοιτε, τῶν πραγμάτων οὕτω τυπούντων, γράμμασι γοῦν εὐφραίνειν ἡμᾶς μὴ ἀπαξιοῦτε

LXXIII. Codices : u = YM, v = LA, d = PR, f = Π, g = ΛF, h = ΒΞ.

Titulus : Τῷ αὐτῷ uvdfgh (uide *epistulam* 72).

ὑμετέρας vdfgh : ἡμετέρας u ‖ περί uvh : ὑπέρ dfg ‖ συγγίνωσκε · πάντως γάρ, εἰ καὶ μικρά uv : συγγίνωσκε, καὶ γὰρ εἰ μικρά dfF συγγίνωσκε, καὶ γὰρ εἰς μικρά Λ συγγίνωσκε πάντως καὶ εἰ μικρά h.

LXXIV. Codices : u = YM, v = LA, g = IF.

Titulus : Τῷ αὐτῷ nos : Γρηγορίῳ ἐπισκόπῳ uv Βοσπορίῳ Ἀμφιλοχίῳ Γρηγορίῳ ἐπισκόπῳ g.

1 ὑμῖν (ante ἐκβήσεται) uAg : ἡμῖν L ‖ ὑμῖν (ante ὁ Θεός) uLg : ἡμῖν A ‖ ὑπερσχεῖν u : ὑπερέχειν vg ‖ **2** δέ om. u ‖ οὕτω τυπούντων g : οὕτως ἐχόντων uv ‖ μὴ ἀπαξιοῦτε δηλοῦσι u : μὴ ἀπαξιοῦτε καὶ δηλοῦν Lg μὴ ἀπαξιοῦτε δηλοῦν A.

votre situation, et ne refusez pas de prier pour nous, comme d'habitude. Que le bon Dieu vous accorde d'être en bonne santé et d'être heureux en tout, vous, l'universel appui de l'Église !

LXXV

A VITALIANOS[1]

Date indéterminée.

Nous ne te fréquentons pas assidûment. La raison, c'est qu'il y a autour de toi des gens qui ne nous plaisent nullement. Si tu te purifies de cette multitude et si tu fais habiter la vertu avec toi, tu verras courir même des boiteux[2], comme dit le proverbe. Cela, nous te le promettons avec l'aide de Dieu et nous le ferons.

LXXVI

A GRÉGOIRE DE NYSSE[3]

Début de 379.

1 Il était encore réservé à ma misérable existence d'apprendre la mort de Basile et le départ de cette sainte âme, par lequel elle nous a quittés pour aller séjourner vers le Seigneur, après s'y être préparée toute

1. Grégoire a dédié un poème à un personnage du même nom, qu'il faut sans doute identifier avec le destinataire de cette lettre. Le poème (Migne, *P.G.*, 37, 1480), qui est à placer probablement en 374/375, plaide la cause des fils de Vitalianos, que leur père avait « pris en grippe ». La lettre 75 est placée par Tillemont vers 378 ; ce n'est qu'une conjecture (*Mémoires pour servir à l'histoire ecclésiastique des six premiers siècles*, t. IX, p. 380-381 et 729). Grégoire a encore adressé à Vitalianos les lettres 193 et 194.

2. Grégoire accourra vers lui, même s'il est, comme souvent, en plus ou moins bonne santé.

3. Saint Basile est mort le 1er janvier 379. Cette lettre est évidemment écrite très peu de temps après. — Il n'est pas nécessaire de rappeler que Grégoire de Nysse est le frère de Basile.

δηλοῦσι τὰ ὑμέτερα καὶ προσεύχεσθαι τὰ συνήθη περὶ ἡμῶν. Ἐρρωμένους ὑμᾶς καὶ τοῖς πᾶσιν εὐθύμους ὁ ἀγαθὸς Θεὸς χαρίσαιτο, τῆς Ἐκκλησίας τὸ κοινὸν ἔρεισμα.

LXXV

ΒΙΤΑΛΙΑΝΩΙ

Οὐ συνεχῶς ὁμιλοῦμέν σοι. Τὸ δὲ αἴτιον, ὅτι πολλοὶ περὶ σέ, καὶ οἷς ἥκιστα χαίρομεν. Εἰ δ' ἀνακαθήραις σαυτὸν τῶν πολλῶν καὶ σύνοικον ἔχοις τὴν ἀρετήν, ὄψει καὶ χωλῶν δρόμον, ὡς ἡ παροιμία. Τοῦτο γὰρ καὶ ὑπισχνούμεθα σὺν Θεῷ καὶ πράξομεν.

LXXVI

ΓΡΗΓΟΡΙΩΙ ΝΥΣΣΗΣ

1 Καὶ τοῦτο ἀπέκειτο τῇ μοχθηρᾷ μου ζωῇ, τὸ Βασιλείου θάνατον ἀκοῦσαι καὶ τῆς ἁγίας ἐκείνης ψυχῆς ἐκδημίαν, ἣν ἐξεδήμησεν ἀφ' ἡμῶν ἵν' ἐνδημήσῃ πρὸς Κύριον, πάντα τὸν βίον μελέτην τούτου πεποιημένος.

2 προσεύχεσθαι Ag : προσεύχεσθε uL ‖ χαρίσαιτο g : χαρίσεται uv.

LXXV. Codices : u = YM, v = LA, d = PR, f = Π, g = IΛF, h = BΞ.

Titulus : Βιταλιανῷ nos : τῷ αὐτῷ uvdfgh (id est : Βιταλιανῷ uv Βιταλίῳ dfgh).

ἥκιστα χαίρομεν uAdfgh : χαίρομεν ἥκιστα L ‖ ἀνακαθήραις v : ἀνακαθάροις udfg ἀνακαθήρεις B ἀνακαθήρις Ξ ‖ τῶν πολλῶν om. df ‖ ὡς ἡ παροιμία uvh : κατὰ τὴν παροιμίαν dfg ‖ γάρ YP : om. MvRfgh ‖ πράξομεν uvdfΛF : παρέξομεν Ih.

LXXVI. Codices : u = YM, v = LA, d = PR, f = Π, g = IF, h = B Ξ.

Titulus : Γρηγορίῳ Νύσσης g : Γρηγορίῳ ἐπισκόπῳ Νύσσης d f Γρηγορίῳ h τῷ αὐτῷ uv (id est : Γρηγορίῳ τῷ Νύσσης u Γρηγορίῳ Νύσσης v).

1 τό om. f (add. s. u. man. rec.) g ‖ ἐκείνης om. uvgB ‖ ἀφ' ἡμῶν om. M ‖ τούτου LΠ¹gB : τοῦτο uAdΠ² om. Ξ ‖ πεποιημένος uvΠ² marg. gB : ποιούμενος dΠ¹ om. Ξ.

sa vie. **2** Et moi, en plus du reste, étant donné l'état encore actuellement mauvais et très périlleux de ma santé[1], je me vois aussi privé d'embrasser sa sainte dépouille, d'aller vers toi qui as les sentiments qui conviennent à un philosophe[2], et de consoler nos amis communs. **3** Quant au spectacle de la solitude de son Église[3], amputée d'une telle gloire et spoliée d'une telle couronne, c'est pour tout homme de sens une chose que l'on ne peut ni contempler avec les yeux, ni comprendre par ouï-dire. **4** Tu as, je crois, bien des amis et bien des paroles pour te consoler ; mais rien ne peut te consoler autant que toi-même et son souvenir : vous avez été pour tous les autres un modèle de philosophie et comme une règle spirituelle de la modération dans la prospérité et de la force dans l'adversité ; car la philosophie connaît ces deux choses : user avec modération du bonheur et supporter dignement le malheur. **5** Voilà notre message à ton Excellence ; mais moi, qui écris ces mots, quel temps ou quelles paroles me consoleront? — hormis ta présence et ta compagnie, que le bienheureux[4] nous lègue en place de tout, afin que, le contemplant en toi comme en un beau et transparent miroir, nous ayons l'impression de le posséder encore.

1. C'est à Séleucie que Grégoire reçut la nouvelle de la mort de son ami. Cette retraite, motivée par son amour pour la solitude, autant que par le mauvais état de sa santé, fait suite à une période d'activité pastorale à Nazianze (d'après Pâques 372 jusqu'à 375).

2. Le sens de ce mot dans le vocabulaire chrétien de cette époque (recherche de la perfection) se complète ici de la nuance de force d'âme dans l'adversité, suivant la tradition classique.

3. L'Église de Césarée en Cappadoce, dont Basile était l'évêque.

4. Sur ce mot, voir lettres 42, § 2 ; 222, § 1 ; 238, début.

2 Ἀλλ' ἐγὼ μὲν μετὰ τῶν ἄλλων καὶ τοῦτο ἀφῄρημαι διὰ τὸ καὶ νῦν ἔτι πονηρῶς ἔχειν τοῦ σώματος καὶ λίαν ἐπικινδύνως, τὸ καὶ περιπτύξασθαι τὴν ἁγίαν κόνιν καί σοι παρεῖναι τὰ εἰκότα φιλοσοφοῦντι καὶ τοὺς κοινοὺς ἡμῶν φίλους παραμυθήσασθαι. 3 Τὸ γὰρ τὴν τῆς Ἐκκλησίας ἰδεῖν ἐρημίαν, τοιαύτην ἀποκειραμένης δόξαν καὶ τοιοῦτον ἀποσεισαμένης στέφανον, οὔτε ὄψει θεατὸν οὔτε ἀκοῇ χωρητὸν τοῖς γε νοῦν ἔχουσι. 4 Σὺ δέ μοι δοκεῖς, πολλῶν ὄντων καὶ φίλων καὶ λόγων τῶν εἰς παράκλησιν, ὑπ' οὐδενὸς ἂν οὕτω παρακληθῆναι ὡς ὑπὸ σεαυτοῦ καὶ τῆς ἐκείνου μνήμης· οἳ καὶ τοῖς ἄλλοις πᾶσι γεγόνατε φιλοσοφίας ὑπόδειγμα καὶ οἷόν τις στάθμη πνευματικὴ τῆς τε ἐν τοῖς χρηστοῖς εὐταξίας καὶ τῆς ἐν τοῖς ἀνιαροῖς καρτερίας, ἐπειδὴ δύο ταῦτα οἶδε φιλοσοφία εὐπραξίαν τε διαθέσθαι μετρίως καὶ συμφορὰν εὐσχημόνως. 5 Ταῦτα παρ' ἡμῶν πρὸς τὴν σὴν τιμιότητα· ἐμὲ δὲ τίς παραμυθήσεται χρόνος ἢ λόγος, τὸν ταῦτα γράφοντα, πλὴν τῆς σῆς συνουσίας καὶ ὁμιλίας, ἣν ἀντὶ πάντων ἡμῖν ὁ μακάριος καταλέλοιπεν, ἵν' ἐν σοὶ τὰ ἐκείνου καθορῶντες ὥσπερ ἐν ἐσόπτρῳ καλῷ τε καὶ διαυγεῖ, κἀκεῖνον ἔχειν νομίζωμεν;

2 τοῦτο uvdfh : τούτου g ‖ τό uvdh : τοῦ fg ‖ 3 ἰδεῖν uvdfh : συνιδεῖν g ‖ χωρητόν uvdfgB : ἀκουστόν Ξ ‖ 4 δέ uvdfg : δή h ‖ πᾶσι uvh : ἅπασι dfg ‖ τῆς ἐν om. Ξ ‖ Post ἐπειδή add. δέ f ‖ ταῦτα οἶδε uvdfFh : οἶδεν ταῦτα I ‖ εὐπραξίαν uvh : εὐπραγίαν dfg ‖ τε uvdfIh : οὖν F ‖ 5 δέ om. B ‖ ὁ μακάριος καταλέλοιπεν uv : καταλέλοιπεν ὁ μακάριος dfgh ‖ καθορῶντες uvgh : θεωροῦντες df ‖ ἐν ante ἐσόπτρῳ om. h.

LXXVII

A THÉODORE[1]

Peu après Pâques de 379.

1 J'apprends que tu as peine à supporter les outrages qui nous sont venus de la part des moines et des pauvres[2]. Rien d'étonnant, puisque tu n'avais pas encore reçu de coups ni éprouvé nos malheurs, que de tels événements te soient difficilement tolérables. **2** Mais nous, étant donné que nous avons éprouvé plus de maux et que nous sommes familiarisés avec les outrages, nous pouvons à bon droit trouver créance en adressant à ta Piété les exhortations que la vieillesse enseigne et que la raison suggère. **3** Oui, c'est atroce, ce qui s'est passé, plus qu'atroce même, qui le contestera? On a outragé les autels ; on a bouleversé les mystères ; debout entre ceux que l'on initiait[3] et ceux qui nous lapidaient, nous n'avions comme remède contre les lapidations que nos prières ; des vierges ont oublié la pudeur ; des moines, la modestie ; des pauvres, leur infortune[4] ; la violence les avait même privés de pitié. **4** Cependant il est sans doute préférable de montrer de la patience et de donner à beaucoup un exemple de longanimité d'après ce que nous souffrons ; car la parole persuade moins la foule que l'action, cette exhortation silencieuse. **5** Nous croyons qu'il y a grand avantage à punir ceux qui ont fait du mal : grand avantage, dis-je (et de fait, cela est utile pour l'amendement des autres), mais il est beaucoup plus grand et plus divin de supporter la souffrance. La première attitude bride

2. D'après cette lettre, on voit que les Ariens avaient ameuté des moines, des pauvres et même des vierges. Rien d'étonnant à cette époque passionnée pour les questions religieuses.

3. Le mot signifie, chez les auteurs chrétiens de l'époque, *baptiser*. Ce sens apparaît bien dans un texte comme τῷ βαπτίσματι τελεσθείς « initié par le baptême » (Grégoire de Nazianze, *Discours*, XLIII, 48, Migne, *P. G.*, 36, 557 C).

LXXVII

ΘΕΟΔΩΡΩΙ

1 Πυνθάνομαί σε βαρέως ἔχειν πρὸς τὰς γεγενημένας ἡμῖν παρὰ τῶν μοναστῶν καὶ τῶν πτωχῶν ὕβρεις. Καὶ θαυμαστὸν οὐδέν, ἀπλῆγα ἔτι σε τυγχάνοντα καὶ τῶν ἡμετέρων κακῶν ἀπείρατον, πρὸς τὰ τοιαῦτα δυσφόρως ἔχειν. 2 Ἡμεῖς δέ, ὡς καὶ κακῶν πλειόνων πεπειραμένοι καὶ τῆς ὕβρεως κοινωνήσαντες, εἰκότως ἂν ἀξιόπιστοι νομισθείημεν παραινοῦντες τῇ σῇ εὐλαβείᾳ ἅπερ ἥ τε πολιὰ διδάσκει καὶ ὁ λόγος ὑποδείκνυσι. 3 Δεινὰ μὲν τὰ γεγενημένα καὶ πέρα δεινῶν, τίς ἀντερεῖ ; – ὑβρισθῆναι θυσιαστήρια, συγχυθῆναι μυστήρια, μέσους ἡμᾶς ἑστάναι τῶν τελουμένων καὶ τῶν λιθαζόντων, καὶ φάρμακον ποιεῖσθαι κατὰ τῶν λιθασμῶν τὰς ἐντεύξεις, αἰδῶ παρθένων ἐπιλησθῆναι, μοναστῶν εὐκοσμίαν, πτωχῶν συμφοράν, ζημιωθέντων ἐκ τῆς τραχύτητος καὶ τὸν ἔλεον. 4 Ἀλλ' ἴσως μακροθυμεῖν ἄμεινον καὶ πολλοῖς ἐξ ὧν πάσχομεν διδόναι μακροθυμίας ὑπόδειγμα · οὐ γὰρ οὕτως ὁ λόγος πείθει τοὺς πολλοὺς ὡς ἡ πρᾶξις, ἡ σιωπῶσα παραίνεσις. 5 Μέγα νομίζομεν εἶναι τὸ δίκας παρὰ τῶν ἠδικηκότων λαβεῖν · μέγα φημὶ (καὶ γὰρ καὶ τοῦτο χρήσιμον εἰς τὴν τῶν ἄλλων διόρθωσιν), ἀλλὰ πολλῷ τούτου μεῖζον καὶ θεϊκώτερον τὸ καρτερεῖν πάσχοντας. Ἐκεῖνο μὲν γὰρ τὴν

LXXVII. Codices : u = YM, v = LA, d = PR, f = Π, g = ΛF, h = BΞ.

Titulus : Θεοδώρῳ dfh : τῷ αὐτῷ uv (id est : Θεοδώρῳ u Θεοδώρῳ ἐπισκόπῳ Τυάνων v), Θεοδώρῳ ἐπισκόπῳ Τυάνων g.

1 σε om. gB ‖ σε post ἔτι om. F ‖ ἀπείρατον Y¹dfh : ἀπείραστον Y² γρ. Mvg ‖ 2 ἄν om. u ‖ πολιά uvdfh : πολιτεία g ‖ 3 οὖν post μέν add. u ‖ συγχυθῆναι uvdfh : συσχεθῆναι g ‖ καὶ φάρμακον ... λιθασμῶν om. Ξ ‖ 4 πάσχομεν uvdfh : πράξομεν g ‖ οὐ uvdfIh : ἄν F ‖ ἡ om. gB.

la méchanceté ; la seconde persuade aux gens d'être bons, ce qui est bien meilleur et bien plus parfait que de n'être pas mauvais. **6** Pensons qu'il nous est offert un grand sujet de clémence, pardonnons ce qu'on nous a fait, afin d'obtenir nous-mêmes le pardon[1], et ajoutons de la bonté à la bonté[2].

7 Phinées reçut le titre de zélé parce qu'il transperça de son épée la Madianite et son compagnon de débauche[3] et enleva l'opprobre[4] des fils d'Israël ; mais il fut loué davantage parce qu'il intercéda pour le peuple prévaricateur[5]. Tenons-nous donc debout, nous aussi, apaisons, et que le fléau s'arrête, comme il est écrit, et que cela nous soit imputé à justice[6]. **8** Moïse fut loué aussi parce que, touché de compassion pour l'Israëlite, il tua l'Égyptien[7] ; mais il fut admiré davantage parce qu'il guérit par sa prière sa sœur Marie, frappée de la lèpre à cause de ses murmures[8]. **9** Regarde aussi la suite : les habitants de Ninive sont menacés de périr, mais par leurs larmes ils rachètent leurs péchés[9]. Manassé est le plus impie parmi les rois, mais aussi le plus célèbre parmi ceux qui se sont sauvés grâce à leurs gémissements[10]. **10** Comment te traiter, Éphraïm, dit Dieu[11]. Quelle colère en cette parole ! Et la protection vient ensuite. Qu'y a-t-il de plus rapide que la bonté ?[12] Le feu de Sodome est appelé par les disciples sur ceux qui éconduisent Jésus ; mais lui, il repousse leur vengeance[13]. Pierre coupe l'oreille de Malchus, un de ceux qui outragent son Maître ; mais Jésus la remet[14]. **11** Et celui qui demande s'il faut pardonner sept fois à son frère coupable ? N'est-il pas accusé de mesquinerie ? A sept fois, il est ajouté soixante-dix-sept fois[15].

1. Allusion à une des demandes du *Pater* (*Saint Matthieu*, VI, 12).
2. A la bonté de Dieu ajoutons la nôtre.
3. *Livres des Nombres*, XXV, 6-11.
4. Réminiscence du *Psaume* CXVIII, 22.
5. *Psaume* CV, 30.
6. *Psaume* CV, 30-31.
7. *Exode*, II, 12.
8. *Livre des Nombres*, XII, 10.
9. *Livre de Jonas*, III.

κακίαν ἐπιστομίζει, τοῦτο δὲ χρηστοὺς εἶναι πείθει, ὃ τοῦ μὴ κακοὺς εἶναι πολὺ κρεῖττόν ἐστι καὶ τελεώτερον. **6** Μεγάλην ἡμῖν νομίσωμεν προκεῖσθαι πραγματείαν φιλανθρωπίας καὶ συγχωρήσωμεν τὰ εἰς ἡμᾶς, ἵνα καὶ αὐτοὶ τύχωμεν συγχωρήσεως, καὶ προεισενέγκωμεν χρηστότητα τῇ χρηστότητι.

7 Ζηλωτὴς ἤκουσε Φινεές, ὅτι τὴν Μαδιανῖτιν τῷ πόρνῳ συνεξεκέντησε καὶ ἐξεῖλεν ὄνειδος ἐξ υἱῶν Ἰσραήλ· ἀλλ' ἐπῃνέθη πλέον, ὅτι τοῦ λαοῦ προσηύξατο πταίσαντος. Στῶμεν οὖν καὶ ἡμεῖς καὶ ἐξιλασώμεθα καὶ κοπασάτω ἡ θραῦσις, κατὰ τὸ γεγραμμένον, καὶ λογισθήτω τοῦτο ἡμῖν εἰς δικαιοσύνην. **8** Ἐπῃνέθη καὶ Μωϋσῆς, ὅτι τὸν Αἰγύπτιον ἀνεῖλε τῷ Ἰσραηλίτῃ περιαλγήσας· ἀλλ' ἐθαυμάσθη πλέον, ὅτι Μαριὰμ τὴν ἀδελφὴν διὰ τὸ γογγύσαι λεπρωθεῖσαν διὰ τῆς εὐχῆς ἐθράπευσε. **9** Σκόπει καὶ τὰ ἑξῆς· ἀπειλοῦνται Νινευῖται καταστροφήν, ἀλλὰ δάκρυσιν ἐξωνοῦνται τὴν ἁμαρτίαν. Μανασσῆς ἐν βασιλεῦσι παρανομώτατος, ἀλλ' ἐν τοῖς σωθεῖσι διὰ θρῆνον περιφανέστατος. **10** *Τί σε διαθῶ, Ἐφραΐμ*, παρὰ τοῦ Θεοῦ λέγεται. Ὅσης ὀργῆς ὁ λόγος· καὶ ὑπερασπισμὸς ἐπάγεται. Τί τῆς φιλανθρωπίας ταχύτερον; Πῦρ Σοδομιτικὸν αἰτοῦσιν οἱ μαθηταὶ κατὰ τῶν ἀγόντων τὸν Ἰησοῦν, ὃ δὲ ἀπαξιοῖ τὴν ἐκδίκησιν. Τέμνει Μάλχου τὸ ὠτίον Πέτρος, ἑνὸς τῶν ὑβριστῶν, Ἰησοῦς δὲ ἀποκαθίστησι. **11** Τί δὲ ὁ ἐρωτήσας εἰ ἑπτάκις τῷ ἀδελφῷ συγχωρητέον πταίσαντι; Οὐ μικρολογίαν καταγινώσκεται; Τῷ γὰρ ἑπτάκις τὸ ἑβδομηκοντάκις προστίθεται. Τί δὲ ὁ

5 δ τοῦ μή uvdfh : τοῦ δὲ μή g ‖ **6** ἡμῖν νομίσωμεν uv : νομίσωμεν ὑμῖν dfΞ νομίζωμεν ἡμῖν gB ‖ χρηστότητα τῇ χρηστότητι df : χρηστότητα χρηστότητος u χρηστότητα τῆς χρηστότητος vgh ‖ **8** Cum uerbo Αἰγύπτιον deficit A quia duo folia sequentia perierunt ‖ διὰ τῆς εὐχῆς vdfgh : ταῖς εὐχαῖς u ‖ **9** τά uvgh : τό df ‖ καί ante δάκρυσιν add. g ‖ ἁμαρτίαν vdfgh : σωτηρίαν u ‖ **10** ὅσης ὀργῆς uvdfh : ορκης Λ, ορειις F ‖ τόν om. h ‖ **11** εἰ om. Ξ ‖ οὐ om. gh ‖ ἑπτά ante προστίθεται add. uvdf.

Et le créancier qui, dans les Évangiles, ne remet pas comme on lui a remis? Ne lui réclame-t-on pas pour cela avec plus d'âpreté[1]? Et la forme même de notre prière[2]? Ne veut-elle pas que nous obtenions le pardon par le pardon[3]?

12 Puisque nous avons tant d'exemples, imitons la bonté de Dieu et gardons-nous de vouloir apprendre par nous-mêmes combien est dur le châtiment du péché. Vois-tu les étapes de la bonté? Elle commence par donner une loi, puis elle commande, elle promet, elle menace, elle réprimande, elle brandit le châtiment, elle l'arrête, elle menace de nouveau ; lorsqu'elle y est contrainte, elle porte des coups, et encore peu à peu, en ménageant du temps pour le repentir. **13** Ne frappons donc pas soudainement (car ce n'est pas sûr) mais, après avoir effrayé pour assagir, triomphons par la bonté et obtenons que les coupables se soumettent à la crainte de Dieu, en les torturant par leur conscience plutôt que par notre colère. Ne desséchons pas le figuier qui peut encore porter du fruit, ne le condamnons comme stérile et encombrant le terrain, lui que le soin et la diligence d'un habile cultivateur vont peut-être guérir[4]. **14** Une œuvre si grande et si célèbre[5], gardons-nous de la détruire en un moment, sous l'effet peut-être de la méchanceté et de la jalousie du Malin ; préférons apparaître comme bons, plutôt que comme justiciers, et comme amis des pauvres, plutôt que comme amis de la stricte justice ; accueillons moins ceux qui nous enflamment pour cette vengeance que ceux qui nous retiennent ; et, à défaut d'autre chose, pensons qu'il serait honteux d'avoir l'air de lutter contre des pauvres, qui ont une grande supériorité en ceci que, même coupables, ils apitoient par leur infortune. **15** Représente-toi en ce moment, tombant à tes pieds, tous les pauvres et leurs bienfaiteurs, tous les moines et toutes les vierges, qui intercèdent pour eux. Accorde-leur à tous cette grâce pour les coupables, puisqu'aussi bien ils

1. *Saint Matthieu*, XVIII, 24-34.
2. L'oraison dominicale, dont la forme a été fixée par le Christ.

χρεωφειλέτης ἐν τοῖς Εὐαγγελίοις, ὁ μὴ συγχωρήσας ἃ συγκεχώρηται ; Οὐ πικρότερον διὰ τοῦτο εἰσπράττεται ; Τί δὲ ἡ τύπωσις τῆς εὐχῆς ; Οὐκ ἀφέσει βούλεται τὴν ἄφεσιν πραγματεύεσθαι ;

12 Τοσαῦτα ἔχοντες ὑποδείγματα, μιμησώμεθα Θεοῦ φιλανθρωπίαν καὶ μὴ βουληθῶμεν μαθεῖν αὐτοὺς ἀφ' ἡμῶν ὅσον κακὸν ἁμαρτίας ἀντίδοσις. Ὁρᾷς ἀκολουθίαν χρηστότητος ; Νομοθετεῖ πρῶτον, εἶτα διακελεύεται, ὑπισχνεῖται, ἀπειλεῖ, ὀνειδίζει, ἐπανατείνεται, κατέχει, ἀπειλεῖ πάλιν· ὅταν ἐκβιασθῇ, πληγὴν ἐπάγει, καὶ ταύτην κατὰ μικρόν, χώραν ὑπανοίγων ταῖς διορθώσεσι. 13 Μὴ τοίνυν μηδὲ αὐτοὶ πλήξωμεν ἀθρόως (οὐ γὰρ ἀσφαλές), ἀλλὰ τῷ φόβῳ σωφρονίσαντες τῇ φιλανθρωπίᾳ νικήσωμεν καὶ λάβωμεν ὑποχρέους εὐλαβείας τῷ συνειδότι πλέον ἢ τῇ ὀργῇ βασανίσαντες. Μὴ ξηράνωμεν συκῆν ἔτι καρποφορεῖν δυναμένην, μὴ ὡς ἀχρήστου καταγνῶμεν καὶ καταργούσης τὸν τόπον, ἣν θεραπεύσει τυχὸν τεχνίτου γεωργοῦ προστασία καὶ ἐπιμέλεια. 14 Μὴ τοσοῦτον ἔργον καὶ περιβόητον δι' ἐπήρειαν ἴσως τοῦ πονηροῦ καὶ φθόνον οὕτως ἐν βραχεῖ καταλύσωμεν, ἀλλὰ βουληθῶμεν φιλάνθρωποι φανῆναι μᾶλλον ἢ ἐντελεῖς, καὶ φιλόπτωχοι πλέον ἢ φιλοδίκαιοι· μηδὲ τῶν ὑπεκκαιόντων ἡμᾶς εἰς τοῦτο πλέον ἢ τῶν κατεχόντων ἀνεχώμεθα καὶ τὸ αἰσχρόν, εἰ μή τι ἄλλο, ἐνθυμηθέντες εἰ δόξαιμεν πρὸς πτωχοὺς ἀγωνίζεσθαι, οἳ τοῦτο μέγα πλεονεκτοῦσι, τό, κἂν ἀδικῶσι, ἐλεεῖσθαι διὰ τὴν συμφοράν. 15 Νῦν οἴου πάντας μέν σοι προσπίπτειν πτωχούς τε καὶ πτωχοτρόφους, πάντας δὲ μοναστὰς καὶ παρθένους ὑπὲρ αὐτῶν ἱκετεύοντας.

11 πικρότερον uvdfgB : πικρότατον Ξ ‖ 12 μαθεῖν αὐτούς ἀφ' ἡμῶν df : μαθεῖν ἀφ' ἡμῶν αὐτῶν u ἀφ' ἡμῶν μαθεῖν αὐτῶν v μαθεῖν αὐτούς g μαθεῖν ἐφ' ἡμῶν αὐτῶν h ‖ 13 μηδὲ αὐτοί om. g ‖ 14 καί om. F ‖ οὕτω post περιβόητον add. uvh ‖ ὑπεκκαιόντων h : ὑπεκκαόντων uvdf ἐκκαόντων g ‖ εἰς ante ἡμᾶς add. F ‖ καὶ τό uvdfh : καίτοι g ‖ 15 ἱκετεύοντας ... τούτων om. Ξ.

se sont profondément humiliés, comme cela apparaît par les prières qu'ils nous ont adressées ; et avant tous les autres accorde-la à nous qui intercédons pour eux. **16** S'il te paraît odieux d'avoir été outragé par eux, qu'il te paraisse plus odieux que nous ne soyons pas écouté en te donnant ces conseils. Quant au beau Paul[1], que Dieu lui pardonne ses outrages à notre égard !

LXXVIII

A THÉOTECNOS[2]

Peu après Pâques de 379.

1 Nous savons qu'il est difficile, quand l'injustice est toute récente et quand la colère bouillonne encore, que l'on admette les raisonnements ; ce sont choses aveugles que la colère et la douleur, et surtout quand il se trouve que l'indignation est justifiée. **2** Cependant, comme nous sommes nous-même au nombre de ceux qui ont subi ensemble injustice et outrages et que notre indignation n'est pas moindre ; nous méritons pour cette raison de ne pas être méprisé en donnant des conseils. **3** Nous avons subi d'odieux traitements ; et si tu le veux, ajoute : des traitements tels que nul parmi les hommes n'en a jamais subi. Mais que ce ne soit pas une raison de nous faire du mal à nous-mêmes et de haïr la piété à tel point que cela nous nuise. **4** C'est une grande chose qu'une épouse, c'est un bien précieux qu'une fille[3] ; mais ce n'est pas encore plus précieux que l'âme. Songe que récemment tu as été enrichi de la grâce et que par le baptême tu as été purifié de tes péchés ; or, c'est un danger — et qui n'est point quelconque — de souiller de sang le don reçu, et d'avoir besoin une seconde fois d'une autre purifica-

1. Personnage inconnu d'autre source et dont le nom n'est pas absolument sûr : les manuscrits se partagent entre Paul, Plouton et Plautos.

2. Se rapporte aux mêmes événements que la lettre précédente.

3. On apprend ainsi que la femme et la fille de Théotecnos avaient souffert dans la bagarre.

Δὸς τοῖς πᾶσιν ἀντὶ τούτων τὴν χάριν (ἐπειδὴ καὶ συνετρίϐησαν ἱκανῶς, ὡς δῆλον ἐξ ὧν ἡμῶν ἐδεήθησαν), καὶ πρὸ πάντων ἡμῖν τοῖς ὑπὲρ αὐτῶν πρεσϐεύουσιν. **16** Οὓς εἴ σοι δεινὸν εἶναι φαίνεται τὸ παρ' αὐτῶν ἀτιμασθῆναι, πολλῷ φανήτω δεινότερον τό σοι παραινοῦντας ταῦτα μὴ ἀκουσθῆναι. Τῷ δὲ καλῷ Παύλῳ συγχωρήσειεν ὁ Θεὸς ἃ εἰς ἡμᾶς ἐξύϐρισεν.

LXXVII I

ΘΕΟΤΕΚΝΩΙ

1 Οἴδαμεν ὅτι χαλεπόν ἐστι, προσφάτου τῆς ἀδικίας οὔσης καὶ τοῦ θυμοῦ ζέοντος ἔτι, παραδεχθῆναι τοὺς λογισμούς · τυφλὸν γὰρ ὁ θυμὸς καὶ ἡ λύπη, καὶ μάλιστα ὅταν τὸ δικαίως ἀγανακτεῖν παρῇ. **2** Ὅμως ἐπειδὴ καὶ αὐτοὶ τῶν συνηδικημένων ἐσμὲν καὶ συνυϐρισμένων καὶ οὐχ ἧττον ἀγανακτούντων, διὰ τοῦτό ἐσμεν δίκαιοι καὶ συμϐουλεύοντες μὴ ἀτιμασθῆναι. **3** Δεινὰ πεπόνθαμεν · εἰ δὲ βούλει, πρόσθες οἷα μηδεὶς ἄλλος ἀνθρώπων. Ἀλλὰ μὴ διὰ τοῦτο καὶ ἡμᾶς αὐτοὺς ἀδικήσωμεν, μηδὲ τοσοῦτον εὐσέϐειαν μισήσωμεν ὅσον ἡμῖν οὐ συμφέρει. **4** Μέγα ἐστὶ γυνὴ καὶ τίμιον θυγάτηρ, ἀλλ' οὔπω ψυχῆς τιμιώτερον. Ἐνθυμήθητι ὅτι νεωστὶ μὲν τῆς χάριτος ἠξιώθης καὶ τῷ λουτρῷ τῶν ἁμαρτιῶν ἐκαθάρθης, κίνδυνος δὲ οὐχ ὁ τυχὼν αἵματι μολῦναι τὴν δωρεὰν καὶ πάλιν ἄλλης

15 ὡς om. g ‖ 16 Οὓς εἴ σοι uvdfh : Οὓς καί εἴ σοι Λ εἰ καί σοι F ‖ εἶναι φαίνεται uh : φαίνεται εἶναι vdfΛ εἶναι om. F ‖ τό om. gh ‖ φανήτω uvgh : φανεῖται df ‖ Verbo ἀκουσθῆναι desinit F ‖ Παύλῳ vdfΛ²h : Πλούτωνι u Πλαύτῳ Λ¹.

LXXVIII. Codices : u = YM, v = LA, d = P, f = Π, g = IF, h = BΞ.

1 Οἴδαμεν MvdfI : Οἶδα μέν YFh ‖ παρῇ uvdfg : πρόκειται h ‖ 2 ἧττον om. I ‖ 3 οἷα uvdΠ²gh : ὅσα Π¹ ‖ ἀνθρώπων uvdfgΞ : ἄνθρωπος B ‖ εὐσέϐειαν uvdf : εὐσέϐιον gh.

tion[1]. **5** Gardons-nous donc de nous tendre des embûches à nous-mêmes, de perdre notre assurance auprès de Dieu en nous montrant violents pour ceux qui nous ont fait du mal et en nous indignant au-delà de la mesure. Abandonnons l'individu en question[2] à Dieu et aux châtiments de là-bas ; nous au contraire, rendons le juge bon à notre égard en nous montrant nous-mêmes bons, et pardonnons afin d'être pardonnés[3]. **6** Et qu'un vain raisonnement ne te trompe pas, celui d'après lequel poursuivre légitimement en justice n'est pas coupable, non plus que livrer aux lois celui qui a désobéi aux lois. Il y a les lois romaines, mais il y a aussi les nôtres. Eh bien, les premières sont sans modération, cruelles, et elles vont jusqu'au sang ; nous, au contraire, nous avons des lois indulgentes, bonnes et ne permettant pas que l'on use de sa colère contre les coupables. **7** Tenons-nous en à elles et suivons-les, afin qu'au prix de petites concessions (car la vie d'ici-bas est petite et de nulle valeur) nous obtenions en retour de la part de Dieu de grands biens : sa faveur et les espérances de l'au-delà.

LXXIX

A SIMPLICIA[4]

Après le début de 374.

1 Tu loues notre saint et commun père[5], le soutien de la foi, la règle de la vérité et le modèle de la piété, le vieillard rempli de sagesse[6] qui dépassa la mesure

1. Allusion nette à l'existence d'un moyen de purification pour les fautes commises après le baptême.
2. L'homme dont Théotecnos a de bonnes raisons de se plaindre.
3. *Saint Matthieu*, XVIII, 35.

δεηθῆναι καθάρσεως. 5 Μὴ τοίνυν ἐπιβουλεύσωμεν ἡμῖν αὐτοῖς μηδὲ τὴν παρρησίαν τὴν πρὸς Θεὸν ἀποβάλωμεν, πικροὶ τοῖς ἠδικηκόσι φανέντες καὶ ὑπὲρ τὸ μέτρον ἀγανακτοῦντες. Ἀφῶμεν τῷ Θεῷ τὸν ἄνθρωπον καὶ τοῖς ἐκεῖθεν κολαστηρίοις· ἡμεῖς δὲ φιλάνθρωπον κτησώμεθα τὸν κριτήν, αὐτοὶ φανέντες φιλάνθρωποι, καὶ συγχωρήσωμεν ἵνα συγχωρηθῶμεν. 6 Καὶ μή σε ἀπατάτω μάταιος λογισμός, ὅτι τὸ δικαίως ἐπεξελθεῖν ἀνεύθυνον καὶ τὸ παραδοῦναι τοῖς νόμοις τὸν παρανομήσαντα. Εἰσὶ νόμοι Ῥωμαίων, εἰσὶ δὲ καὶ ἡμέτεροι. Ἀλλ' οἱ μὲν ἄμετροι καὶ πικροὶ καὶ μέχρις αἵματος προϊόντες· ἡμῖν δὲ χρηστοὶ καὶ φιλάνθρωποι καὶ μὴ συγχωροῦντές τι τῷ θυμῷ χρῆσθαι κατὰ τῶν ἀδικούντων. 7 Τούτοις ἐμμείνωμεν καὶ τούτους ἀκολουθήσωμεν, ἵνα μικρὰ χαρισάμενοι (μικρὰ γὰρ ἡ ἐνταῦθα ζωὴ καὶ τοῦ μηδενὸς ἀξία), μεγάλα παρὰ τοῦ Θεοῦ ἀντιλάβωμεν, τὴν παρ' αὐτοῦ φιλανθρωπίαν καὶ τὰς ἐκεῖθεν ἐλπίδας.

LXXIX

ΣΙΜΠΛΙΚΙΑΙ

1 Ἐπαινεῖς τὸν ἅγιον καὶ κοινὸν ἡμῶν πατέρα, τὸ τῆς πίστεως ἔρεισμα, τὸν τῆς ἀληθείας κανόνα καὶ χαρακτῆρα τῆς εὐσεβείας, τὴν πλήρη φρονήσεως πολιάν, τὸν ζωῆς

5 τὴν πρὸς Θεόν uvdfFh : τὴν πρώτην I ‖ ἀποβάλωμεν uvdfg : ἀποβάλλωμεν h ‖ ὑπέρ uvdgh : περί f ‖ φιλάνθρωποι om. h ‖ 6 τὸ παραδοῦναι τοῖς νόμοις om. h ‖ εἰσὶ δὲ καί dfgh : εἰσὶ καί uv ‖ αἵματος dfgh : αἱμάτων uv ‖ προϊόντες uvdfg : προσιόντες h ‖ τι uvdΠ²F : παντί Π¹Ih ‖ 7 μικρά udfg : μικρόν vh ‖ ἐνταῦθα uLdfgh : ἐντεῦθεν A ‖ παρὰ τοῦ Θεοῦ dfIF¹h : παρ' αὐτοῦ τοῦ Θεοῦ uvF².

LXXIX. Codices : u = YM, v = LA, d = PR, f = Π, g = IF, h = BΞ.

1 τῆς εὐσεβείας u² (γρ. marg.) vdfgh : τῆς ἐκκλησίας u¹ ‖ τὸν ζωῆς uvFh : καὶ ζωῆς dfI.

d'une vie et d'une vertu humaines[1], le serviteur fidèle[2] et le Grand Pontife[3], le médiateur entre Dieu et les hommes[4], le temple de l'Esprit[5]. Et tu as raison, car toute parole est au-dessous de cette sainte et bienheureuse âme, si je ne suis pas dupe de mon affection, ou encore de la douleur qui se mêle à mes regrets.
2 Mais voici ce qui de ta part m'étonne beaucoup : comment le loues-tu comme un saint, lui donnes-tu jusqu'à ce point les honneurs qu'il mérite, et entreprends-tu de détruire son œuvre, comme on fait pour celle des impies, de ceux qui ont vécu et sont morts n'importe comment ? **3** Car si tu revendiques comme ton propre esclave un pasteur qui est mon collègue, et, si tu es à la poursuite de ce mince avantage, je n'ai pas lieu de te louer, pour employer une expression mesurée, et c'est là une chose bien indigne de ta grandeur d'âme. **4** N'est-il pas étrange d'honorer la divinité avec de l'or, de l'argent et avec le superflu des biens, — et là il peut y avoir peut-être plus d'ostentation que de piété, — et de vouloir absolument ravir un prêtre à l'Église et la dépouiller de la plus sainte des offrandes ?

5 Si ta colère a pour motif le fait que nous avons agi souverainement, sans avertir ta Noblesse, sans donner de temps à ta générosité, tes paroles sont peut-être justes, et ce que tu éprouves est humain ; sache cependant qu'il est plus grand pour toi de donner maintenant plutôt qu'alors, autant qu'il est plus généreux d'accepter que nous ayons pris, plutôt que d'avoir donné toi-même. **6** Dans l'autre cas, tu avais

1. L'expression se comprend bien si elle s'applique à Grégoire l'Ancien, qui mourut presque centenaire.

2. *Saint Matthieu*, XXIV, 45 ; XXV, 51 ; *Saint Luc*, XII, 42 ; XIX, 17.

3. *Épître aux Hébreux*, IV, 14.

4. *Ire Ép. à Timothée*, II, 5.

5. Voir *Ire Ép. aux Corinthiens*, VI, 19.

ἀνθρωπίνης καὶ ἀρετῆς μέτρα νικήσαντα, τὸν πιστὸν θεράποντα καὶ μέγαν ἀρχιερέα, τὸν Θεοῦ καὶ ἀνθρώπων μεσίτην, τὸ τοῦ Πνεύματος καταγώγιον· τοῦτο μὲν ὀρθῶς ποιεῖς, ἐπεὶ καὶ πᾶς λόγος ἐλάττων ἐστὶ τῆς ἁγίας ἐκείνης καὶ μακαρίας ψυχῆς, εἰ μή με ἀπατᾷ τὸ φίλτρον ἢ καὶ τὸ πάθος τῷ πόθῳ κιρνάμενον. **2** Ἐκεῖνο δέ σου καὶ λίαν τεθαύμακα, πῶς ἐπαινεῖς μὲν ὡς ἅγιον καὶ μέχρι τούτου τὰ εἰκότα τιμᾷς, τὸ δὲ ἔργον αὐτοῦ καταλύειν ἐπιχειρεῖς, ὥσπερ τῶν ἀναγίων καὶ μάλιστα ὕβρεως ὄντων ἀξίων, τῶν εἰκῇ ζησάντων καὶ μεταστάντων. **3** Εἰ μὲν γὰρ ὡς ἀνδραπόδου μεταποιῇ ἰδίου τοῦ συμποίμενος καὶ τὸ μικρὸν τοῦτο κέρδος διώκεις, οὐκ ἔχω πῶς ἐπαινέσω, ἵνα μετρίως εἴπω, καὶ σφόδρα τοῦτο τῆς σῆς μεγαλοψυχίας ἀνάξιον. **4** Πῶς γὰρ οὐκ ἄτοπον, χρυσῷ μὲν καὶ ἀργυρίῳ τιμᾶν τὸ Θεῖον καὶ τοῖς περιττοῖς τῆς κτήσεως, ἔνθα καὶ πλεῖον τοῦ πρὸς εὐσέβειαν ἴσως τὸ κατ' ἐπίδειξιν, ἱερεῖ δὲ ὅλως βούλεσθαι ζημιοῦν Ἐκκλησίαν καὶ ἀποσυλᾶν τῶν ἀναθημάτων τὸ ἁγιώτατον ;

5 Εἰ δὲ ὅτι κατ' ἐξουσίαν τοῦτο πεποιήκαμεν, ἀλλ' οὐχὶ τὴν σὴν εὐγένειαν ὑπεμνήσαμεν οὐδὲ τῇ φιλοτιμίᾳ καιρὸν ἐδώκαμεν δυσχεραίνεις, λέγοις μὲν ἄν τι δίκαιον, καὶ τὸ πάθος ἀνθρώπινον· ἴσθι δὲ μείζονος ἐπιδόσεως εἶναί σοι νῦν ἢ τῷ τότε καιρῷ, ὅσῳ τοῦ αὐτὴν ἐπιδοῦναι τὸ λαβοῦσι συγχωρῆσαι φιλοτιμότερον. **6** Κἀκείνως μὲν

1 Post θεράποντα add. τοῦ Θεοῦ F ‖ τὸν Θεοῦ vdfgh (cf. *I Tim.*, II, 5) : τὸν τοῦ Θεοῦ u ‖ ἐστι om. gh ‖ ἐκείνης post ψυχῆς h ‖ τῷ πόθῳ dfgh : τῷ λόγῳ πόθῳ uv ‖ **2** αὐτοῦ om. h ‖ ἀναγίων uA : ἐναγίων L[1] ἁγίων L[2] (?) dfgh ‖ *καί* uvh : om. dfg ‖ τῶν εἰκῇ u : οὐ τῶν εἰκῇ vfgh οὕτω εἰκῇ d ‖ *καί* ante ζησάντων add. vdfgΞ ‖ ἰδίου uvdf : δίου g, δἰ οὗ h ‖ **3** συμποίμενος uvgh (cf. *Oratio* 9, 4 ; 42, 1 ; *Carmen* II, I, 12, v. 136) : συμποιμαίνοντος df ‖ τοῦτο κέρδος uvh : κέρδος τοῦτο dfg ‖ **4** περιττοῖς uvdfg : περισσοῖς h ‖ πλεῖον Ydfgh : πλείων M, πλείω v ‖ **5** ἀλλ' ante οὐδέ add. I ‖ ἐδώκαμεν dfgh : δεδώκαμεν uv ‖ Post τὸ πάθος ἀνθρώπινον add. πλὴν ἀνθρώπινον gh ‖ ἴσθι uvdfg : εἴση h ‖ ἢ τῷ τότε καιρῷ uv : ἢ τότε καιρόν dfgh ‖ τοῦ αὐτήν uAdfIF[1]B : τοῦ ταύτην LF[2] τοιαύτην Ξ.

l'air de faire un don à Dieu seulement ; de cette façon tu fais un don à nous aussi qui sommes ses serviteurs et qui avons obtenu de porter son nom. Ne t'indigne donc ni contre le nouvel évêque, ni contre nous : lui, en effet, a subi une tyrannie[1], il n'a pas fait de mal ; et nous, quoi d'étonnant si, comptant sur ton indulgence, et nous fiant en même temps au commun suffrage de toute la région[2], nous nous sommes avancés jusque-là ?
7 Ce suffrage, si quelques-uns l'ont porté par complaisance ou par malice[3], c'est à eux de voir et d'en rendre compte à Dieu ; il ne nous appartient pas de le savoir ni de pénétrer les pensées de tous. Mais nous, comment nous eût-il été facile de refuser ou de rester indifférents à tant de larmes et à la solitude de cette région si longtemps privée de soins, dépourvue de pasteur et manquant de chef spirituel?

8 D'ailleurs, tu sais avant tout que ceux qui acceptaient naguère une chose et qui la refusent aujourd'hui agissent d'une manière qui n'est ni pieuse ni libérale. Ils auraient bien mieux fait de refuser naguère, plutôt que de flatter aujourd'hui, de détruire leur propre ouvrage et de craindre les hommes plus que Dieu.
9 Ceux-ci, crois-le, vu leur versatilité, diront inversement que c'est par crainte de toi qu'ils ont changé d'avis, — et cela, bien plus véridiquement ; car il faut qu'ils bronchent toujours et soient à l'affût de mensongères et ingénieuses excuses[4].

Si ce langage te paraît raisonnable, mais que vous demandez compte de votre bien (c'est ce que j'entends dire ; car dans ta lettre[5] tu n'as pas mis ce grief), que cette réclamation se fasse avec justice et modération, et nous ne reprocherons rien ; car il ne nous plaît pas de léser la bonté des maîtres.

1. L'esclave avait donc été sacré malgré lui ; le fait n'est pas impossible, et Grégoire en est lui-même un exemple.

2. Les habitants avaient demandé qu'on leur donnât pour évêque ce serviteur.

3. On voit par là que Simplicia accusait les habitants d'avoir demandé cette élection par complaisance pour les consécrateurs ou encore pour lui nuire à elle-même.

τῷ Θεῷ μόνον ἐδόκεις χαρίζεσθαι, οὕτω δὲ καὶ ἡμῖν τοῖς ἐκείνου θεραπευταῖς καὶ τὸ ὄνομα αὐτοῦ βαστάζειν ἠξιωμένοις. Μὴ τοίνυν μήτε ἐκείνῳ χαλέπαινε μήτε ἡμῖν· ὁ μὲν γὰρ τετυράννηται, οὐκ ἠδίκηκεν, ἡμεῖς δὲ τί θαυμαστόν, εἰ τῇ σῇ χρηστότητι θαρροῦντες ἐπὶ τοῦτο προεληλύθαμεν καὶ ἅμα τῇ κοινῇ τοῦ παντὸς χωρίου ψήφῳ πιστεύσαντες ; 7 Ἣν εἰ μὲν πρὸς χάριν ἐποιήσαντό τινες ἢ κακούργως, αὐτοὶ ἂν εἰδεῖεν καὶ τῷ Θεῷ λόγον ὑπέχοιεν· οὐ γὰρ ἡμέτερον τοῦτο εἰδέναι, οὐδὲ ταῖς πάντων ἐμβατεύειν γνώμαις· ἡμᾶς δέ, πῶς παρώσασθαι ῥᾴδιον ἦν ἢ πῶς τοσαῦτα δάκρυα παριδεῖν ἢ τοῦ χωρίου τὴν ἐρημίαν ἐπὶ τοσοῦτον ἀθεραπεύτου καὶ ἀποιμάντου καὶ τὴν πνευματικὴν ἐπιστασίαν οὐκ ἔχοντος ;

8 Ἐκεῖνο δέ σοι καὶ πρὸ πάντων δῆλον, ὅτι οἱ τότε μὲν συντιθέμενοι, νῦν δὲ ἀρνούμενοι, πρᾶγμα ποιοῦσιν οὔτε εὐσεβὲς οὔτε ἐλεύθερον. Καὶ πολλῷ βελτίους ἂν ἦσαν τότε ἀντιλέγοντες ἢ νῦν κολακεύοντες καὶ τὰ ἑαυτῶν καταλύοντες καὶ ἀνθρώπους μᾶλλον ἢ Θεὸν φοβούμενοι. 9 Οὓς πάλιν ἐρεῖν οἴου διὰ τὴν εὐκολίαν, ὅτι φόβῳ τῷ πρὸς σὲ μετετέθησαν, καὶ πολλῷ γε ἀληθέστερον· ἐπειδὴ δεῖ πταίειν μὲν αὐτοὺς ἀεί, θηρᾶσθαι δὲ ψευδεῖς καὶ σεσοφισμένας ἀπολογίας. Εἰ δέ σοι ταῦτα μὲν ὀρθῶς δοκεῖ λέγεσθαι, οἰκονομίας δὲ ἀπαιτεῖτε λόγον (ἐπεὶ καὶ τοῦτο ἀκούω, οὐ γὰρ ἐν τοῖς γράμμασιν ἐνεκάλεσας), δικαίως τοῦτο ἀπαιτείσθω καὶ φιλανθρώπως, καὶ οὐδὲν μεμψόμεθα· οὐδὲ γὰρ ἡμῖν ἀρέσκει ζημιοῦσθαι δεσποτῶν ἐπιείκειαν.

6 τῷ Θεῷ μόνον dfgh : Θεῷ μόνον Mv Θεῷ μόνῳ Y ‖ Post ἠδίκηκε add. τι Y ‖ τοῦ παντὸς χωρίου uvdfgB : παντὸς τοῦ χωρίου Ξ ‖ **7** καὶ τῷ Θεῷ uvdfg : Θεοῦ δέ h ‖ λόγον ... οὐδέ om. B ‖ παριδεῖν udfgh : περιιδεῖν v ‖ πνευματικήν vdfgh : ἐν Πνεύματι u ‖ ἐπιστασίαν Yvdfgh : περιστασίαν M ‖ **8** βελτίους uvdfgΞ : τέλειοι B ‖ τόν ante Θεόν add. Y ‖ **9** οἰκονομίας δέ uvdfg : οἰκονομίας τε h ‖ ἀπαιτεῖτε v : ἀπαιτεῖται cett. ‖ ἐπεί dfgh : ἐπειδή uv ‖ τοῦτο[2] nos : τοῦτον codd. ‖ ἀπαιτείσθω uvdB : ἀπαιτεῖτε Π[1]I ἀπαιτεῖσθαι Π[2] ἀπαιτεῖται FΞ ‖ ἡμῖν om. M.

10 Que reste-t-il encore? Peut-être se saisir de cet homme comme d'un indigne et, pour ce motif, attaquer son ordination? C'est là sans doute un grief plus spécieux. Eh bien, ma réponse sur ce point est simple et facile. Nous n'acquittons aucun accusé sans connaître la cause, fût-il tout à fait au nombre de nos amis et des gens bien nés (car rien n'est plus respectable que Dieu et que les règles canoniques), et nous n'acquitterons pas non plus celui-là. **11** Mais si quelqu'un avait une accusation à porter, <qu'il le fasse,> si tu le veux, tandis que tu es là et que tu prends part au jugement. Sinon, qu'en ton absence il subisse notre enquête ; et si l'on découvrait qu'il est innocent, qu'il soit acquitté, fût-il esclave ; car pour les esclaves comme pour les maîtres il y a le même père et le même Dieu et ce ne sont pas les dignités qui fixent les limites de la justice. Si au contraire il était reconnu coupable, alors il sera condamné par sa propre faute. **12** De la sorte, ni les règles canoniques ne seront violées, ni le disparu[1] ne sera outragé (car, pour ce qui est de nous, on peut sans doute nous négliger, vu que nous n'avons aucun mérite), et toi-même tu éviteras les soupçons malveillants, d'après lesquels ce serait ton éloignement pour nous et pour la foi saine qui te ferait user d'artifices dignes d'un sophiste et non d'un noble cœur : émue par une chose, tu passes, dit-on, ta colère sur une autre. **13** Cela, je te conseille de ne pas le souffrir : ce n'est ni saint, ni honorable. Ne méprise pas nos lois, ne te réfugie pas vers celles du dehors[2], ne conteste pas avec nous, mais pardonne-nous si nous avons agi avec un peu trop de simplicité à cause de la liberté dont jouit la charité, et accepte une défaite glorieuse plutôt que de remporter une victoire mauvaise en résistant à l'Esprit.

1. Grégoire l'Ancien.
2. Les lois civiles, par opposition à la législation de l'Église et aux règles canoniques.

10 Τί λοιπὸν ἔτι ; ὡς ἀναξίου τοῦ ἀνδρὸς ἴσως λαμβάνεσθαι καὶ διὰ τοῦτο ἐπισκήπτειν τῇ καταστάσει ; Τοῦτο γάρ πως καὶ ἐγκαλεῖν εὐπρεπέστερον. Ὁ δέ μοι πρὸς τοῦτο λόγος ἁπλοῦς καὶ ῥᾴδιος. Ἡμεῖς οὐδ' ἄλλον τινὰ τῶν ἐν αἰτίαις ἀφίεμεν ἀνεξέταστον, οὐδ' ἂν πάνυ τῶν φίλων ᾖ καὶ τῶν εὖ γεγονότων (οὐδὲν γὰρ τοῦ Θεοῦ καὶ τοῦ κανόνος αἰδεσιμώτερον), οὐδὲ τοῦτον ἀφήσομεν. 11 Ἀλλ' εἴ τις ἔχοι τι κατηγορεῖν, εἰ μὲν βούλει, παρούσης σου καὶ συνδικαζούσης· εἰ δὲ μή, καὶ ἀπούσης, ἐφ' ἡμῶν ἐξετασθείς, εἰ μὲν ἀθῷος εὑρίσκοιτο, κἂν ᾖ δοῦλος, ἀποφευγέτω· ἐπειδὴ καὶ δούλων καὶ δεσποτῶν ὁ αὐτὸς πατὴρ καὶ Θεός, καὶ οὐ ταῖς ἀξίαις τὸ δίκαιον διορίζεται. Εἰ δὲ ἁλίσκοιτο, τηνικαῦτα ὑπὸ τῆς ἰδίας ἁμαρτίας κατακριθήσεται. 12 Καὶ οὕτως οὔτε ὁ κανὼν ὑβρισθήσεται οὔτε ὁ ἀπελθὼν ἀτιμασθήσεται (τὸ γὰρ καθ' ἡμᾶς ἴσως καὶ παροπτέον, ὡς οὐδενὸς ἀξίους), καὶ αὐτὴ φεύξῃ πονηρὰν ὑπόνοιαν, ὡς διὰ τὸ ἀλλοτρίως ἔχειν πρὸς ἡμᾶς καὶ τὴν ὑγιῆ πίστιν, ταῦτα τεχνάζουσα σοφιστικῶς ἀλλ' οὐκ εὐγενῶς, καὶ ὑπ' ἄλλου μὲν κινουμένη, εἰς ἄλλο δὲ ἀποσκήπτουσα. 13 Ὃ συμβουλεύω σοι μὴ παθεῖν ὡς οὔτε ὅσιον οὔτε εὐπρεπές· μηδὲ τοὺς ἡμετέρους νόμους ἀτιμάσασαν, ἐπὶ τοὺς ἔξωθεν καταφεύγειν, μηδὲ προσφιλονεικεῖν ἡμῖν, ἀλλὰ συγγινώσκειν, εἴ τι ἁπλούστερον πεποιήκαμεν διὰ τὴν ἐλευθερίαν τῆς χάριτος, καὶ δέξασθαι νικηθῆναι μᾶλλον καλῶς ἢ νικῆσαι κακῶς τῷ ἀντιβῆναι τῷ Πνεύματι.

10 ἴσως om. Ξ ‖ λαμβάνεσθαι dh : λαμβάνεσθε uv ἅμα λαμβάνεσθαι f ἀναλαμβάνεσθαι I^1 (-σθε I^2) ἐπιλαμβάνεσθε F ‖ πρὸς τοῦτο λόγος uvdfFh : λόγος πρὸς τοῦτο I ‖ τινὰ τῶν ἐν om. I ‖ οὐδὲ τοῦτον dfgh : οὔτε τοῦτον uv ‖ **11** ἔχοι dfgh : ἔχει uv ‖ τι om. uvh ‖ *καί* ante δούλων om. h ‖ **12** *καὶ* οὕτως ... ἀτιμασθήσεται om. A ‖ *καί* ante παροπτέον om. Ξ ‖ **13** συμβουλεύω uvfgh : συμβουλεύσω d ‖ *καί* ante δέξασθαι om. I ‖ δέξασθαι uAdfgh : δέξασθε L ‖ μᾶλλον καλῶς uvgh : καλῶς μᾶλλον df ‖ τῷ ἀντιβῆναι uv : *καὶ* ἀντιβῆναι dfgh.

LXXX

A PHILAGRIOS[1]

380 ou 381-382.

1 Tu demandes quelle est notre situation. Elle est bien douloureuse. Je n'ai plus Basile, je n'ai plus Césaire, — mon frère par l'esprit et mon frère par le corps. Mon père et ma mère m'ont abandonné, m'écrierai-je avec David[2]. **2** Mon corps est en triste état ; la vieillesse est sur ma tête ; les soucis s'enchevêtrent ; les affaires m'assaillent ; les amis sont perfides[3] ; l'Église est sans pasteur[4] ; le bien est anéanti ; le mal est à nu ; c'est la navigation dans la nuit ; de lumière, nulle part ; le Christ dort[5]. **3** Quel sort faut-il subir? Un seul dénouement à mes maux : la mort ! Et l'au-delà est pour moi effrayant, à en juger par ce qui est ici[6].

1. Toutes les éditions ont donné jusqu'ici comme destinataire de cette lettre le rhéteur Eudoxe. Or, c'est une faute de l'*editio princeps* de 1528, qui a passé ensuite dans les autres éditions. L'adresse de la lettre 80 à Philagrios est sûre : le Papyrus de Vienne et les familles **u, v, d, f, g** portent Philagrios. La famille **h** ne le donne pas, mais elle ne présente pas Eudoxe pour autant ; elle met Γρηγορίῳ, dont l'origine peut s'expliquer ainsi : les cinq familles qui tiennent pour Philagrios placent la lettre 80 avec les lettres à ce dernier, tandis que la famille **h** isole de ce groupe la lettre 80 ; en opérant cette séparation, elle a perdu le vrai titre et l'a remplacé par un Γρηγορίῳ qui est l'altération de Γρηγόριος Φιλαγρίῳ. — La lettre 80 date peut-être du séjour de Grégoire à Constantinople : Basile est mort et les difficultés abondent ; ou bien elle fait allusion à la conduite désobligeante des évêques de Cappadoce en 381-382 : voir lettres 89 et 153 (Hauser-Meury, *Prosopographie*, p. 69, n. 113).

2. *Psaume* XXVI, 10.

3. Allusion soit à l'affaire de Maxime le Cynique, en 380 (voir Introduction, p. xv), soit à l'attitude des évêques cappadociens en 381-382 (voir lettres 89 et 153).

LXXX

ΦΙΛΑΓΡΙΩΙ

1 Ἐρωτᾷς πῶς τὰ ἡμέτερα. Καὶ λίαν πικρῶς. Βασίλειον οὐκ ἔχω, Καισάριον οὐκ ἔχω, τὸν πνευματικὸν ἀδελφὸν καὶ τὸν σωματικόν. Ὁ πατήρ μου καὶ ἡ μητήρ μου ἐγκατέλιπόν με, μετὰ τοῦ Δαυῒδ φθέγξομαι. 2 Τὰ τοῦ σώματος πονηρῶς ἔχει, τὸ γῆρας ὑπὲρ κεφαλῆς, φροντίδων ἐπιπλοκαί, πραγμάτων ἐπιδρομαί, τὰ τῶν φίλων ἄπιστα, τὰ τῆς Ἐκκλησίας ἀποίμαντα. Ἔρρει τὰ καλά, γυμνὰ τὰ κακά, ὁ πλοῦς ἐν νυκτί, πυρσὸς οὐδαμοῦ, Χριστὸς καθεύδει. 3 Τί χρὴ παθεῖν; Μία μοι τῶν κακῶν λύσις, ὁ θάνατος. Καὶ τὰ ἐκεῖθέν μοι φοβερά, τοῖς ἐντεῦθεν τεκμαιρομένῳ.

LXXX. Codices : W = *Papyrus gr. Vindobonensis 29788* (saec. V), u = YM, v = LA, d = PR, f = Π, g = D F, h = BΞ.

Titulus : Φιλαγρίῳ nos : [Γρηγορίου ἐπισ]κ(όπου) ε[ἰς] Φιλαγριον W τῷ αὐτῷ uvdfg (id est : Φιλαγρίῳ uvdfF Φιλαγρίῳ ῥήτορι I) Γρηγορίῳ h.

1 Καισάριον οὐκ ἔχω om. W ‖ σωματικόν Wu[2] γρ. dfgh : σαρκικόν u[1]v ‖ ἐγκατέλιπον uvPfgΞ : ἐγκατέλειπον WB, ἐγκατέλιπε R ‖ 2 ἐπιδρομαί codd. : επιδ[.]ομοι W ‖ ἄπιστα codd. : απισται W ‖ τῆς Ἐκκλησίας Wuvgh : τῶν Ἐκκλησιῶν df ‖ ἀποίμαντα codd. : απηματα W ‖ οὐδαμοῦ, Χριστὸς καθεύδει codd : ουδαμους καθευδει W ‖ 3 Τί χρὴ παθεῖν codd. : τιαδιπαθειν W quod scribendum esse τί, ἅ, δεῖ παθεῖν ; suspicatus est Hans Gerstinger ‖ τεκμαιρομένῳ codd. : τεκμαιρομενων W.

LXXXI

A GRÉGOIRE DE NYSSE[1]

Vers 381.

1 Tu es fâché de ton voyage[2] et tu as l'impression d'être balloté comme les morceaux de bois emportés sur les eaux. Non, admirable ami, ne sois pas dans ces idées. Car ces objets sont emportés malgré eux ; ton voyage, au contraire, est selon Dieu, et c'est quelque chose de fixe de faire du bien à tout le monde, même si tu n'es pas fixé dans le lieu où tu es. **2** Sinon, on pourrait reprocher au soleil sa course, dans laquelle il sème ses rayons et vivifie tout ce qu'il rencontre ; ou encore, on pourrait louer les étoiles fixes et blâmer les planètes, dont le mouvement n'est qu'harmonie.

LXXXII

A ALYPIOS[3]

Année 380?

1 C'est la première lettre que je t'écris et la première requête que je t'adresse ; aussi serait-il juste, pour

1. Grégoire de Nysse accomplit, à partir de 381, des voyages d'inspection dans différentes Églises en tant que prélat représentatif de l'orthodoxie (Hauser-Meury, *Prosopographie*, p. 92, se référant à Loofs, *Realencyclopädie für protestantische Theologie und Kirche*, VII, 156 et 52 sv.).

2. L'auteur, par l'emploi du substantif περίοδος fait un jeu de mots entre le voyage de Grégoire de Nysse et la révolution des astres. Le jeu de mots se poursuit dans toute la lettre.

3. Alypios est en Cappadoce ; Grégoire lui recommande sa famille, dont il est séparé. D'où nous pensons qu'il est alors à Constantinople, ce qui place cette lettre dans les années 379 à 381, soit 380 comme date moyenne. Grégoire a déjà écrit à Alypios la lettre 61. S'il dit ici qu'il lui écrit pour la première fois, c'est que la lettre 61 s'adressait aussi à Aérios.

LXXXI

ΓΡΗΓΟΡΙΩΙ ΝΥΣΣΗΣ

1 Δυσχεραίνεις τῇ περιόδῳ καὶ ἀστατεῖν σεαυτῷ φαίνῃ, καθάπερ τῶν ξύλων ἃ καθ' ὕδατος φέρεται. Μηδαμῶς, ὦ θαυμάσιε, μὴ οὕτως ἔχε. Τῶν μὲν γὰρ ἀκούσιος ἡ φορά, σοῦ δὲ κατὰ Θεὸν ἡ περίοδος, καὶ πάγιον τὸ τοὺς πολλοὺς εὖ ποιεῖν, κἂν εἰ μὴ τῷ τόπῳ πεπήγοις. 2 Εἰ μὴ καὶ τὸν ἥλιον αἰτιῷτό τις ὅτι περιτρέχει σπείρων τὴν ἀκτῖνα καὶ πάντα ζῳογονῶν ὅσα ἐπέρχεται, ἢ καὶ τῶν ἀστέρων τοὺς ἀπλανεῖς ἐπαινῶν κακίζοι τοὺς πλάνητας, ὧν καὶ τὸ πλάνον ἐναρμόνιον.

LXXXII

ΑΛΥΠΙΩΙ

1 Πρώτην σοι ταύτην καὶ ἐπιστολὴν γράφω καὶ προσάγω πρεσβείαν, ὥστε δίκαιος ἂν εἴην καὶ κατὰ τοῦτο

LXXXI. Codices : u = YM, v = LA, d = PR, f = Π, g = ΛF, h = BΞ.

Titulus : Γρηγορίῳ Νύσσης v : Γρηγορίῳ τῷ Νύσσης u τῷ αὐτῷ dg (id est : Γρηγορίῳ ἐπισκόπῳ Νύσσης d Γρηοργίῳ ἐπισκόπῳ g) Γρηγορίῳ ἐπισκόπῳ f Γρηγορίῳ h.

1 φέρεται uAdfgh : φαίνεται L ‖ πάγιον uLdfgh : πάγιος A ‖ τούς om. g. ‖ τῷ g : om. cett. ‖ πεπήγοις uvdfFh : πεπήγης Λ ‖ 2 περιτρέχει Yvdfgh : περιτρέπει M ‖ κακίζοι uvfgh : καπίζῃ d.

LXXXII. Codices : u = YM, v = LA, d = P, f = Π, g = I (bis scripta) F, h = BΞ.

Titulus : 'Αλυπίῳ u v d f I (primo) F h : 'Ολυμπίῳ ἄρχοντι I (secundo).

1 ταύτην καὶ ἐπιστολήν uvdfFh : ταύτην τὴν ἐπιστολήν I (primo) ταύτην ἐπιστολήν I (secundo) ‖ τοῦτο om. I (secundo).

cette raison, que j'obtienne de toi ce pour quoi je t'avertis. Et de quoi t'avertis-je? Notre famille qui est chez vous[1] est déchirée, à ce que j'apprends, par les attaques du beau Palladios[2], et il n'y a personne pour la secourir. **2** C'est une belle action pour toi de t'occuper de quelqu'un de présent ; mais c'est bien plus beau encore de t'occuper de quelqu'un d'absent, afin que ce que nous possédons ne soit pas complètement perdu dans le désordre et la ruine, par suite du manque extrême d'homme capable d'empêcher cela, et afin que les combattants eux-mêmes ne gagnent rien, n'ayant pas d'enjeu pour cette lutte.

LXXXIII

AU MÊME[3]

Année 380?

1 Je te loue de t'occuper des nôtres ; je te loue aussi de nous faire savoir par une lettre que tu agis de la sorte. Sur le premier point, tu donnes satisfaction à la justice ; sur le second point, à nous-mêmes. **2** Veuille ne pas te lasser de nous faire encore du bien dans la suite, et puisses-tu toujours montrer que tu ajoutes à ton zèle, afin que nous t'admirions encore plus. **3** Mon fils Euphémios[4] n'est pas ancore arrivé, mais on l'espère, et je crois qu'il ne te faudra pas de grands efforts, au cas où il viendrait ici.

1. Tillemont entend que cette famille était du ressort de la juridiction d'Alypios, supposant que ce personnage était alors gouverneur de Cappadoce (*Mémoires pour servir à l'histoire ecclésiastique des six premiers siècles*, IX, p. 456-457). L'hypothèse est plausible.

2. Ce personnage n'a rien de commun avec son homonyme, auquel sont adressées les lettres 103 et 170.

3. Fait suite à la lettre 82 : Alypios s'était occupé de secourir la famille de Grégoire.

4. Il est probable que c'est le même personnage que cet Euphémios, frère d'Amphiloque d'Iconium et cousin de Grégoire, dont Grégoire parle dans les *Épitaphes* 28-36 (Migne, *P.G.*, 38, 24-29). On retrouvera Euphémios dans la lettre 230. Quant à la venue dont il est question ici, nous ne savons rien.

τυχεῖν σου περὶ ὧν ἀπαγγέλλω. Ἀπαγγέλλω δὲ τί ; Σπαράσσει τὴν ἡμετέραν οἰκίαν τὴν παρ' ὑμῖν, ὡς πύνθανομαι, βιαίοις ἐφόδοις ὁ καλὸς Παλλάδιος, ὁ δὲ βοηθήσων οὐδείς. **2** Καλὸν οὖν ἐστί σοι μάλιστα μὲν καὶ παρόντος κήδεσθαι τοῦ ἀνδρός, πολλῷ δὲ πλέον ἀπόντος, ὡς ἂν μὴ παντάπασιν οἴχηται διαφθαρέντα καὶ διαρρυέντα τὰ πράγματα κατὰ πολλὴν τοῦ κωλύσοντος ἐρημίαν, καὶ μηδὲ τοῖς μαχομένοις αὐτοῖς ᾖ τι πλέον, τὸ ἆθλον οὐκ ἔχουσι τοῦ παλαίσματος.

LXXXIII

ΤΩΙ ΑΥΤΩΙ

1 Ἐπαινῶ ὅτι κήδῃ τῶν ἡμετέρων· ἔτι ἐπαινῶ τὸ καὶ γνωρίσαι δι' ἐπιστολῆς ἡμῖν ὅτι τοῦτο ποιεῖς. Τὸ μὲν γὰρ τῷ δικαίῳ χαρίζῃ, τὸ δὲ ἡμῖν. **2** Ἀλλ' ὅπως μὴ ἀποκάμνῃς ἡμῖν καὶ πρὸς τὸ ἑξῆς εὖ ποιῶν· ἀεὶ δέ τι φαίνοιο τῇ σπουδῇ προστιθείς, ἵνα σε καὶ πλέον θαυμάζωμεν. **3** Ὁ δὲ υἱὸς Εὐφήμιος οὔπω μὲν πάρεστιν, ἐλπίζεται δέ, καὶ οἶμαί σοι μὴ πολλοῦ πόνου δεήσειν, εἰ παραγένοιτο.

1 ἀπαγγέλλω bis u¹df : ἐπαγγέλλω bis u²vgh (unum tantum ἐπαγγέλλω scribit Ξ) ‖ 2 οἴχηται gh : οἰχήσεται u οἰχήσηται v οἴχεται df ‖ διαφθαρέντα καὶ διαρρυέντα uv : διαρρυέντα καὶ διαφθαρέντα dfgh ‖ κωλύσοντος uvdfg : κωλύοντος h ‖ μαχομένοις αὐτοῖς om. I (secundo) ‖ ᾖ τι πλέον Π¹gh : οἷ πλέον udΠ² ἢ πλέον v.

LXXXIII. Codices : u = YM, v = LA, d = PR (a uerbis υἱὸς Εὐφήμιος tantum), f = Π, g = I (bis scripta) F ,h = BΞ.
Titulus : Τῷ αὐτῷ uvdfgh (id est : Ἀλυπίῳ uvdfI (primo) F h Ὀλυμπίῳ ἄρχοντι I secundo.
1 Ἐπαινῶ uΠ¹gh : Ἐπαινῶν vdΠ² ‖ ἔτι dfgΞ : εἶτ' u ἔτ' vB ‖ γάρ om. h ‖ 2 ἀποκάμνῃς dfgB : ἀποκάμῃς uvΞ ‖ πλέον uvdfI (secundo) : μᾶλλον I (primo) Fh ‖ 3 οἶμαι uvdgh : οἴομαι f ‖ σοι uvΞ : σε dfgB.

LXXXIV

AU MÊME

Année 380?

1 Fortounatos[1], qui te remet cette lettre, est notre ami et notre familier ; et, s'il faut ajouter quelque chose, il est aussi un des diacres qui méritent des éloges. Voilà ce que tu devais apprendre de nous. **2** Quant au reste, je sais que de toi-même tu l'ajouteras, c'est-à-dire : regarder cet homme avec amabilité et avec bienveillance en tous les points où il aura besoin de ta Piété. Car dans tous les bienfaits que tu lui accorderas, c'est nous que tu obligeras.

LXXXV

AU MÊME

Année 380?

1 Fais tiennes nos affaires, ainsi que tu l'as fait précédemment et ainsi que tu l'as montré par des actes. Et tu les feras tiennes, si à l'égard de notre bien-aimé frère et collègue dans le sacerdoce, Lucien, tu consens à avoir des regards favorables, et surtout si tu veux bien l'engager à prendre soin de la maison de nos proches, là où il est. **2** C'est qu'en effet avec l'aide de Dieu nos affaires ont pris une issue favorable, tant à cause de votre jugement que par la bienveillance de Celui qui est le plus fort.

1. On trouve dans l'œuvre de Grégoire de Nazianze la mention d'un certain nombre de personnages portant un nom latin ; pour nous en tenir seulement aux lettres, nous pouvons citer : Césaire, le propre frère de Grégoire (lettres 7 et 20), deux autres Césaire (lettres 14 et 23), Candidianos (lettre 10), Julien (lettres 67-69), Oursos (lettre 227), Sacerdos (lettres 99 et 212-215), Vitalianos (lettres 75, 193, 194), Victor (lettres 133 et 134, la transcription grecque Βίκτωρ est intéressante comme témoignage sur la prononciation de B). L'existence de ces noms latins en territoire de langue grecque montre que les échanges étaient fréquents entre la partie occidentale et la partie orientale de l'Empire romain.

LXXXIV

ΤΩΙ ΑΥΤΩΙ

1 Φορτουνάτος, ὁ τὴν ἐπιστολὴν ἐγχειρίζων σοι, φίλος καὶ οἰκεῖός ἐστιν ἡμέτερος· εἰ δὲ δεῖ προσθήκης τινός, καὶ διάκονος τῶν ἐπαινουμένων. Ταῦτα ἔδει σε μαθεῖν παρ' ἡμῶν. 2 Τἄλλα δὲ οἶδ' ὅτι παρὰ σεαυτοῦ προσθήσεις, τὸ οἰκείως ὁρᾶν τὸν ἄνδρα καὶ κηδεμονικῶς ἐν οἷς ἂν δέηται τῆς σῆς εὐλαβείας. Ὡς ὅ τι ἂν τοῦτον εὖ ποιήσῃς, εὐεργετήσων εἶ ἡμᾶς.

LXXXV

ΤΩΙ ΑΥΤΩΙ

1 Οἰκείωσαι τὰ ἡμέτερα, ὥσπερ οὖν καὶ προλαβὼν ᾠκειώσω καὶ δι' ἔργων τοῦτο δεδήλωκας. Οἰκειώσῃ δὲ τὸν ἀγαπητὸν ἀδελφὸν καὶ συμπρεσβύτερον ἡμῶν Λουκιανὸν τά τε ἄλλα ἡδέως ὁρᾶν ἀξιῶν καὶ προτρεψάμενος κήδεσθαι τῆς αὐτόθι τῶν συγγενῶν ἡμῶν οἰκίας· 2 ἐπειδὴ σὺν Θεῷ καὶ τὰ πράγματα πέρας ἔλαβε δεξιὸν κρίσει τε ὑμετέρᾳ καὶ φιλανθρωπίᾳ τοῦ Κρείττονος.

LXXXIV. Codices : u = YM, v = LA, d = PR, f = Π, g = IF, h = BΞ.

Titulus : Τῷ αὐτῷ (id est Ἀλυπίῳ) u v d : Ἀλυπίῳ ἄρχοντι f, Ἀλυπίῳ g h.

1 Φορτουνάτος vdIh : Φουρτουνάτος uF ‖ ἐστιν om. df ‖ δέ post ταῦτα add. I ‖ 2 Τἄλλα δέ uvgh : Τὰ δ' ἄλλα df ‖ εὐεργετήσων εἶ d : εὐεργετήσεις uvh εὐεργετήσων ἦ f εὐεργετήσων I εὐεργετεῖς F.

LXXXV. Codices : u = YM, v = LA, d = PR, f = Π, g = IF, h = BΞ.

Titulus : Τῷ αὐτῷ uvdgh (id est Ἀλυπίῳ uvdg, Εὐσεβίῳ h) : Ἀλυπίῳ f.

1 ᾠκειώσω nos : οἰκειώσω uvdfg B ὠκειώσω Ξ ‖ ἡμῶν post ἀδελφόν traiecit d ‖ supra ἡμῶν, ἡμῖν A² manu altera ‖ 2 σὺν Θεῷ καὶ τὰ πράγματα uvdfg : καὶ τὰ πράγματα σὺν Θεῷ h ‖ ὑμετέρᾳ proposuit Bill. : ἡμετέρᾳ codd.

LXXXVI

AU MÊME

Date indéterminée.

1 Combien tu nous tyrannises par amitié ! Nous bousculons la décision relative aux prières et nous admettons les porteurs d'uniforme[1]. Nous ne sommes cependant pas encore aussi infidèles à la loi que ceux qui sont experts aux choses de l'amour chez les Grecs : **2** ils ne se bornent pas en effet à offrir des sacrifices à cette passion comme à un dieu, mais de plus ils accordent le pardon aux serments faits par amour[2]. Dès lors, si nous transgressons la loi, du moment que c'est par amitié que cela nous arrive, il n'y a pas là de faute. **3** Viens donc, en changeant de vêtement si tu le veux, afin que pour nous tout soit au mieux sur deux points : avoir ta présence et ne pas manquer d'observer la décision ; sinon, viens quand même avec l'uniforme[3]. Et si l'on nous accuse de transgresser la loi, nous irons jusqu'à répondre, en faisant le rhéteur, que tu es de ceux qui accomplissent la prière, et non de ceux que l'on y invite. **4** Et si tel ou tel d'entre nous n'accepte pas cette réponse, que dira-t-il en face de cette autre que voici : c'est à titre d'orphelin que nous t'invitons[4] ? Ainsi donc, tu exerceras encore ta tyrannie, puisque l'occasion t'en est donnée. **5** Enfin, troisième remarque, et la plus importante : tu as droit, étant invité par nous à une prière, de prendre part à cette prière. C'est donc avec tout ce déploiement de rhétorique que nous te recevrons[5]. **6** Quant à ta sœur, nul ne nous fera des reproches si elle vient ; au contraire, on en fera à elle comme à nous, si elle ne venait pas.

1. Une décision ecclésiastique aurait, semble-t-il, interdit aux porteurs d'un uniforme, civil ou militaire, d'être admis aux prières. C'est l'interprétation de Hauser-Meury, qui remarque que χλαῖνα (§ 1) est synonyme de χλανίς (§ 3) et que ce mot, dans le grec récent, peut désigner le manteau militaire, appelé ordinairement χλαμύς (*Prosopographie*, p. 27, n. 14).

LXXXVI

ΤΩΙ ΑΥΤΩΙ

1 Οἷα τυραννεῖς ἡμᾶς ἐκ φιλίας· διακινεῖται ἡμῖν τὸ δόγμα τὸ περὶ τὰς εὐχάς, καὶ τοὺς χλαινοφόρους ἐγκρίνομεν, οὔπω μὲν τοσοῦτον παρανομοῦντες ὅσον οἱ δεινοὶ τὰ ἐρωτικὰ παρ' Ἕλλησιν. 2 Οὐ γὰρ θύουσι μόνον ὡς θεῷ τῷ πάθει, ἀλλὰ καὶ τοῖς ὅρκοις συγγνώμην νέμουσι τοῖς δι' ἔρωτα. Εἰ δέ τι καὶ παρανομοῦμεν, ὅτι διὰ φιλίαν πάσχομεν, τοῦτο οὐχ ἁμαρτάνοντες. 3 Ἧκε οὖν, εἰ μὲν βούλει, μεταμφιασμένος, ἵν' ἀμφότερα ἡμῖν ὡς κάλλιστα ἔχῃ, καὶ τὸ σοῦ τυχεῖν καὶ τὸ τοῦ δόγματος μὴ διαμαρτεῖν· εἰ δὲ μή, καὶ ἀπὸ τῆς χλανίδος πάντως. Κἄν τις ἡμᾶς διώκῃ παρανομίας, ἄχρι τούτου γε ῥητορεύσομεν ὅτι τῶν ἐπιτελούντων εἶ τὴν εὐχήν, οὐ τῶν καλουμένων. 4 Ἐὰν δὲ τοῦτό τις ἐξ ἡμῶν μὴ προσδέξηται, τί πρὸς ἐκεῖνο ἐρεῖ· ὡς ὀρφανὸν καλοῦμέν σε; Οὕτω μὲν δὴ καὶ τυραννήσεις, ἐπειδὴ σὸς ὁ καιρός. 5 Τρίτον δὲ καὶ μέγιστον, ἔξεστί σοι καὶ ὡς ἐπ' εὐχὴν ἡμᾶς καλοῦντι, μετασχεῖν τῆς εὐχῆς. Σὲ μὲν οὖν οὕτως εἰσδεξόμεθα ῥητορεύοντες. 6 Ὑπὲρ δὲ τῆς ἀδελφῆς ἡμᾶς οὐδεὶς εὐθυνεῖ παραγενομένης, ἀλλ' ἐκ τοῦ ἐναντίου κἀκείνην καὶ ἡμᾶς, εἰ μὴ παραγένοιτο. Ὥστε ἡ μὲν

LXXXVI. Codices : u = YM, v = LA, d = PR, f = Π, g = IF, h = B Ξ.

Titulus : Τῷ αὐτῷ (id est Ἀλυπίῳ) uvdg : Ἀλυπίῳ f Ὀλυμπίῳ h.

1 διακινεῖται ἡμῖν uvdfg : ἡμῖν διάκειται B ἡμῖν διακινεῖται Ξ ‖ τό post δόγμα om. dfg ‖ χλαινοφόρους df : χλαινηφόρους uvgh ‖ 3 ἡμῖν post οὖν add. M ‖ ἡμῖν ὡς κάλλιστα om. h ‖ τό ante τοῦ δόγματος om. uv ‖ διαμαρτεῖν Mvdfgh : ἁμαρτεῖν Y ‖ 4 ἐξ om. h ‖ ἐξ ἡμῶν om. dΠ¹ (add. Π² s. u.) ‖ τί om. v ‖ δή uvgh : οὖν df ‖ 5 σῆς ante εὐχῆς add. Ξ ‖ οὖν om. v ‖ 6 ἡμᾶς οὐδείς uvF : οὐδεὶς ἡμᾶς dfIh ‖ μή ante παραγενομένης add. uv ‖ μή ante παραγένοιτο om. u.

Qu'elle vienne donc sans invitation ; et toi, laisse-toi faire et viens, en partie par confiance en nous, en partie par confiance en la prière, afin que tu donnes plus d'éclat à notre réunion, puisqu'aussi bien, avec l'aide de Dieu, le repas a été réglé par toi fort bien, ou plutôt comme il sied à un orphelin et, pour ainsi dire, d'une manière très digne de la prière et très généreuse.

LXXXVII

A PHILAGRIOS[1]

Vers l'été de 383.

1 Si nous ne pouvons pas nous rendre mutuellement visite, c'est pour la même raison l'un et l'autre : toi, ton corps va comme il va, pour ne rien dire de plus, et moi, sache que je suis en très fâcheux état. Sinon, sois-en bien certain, je n'aurais pas hésité, avant toute chose, en revenant de mon voyage, à courir vers toi, à te serrer dans mes bras et à prendre pour conseiller, à propos des questions qui se posent, un homme qui est mon ami, et qui est prudent et élevé en piété. **2** Ce qui restait à faire, nous entretenir par lettres, tu l'as fait, — et tu as bien fait, — et nous le faisons nous aussi. Ce ne sont pas des questions secondaires pour nous et d'importance minime, que celles à propos desquelles tu nous écris ; aussi n'est-ce pas à la légère ni avec négligence, mais avec grand soin que nous avons envisagé cela et que nous en sommes venu à cette décision[2]. **3** Nous étions las de combattre contre l'envie et contre les saints évêques qui ruinaient la concorde et qui regardaient l'intérêt de la foi comme chose accessoire par rapport à leurs querelles person-

1. Grégoire est rentré de Constantinople au milieu de 381 ; à la fin de l'été ou à l'automne de 382, il a accepté la direction de l'Église de Nazianze qui n'avait pas d'évêque ; en 383, avant l'été, il s'est démis de cette charge. Il répond ici à Philagrios qui lui avait écrit peu de temps après.

2. La décision de renoncer à diriger le diocèse de Nazianze.

αὐτόκλητος ἡκέτω· σὺ δὲ παρακέκλησο καὶ ἀπάντησον τὸ μέν τι ἡμῖν θαρρήσας, τὸ δὲ τῇ εὐχῇ, ἵνα καὶ φαιδροτέραν ποιήσῃς ἡμῖν τὴν πανήγυριν· ἐπειδή σοι σὺν Θεῷ ἱκανῶς τὰ περὶ τὴν γαστέρα ᾠκονόμηται, μᾶλλον δὲ ὀρφανικῶς καί, ἵν' οὕτως εἴπω, λίαν εὐκτικῶς καὶ γενναίως.

LXXXVII

ΦΙΛΑΓΡΙΩΙ

1 Τοῦ μὲν μὴ δύνασθαι ἡμᾶς συγγενέσθαι ἀλλήλοις ταὐτὸν αἴτιον ἀμφοτέροις· σοί τε γὰρ χρῆται τὸ σῶμα ὡς χρῆται, ἵνα μηδὲν λέγω πλέον, ἐμέ τε ἴσθι λίαν ἔχοντα μοχθηρῶς. Οὐ γὰρ ἂν ὤκνησα πρὸ πάντων, ἐπανήκων ἐκ τῆς ἀποδημίας, εὖ τοῦτο ἐπίστω, καὶ προσδραμεῖν σοι καὶ περιπτύξασθαι καὶ συμβούλῳ χρήσασθαι περὶ τῶν προκειμένων ἀνδρὶ καὶ φίλῳ καὶ συνετῷ καὶ ὑψηλῷ τὴν εὐσέβειαν. 2 Ὃ δὲ λειπόμενον ἦν, τὸ διὰ γραμμάτων ὁμιλεῖν ἡμᾶς ἀλλήλοις, τοῦτο ἐποίησας μὲν αὐτὸς εὖ ποιῶν, ποιοῦμεν δὲ καὶ ἡμεῖς. Οὐ μικρὰ ἡμῖν ἐστι οὐδὲ μικροῦ λόγου περὶ ὧν ἐπιστέλλεις· ὅθεν οὐδὲ αὐτοὶ παρέργως οὐδὲ ῥαθύμως ταῦτα διασκεψάμενοι, ἀλλὰ καὶ λίαν ἐπιμελῶς ἐπὶ τὴν κρίσιν ταύτην προεληλύθαμεν. 3 Κεκμήκαμεν ἀγωνιζόμενοι πρὸς τὸν φθόνον καὶ τοὺς ἱεροὺς ἐπισκόπους τὴν κοινὴν ὁμόνοιαν διαλύοντας καὶ τῶν ἰδίων φιλονεικιῶν τὸ τῆς πίστεως πάρεργον ποιουμέ-

5 θαρρήσας uvdfh: θαρσήσας g ‖ τι ante τῇ εὐχῇ add. BF ‖ εὐκτικῶς vdfgh : εὐεκτικῶς u.

LXXXVII. Codices : u = YM, v = LA, d = PR, f = Π, g = IF, h = BΞ.

Titulus : Φιλαγρίῳ gh : τῷ αὐτῷ (id est Φιλαγρίῳ) uvdf.

1 ἡμᾶς συγγενέσθαι uvdf : συγγενέσθαι ἡμᾶς gh ‖ γάρ ante ἴσθι add. B ‖ ἴσθι λίαν ἔχοντα uvdfIh : ἴσθι ἀνέχοντα F ‖ μοχθηρῶς vdfgh : πονηρῶς u ‖ πρό uvdfgΞ : περί B ‖ ἐπίστω uvdgh : ἐπιστάθῃς f ‖ 2 ἡμῖν ἐστιν uvh : ἐστιν ἡμῖν dfg ‖ 3 Καί ante κεκμήκαμεν add. L ‖ ἰδίων om. I.

nelles. **4** C'est pourquoi nous avons résolu de ramener notre vaisseau en arrière[1], comme l'on dit, de nous replier sur nous-même, — comme fait, dit-on, le nautile lorsqu'il sent venir l'orage, — de regarder de loin les autres recevoir des coups et en donner, et de travailler à nous convertir nous-même en vue de l'au-delà. **5** S'il est vrai qu'abandonner son Église est chose périlleuse, ainsi que tu l'écris, de laquelle s'agit-il ? Si c'est la nôtre, je suis, moi aussi, de cet avis et c'est bien dit ; mais s'il s'agit de celle qui n'a aucun lien avec nous et qui ne nous a pas été officiellement assignée, nous sommes sans reproche[2]. Du moment que nous nous en sommes occupé quelque temps sommes-nous tenu pour autant ? A ce compte, beaucoup d'autres seraient tenus, tous ceux qui se sont occupés de ce qui leur est étranger. **6** Sans doute, se donner de la peine mérite une récompense, mais se retirer n'est pas matière à reproche. Ne crains donc rien pour nous, du moins de ce chef ; crains plutôt que nous ne subissions quelque tort.

LXXXVIII

A NECTAIRE[3]

Seconde moitié de 381.

1 Il fallait qu'une parure digne de l'Empereur ornât la ville impériale. Aussi est-ce toi, comme il convenait, qu'elle retient en son sein, avec les vertus, l'éloquence et les autres belles qualités dont la divine grâce t'a justement enrichi. **2** Nous, elle nous

1. Sur cette expression, voir la dernière note à la lettre 40.

2. Remarque qui vise l'Église de Nazianze, à laquelle Grégoire n'a pas été officiellement lié, mais dont il n'a été que l'administrateur provisoire.

3. Lorsque Grégoire se fut démis de ses fonctions d'évêque de Constantinople, au milieu de l'année 381, Nectaire, dignitaire de la Cour impériale, fut élu pour lui succéder. Sur l'authenticité de cette lettre, voir l'introduction, p. XXXVI-XXXVII.

νους. 4 Διὰ τοῦτο ἔγνωμεν πρύμναν κρούσασθαι, τὸ τοῦ λόγου, καὶ εἰς ἡμᾶς αὐτοὺς συσταλῆναι, ὥσπερ τὸν ναυτῖλόν φασιν ἰχθὺν ὅταν χειμῶνος αἰσθάνηται, καὶ τοὺς μὲν ἄλλους ὁρᾶν πόρρωθεν βαλλομένους καὶ βάλλοντας, αὐτοὶ δὲ πρὸς τὰ ἐκεῖσε μετασκευάζεσθαι. 5 Εἰ δὲ τὴν Ἐκκλησίαν καταλιπεῖν ἐπικίνδυνον, ὡς γράφεις, ποίαν ; εἰ μὲν τὴν ἡμετέραν, κἀγώ φημι καὶ ὀρθῶς λέγεται · εἰ δὲ τὴν μηδὲν προσήκουσαν μηδ' ἐπικηρυχθεῖσαν ἡμῖν, ἀνεύθυνοι. Ἀλλ' ὅτι ἐπεμελήθημεν χρόνον τινά, τούτῳ κρατούμεθα ; πολλοὶ καὶ ἄλλοι κρατηθεῖεν ἄν, ὅσοι ξένων ἐπεμελήθησαν. 6 Καὶ τάχα τὸ μὲν καμεῖν ἔμμισθον, τὸ δὲ ἀπειπεῖν οὐχ ὑπεύθυνον. Μηδὲν οὖν δείσῃς περὶ ἡμῶν τούτου γε ἕνεκεν · ἀλλ' ἐκεῖνο μᾶλλον, μή τι βλαπτώμεθα.

LXXXVIII

ΝΕΚΤΑΡΙΩΙ

1 Ἔδει τὸ βασίλειον ἄγαλμα τὴν βασιλίδα πόλιν κοσμεῖν. Διὰ τοῦτό σε μέν, ὡς ἔπρεπεν, ἐγκόλπιον ἔχει μετὰ τῶν ἀρετῶν καὶ τῶν λόγων καὶ τῶν ἄλλων καλῶν οἷς ἡ θεία σε χάρις ἀξιοπρεπῶς κατεπλούτισεν. 2 Ἡμᾶς

4 ἔγνωμεν πρύμναν κρούσασθαι vdΠ² s. u. Fh : ἔγνωμεν πρύμναν διακρούσασθαι u πρύμναν λέγομεν κρούσασθαι Π¹I ‖ 5 λέγεται Lh : λέγετε uAdfI κρίνετε F ‖ ἀνεύθυνοι uf : ἀνεύθυνον v d g h ‖ τούτῳ om. u ‖ 6 οὖν om. g ‖ γε om. g.

LXXXVIII. Codices : *Parisinus gr. 902* (saec. XIV), *Vaticanus Chisianus gr. 12* (saec. XIV), *Vaticanus gr. 869* (saec. XV), *Vaticanus gr. 676* (saec. XI) inter epistulas Ioannis Euchaitorum.

Titulus : Νεκταρίῳ nos : Πρὸς Νεκτάριον Κωνσταντινουπόλεως χειροτονηθέντα μετὰ τὴν αὐτοῦ ὑποχώρησιν *Par.*, Τῷ αὐτῷ (id est : Νεκταρίῳ) χειροτονηθέντα μετὰ τὴν αὐτοῦ ὑποχώρησιν *Chis.*, Νεκταρίῳ χειροτονηθέντι μετὰ τὴν αὐτοῦ ὑποχώρησιν *Vat.* 869 nullus titulus in *Vat.* 676.

1 ἐγκόλπιον Vat. 676 : ἐπικόλπιον *Par.*, *Chis.*, *Vat.* 869.

a expulsé au loin et chassé comme une immondice, un fétu de paille, une vague marine[1]. Mais puisque ce qui appartient aux amis leur est commun, je jouis avec toi de ton bonheur et je crois participer à ta gloire et à tes autres avantages. **3** Prends part, toi aussi, autant qu'il le faut, aux soucis de ce lieu et aux difficultés de ceux qui sont loin de toi[2]. Et ne garde pas seul ce qu'il y a de bien, comme disent les poètes tragiques[3] ; mais partage à ton tour les peines de ton ami, afin qu'en tout point tu sois juste et que tu traites avec justice et équité l'amitié et les amis. **4** Puisse ce bonheur te rester fort longtemps, afin que tu fasses plus de bien ; et surtout puisse s'y ajouter pour toi le bonheur inamissible et éternel quand, après la prospérité d'ici-bas, tu passeras dans celle de l'au-delà.

LXXXIX

A BOSPORIOS[4]

Seconde moitié de 381.

Je respecte l'empressement que marque ton appel. Mais bien plus encore j'aurais honte de moi-même, si je ne t'écrivais pas la vérité. Je crains que pour nous les choses n'en soient à la fin. C'est ainsi que j'ai honte de

1. L'expression du texte a une couleur poétique qui rappelle θαλάσσιος κλύδων (Euripide, *Médée*, v. 28) et κῦμα θαλάσσης (Eschyle, *Perses*, v. 90).
2. Allusion à l'hérésie apollinariste qui désolait alors la région de Nazianze.
3. Euripide, *Oreste*, v. 451.
4. L'Église de Nazianze n'ayant point d'évêque depuis la mort de Grégoire l'Ancien, plusieurs évêques de Cappadoce, dont Bosporios de Colonia, insistaient fortement pour que Grégoire en prît la direction dès son retour de Constantinople. Il refusait, alléguant son état de santé défectueux. Les évêques ne voulaient pas admettre cette excuse.

δὲ μακρὰν ἀπεσκυβάλισε καὶ ἀπέρριψεν ὡσανεὶ συρφετόν τινα καὶ ἄχνην καὶ κῦμα θαλάσσιον. Ἀλλ' ἐπεὶ τὰ τῶν φίλων κοινά, κοινοποιοῦμαι μὲν ἔγωγε τὴν σὴν εὐπραγίαν καὶ τῆς τε δόξης μετασχεῖν ἡγοῦμαι καὶ τῆς ἄλλης εὐημερίας. 3 Κοινώνει δὲ καὶ αὐτὸς ὅσα δεῖ τῶν ἐνταῦθα φροντίδων καὶ περιστάσεων τοῖς σοῖς ἀποδήμοις· καὶ μὴ μόνος τὸ χρηστὸν ἀπολαβὼν ἔχε, τοῦτο δὴ τὸ τῶν τραγῳδῶν, ἀλλὰ καὶ τῶν πόνων ἐν μέρει συναντιλαμβάνου τῷ φίλῳ, ἵνα καθόλου δίκαιος ᾖς, δικαίως καὶ ἴσως διαιτῶν φιλίᾳ καὶ φίλοις. 4 Καί σοι παραμένοι τὸ εὐπραγεῖν χρονιώτερον, ὡς καὶ εὖ δράσῃς πλεῖον, μᾶλλον δὲ ἀναφαίρετόν σοι προσείη καὶ ἀΐδιον μετὰ τὴν ἐντεῦθεν εὐημερίαν ἐπὶ τὴν ἐκεῖ διαβάντι.

LXXXIX

ΒΟΣΠΟΡΙΩΙ

Αἰδοῦμαί σου τῆς κλήσεως τὸ φιλόπονον. Αἰσχυνοίμην δ' ἂν πλέον ἐμαυτὸν μὴ τἀληθῆ γράφων. Δέδοικα μὴ πέρας ἡμῖν ἔχῃ καὶ τὰ πράγματα· οὕτως αἰσχύνομαι

2 μακράν om. *Par.*, *Chis.*, *Vat. 869* ‖ ἔγωγε *Vat. 676* : ἐγώ *Par.*, *Chis.*, *Vat. 869* ‖ 3 ὅσα δεῖ *Par.*, *Vat. 676*, *Vat. 869* : ὡς δεῖ *Chis.* ‖ συναντιλαμβάνου τῷ φίλῳ, ἵνα *Par.*, *Vat. 676* : συναντιλαμβάνου, ἵνα *Vat. 869*, συναντιλαβὼν ἔχε, ἵνα *Chis.* ‖ 4 παραμένοι Cotelerius : παραμένῃ *Par.*, παραμείνῃ *Chis.*, παραμείνει *Vat. 869*, παραμείνοι *Vat. 676* ‖ πλεῖον *Par.*, *Chis.*, *Vat. 869* : πλείω *Vat. 676* ‖ σοι προσείη post ἀΐδιον ponit *Vat. 676* ‖ ἐκεῖ *Par.*, *Vat. 676* : ἐκεῖθεν *Chis.*, *Vat. 869* ‖ διαβάντι *Vat. 676* : διάβασιν *Par.*, *Chis.*, *Vat. 869*.

LXXXIX. Codices : u = YM, v = LA, d = PR, f = Π, g = ΙΛF, h = ΒΞ.

Titulus : Βοσπορίῳ nos : Βοσπορίῳ ἐπισκόπῳ g τῷ αὐτῷ uvdfh (id est : Βοσπορίῳ Κολωνείας uv Βοσπορίῳ Κολονίας d Βοσπορίῳ f Θεοδώρῳ h).

πλέον ἐμαυτόν dfgB : ἐμαυτὸν πλέον uv πλέον ἐμαυτῷ Ξ ‖ ἔχῃ ugh : ἔχει vdf ‖ καί ante τὰ πράγματα om. udf.

mes cheveux blancs, de notre commune table[1], des travaux entrepris depuis notre jeunesse, si je suis mis par vous au-dessous même des plus mauvais[2], et cela par les hommes que j'aurais le moins pensé voir me déshonorer.

XC

A ANUSIOS[3]

Seconde moitié de 381.

1 Comment allons-nous, demandes-tu. Nous répondrons avec une histoire. Les Athéniens, dit notre histoire, envoyèrent une ambassade aux Lacédémoniens, lorsqu'ils étaient sous le régime de la tyrannie. L'ambassade était destinée à obtenir pour eux quelque témoignage de bonté de la part des Lacédémoniens. **2** Au retour de l'ambassade, quelqu'un demanda : « Comment les Lacédémoniens vous ont-ils traités ? — Fort bien pour des esclaves, dirent les ambassadeurs ; mais fort insolemment pour des hommes libres. » **3** Je puis, pour ma part, t'en écrire tout autant : on nous traite avec plus de bonté que ceux qui sont abandonnés, mais plus durement que ceux dont Dieu s'occupe. La maladie nous incommode encore, ou plus exactement nous tourmente fort ; les amis ne cessent de nous nuire et de nous faire tout le mal possible[4]. **4** Demande au moins à la divinité de nous être propice, et de deux choses l'une : ou bien nous échapperons totalement à nos épreuves, ou bien nous aurons le courage de les supporter. Et ce dernier point est certainement une diminution d'infortune.

1. Bosporios est un ami intime de Grégoire.

2. Certains prétendaient que, si Grégoire refusait de s'occuper de l'Église de Nazianze, c'est qu'il la jugeait trop peu importante. Ce reproche était faux ; Grégoire n'avait-il pas déjà aidé son père dans sa charge épiscopale ? Néanmoins Grégoire fut si affecté par ces rumeurs qu'il composa un poème pour se défendre (Migne, *P.G.*, 37, 1271-1279).

τὴν ἐμὴν πολιὰν καὶ τὴν κοινὴν τράπεζαν καὶ τοὺς ἐκ νεότητος πόνους, ἔλαττον παρ' ὑμῖν ἔχων καὶ τῶν κακίστων καὶ ὑφ' ὧν ἥκιστα ἂν ᾠήθην ἀτιμαζόμενος.

XC

ΑΝΥΣΙΩΙ

1 Πῶς ἔχει τὰ πράγματα ἡμῖν ἐρωτᾷς. Μετά τινος ἱστορίας ἀποκρινούμεθα. Ἐπρέσβευον Ἀθηναῖοι πρὸς Λακεδαιμονίους, φησίν, ἡνίκα ἐτυραννοῦντο · ἡ πρεσβεία δὲ ἦν γενέσθαι τι αὐτοῖς ἐκεῖθεν φιλάνθρωπον. **2** Ὡς δ' ἐπανῆκον ἐκ τῆς πρεσβείας, ἔπειτα ἤρετό τις · « Πῶς ὑμῖν οἱ Λακεδαιμόνιοι ; – Ὡς μὲν δούλοις, ἔφασαν, λίαν χρηστῶς · ὡς δὲ ἐλευθέροις, λίαν ὑβριστικῶς ». **3** Τοῦτο οὖν καὶ αὐτὸς ἔχω γράφειν · πράττομεν γὰρ τῶν μὲν ἀπεγνωσμένων φιλανθρωπότερον, τῶν δὲ μελόντων Θεῷ φορτικώτερον. Ἥ τε γὰρ νόσος παραλυπεῖ ἔτι, μᾶλλον δὲ λίαν λυπεῖ, οἵ τε φίλοι κακοῦντες οὐκ ἀνιᾶσι καὶ τὰ δύνατα βλάπτοντες. **4** Ἀλλ' εὔχου τὸ Θεῖον εὐμενὲς ἡμῖν εἶναι, καὶ δυοῖν θάτερον ἢ φευξόμεθα τὰ δεινὰ πάντως ἢ καρτερήσομεν. Ἔστι δὲ καὶ τοῦτο ἐπιεικῶς συμφορᾶς ἐλάττωσις.

XC. Codices : W = *Papyrus gr. Vindobonensis 29788* (saec. V), u = YM, v = LA, d = P, f = Π, g = ΙΛF, h = BΞ.

Titulus : Ἀνυσίῳ Wdfg : τῷ αὐτῷ (id est : Ἀνυσίῳ) uvh.

1 πρὸς codd. : παρά W ‖ φησίν WfgB : φασίν uvΞ om. d ‖ ἐκεῖθεν om. v ‖ φιλάνθρωπον codd. : φιλανθρωποτερον W ‖ **2** ἤρετό τις Wuvdfg : ἡμερότητι B ἠρώτων τό Ξ ‖ οἱ om. B ‖ Οἱ δέ ante Ὡς μέν add. uv ‖ **3** πράττομεν Wvdfgh : πράττωμεν u ‖ παραλυπεῖ ἔτι Wdf : ἔτι παραλυπεῖ uvgh ‖ **4** ἡμῖν εἶναι Wu : εἶναι ἡμῖν vdfgh ‖ δυοῖν Wvdfgh : δυεῖν u ‖ θάτερον codd. : θυγατερον W.

XCI

A NECTAIRE[1]

Fin de 382.

1 Nos affaires vont comme elles vont ; nous sommes ici sans guerre et sans embarras[2], préférant à tout l'avantage sans péril du silence[3] ; et nous avons même retiré quelque profit de notre retraite : c'est que, par la miséricorde de Dieu nous nous sommes suffisamment remis de notre maladie. **2** Quant à toi, avance heureusement et règne, selon la parole du divin David[4] ; et que Dieu, qui t'a honoré du sacerdoce, l'exerce avec toi en t'accordant de le maintenir au-dessus de toute calomnie. **3** Afin que nous nous donnions une preuve de confiance mutuelle et que nous ne succombions à aucune faiblesse humaine, nous qui approchons de Dieu, je viens t'adresser la requête suivante, et toi, je t'en prie, accepte-la de bon cœur. **4** Nous nous intéressons à notre très véritable fils Pancratios et mille raisons nous pressent d'agir ainsi. Veuille, dans ta bienveillance, l'admettre près de toi et le recommander aux plus sérieux de tes amis, afin qu'il atteigne son but. **5** Ce but, c'est que, grâce à quelque emploi dans l'armée, il soit délivré de ses tracas ; il n'y a, en effet, pas une vie qui soit hors des calomnies des méchants, tu le sais toi aussi.

XCII

A PHILAGRIOS

Fin de 382.

1 Comment va ta santé[5] ? Ne fais-tu pas certainement trop peu de cas de savoir comment elle va ? Mais au sujet de ton âme, je ne te demanderai pas de nouvelles. Je sais qu'elle est en parfait état, puisque tu

1. Grégoire était encore malade quand se réunissait le concile de l'été 382 (voir lettres 131-136) ; d'autre part, sa santé lui permettra de reprendre ses fonctions pastorales en 383 (voir

XCI
ΝΕΚΤΑΡΙΩΙ

1 Τὰ μὲν καθ' ἡμᾶς ἔχει ὡς ἔχει· ἄνευ πολέμου καὶ πραγμάτων καθήμεθα, σιωπῆς ἀκίνδυνον γέρας ἀντὶ πάντων τιμήσαντες. Καί τι καὶ ὠνάμεθα τῆς ἡσυχίας, ἐλέῳ Θεοῦ ἱκανῶς τῆς ἀρρωστίας ἀνενεγκόντες. 2 Σὺ δὲ κατευοδοῦ καὶ βασίλευε, ὡς ὁ θεῖος Λαυῒδ φησι· καί σοι συνδιέποι τὴν ἱερωσύνην ὁ τιμήσας Θεός, πάσης ἐπηρείας ὑψηλοτέραν ταύτην χαριζόμενος. 3 Ἵνα δὲ τοῦ θαρρεῖν ἀλλήλοις ἀπόδειξιν δῶμεν καὶ μή τι πάσχωμεν ἀνθρώπινον Θεῷ παριστάμενοι, ἐγὼ μὲν ταῦτα πρεσβεύω πρὸς σέ, σὺ δέ μοι προθύμως ἐπίνευσον. 4 Τοῦ γνησιωτάτου υἱοῦ ἡμῶν Παγκρατίου κηδόμεθα, πολλῶν ἕνεκεν ἀναγκαίων τοῦτο ποιοῦντες. Τοῦτον καὶ προσίεσθαι θέλησον εὐμενῶς καὶ συστῆσαι τῶν φίλων τοῖς σπουδαιοτέροις, ὥστε τοῦ σκοποῦ τυχεῖν. 5 Ὁ δὲ σκοπός, στρατείᾳ τινὶ τὴν ἀπραγμοσύνην λαβεῖν· ἐπεὶ μηδὲ εἷς βίος ἀνεπηρέαστος τοῖς πονηροῖς, ὃ καὶ αὐτὸς γινώσκεις.

XCII
ΦΙΛΑΓΡΙΩΙ

1 Πῶς ἔχει σοι τὰ τοῦ σώματος ; ἢ δηλονότι βραχὺς ὁ λόγος, ὅπως ἂν ἔχοι ; Περὶ δὲ τῆς ψυχῆς οὐκ ἐρήσομαι πῶς. Οἶδα γὰρ ὅτι καὶ λίαν καλῶς· ἐπειδὴ γενναίως

XCI. Codices : u = Y, v = L, d = PR, f = Π, g = IF, h = BΞ.

Titulus : Νεκταρίῳ uvdfIh : Νεκταρίῳ ἐπισκόπῳ F.

1 καί ante ὠνάμεθα om. u ‖ 4 τοῦτον udfgh : τούτῳ L ‖ προσίεσθαι uvdfIΞ : προσέσθαι FB ‖ σπουδαιοτέροις uvgh : σπουδαίοις df ‖ 5 στρατείᾳ uvdfΞ : στρατιᾷ g στρατία B ‖ μηδὲ εἷς uvdfg : μηδείς h ‖ βίος om. F.

XCII. Codices : u = YM, v = LA, d = PR, f = Π, g = IF, h = BΞ.

1 σοι om. F ‖ ἔχοι dfI : ἔχῃ uvFh ‖ καί post ὅτι om. F.

fais généreusement la philosophie de tes souffrances physiques[1], acceptant la situation comme une épreuve de la vertu et non comme un déséquilibre de la matière ; ainsi pour toi la maladie est plus heureuse que la santé pour les autres. **2** Tu donnes une remarquable démonstration de ta philosophie en ce fait que tu nous présentes de tels préceptes sur de si grands sujets ; bien que nous nous hasardions à écrire à d'autres sur ce point, il n'est pas sûr néanmoins de s'y risquer devant un juge comme toi. Nous nous efforcerons cependant de ne pas contredire tes arrêts.

XCIII

A SOPHRONIOS[2]

Année 382.

1 La retraite a pour nous un avantage : l'absence d'affaires[3] et le calme ; mais elle n'en a pas encore autant que d'inconvénient : celui de nous éloigner de votre amitié et de votre compagnie, ces biens si précieux. **2** D'autres jouissent de ta perfection ; pour nous ce serait une grande chose, si nous avions une ombre de ta présence, celle que donnent les lettres. **3** Te reverrons-nous encore ? T'embrasserons-nous, toi qui es notre fierté, et cela sera-t-il accordé à ce qui nous reste de vie ? **4** Si cela nous était accordé, Dieu en a toute notre reconnaissance ; sinon, nous sommes déjà presque complètement mort. Souviens-toi de ton ami Grégoire et parle de nous.

lettres 125-126). L'amélioration de santé dont parle cette lettre doit ainsi se placer entre l'été de 382 et l'année 383, soit vers la fin de 382 (voir aussi la lettre 171).

1. On trouve la même expression dans une autre lettre adressée aussi à Philagrios : la lettre 31, § 3 et § 5 (ci-dessus p. 39, et note 1 de cette page).

ἐμφιλοσοφεῖς τοῖς πάθεσιν τοῦ σώματος, ὥσπερ βάσανον ἀρετῆς ἀλλ' οὐχ ὕλης ἀνωμαλίαν τὸ πρᾶγμα δεξάμενος, ἵν' ᾖ σοι τὸ κακοπαθεῖν τῆς τῶν ἄλλων ὑγείας μακαριώτερον. 2 Δίδως καὶ ταύτην ἱκανὴν τῆς φιλοσοφίας ἀπόδειξιν, τὸ τοιαῦτα καὶ περὶ τοιούτων ἐπιτάσσειν ἡμῖν· ἃ κἂν ἄλλοις θαρρῶμεν γράφειν, ἀλλὰ τό γε ὑπὸ σοὶ κριτῇ κινδυνεύειν οὐκ ἀσφαλές. Πειρασόμεθα δ' ὅμως μὴ ἀντιλέγειν κελεύοντι.

XCIII
ΣΩΦΡΟΝΙΩΙ

1 Ἔχει τι δεξιὸν ἡμῖν ἡ ἀναχώρησις, τὸ ἄπραγμον καὶ ἡσύχιον· ἀλλ' οὔπω τοσοῦτον ὅσον σκαιόν, τὸ τῆς ὑμετέρας χωρίζειν φιλίας καὶ συνουσίας τοσούτου πράγματος. 2 Ἄλλοι τῆς σῆς τελειότητος ἀπολαύουσιν· ἡμῖν δὲ μέγα κἂν εἰ τοῦτο ἔχοιμεν, σκιὰν ὁμιλίας τὴν ἐν τοῖς γράμμασιν. 3 Ἆρά σε ὀψόμεθα πάλιν; Ἆρα περιπτυξόμεθα τὸ ἡμέτερον σεμνολόγημα, καὶ τοῦτο δοθήσεται τῷ τῆς ζωῆς ἡμῶν λειψάνῳ; 4 Εἰ μὲν δοθείη, πᾶσα τῷ Θεῷ χάρις· εἰ δὲ μή, τεθνήκαμεν ἤδη τῷ πλείστῳ μέρει. Σὺ δὲ μέμνησο τοῦ σοῦ Γρηγορίου καὶ διηγοῦ τὰ ἡμέτερα.

1 τοῖς πάθεσιν τοῦ σώματος om. g ‖ πάθεσιν om. uvh ‖ τοῦ σώματος om. df ‖ οὐχ ὕλης uvdfh : οὐ ψυχῆς g ‖ 2 τοιούτων uAdfgh : τούτων L ‖ δ' ὅμως uvgh : δ' οὖν ὅμως df ‖ ἀντιλέγειν uvdfIh : ἀντιτείνειν F.

XCIII. Codices : u = YM, v = LA, d = P R, f = Π, g = IF, h = ΒΞ.

Titulus : Σωφρονίῳ f h : Σωφρονίῳ Μαγίστρῳ g τῷ αὐτῷ u v d (id est : Σωφρονίῳ ὑπάρχῳ u v Σωφρονίῳ d).

1 ἡμῖν om. h ‖ τό ante ἡσύχιον add. F ‖ φιλίας καὶ συνουσίας uvd : συνηθείας καὶ συνουσίας fIh συνηθείας καὶ συνηθείας F ‖ 2 τοῦτο ante μέγα add. u ‖ τὴν ἐν τοῖς γράμμασιν uvd : τῆς ἐν τοῖς γράμμασιν f F B τοῖς ἐν τοῖς γράμμασιν IΞ ‖ 3 δοθήσεται uvdΠ¹gh : δοθείη Π² (ras.) ‖ ἡμῶν om. h ‖ 4 τοῦ σοῦ om. Π¹g (add. Π² s. u. manu forsan recentiori).

XCIV

A AMAZONIOS[1]

Année 382.

1 Si l'un de nos amis communs (et je les crois nombreux) te demande : « Où est maintenant notre Grégoire ? Que fait-il ? », réponds sans hésiter qu'il vit en philosophe dans le calme, tout aussi préoccupé de ceux qui cherchent à lui faire du mal que de ceux dont on ignore même l'existence, tant son courage est invicible ! **2** Mais si ce même ami te demande ensuite : « Et comment supporte-t-il l'élo gnement de ses amis ? », ne dis plus avec assurance qu'il est philosophe, mais dis qu'il est absolument sans courage. **3** D'autres ont un autre point faible ; le nôtre, c'est l'amitié et les amis. Au nombre de ceux-ci est l'admirable Amazonios. Peut-être pourrais-tu par un seul moyen améliorer notre état et faire que nous nous accommodions mieux de ton éloignement : ce serait de te souvenir de nous et de nous persuader par tes lettres qu'il en est ainsi.

XCV

A LÉONTIOS[2]

Seconde moitié de 381.

Oh ! l'heureuse maladie et les heureuses calomnies de nos adversaires ! Grâce à tout cela, nous avons été délivré du feu de Sodome et de la corruption des évêques[3] ! Mais pour vous, comment vont les choses du côté de Dieu ? Qu'elles aillent bien, et le reste, quoi qu'il en soit, laissons-le de côté ! Encore quelque

1. Ami que Grégoire avait à Constantinople. Pour la date, voir la note mise au titre de la lettre 93.

2. Autre ami de Grégoire à Constantinople. Pour les lettres 95-97 la date probable est la seconde moitié de 381 : Grégoire n'est rentré que depuis peu de Constantinople et sa santé n'est pas encore améliorée (voir la note au début de la lettre 91).

XCIV
ΑΜΑΖΟΝΙΩΙ

1 Ἂν τις ἔρηταί σε τῶν κοινῶν φίλων (πολλοὺς δὲ εἶναι πείθομαι τούτους)· «Ποῦ δὲ νῦν ὁ Γρηγόριος ἡμῖν ; πράττει δὲ τί ; », θαρρῶν φαθι ὅτι ἐφ' ἡσυχίας φιλοσοφεῖ, τοσαῦτα τῶν ἀδικούντων φροντίζων ὅσα τῶν οὐδὲ εἰ γεγόνασι γινωσκομένων· οὕτως ἐστὶν ἀήττητος. 2 Ἂν δέ σε πάλιν ὁ αὐτὸς ἐπανέρηται· «Πῶς δὲ τὴν διάζευξιν φέρει τῶν φίλων ; », μηκέτι θαρρῶν εἴπῃς ὅτι φιλοσοφεῖ, ἀλλὰ καὶ λίαν ἀγεννῶς ἔχει. 3 Ἄλλου μὲν γὰρ ἄλλος ἥττων ἐστίν, ἡμεῖς δὲ φιλίας καὶ φίλων. Τούτων εἷς ἐστι καὶ ὁ θαυμάσιος Ἀμαζόνιος. Τάχα ἂν ἑνὶ μόνῳ θεραπεύσαις ἡμᾶς καὶ ῥᾴους ἐπὶ σοὶ ποιήσαις, εἰ μνημονεύοις ἡμῶν καὶ ὅτι τοῦτο ποιεῖς πείθοις τοῖς γράμμασιν.

XCV
ΛΕΟΝΤΙΩΙ

Ὦ τῆς δεξιᾶς νόσου καὶ τῆς τῶν ἐχθρῶν ἐπηρείας, δι' ἣν ἡμεῖς ἐλεύθεροι γεγόναμεν ἔξω τοῦ Σοδομιτικοῦ πυρὸς καὶ τῆς ἐπισκοπικῆς ἐκλύσεως. Ὑμῖν δὲ πῶς ἔχει τὰ πρὸς τὸν Θεόν ; Ταῦτα ἐχέτω καλῶς, τἄλλα δέ, ὅπως ἂν ἔχῃ, χαίρειν ἐάσωμεν. Μικρὸν ἔτι καὶ ὄψομαι τοὺς ἐμοὺς

XCIV. Codices : u = YM, v = L, d = P, f = Π, g = IF, h = BΞ.

1 ἡμῖν om. u ‖ φαθι g : εἰπέ u εἰπεῖν vh φράσον df. Lectionem φαθι ut difficiliorem praetuli raro enim inuenitur coniunctio ὅτι post uerbum φημί. ‖ 2 εἴπῃς u : εἰπεῖν vgh εἴποις df ‖ ὅτι om. I ‖ 3 Post Ἀμαζόνιος add. ὅς dfg (scriptum ὡς in codice I) ‖ μνημονεύοις dfg : μνημονεύεις uvh ‖ ποιεῖς uvgh : ποιήσειας df ‖ πείθοις dfgh : πείθεις uv.

XCV. Codices : u = YM, v = LA, d = PR, f = Π, g = ΛF, h = BΞ.

πρὸς τὸν Θεόν uvdfg : πρὸς Θεόν h ‖ ἐάσωμεν u : ἐάσομεν cett.

temps, et je verrai ceux qui m'ont fait outrage, au moment où nos actes seront éprouvés par le feu[1]. Nous vous saluons, et par vous nous saluons nos amis communs. Souvenez-vous de mes lapidations[2].

XCVI

A HYPATIOS[3]

Seconde moitié de 381.

1 Nous avons été longtemps mortifié de voir que la première des villes ne possédait pas le premier des hommes. C'est qu'il fallait, je crois, que le bien se répandît, que ce qui est utile à tous se communiquât, afin que tu pusses semer de bien haut l'équité, comme ont fait pour les semences ceux qui ont amélioré l'alimentation humaine, du moins à en croire les mythes et les fictions des poètes[4]. **2** Mais ce qui accroît encore ma douleur, c'est que j'ai joui de toi aussi peu de temps que la durée d'un éclair, lequel ne fait que briller devant les yeux ; après quoi, j'ai cédé à l'envie et je me suis replié sur moi-même, abandonnant à d'autres le gouvernement de l'Église et la scène brillante (si je puis ainsi parler, à cause de ceux qui plaisantent facilement de ce qui ne mérite pas la plaisanterie). **3** Mais toi, de tous les hommes le meilleur, conserve à notre égard les mêmes sentiments : ils sont pour nous comme l'aimant qui attire à lui les objets en fer.

1. Allusion à la *Ire Épître aux Corinthiens*, III, 13.
2. Voir la lettre 77.
3. Magistrat ou personnage important arrivé à Constantinople peu de temps seulement avant le départ de Grégoire.
4. Suivant la mythologie, les hommes vécurent d'abord de la cueillette des glands, jusqu'au jour où Déméter, ayant reçu bon accueil chez le roi d'Éleusis, Célée, donna au fils de celui-ci, Triptolème, les premiers grains de blé et lui enseigna l'art de cultiver les céréales.

ὑβριστάς, ἡνίκα ἂν πυρὶ κρίνηται τὰ ἡμέτερα. Προσαγορεύομεν ὑμᾶς καὶ δι' ὑμῶν τοὺς κοινοὺς φίλους. Μέμνησθέ μου τῶν λιθασμῶν.

XCVI

ΥΠΑΤΙΩΙ

1 Πολὺν ἐζημιώμεθα χρόνον, οὐκ ἐχούσης τὸν πρῶτον ἐν ἀνδράσι τῆς πρώτης ἐν πόλεσιν. Ἔδει γάρ, οἶμαι, χεθῆναι τὸ ἀγαθὸν καὶ κοινὸν γενέσθαι τὸ πάντων ὄφελος, ὡς ἂν σπείραις τὴν εὐνομίαν ἐξ ὕψους, καθάπερ τὰ σπέρματα οἱ τὰς τροφὰς ἡμερώσαντες, ὡς γοῦν τοῖς μύθοις δοκεῖ καὶ τοῖς πλάσμασιν. 2 Ἐμοὶ δὲ καὶ πλέον ἀλγεῖν περίεστιν, ὅτι τοσοῦτον ἀπολαύσας μόνον, ὅσα καὶ ἀστραπῆς ὀλίγα τὴν ὄψιν περιλαμπούσης, ἔπειτα ἡττήθην τοῦ φθόνου καὶ εἰς ἐμαυτὸν συνεστάλην, ἄλλοις τοῦ κράτους τῆς Ἐκκλησίας παραχωρήσας καὶ τῆς εὐπρεπεστέρας σκηνῆς (ἵν' οὕτως εἴπω διὰ τοὺς παίζοντας εὐκόλως τὰ μὴ παιδιᾶς ἄξια). 3 Σὺ δέ, ὦ πάντων ἄριστε, τὴν αὐτὴν σῷζε πρὸς ἡμᾶς διάθεσιν, ἥτις κατὰ τὴν μαγνῆτιν πρὸς ἑαυτὴν ἕλκει τὰ σιδήρια.

καί ante δι' ὑμῶν om. B ‖ Μέμνησθε uvdfh : Μεμνῆσθαι g.

XCVI. Codices : u = YM, v = LA, d = PR, f = Π, g = IF, h = BΞ.

1 σπείραις dfgh : σπείροις uv ‖ τὰ σπέρματα οἱ uvh : οἱ τὰ σπέρματα dfg ‖ τὰς τροφάς uvgh : ταῖς τροφαῖς df ‖ 2 πλέον ἀλγεῖν dfgB : πλεῖον ἀλγεῖν uΞ, πλείονα λέγειν v ‖ περιλαμπούσης uvgh : διαλαμπούσης df ‖ 3 ἄριστε uvgh : ἄξιε df ‖ ἑαυτήν dfgB : αὑτήν uvΞ.

XCVII

A HÉRACLIANOS[1]

Seconde moitié de 381.

Tu es toujours auprès de nous[2], bel Héraclianos, tenant ou écoutant quelque savant propos ; et Constantinople la belle est avec nous grâce à vous, quand même ce fut bref[3], l'envie en ayant décidé ainsi. Si Grégoire était aussi auprès de toi, cela vaudrait mieux pour nous deux ! Tu en donneras la preuve par les lettres que tu enverras ; cela seul reste possible !

XCVIII

AUX ADMINISTRATEURS DE LA VILLE[4]

381-383.

1 Je crois que même la besace de Diogène de Sinope, si elle eût été en votre pouvoir, n'aurait pas trouvé grâce devant vous, et que vous auriez porté les mains sur lui, en lui comptant comme un métier lucratif son manteau, son bâton, son manque de toute possession en vertu de la philosophie, son habitude d'aller de porte en porte en trouvant sa vie au hasard et suivant les rencontres, — c'est bien cela, puisque vous prétendez faire payer l'impôt à mon frère Théotecnos sur les métiers qu'il exerce ! **2** Que dire en premier lieu, ou que dire de plus important, parmi les justes raisons à donner pour sa défense? Qu'il est diacre, ou indigent, ou étranger et qu'il a plus de

1. Le texte montre que c'est un ami que Grégoire a laissé à Constantinople.

4. Aux répartiteurs des impôts de Nazianze Grégoire réclame l'exemption de la patente en faveur de Théotecnos (différent sans doute du destinataire de la lettre 78). Théotecnos est homme d'Église (§ 2), pauvre (§ 2), charitable (§ 3) et il n'est pas citoyen de Nazianze (§ 2). Pour la date nous adoptons la période du milieu de 381 à 383, entre le retour de Grégoire à Nazianze et son départ définitif.

XCVII
ΗΡΑΚΛΕΙΑΝΩΙ

Ἀεὶ σὺ παρ' ἡμῖν ὁ καλὸς Ἡρακλειανὸς καὶ λέγων τι παιδεύσεως καὶ ἀκούων· καὶ Κωνσταντινούπολις μεθ' ἡμῶν ἡ καλὴ δι' ὑμᾶς, εἰ καὶ πρόσκαιρος, οὕτω τοῦ φθόνου θελήσαντος. Εἰ δὲ καὶ παρὰ σοὶ Γρηγόριος, ἄμεινον ἂν ἀμφοτέροις ἔχοι. Δηλώσεις δὲ τοῦτο δι' ἐπιστολῶν ἃς ἐπιστελεῖς, ὃ μόνον ἔνδεχεται.

XCVIII
ΠΡΟΣ ΤΟΥΣ ΠΟΛΙΤΕΥΟΜΕΝΟΥΣ

1 Ὑμεῖς μοι δοκεῖτε μηδ' ἂν τῆς Διογένους πήρας, εἰ καθ' ὑμᾶς, ἀποσχέσθαι τοῦ Σινοπέως, ἀλλὰ κἀκείνῳ ἂν τὰς χεῖρας ἐπιϐαλεῖν, τέχνην ἐπικαλοῦντες αὐτῷ τὸν τρίϐωνα καὶ τὴν βακτηρίαν καὶ αὐτὸ τὸ κεκτῆσθαι μηδὲν ἐκ φιλοσοφίας, ἄλλοτε δὲ ἄλλῃ θύρᾳ προσφοιτᾶν εἰκῇ διαζῶντα καὶ ὅθεν ἔτυχεν, ὁπότε καὶ τῷ ἀδελφῷ Θεοτέκνῳ ζημίαν ἐπιϐαλεῖν ἐπιχειρεῖτε τὴν ἐκ τῶν τεχνῶν. **2** Τί πρῶτον ἢ τί μέγιστον εἴπω τῶν ὑπὲρ αὐτοῦ δικαίων ; ὡς διάκονός ἐστιν, ἢ ὡς ἄπορος, ἢ ὡς ξένος καὶ ἄλλοις

XCVII. Codices : u = YM, v = LA, d = PR, f = Π, g = IF, h = BΞ.

Titulus : Ἡρακλειανῷ YLfgB : Ἡρακλειάνῳ MAd titulus periit in codice Ξ.

ἄν om. uh ‖ δι' om. F ‖ ἐπιστελεῖς uF : ἐπιστέλλεις vdfIh.

XCVIII. Codices : u = YM, v = LA, d = PR, f = Π, g = IF, h = BΞ.

1 μοι om. Ξ ‖ ὑμᾶς uvdfgB : ἡμᾶς Ξ ‖ κἀκείνῳ ἂν τὰς χεῖρας ἐπιϐαλεῖν df : κακείνῳ τὰς χεῖρας ἐπιϐαλεῖν uv κἀκείνῳ τὰς χεῖρας ἂν ἐπιϐαλεῖν g κἀκείνῳ ἂν τὰς χεῖρας ἐπιϐάλλειν h ‖ ἐκ φιλοσοφίας dfgh : ἐκ τῆς φιλοσοφίας uv ‖ ἐπιϐαλεῖν uvdfg : ἐπιϐάλλειν h.

rapports avec d'autres qu'avec nous, ou bien qu'il est vénérable par sa vie, qu'il est prêtre des martyrs et habite auprès d'eux[1] ? **3** Sachez aussi qu'il pratique l'hospitalité au-delà de ses forces. Le seul tort qu'il cause peut-être, c'est que seul parmi les gens d'ici il vous oblige à être honnêtes[2] ! **4** De toutes ces choses, quelle est la principale, jugez-en vous-mêmes. Quant à lui, épargnez-le pour toutes ces raisons, et ne vous résolvez pas, en procurant au trésor public un petit avantage, à vous causer à vous-mêmes un grand dommage en ne revêtant pas un homme nu, comme on dit, mais en le dépouillant.

XCIX

A SACERDOS[3]

Seconde moitié de 381?

J'apprends que tu t'adonnes à la vie d'anachorète. Puisses-tu devenir pour nous un Jean-Baptiste ou un Élie du Carmel, et puissent nos ennemis ne jamais nous faire d'autre mal que de nous conduire ensemble vers Dieu et de nous donner franchement aux choses d'en haut, libérés des affaires et du tumulte, afin qu'ils nous fassent au moins du bien malgré eux, puisqu'ils ne peuvent nous en faire volontairement !

C

A GIGANTIOS[4]

Seconde moitié de 381.

1 Charmé par ton invitation, j'ai été plus charmé par ta lettre, non parce que nous y recevons des louanges (car les louanges sont peu de chose), mais parce que tu penses juste, et que le lien de ta charité envers nous c'est l'espérance des mêmes biens et l'adoration sincère

1. En tant que desservant d'une chapelle consacrée à des martyrs. On connaît plusieurs exemples de ces sanctuaires en Cappadoce.

μᾶλλον ἡμῶν προσήκων, ἢ ὅτι τὸν βίον αἰδέσιμος καὶ τῶν μαρτύρων ἱερεὺς καὶ πάροικος; 3 Ἴστε δὲ ὅτι καὶ ξενοτροφεῖ παρὰ δύναμιν. Καὶ τοῦτο ἴσως ἀδικεῖ μόνον ὅτι μόνος τῶν αὐτόθι βιάζεται εἶναι χρηστούς. 4 Τούτων ὅ τι μὲν μέγιστόν ἐστιν αὐτοὶ κρίνατε· τῷ δὲ ἀνθρώπῳ διὰ πάντα συγχωρήσατε, μὴ δόξητε μικρὰ τὸ κοινὸν ὠφελοῦντες μεγάλα ζημιοῦσθαι αὐτοί, γυμνόν, ὅ δὴ λέγεται, μὴ ἀμφιεννύντες, ἀλλ' ἀποδύοντες.

XCIX

ΣΑΚΕΡΔΩΤΙ

Πυνθάνομαί σε ἀναχωρητικῶς ἔχειν, καὶ εἴθε γένοιο ἡμῖν Ἰωάννης ὁ Βαπτιστὴς ἢ καὶ Ἠλίας ὁ τοῦ Καρμήλου, καὶ τοῦτο μόνον ἀδικήσαιεν ἡμᾶς οἱ μισοῦντες, τὸ πρὸς Θεὸν συναγαγεῖν καὶ δοῦναι γνησίως τοῖς ἄνω, πραγμάτων καὶ θορύβων ἀπαλλαγέντας, ἵν' ἄκοντες γοῦν εὖ ποιῶσιν ἡμᾶς ἐπειδὴ μὴ ἑκόντες δύνανται.

C

ΓΙΓΑΝΤΙΩΙ

1 Ἡσθεὶς τῇ κλήσει, ὑπερήσθην οἷς γράφεις, οὐχ ὅτι ἐπαινούμεθα (μικρὸν γάρ), ἀλλ' ὅτι φρονεῖς ὀρθῶς· καὶ δεσμός σοι τῆς πρὸς ἡμᾶς ἀγάπης ἡ τῶν αὐτῶν ἐλπὶς

2 ἱερεύς uAdfgh : ἱερός L ‖ 3 ἢ ante παρὰ δύναμιν add. v ‖ χρηστούς Wyss : χρηστός codd. ‖ 4 ζημιοῦσθαι uAdΠ¹gh : ζημιοῦσθε LΠ² s. u.

XCIX. Codices : u = Y, v = LA, d = PR, f = Π, g = IF, h = B Ξ.

Titulus : Σακερδῶτι nos : τῷ αὐτῷ (id est : Σακερδῶτι) uvdfgh.

ἢ καὶ Ἠλίας vdfB : ἢ Ἠλίας ug καὶ Ἠλίας Ξ ‖ ἀδικήσαιεν vdfgh : ἀδικήσειεν u ‖ ἡμᾶς om. u ‖ γοῦν... ἑκόντες om. Ξ.

C. Codices : u = Y M, v = L A, d = P, f = Π, g = I F h = B Ξ.

1 Ἡσθείς dfgh : Ἥσθης uv ‖ ὑπερήσθην uvdfgΞ : ὑπερήσθεις B.

de la Trinité, **2** — de cette Trinité que nous proclamons plus fréquemment que nous ne respirons, aussi bien quand il y a danger à le faire que quand il n'y en a pas. Le reste, nous laissons les circonstances en disposer à leur gré ; mais cela, nous le gardons immuable en notre âme comme le seul trésor inaccessible à l'envie et vraiment nôtre. **3** Car, pour ma part, lorsque je réfléchis à tout cela, spécialement à toutes les tribulations qui nous ont assailli et qui nous assaillent, à l'étrangeté des maux qui nous harcèlent d'en haut et d'en bas, à la guerre que tout le monde nous fait sans que nous fassions aucun mal, et lorsque je regarde aussi ce seul fait que j'ai été jugé digne d'être le héraut de la vérité quand la saine doctrine était rejetée et reléguée avec mépris dans une terre déserte, sans chemin et sans eau, ainsi qu'il est écrit[1], alors c'est trop peu dire que je dépose toute inquiétude, mais encore je surabonde de joie[2] d'avoir été jugé digne de plus grandes choses que je ne le méritais. **4** Mais dans quel dessein t'écris-je cela? C'est pour te montrer qu'il n'y a pour moi d'amitié solide et d'intimité qu'avec ceux qui sont dans ces dispositions. Et ceux qui sont dans ces dispositions, quel homme sensé resterait volontairement loin d'eux? Quelle fête plus grande qu'une fête passée avec de tels hommes? **5** Si la maladie et l'hiver entravent ma bonne volonté, j'en subirai moi-même la peine ; quant à vous, pardonnez-nous et souhaitez-nous une autre occasion de rencontre.

1. *Psaume* LXII, 3.
2. Voir *IIe Ép. aux Corinthiens*, VII, 4. Grégoire n'emploie pas le terme même de saint Paul, mais la réminiscence est évidente.

καὶ ἡ γνησία τῆς Τριάδος προσκύνησις, **2** ἣν φθεγγόμεθα μᾶλλον ἢ ἀναπνέομεν καὶ μετὰ κινδύνων καὶ ἀκινδύνως, τὰ μὲν ἄλλα διδόντες τοῖς καιροῖς, ὡς ἂν βούλωνται, περιφέρειν, τοῦτο δὲ ἀκίνητον ἐν ταῖς ψυχαῖς ἔχοντες, τὸν μόνον ἄφθονον θησαυρὸν καὶ ὄντως ἡμέτερον. **3** Ὡς ἔγωγε, ὅταν τἄλλα ἐνθυμηθῶ καὶ ὅσαι θλίψεις αἳ μὲν περιέσχον ἡμᾶς, αἳ δὲ περιέχουσι, καὶ τὴν ἀνωμαλίαν τῶν ἄνω καὶ κάτω στροβούντων ἡμᾶς κακῶν, καὶ τὸν πόλεμον ὃν πολεμούμεθα ὑπὸ πάντων οὐδὲν ἀδικοῦντες, πρὸς τοῦτο δὲ ἀποβλέψω μόνον ὅτι κῆρυξ γενέσθαι τῆς ἀληθείας κατηξιώθην, παρερριμμένης τε καὶ ἀπεπτυσμένης ἐν γῇ ἐ ρ ή μ ῳ διδασκαλίας ὑγιαινούσης κ α ὶ ἀ β ά τ ῳ κ α ὶ ἀ ν ύ δ ρ ῳ, κατὰ τὸ γεγραμμένον, μικρὸν εἰπεῖν ὅτι λύω πᾶσαν ἀδημονίαν, ἀλλὰ καὶ ὑπερήδομαι ὡς μειζόνων ἢ κατ' ἐμαυτὸν ἠξιωμένος. **4** Πρὸς οὖν τί ταῦτα γράφω ; ἵν' ἐκεῖνο δηλώσω ὅτι μόνη μοι βεβαία φιλία καὶ οἰκείωσις πρὸς τοὺς οὕτως ἔχοντας. Τῶν δὲ οὕτως ἐχόντων τίς ἂν ἑκὼν ἀπολείποιτο εὖ φρονῶν ; Τίς δὲ μείζων ἑορτὴ τοῦ τοιούτοις συνεορτάζειν ; **5** Εἰ δὲ ἡ ἀρρωστία καὶ ὁ χειμὼν ἐμποδίζει τὴν προθυμίαν, οἴσω μὲν αὐτὸς τὴν ζημίαν· συγγινώσκετε δὲ καὶ ὑμεῖς, καὶ καιρὸν ἄλλον συντυχίας ἡμῖν ἐπεύχεσθε.

2 φθεγγόμεθα dfIh : φθεγγοίμεθα uvF ‖ ἀναπνέομεν dfΞ : ἀναπνέοιμεν uvgB ‖ καὶ ἀκινδύνως uvFh : ἢ ἀκινδύνως dfI ‖ βούλωνται uvh : βούλοιντο dfg ‖ δέ ante ἀκίνητον om. F ‖ **3** αἳ δέ περιέχουσι om. F ‖ κακῶν om. d ‖ ἐμαυτόν uvdfIh : ἑαυτόν F ‖ **4** βεβαία φιλία uvfI : φιλία βεβαία d καὶ φιλία καὶ βεβαία F ‖ ἔχοντας om. I ‖ Post ἀπολείποιτο add. μέν A² s. u.

NOTES COMPLÉMENTAIRES

Page 1.

2. Sur le sens des mots *philosophe, philosophie* chez Grégoire de Nazianze, voir A.-M. Malingrey, « *Philosophia* », Paris, 1961, ch. VII.

3. Basile, dans une lettre perdue, répondait à la précédente missive en raillant la région Tibérine, c'est-à-dire les abords de Nazianze, où son ami prétendait l'attirer. Prenant l'offensive, Grégoire plaisante sur la grande ville de Césarée en Cappadoce, patrie de Basile.

Page 2.

4. Réponse à Évagrios, père d'un jeune homme du même nom, qui remerciait Grégoire d'avoir donné à son fils des leçons de rhétorique. Lettre écrite peu après le retour de Grégoire dans sa patrie, ses études terminées.

5. On verra maintes fois Grégoire, au cours de sa correspondance, donner le titre de *fils* ou de *fille* à des personnes auxquelles il s'intéresse. Parfois il s'agira de véritables parents (neveux ou nièces), parfois ce seront de simples protégés. On peut voir dans la lettre 38, § 3, une expression particulièrement typique à ce sujet.

Page 4.

3. *Psaume* XXII, 4.
4. *S. Matthieu*, VII, 14.
5. Le royaume des cieux.
6. Jeu de mots entre Βασίλειος (Basile) et βασιλεία (royaume).
7. *Genèse*, II, 10.
8. *Exode*, XVII, 6.
9. Dans sa lettre, Basile comparait l'Iris, qui coulait au pied de son ermitage, au calme Strymon qui forme sept lacs et arrose Amphipolis, à la limite de la Macédoine et de la Thrace ; il vantait aussi les poissons de l'Iris.
10. Basile a innové en appelant « Strymon » un cours d'eau qui est tout l'opposé du fleuve d'Amphipolis.
11. Les cataractes du Nil.

Page 5.

4. *Odyssée*, VIII, 492. Ulysse encourage l'aède Démodocos à chanter l'épisode du cheval de Troie. Grégoire adapte le vers en remplaçant ἵππου par τὸν ἔσο, ce qui rend le vers faux.

Page 6.

5. Grégoire songe à la péroraison du *Contre Ctésiphon* d'Eschine, l'ancien tragédien devenu orateur : « Terre, Soleil, Vertu, Raison et Éducation ! » (§ 260). Démosthène a raillé ce pseudo-pathétique (*Sur la Couronne*, § 127) ; Grégoire partage le sentiment de Démosthène.

6. Allusion à l'expédition de Xerxès, qui fit franchir l'Hellespont à ses troupes sur un pont de bateaux.

Page 8.

3. *Livre des Nombres*, XVII, 8-10.

4. Grégoire est retenu à Nazianze auprès de ses parents par une piété filiale très délicate ; il s'est borné à séjourner d'une façon passagère sur les bords de l'Iris.

5. Césaire, frère cadet de Grégoire de Nazianze, était médecin. Il s'était fixé à Constantinople. L'empereur Julien (361-363) l'attirait à sa cour. Julien était un adepte fervent du paganisme. D'où les alarmes de Grégoire et l'étonnement des chrétiens de Nazianze de savoir qu'un fils de leur évêque était parmi les familiers d'un empereur païen et persécuteur.

Page 9.

4. Grégoire l'Ancien, père de Grégoire de Nazianze et de Césaire.

5. Grégoire de Nazianze et son père, l'un étant évêque, l'autre étant prêtre depuis la fin de 361 ou le début de 362.

Page 12.

3. Cette remarque n'implique pas que Grégoire fût alors diacre et non prêtre. Il fut élevé au sacerdoce sans être resté simple diacre. Un prêtre, recommandant un diacre de son Église, peut bien l'appeler son *collègue*. Un manuscrit, dont la leçon paraît moins autorisé, porte διάκονος au lieu de συνδιάκονος.

4. Un certain nombre de requêtes du genre de celle-ci se rencontrent dans la correspondance de Grégoire, dans ses poèmes et même dans un de ses discours ; on voit ainsi que les exemptions fiscales accordées par les empereurs chrétiens aux ecclésiastiques n'étaient plus toujours respectées par les fonctionnaires *hellènes*.

Page 13.

2. L'éloquence et la poésie. Grégoire rappelle discrètement qu'il est lui-même poète et orateur.

3. Les Tyrrhéniens ou Étrusques passaient pour avoir inventé la trompette d'airain (cf. Eschyle, *Euménides*, v. 567 ; Sophocle, *Ajax*, v. 17 ; Euripide, *Héraclides*, v. 830, *Phéniciennes*, v. 1377).

4. Allusion au v. 55 de la *VIII*e *Olympique*. Grégoire remplace, d'ailleurs, le mot φθόνος du texte de Pindare par Μῶμος, dieu de la raillerie.

Page 15.

4. A côté des souvenirs profanes (les fruits succulents et surabondants rappellent bien la finale des *Thalysies*), apparaît l'image biblique du pays où coulent le lait et le miel (*Exode*, III, 8, etc.).
5. Allusion au vers 53 de la *Ire Néméenne* de Pindare.
6. C'est-à-dire : païen.
7. L'empereur Julien. D'ailleurs, le § 15 va préciser cette allusion.

Page 16.

2. Grégoire de Nazianze est alors certainement prêtre : on est donc après 362 ; et l'on est avant 372, époque à laquelle Grégoire de Nysse fut élevé à l'épiscopat.
3. L'auteur pense au langage de saint Paul dans la *IIe Épître aux Corinthiens*, ch. XI et XII.

Page 19.

2. Ces géants, qui se nommaient respectivement Otos et Éphialtès, étaient, nous dit l'*Odyssée*, « les plus grands qu'ait nourris la terre donneuse de blé » (XI, 309).
3. Citation humoristique de l'*Iliade*, où Grégoire remplace par γυναικῶν la finale qui est γερόντων dans *Il.* IV, 323 et θανόντων dans *Il.* XVI, 457.

Page 29.

2. Sur ce personnage, qui est le mari d'une nièce de Grégoire, voir la lettre 12, en particulier la première note.

Page 30.

2. Voir Euripide, *Médée*, v. 516-519.
3. Sur ce personnage, voir la lettre 9.

Page 32.

2. Lettre sur le même sujet que les deux précédentes. Grégoire recommande son protégé à Thémistios, sophiste de Constantinople. Mais Thémistios n'est pas seulement un professeur d'éloquence, il est philosophe et il a la faveur impériale. Constance et Julien l'ont écouté volontiers. Valens l'estime, en attendant que Théodose fasse de lui un préfet de Constantinople (en 384-385) et lui confie (quoique Thémistios soit païen) l'éducation de son fils Arcadius.
4. Titre fréquent à cette époque : voir L. Robert, *Épigrammes du Bas-Empire*, dans *Hellenica, IV*, Paris, 1956, p. 95-96.

Page 33.

4. Bourgade de Cappadoce, comme l'a montré W. M. Ramsay (*The historical geography of Asia Minor*, London, 1890, p. 20 et 295).

Page 35.

4. Sur Sophronios, voir la lettre 21. — La lettre 29 se place quelque temps après la mort de Césaire, frère cadet de Grégoire. Après avoir été éprouvé par le tremblement de terre de Bithynie en octobre 368 (voir lettre 20), Césaire était mort à la fin de cette année ou au cours de l'année suivante. Les embarras causés par sa succession amenèrent Grégoire à écrire cette lettre à Sophronios. Les manuscrits donnent comme titre soit Σωφρονίῳ (adopté ici comme étant vraisemblablement le plus ancien), soit Σωφρονίῳ μαγίστρῳ *(maître des Offices)*, soit Σωφρονίῳ ὑπάρχῳ *(préfet de Constantinople)*. Sophronios occupait alors certainement un poste élevé, soit celui de maître des Offices, soit celui de préfet de Constantinople. La lettre 32 de saint Basile, écrite dans le même temps et pour la même raison, porte : Σωφρονίῳ μαγίστρῳ.

Page 37.

2. Le début de cette lettre montre que la mort de Césaire est récente. Philagrios est un ancien compagnon d'études de Grégoire.

3. C'est-à-dire : d'un homme parfaitement maître de lui.

Page 38.

4. Les lettres 31 à 36 ont pour objet de consoler Philagrios malade. La date assignée à ces lettres par les éditeurs Bénédictins est la fin de 369 et le temps qui suivit. Rien ne le prouve. Mais, la date restant incertaine, il est commode de les placer à la suite de la lettre 30, qui a le même destinataire et qui, elle, se laisse dater.

Page 40.

3. Le terme de *limon* (πηλός) pour désigner le corps humain est fréquent dans la Bible (*Job*, XXXIII, 6 ; *Isaïe*, LXIV, 8 ; *Jérémie*, XVIII, 6, etc.). Il n'était pas inconnu des classiques grecs : Aristophane fait appeler les hommes par les oiseaux πλάσματα πηλοῦ (*Oiseaux*, v. 686).

4. Comparer cette réflexion au début de la lettre 1. Il s'agit de la promesse de se donner à Dieu et de tendre à la perfection, promesse que Philagrios avait dû faire, comme Grégoire.

5. *Chez nous*, désigne les auteurs chrétiens et ceux *du dehors* ce sont les païens, terminologie ordinaire chez les Pères grecs.

Page 41.

5. Originaire d'Abdère, en Thrace ; ami d'Alexandre le Grand.
6. Nicocréon, tyran de Cyrène.
7. Voir *Épître aux Éphésiens*, III, 16.

Page 42.

5. Littéralement : *divine et sainte tête*. Formule inspirée de l'expression φίλη κεφαλή (*Iliade*, VIII, 281) et autres semblables, que l'on trouve chez les poètes.

6. *Psaume LXXII*, 2-3.

Page 47.

2. La lance de fer était l'arme principale des Doriens quand ils envahirent la péninsule hellénique. Elle leur assura l'avantage sur les autres tribus grecques qui en étaient encore aux armes de bronze.

3. Tantale servit aux dieux les membres de son fils Pélops. Les Olympiens s'en aperçurent, sauf Déméter qui, préoccupée par la disparition de sa fille Coré, mangea une épaule de la victime. Zeus ressuscita Pélops et lui donna, en compensation, une épaule d'argent.

4. On voit avec quelle facilité Grégoire appelle son fils un jeune homme auquel il s'intéresse.

5. Proverbe dorien, cité aussi par saint Basile (Migne, *P.G.*, t. 31, col. 569). La sentence veut dire : vérifier avec soin.

Page 53.

3. *Psaume* LIV, 7.

4. Voir *Psaume* CII, 5.

Page 54.

2. Voir *S. Matthieu*, XIII, 25. Il est à craindre en effet que les Ariens ne fassent nommer un des leurs au siège de Césarée.

3. Expression fréquente chez Grégoire pour désigner la foi orthodoxe.

4. Le Clergé de Césarée.

5. L'Église de Césarée est appelée *droite* à cause de sa fidélité à la *piété*, c'est-à-dire à l'orthodoxie.

Page 55.

2. Voir *Ire Épître aux Corinthiens*, I, 27.

Page 56.

6. Allusion à de multiples passages bibliques (par ex. *Épître de S. Jacques*, V, 18 ; *Zacharie*, X, 1 ; *Jérémie*, V, 24 ; *Psaumes*, LXVII, 10 ; CXLVI, 8 ; *Job*, V, 10, *Deutéronome*, XXVIII, 12).

7. *Exode*, XVII, 4-5 (cf. *Psaume*, LXXVII, 16 ; II *Esdras*, IX, 15).

8. *Psaume* LXXVII, 25.

9. *S. Matthieu*, VIII, 24-26.

Page 57.

5. Voir *Psaume* CII, 5 (« Ta jeunesse se rénovera comme celle de l'aigle »).

7. Il est intéressant de comparer ce passage au récit du même événement que Grégoire a fait, quatre ans plus tard, dans l'oraison funèbre de son père : « Comme il manquait un suffrage au nombre des évêques qui devaient proclamer l'élu, (mon père) s'arrache de son lit et, brisé de vieillesse et de maladie, il part pour la ville avec l'ardeur d'un jeune homme, — ou plus exacte-

ment on l'emporte, son corps n'est plus qu'un cadavre, il respire à peine. Mais il est convaincu que s'il doit lui arriver malheur, ce sera une belle mort que cet acte de dévouement. Là-bas, il se produit quelque chose d'extraordinaire et qu'on ne peut pourtant mettre en doute : le travail le fortifie, le zèle le rajeunit ; il mène et dirige l'affaire, il place l'élu sur le trône, et on nous le ramène dans une litière qui n'est plus un tombeau, mais une arche divine » (Discours 18, § 36 ; Migne, *P.G.*, t. 35, 1033 A 12-B 5).

8. Comme on l'a vu à propos de la lettre 40, Grégoire a voulu s'abstenir de paraître à Césarée au moment de l'élection de son ami : il ne voulait pas que les gens malintentionnés pussent accuser Basile de s'entourer de partisans et de se faire élire par brigue.

Page 59.

6. Littéralement : *le palais.* Par le mot *basilique* on essaie de rendre le jeu de mots que Grégoire entend faire entre βασίλειον (palais) et Βασίλειος (Basile).

Page 60.

3. Allusion aux menées d'Anthime, dont le raisonnement, dit Grégoire, est digne d'un sophiste : si Tyane devient métropole *civile*, elle doit être aussi métropole *ecclésiastique*...

4. Le mot désigne ici la parfaite maîtrise de soi.

Page 61.

1. Pour s'opposer à Anthime, qui avait gagné plusieurs suffragants de Basile, ce dernier créa quelques évêchés nouveaux et il nomma Grégoire à l'un de ces sièges : celui de Sasimes, dans la Seconde Cappadoce. C'était une misérable bourgade, mais elle se trouvait à la jonction des grandes routes de Tyane, Archélaïs et Mokissos. Par Sasimes en particulier passaient les redevances que le monastère de Saint-Oreste (au pied du Taurus) envoyait à Basile. Les convois devaient ainsi traverser la Seconde Cappadoce. Anthime ne manquerait pas de les arrêter, mais Grégoire serait là pour les protéger, pensait Basile. Grégoire ne voulait ni de l'épiscopat, ni de Sasimes. Il se laissa cependant sacrer, cédant à la pression de Basile et de Grégoire l'Ancien. Mais, après le sacre, il s'enfuit dans la montagne. Basile lui écrivit des lettres de reproches, que nous n'avons plus. La lettre 48 est une réponse. Sur tous ces événements, on a le récit de Grégoire dans le poème *Sur sa vie* (v. 386-491), complété, pour quelques détails, par les §§ 58 et 59 du Discours 43 (Migne, *P.G.*, 37, 1060 et 36, 572).

3. Ce reproche est dicté par la douleur, mais il est injuste. Basile agissait pour maintenir les droits de son Église contre ce qu'il estimait une usurpation.

Page 62.

3. Quelque temps avant de choisir Grégoire pour évêque de Sasimes, Basile avait voulu affirmer ses droits sur la Seconde Cappadoce en allant percevoir lui-même les redevances du monastère de Saint-Oreste. Au retour, le convoi fut attaqué par des gens du parti d'Anthime (Voir les vers 449-453 du poème *Sur sa vie*, Migne, *P. G.*, 37, 1060 et comparer Discours 43, § 58, Migne, *P. G.*, 36, 572 B).

Page 63.

3. Réponse à une ou plusieurs lettres de Basile où celui-ci accusait vraisemblablement son ami de paresse : on se souvient qu'après avoir été sacré évêque de Sasimes, Grégoire, ne voulant pas se battre contre Anthime, s'était enfui dans la montagne.

4. L'inaction extérieure, qui le laisse libre de s'appliquer à l'ascèse et à la contemplation, lesquelles sont pour lui l'essentiel.

Page 64.

2. Il n'y a pas encore deux ans que Basile est évêque de Césarée.

Page 65.

4. Peu de temps après que Grégoire eut été nommé par Basile à l'évêché de Sasimes, Anthime s'était emparé de ce bourg, tout proche. Il aurait donc fallu que Grégoire entrât en lutte pour s'installer lui-même dans son évêché. Il préféra protester et s'enfuir.

Page 66.

2. Les lettres 51-55 sont placées par les Bénédictins en 372. Dans cette hypothèse, elles seraient adressées à Nicobule neveu de Grégoire et destinataire de la lettre 12. En réalité, c'est au fils de celui-ci, appelé aussi Nicobule, qu'elles ont été écrites : si les lettres 51 55 s'adressaient à Nicobule le père vers 372, Grégoire, qui aurait alors quarante-deux ans pourrait-il dire que lui demander un recueil de ses lettres c'est vouloir *cueillir des roses en automne* ou *faire porter des armes à Nestor malgré sa vieillesse* (lettre 52) ? Et puisque Grégoire, en tête du recueil destiné à Nicobule, fait précéder ses lettres de quelques épîtres de Basile (voir la lettre 53), c'est que celui-ci est déjà mort : on est donc après 379 (Basile mourut le 1er janvier 379). Donnons une nouvelle précision : on est fondé à croire que Grégoire s'intéressa aux études de Nicobule le fils entre 384 et 390 (voir les lettres 187-192) ; les lettres 51-55 ont donc leur place à ce moment-là. Remarquons aussi que les manuscrits présentent la lettre 12 hors du groupe des lettres 51-54, et parfois très loin de celles-ci ; il y a donc dans la tradition manuscrite une indication montrant qu'on attribuait la lettre 12 à un autre destinataire que les lettres 51 et suivantes. — L'ordre adopté par les Bénédictins pour les lettres 51-55 est également défectueux. La succession logique serait : 52, 53, 51, 54, 55.

La lettre 52 est une épître dédicatoire (elle ouvre même le recueil tout entier dans la plupart des familles de manuscrits) ; la lettre 53 complète cette dédicace ; viennent ensuite des conseils généraux sur l'art épistolaire (lettre 51) ; ces conseils sont achevés par les remarques de l'épître 54. Enfin la lettre 55 est une invitation : Grégoire demande à son petit-neveu de venir le voir.

3. On a remarqué que ce mot est un terme technique de la philosophie d'Aristote. D'autres expressions de cette lettre peuvent être aussi rapprochées de certains textes aristotéliciens. Voir P. d'Hérouville, *Quelques traces d'aristotélisme chez saint Grégoire de Nazianze*, dans *Recherches de Science Religieuse*, VIII, 1918, p. 395-398.

5. La coudée est la mesure prise du bout des doigts jusqu'au coude ; des coudées d'enfants n'auraient pas la mesure voulue. Ce seraient donc des mesures insuffisantes.

Page 69.

3. Les sophistes écrivent des œuvres d'apparat (ἐπιδεικτικόν) qui n'ont pas toujours un fond d'idées en rapport avec le luxe du style. Grégoire est riche d'idées, il vise l'utilité de ses lecteurs (χρήσιμον) et il a la préoccupation de faire une œuvre chrétienne qui se range dans le bercail du Bon Pasteur (τῆς ἡμετέρας αὐλῆς). Il est chrétien non seulement quand il traite des thèmes religieux, mais même ailleurs ; car son esprit est tout autre que celui des sophistes. Qu'on relise, à titre d'exemple, la lettre 10, où il déploie toute sa virtuosité, selon les plus beaux préceptes de la sophistique, mais il a en vue la conversion du magistrat païen auquel il s'adresse.

Page 72.

3. Le mot σύνοδος désigne ici une église ; on trouve même acception de ce terme dans la lettre 286 de Basile.

Page 74.

3. Sur ce mot, voir lettre 1, note 1.

4. La révolte de ces personnages contre Moïse et Aaron est racontée, ainsi que leur châtiment, au *Livre des Nombres*, ch. XVI.

Page 75.

6. Le verbe du texte est unique, mais susceptible des deux acceptions *surprendre* et *s'emparer de.*

Page 78.

4. *Exode*, XXII, 28-29.

Page 79.

3. *Ecclésiaste*, III, 9. Dans le texte biblique, c'est la bénédiction du père qui a cette efficacité.

Page 82.

2. En devenant évêque, avec les multiples charges du gouvernement d'une Église, Amphiloque est comme perdu pour ses amis. Un cœur comme celui de Grégoire ne peut prendre facilement son parti de cette perte.

3. Au moment où il commença à être question de l'élection d'Amphiloque.

4. Au moment où l'élection d'Amphiloque fut chose faite, ce qui coïncida avec la mort du père de Grégoire de Nazianze.

Page 85.

4. *Psaume* CII, 9.

5. *Psaume* XCIII, 19.

Page 95.

1. Peu de temps après la mort de Basile, Grégoire prenait la direction de la communauté catholique de Constantinople. Les Ariens lui firent opposition et envahirent sa petite chapelle de l'*Anastasia*, tandis qu'il conférait le baptême dans la nuit du Samedi Saint à Pâques. Un chrétien de l'entourage de Grégoire, Théodore, voulait poursuivre en justice les agresseurs. Cette lettre lui prêche le pardon.

4. Littéralement : « la pudeur a oublié des vierges, la modestie (a oublié) des moines, l'infortune (a oublié) des pauvres. »

Page 96.

10. *IIe Livre des Paralipomènes*, XXXIII.

11. *Osée*, VI, 4.

12. *Osée*, XI, 8.

13. *Saint Luc*, IX, 54-56.

14. *Saint Luc*, XXII, 50-51.

15. *Saint Matthieu*, XVIII, 21.

Page 97.

3. *Saint Matthieu*, VI, 12 ; *Saint Luc*, XI, 4.

4. *Saint Luc*, XIII, 6-9.

5. Le salut de nos ennemis.

Page 99.

4. Grégoire et un très vieil évêque (§ 1) avaient donné la consécration épiscopale à l'esclave d'une chrétienne, Simplicia (§ 3), sans attendre le consentement de celle-ci (§ 5). Après la mort du vieil évêque (§ 2) Simplicia réclama l'esclave en menaçant d'attaquer l'élection devant les tribunaux (§ 9-10). Le vieil évêque est Grégoire l'Ancien, mort au début de 374, et non pas Basile (comme certains l'ont cru) ; la lettre 115 de Basile, prétendûment motivée par cette affaire, est inauthentique (voir Hauser-Meury, *Prosopographie*, p. 154-155).

5. Grégoire l'Ancien. L'ensemble de la lettre montre que sa mort est récente.

6. Le texte dit : ... « la vieillesse remplie de sagesse », métonymie que l'on ne peut accepter en français.

Page 101.

4. Grégoire semble dire que certaines personnes poussaient Simplicia à réclamer contre l'élection de son esclave. Ces gens, après avoir demandé comme tout le monde, que le serviteur devînt évêque, changeaient d'avis et engageaient la dame à protester, sauf à la désapprouver ensuite et à mettre leur changement d'attitude sur le compte de la crainte que Simplicia leur inspirait.

5. La lettre adressée à Grégoire.

Page 103.

4. Il peut s'agir de Constantinople dont Grégoire ne sera officiellement reconnu comme évêque que par le concile qui s'ouvrira dans cette ville en mai 381 ; ou bien il s'agit de Nazianze qui était sans évêque en 381-382.

5. Adaptation heureuse d'un épisode de l'Évangile (*Saint Matthieu*, VIII, 24).

6. Cette lettre est sans doute la plus angoissée, la plus pathétique de tout le recueil. On en remarquera le style haché qui traduit bien les sentiments de détresse éprouvés par Grégoire.

Page 107.

2. Au cas où ces serments ne sont pas tenus.

3. Ἀπὸ τῆς χλανίδος est à rapprocher d'expressions comme οἱ ἀπὸ τῆς φιλοσοφίας, les philosophes.

4. Grégoire joue sur le mot : Alypios n'a plus ses parents ; mais il est assez haut placé pour n'être pas victime de l'infortune habituelle de ceux qu'on appelle orphelins.

5. Grégoire n'est pas dupe de ses coquetteries de style. Il en sourit ici, comme en d'autres cas (p. ex. lettres 233 et 235). Il badine à l'occasion, d'une façon spirituelle — ou qui passait pour telle — et il ne craint pas de le faire en écrivant une lettre à propos d'une cérémonie religieuse. Il n'y a pas chez lui cette austérité, cette raideur que certains s'imaginent obligatoire chez les Pères de l'Église.

Page 111.

3. L'édition de Billy et celle des Bénédictins donnent Procope comme destinataire de cette lettre. C'est Billy qui est responsable de cette erreur : dans son édition, la lettre 90 est précédée de la lettre 130 qui est adressée à Procope ; Billy a écrit un malencontreux Τῷ αὐτῷ devant la lettre 90, qui a été ainsi portée au compte de Procope. L'*editio princeps* n'avait pas fait cette erreur.

4. Allusion aux rumeurs malveillantes dont fait état la lettre 89.

Page 112.

2. Allusion aux difficultés qu'il a éprouvées durant le concile de Constantinople, en 381

3. Simonide, v. 66. Toutefois Grégoire remplace le mot σιγᾶς du texte par σιωπῆς. Même citation avec la même modification dans la lettre 189.

4. *Psaume* XLIV, 5.

5. Philagrios est un éternel malade ; voir par exemple les lettres 32, 34, 35, 36, 87. — Comme Grégoire ne se plaint pas lui-même d'être malade, il semble qu'on soit dans les mêmes circonstances que celles évoquées par la lettre 91.

Page 113.

2. Sur ce personnage, voir a note qui figure en tête de la lettre 21. La lettre 93, ainsi que la suivante, semblent dater de 382 : d'une part, il y a un certain temps que Grégoire a quitté Constantinople (en juin 381), et d'autre part il n'a pas encore repris la direction de l'Église de Nazianze (à la fin de 382).

3. Les affaires inhérentes à l'administration d'un diocèse.

Page 114.

3. Allusion au concile de Constantinople de 381 et aux intrigues de certains évêques, que Grégoire a peintes si vigoureusement dans le poème *Sur sa vie.*

Page 116.

2. Par la pensée.

3. Après avoir évoqué la présence par la pensée, Grégoire passe brusquement à la séparation de fait, qui lui est dure.

Page 117.

2. En ne lui faisant pas payer injustement l'impôt. Sur la conjecture de Wyss, voir Hauser-Meury, *Prosopographie*, p. 173, n. 369.

3. Nous ferons plus ample connaissance avec cet ami de Grégoire par les lettres 212-215. Nous verrons alors qu'il fut promu au sacerdoce et que les épreuves ne lui manquèrent pas. — La teneur de la lettre 99 semble indiquer que Grégoire est revenu depuis peu de temps de Constantinople. — Cette lettre est adressée, dans l'édition de Billy, à Homophronios par erreur : elle y est en effet précédée de la lettre 221, qui a Homophronios pour destinataire ; on a oublié de changer le nom. L'édition bénédictine reproduit cette erreur.

4. Cette lettre semble bien devoir être placée dans le même temps que les lettres 89-90, 95-97 : Grégoire est revenu depuis peu de Constantinople et sa santé est encore mauvaise. — Le destinataire de la lettre 100 est un anachorète qu'il faut sans doute identifier avec le personnage dont Grégoire parle dans les *Épigrammes* 1 et 2 (Migne, *P. G.*, 38, 81-83). Si cette identification est exacte, le vrai nom du personnage est Sigantios, et Grégoire l'a surnommé Gigantios par allusion à sa *main gigantéenne* (*Épigramme* 1, v. 6).

TABLE DES MATIÈRES

Ce volume,
de la Collection des Universités de France,
publié aux Éditions Les Belles Lettres,
a été achevé d'imprimer
en janvier 2003
sur presse rotative numérique
de Jouve
11, bd de Sébastopol, 75001 Paris

N° d'édition : 4577
Dépôt légal : janvier 2003

Imprimé en France